21세기
교육과
민주주의

개인적 삶, 직업적 삶,
그리고 시민적 삶을 위한 교육

21세기
교육과
민주주의
개인적 삶, 직업적 삶,
그리고 시민적 삶을 위한 교육

초판 1쇄 발행 2016년 2월 29일
초판 3쇄 발행 2018년 12월 22일

지은이 넬 나딩스
옮긴이 심성보
펴낸이 김승희
펴낸곳 도서출판 살림터

기획 정광일
편집 조현주
북디자인 꼬리별

인쇄·제본 (주)현문
종이 월드페이퍼(주)

주소 서울시 양천구 목동동로 293, 22층 2215-1호
전화 02-3141-6553
팩스 02-3141-6555
출판등록 2008년 3월 18일 제313-1990-12호
이메일 gwang80@hanmail.net
블로그 http://blog.naver.com/dkffk1020

ISBN 979-11-5930-011-0 93370

*가격은 뒤표지에 있습니다.
*잘못된 책은 바꾸어 드립니다.

21세기
교육과
민주주의

개인적 삶, 직업적 삶,
그리고 시민적 삶을 위한 교육

넬 나딩스 지음 | 심성보 옮김

살림터

| 차례 |

이 책 전반에 걸쳐 몇몇 주요한 주제들이 우리를 안내할 것이다. 첫째, 글로벌 민주주의를 향한 연구를 할 때, 모든 수준에서 상호 의존성을 받아들이면서 그것의 가치를 소중히 여겨야 한다. 둘째, 교육이란 다양한 목적들을 가진 일임을 인식하는 것이며, 그리고 이런 많은 목적들은 조직 구조, 교육과정 그리고 교수법의 선택을 안내할 수 있는 방법들을 탐구하는 것이다. 셋째, 교육자로서 우리 작업에 비판적이고 분석적인 사고를 끌어들이는 것이다. 어떤 오래된 생각은 소멸되고, 어떤 다른 생각은 다시 살아났다. 왜 무슨 목적을 위해 그렇게 되었는가? 나는 이에 대한 분석을 하면서 네 개의 주제를 먼저 논의할 것이다. 즉, 우리는 만병통치약을 찾는 엉망진창인 탐색을 포기하고, 그 대신에 다음과 같은 생각을 물어보지 않으면 안 된다. 첫째, 도덕적으로 그것에 반대하고 있는가? 둘째, 반대하고 있지 않다면 그것은 어디에 유용한가? 셋째, 그것은 누구를 위한 것인가? 넷째, 그것은 어떤 조건 속에 존재해야 하는가?

21세기에 필요한 교육은 20세기의 생각들을 정리해야 한다. 오늘날 전 세계에 걸쳐 많은 교육자나 정책 입안자들은 관계를 맺는 최우선 형태로서 경쟁을 협동으로 대체시켜야 한다는 신념을 갖고 있다. 경쟁을 포기해서는 안 된다—어떤 경쟁들은 건강하고 필요하다. 그렇지만 지구적 이념이 고양되는 시대를 맞이하여 경쟁이 관계의 성질을 더 이상 규정해서는 안 된다. 이러한 나의 판단에 동의한다면, 이때 학생들이 경쟁자의 한 사람이 아니라 협력적 세계의 구성원으로서 어떻게 미래를 준비해야 할지를 우리는 숙고하지 않으면 안 된다.

우리의 생각에서 또 다른 중요한 변화는 관료주의bureaucracy에 의존하고 있는 것과 연관이 있다. 경멸적 의미를 갖는 단어가 되어버린 관료주의에 대한 불만을 드러내면서 우리는 "관료들"을 거의 존중하지 않는다. 그러나 우리는 생각을 바꾸어 행정을 효율적으로 관리하는 유형으로 정의했던 관료주의에 대한 기본적 관념, 다시 말해 특정한 과제와 문제를 특정한 기관이나 행위자에게 할당하는 것을 비판적으로 탐구하지 않으면 안 된다. 관료적 사고방식은 종종 문제를 해결하는 데 도움을 주기보다는 방해가 될 수 있다. 관료적 사고방식은 너무나 만연하여 교육적 사고를 상당히 지배하였다. 예를 들어 많은 저명한 교육사상가들은 학교의 일이 아동의 지적 성장을 촉진시킬 수 있다고 본다. 아동 발달의 또 다른 측면들은 가족이나, 종교단체, 또는 다른 기관에 의해 다루어져야 한다는 것이다.

이런 생각은 학교에서 하는 모든 일에 영향을 미쳤다. 교과들은 뚜렷이 분리되었다. 과학 교사는 과학을 가르친다. 그들은 자기 수업 시간에 구두 언어를 사용하는 것을 고쳐주지 않으며, 심지어 과학에 필요한 수학을 가르치지 않는다. 그것은 수학 교사의 일이라고 생각한다. 영어 교사는 영문학을 가르치지만, 작품의 사회적 배경이나 영향에 대해 가르치지 않는다. 그것은 역사 교사의 일이라고 생각한다. 수학 교사는 특정의 수학적 기술이나 개념을 가르치지만, 피타고라스학파의 종교적 신념이나 $\emptyset$와 π의 생물학적 표현을 설명하지 않고 있다. 이런 일은 어느 교사의 일인가? 도덕교육의 문제로서 자기에 대한 이해, 우울증 조절, 그리고 성 문제에 이르기까지 모든 것이 전문가에 의해 따로 가르쳐진다. 이런 사고방식은 고쳐져야 한다. 아니 오히려 나는 이를 철회해야 한다고 강력하게 주장할 것이다. 경쟁과 과잉 전문화는 협동과 연계로 대체해야 한다. 여기에서 내가 취하는 접근은 생태적ecological이라고 불리는 것이 마땅할 것이다. 연계, 균형, 그리고 사람과 생각의 전체 공동체에 초점을 두고 있기 때문이다.

20세기의 일부 사상들은 폐기되지 않으면 안 되며, 또 다른 일부 사상들은 부활되거나 주의 깊게 분석되거나 재평가되어야 한다. 예를 들어 비판적 사고critical thinking는 20세기 전반에 걸쳐 교육 목적으로 많이 언급되었으며, 여전히 세계 전역에 걸쳐 눈에 띌 정도로 등장하고 있다. 사실 오늘날 기술의 고도화뿐 아니라, 숙고를 가능하게 하는 참여 민주주의를 향해 움직이고 있기에 비판적 사고는 어느 때보다 더 중요하다. 그런데 다시금 이 주제는 학교에서 (적어도) 너무 분리된 특별한 기술로 다루어지고 있다. 그래서 아동의 발달을 촉진하거나 저지하는 데 있어 학교가 할 수 있는 일을 찾기가 거의 어렵게 되었다. 우리가 교육과정이나 교수법에 대해 말하고 있지만, 그것을 논의하는 데 있어 비판적 사고를 거의 사용하고 있지 않다. 예를 들어 표준화standardization의 가능한 효과—전체 교육과정을 증대시키는 협소한 세분화—를 생각해보라. 이것을 통해 학생이나 교사의 비판적 사고를 고양시킬 수 있을 것인가? 우리는 이 점에 대해 고찰하지 않으면 안 된다.

이와 동일한 맥락에서, 또 다르게 널리 말해지고 있는 창의성creativity에 대해 잠시 생각해보자. 20세기에 미국은 바로 창의적 산물의 보고로 여겨졌다. 아시아는 지금 새로운 각성이 일어나고 있으며, 창의성을 격려할 것을 결정하면서 시험 주도의 교육과정으로부터 탈출하려는 정책적 시도를 하고 있다. 그런데 미국은 정반대로 가고 있다. 이러한 변화라면 미국은 걱정이 되지 않는가? 표준화는 창의성을 뒤흔들 뿐 아니라 민주주의를 손상시키고 있다. 듀이, 휘트먼, 에머슨에 의해서 발전된 민주주의의 관점에서 보면, 참가자들이 상호 의존과 다양한 재능과 흥미를 소중히 여기는 생각을 견지하는 동시에 함께 협력함으로써 활기찬 민주사회를 가능하게 할 것이다. 그런데 현재 확대되고 있는 표준화 시험은 이런 민주주의의 기본 틀을 위협하고 있다.

거대한 관료주의 체제 아래 이루어지는 교육은 단순히 특별한 목적만을 지닌 하나의 제도가 아니다. 교육은 다중의 목적을 가진 복잡하고 아름다운 업(業, enterprise)으로 보아야 한다. 그리고 지금은 이런 사실을 인식하고 그것을 구축할 때이다. 현대 생활에서 학교는 세 가지 커다란 차원의 삶을 충족시키기 위해서 학생들의 요구를 다루지 않으면 안 된다. 가정적인 것과 직업적인 것 그리고 시민적인 것은 모두 국가적이자 세계적인 일이다. 다음의 몇몇 장들에서 나는 이들 영역으로부터 나온 목적을 전통적 교육과정과 통합하기 위해 가능한 방법을 제안할 것이다.

우리가 왜 전통적 교육과정을 내버리지 못하는가? 전통적 교육과정은 많은 측면에서 시대에 뒤떨어지고, 지루하며, 실제의 삶과 연계되어 있지 않다. 하지만 그것을 아예 내버린다거나 처음부터 다시 시작한다는 것은 해결책이 아니다. 실제 그렇게 할 수도 없다. 우리는 현실에 바탕을 두고 작업을 하지 않으면 안 된다. 이상이나 이상적 공동체를 생각하는 것은 훌륭한 일이다. 하지만 그런 생각을 하면서도 세상을 있는 그대로 끊임없이 돌이켜보면서 그 이상들이 얼마나 현 상황을 지도하고 개선할 수 있는지를 묻지 않으면 안 된다. 지배 문화가 학교를 통제하고 자신의 재생산을 위해 학교를 이용하는 힘을 가지고 있다고 지적하는 사회재생산 이론가들social reproduction theorists[1]과 비판이론가들critical theorists[2]의 견해는 타당하다. 그런데 이런 견해를 가졌다고 하여 보다 민주적이고 지속가능한, 정의로운 사회로 나아가도록 하는 학교교육의 변화에 아무 영향을 미칠 수 없다는 것은 아니다. 비폭력적인 저항 방식을 채택하면서, 우리가 인식하듯, 해야 할 그 일을 조용한 방식으로 지속적으로 하지 않으면 안 된다.

이 책은 전반적으로 만병통치약을 또다시 찾는 것이 아니라, 거시적 차원에서 "무엇이 효과가 있는지"를 조언하는 데 그 뜻이 있다. 접근 방법에 완전함이란 없다! 교육의 역사에서 훌륭한 사상들이 많이 등장했지만, 그들 중 많은 것들은 너무 멀리까지 끌고 나갔기에 방향을 잃어버렸으며, 우리가 예상한 대로 보편적 처방으로는 실패하였다. 이 책의 진전에 따라서 이 책을 읽는 사람들은 이 일부 사상들을 떠올리며 그것들이 지닌 혁신된 가치에 고무될 것이다. 우리는 명칭이나 이념을 떠나 새로운 것들로부터 배우려고 노력하지 않으면 안 된다.

이제 우리는 교육의 현안 문제에 관한 비판적 탐구를 시작하며 민주주의와 평등 그리고 선택을 논의하는 것으로 나아갈 것이다. 4장은 교육의 목적에 대해, 그리고 목적에 관한 논의를 왜 부활시켜야 하는지를 자세히 살펴볼 것이다. 이때 5장은 현대교육에서 교양교육이 갖는 위치를 고찰할 것이다. 위에서 제시한 주제와 조화를 이루며 교양교육의 전통적 프로그램을 전적으로 수용하거나 거부하는 것이 아닌 관점을 주장할 것이다. 오히려 나는 무엇을, 왜, 어떤 형식으로 보존할 수 있을지를 물을 것이다.

6장, 7장, 8장은 교육과정에서 개인적, 시민적 그리고 직업적 영역으로부터의 목적을 포함하는 일부의 가능성을 탐구할 것이다. 이 일을 하는 데 있어 나는 교과 사이의 연계, 그리고 삶 자체와의 연계를 주장할 것이다.

6장은 가정생활과 자녀 양육에 대해 논의할 것이다. 가정생활이 우리들 모두에게 차지하는 비중이 얼마나 중요한지를 고찰하면, 학생들이 그에 대해 준비하도록 하고 있지 않다는 사실을 알고서 놀라움을 금치 못할 것이다. 이렇게 된 데는 물론 역사적인 이유가 있다. 고대 그리스 시대부터 내려온 교육과정은 공적 삶을 준비하는 남자들을 위한 것이었으며, 남자들에 의해 만들어졌다. 이 목적은 사적 삶과 공적 삶을 분리시키는 것을 끊임없이 강조하면서 강화되었으며, 관료주의적 사고에 의해 더욱 공고해졌다. 학교는 지성을 개발해야 한다고 주장한다. 또 다른 예를 들면 자녀 양육과 같은 일은 집에서 배워야 한다고 주장한다. 오늘날 아이들이 학교에서 성공을 촉진하거나 지체시키는 데 가정생활이 중요하다는 것을 우리는 인식하고 있다. 그리고 학교 문제에는 학부모의 참여가 필요하다. 이럴 때 가정생활이나 자녀 양육을 교육과정에 왜 포함시키지 않는가?

이와 유사한 논의로서 7장에서도 우리는 지구를 단지 국가의 세계로서가 아니라 우리의 집으로 간주하고 거기에 필요한 변화를 고찰할 것이다. 이 장에서 우리는 생태적 세계시민주의, 즉 전체적 삶의 집으로서 지구에 관한 협동적 연구를 시작하는 세계적 시민성을 향한 운동 방식을 살펴볼 것이다.

8장은 직업교육에 대한 새로운 관심에 대해 논의할 것이다. 단일한 형태의 중등교육은 모든 학생들이 앞으로 다가올 모든 것들—대학에 들어가거나 어떤 직장에 진입하더라도—을 준비해야 한다는 상식을 넘어선 관념은 매우 의문스럽고, 또한 믿기 어려울 정도로 비민주적이다. 평등의 촉진을 요청하는 것은 적성, 재능, 흥미와 같은 중요한 차이들을 무시하도록 하였다. 그러기에 우리는 민주주의를 요청하여 학생들이 점점 더 학교교육을 적게 선택할 수 있게 해야 한다. 그들이 반드시 배워야 하는 모든 것들을 상세하게 하여 "보호"를 할 것이 아니라, 그들 스스로 현명한 선택을 할 수 있도록 안내해야 한다.

가정, 직업, 시민 영역에서의 참여를 충족시키기 위한 교육을 하는 것처럼, 이 영역에서 배회하는 존재가 사람이라는 것을, 그리고 우리는 사람으로서 인격, 인성, 영혼을 수반하고 있음을 항상 알고 있지 않으면 안 된다. 이 문제들은 교육의 이슈들 중심에 자리하고 있다. 9장은 자기를 아는 지식, 도덕적이고 정신적 발달을 위한 교육을 위해 우리가 무엇을 해야 하는지를 살펴볼 것이다.

이 책 전체가 시민의 교육을 중요한 차원에서 다루기는 하지만, 특히

10장은 오늘날의 시민성 교육을 어렵게 하는 일부 제재와 문제를 간략하게 살펴볼 것이다. 우리가 논의하는 주안점은 비판적 사고의 발달과 적용에 맞춰질 것이다.

  마지막으로 11장에서는 1장에서 언급한 문제로 되돌아가 이 장 사이에 끼어들어 몇 가지 비판적 사고에 대해 연습할 것이다.

*아래의 주는 모두 역자가 단 주이다.

1. 미국의 경제학자 보울즈(S. Bowles)와 진티스(H. Gintis)는 사회적/경제적 재생산 이론을 주 장하였다. 이 이론은 학교가 학교 내의 사회적 관계를 자본주의 경제구조의 사회관계와 일치 시킴으로써 자본주의적 생산관계를 재생산한다고 보며, 학교 내의 사회관계와 경제 영역의 사회관계가 대응되는 이론이라 하여 대응 이론이라고도 한다. 이들은 학교제도가 자유와 평 등이라는 자유주의의 이상을 실현시키지 못하고 있다고 보았다. 왜냐하면 학교의 교육 내용 및 사회적 관계가 경제 영역의 지배·종속 관계를 재생산하고 있기 때문이다.

2. 비판이론(critical theory)은 비판적 교육학(critical pedagogy)으로 발전하였다. 비판이론은 초기에는 마르크스로부터 출발하지만, 후기에는 노동계급 중심의 경제적 지배를 넘어서고자 하는 프랑크푸르트학파(호르크하이머의 계몽의 변증법, 마르쿠제의 일차원적 인간, 아도르노 의 반쪽자리 교육, 하버마스의 의사소통적 행위를 하는 민주적 공론의 장 등), 그리고 후기구 조주의자들(푸코의 지식권력 등)로부터 발전되었다. 문화적 헤게모니와 그에 대항하는 문해 력을 사회적 진보의 도구로 생각한 그람시, 새로운 문해력으로 의식화의 필요성을 강조한 프 레이리, 비판적 문해력을 강조한 지루, 탈학교론과 공생의 사회를 제창한 일리치, 학교교육과 교실의 담론구조가 사회의 계급구조에 대응한다고 보는 보울즈와 진티스, 선택적 교육과정을 통해 특권적 지식을 제공한다고 본 애플, 그런 지식을 제공하는 표준화된 교양교육과정을 비 판하고 있는 나딩스와 마르틴 등을 비판이론가로 분류할 수 있다.

감사의 말

현재의 저작에 수년 동안 대화와 질문에 기여했던 세계의 많은 지역의 학생들—스탠퍼드 대학, 콜럼비아 교사대학, 콜게이트 대학, 마이애미 대학, 베이징 사범대학, 도쿄 대학 그리고 여타 대학—에게 감사를 드립니다.

민주적 교육에 대한 계속적 논의를 함께 한 린다 스톤, 스탠퍼드 대학의 듀이 세미나에서 공동으로 가르쳤을 때 아이디어를 만들어낸 데니스 필립스, 인간주의적 교육을 촉진하는 데 있어 예술적 인내의 중요함을 가르쳐준 엘리어트 아이스너, 교양교육에 대한 나의 생각에 질문을 던진 단데 니코라, 윤리에 대한 계속적 논의를 이어준 마이클 슬로트, 지성적 협동에 대한 설득력 있는 에세이를 제공한 바레 존-스타이너, 민주적 교육에 대한 나의 관점에 영향을 미친 존 굴라드, 그리고 그 밖의 수많은 교육사상가에게 진정으로 감사를 드립니다. 또한 초고가 진행될 때 크게 유용한 사색을 함께 해주었던 편집자 브라이안 엘리벡에게 진심으로 감사를 드립니다.

마지막으로 나는 10년이 넘게 함께 아이디어를 나누었던 스티브 소튼에게 특별히 감사를 드립니다.

지금 우리나라는 민주주의의 총체적 위기를 마주하고 있다. 우리의 학교 체제 운영은 너무나 비민주적이어서―물론 최근 혁신학교를 중심으로 민주주주의 학교로서의 변모를 보여주고 있지만―, 전체적으로는 교육법에 명시된 민주시민의 양성을 거론하는 것조차 부끄러울 정도로 비민주적인 일이 비일비재하게 벌어지고 있다. 도대체 민주주의가 무엇을 위한 것이기에 그토록 반대하는가? 아니면 우리는 왜 그토록 민주주의를 지키고자 하는가? 게다가 어른들의 정치가 지나치게 과잉되어 있어―사실 정치라고 할 수도 없지만―젊은이들에게 의미 있는 무엇을 학습시키려고 해도 정치적으로 해석된다. 그래서 정작 젊은이들에게 세계를 이해시키는 것조차 망설이게 한다. 모든 행위가 정치로 확대 해석되어 더욱 그렇다. 이렇게 민주주의의 실종은 모든 소중한 가치를 휩쓸어간다. 민주주의 관점에서 보았을 때 이러한 사태 전개는 보통 심각한 문제가 아니다. 여기에서 민주주의의 가장 중요한 의미는 어디에 두어야 하는가? 교육의 민주주의, 학교에서의 민주주의 방향은 어디로 나아가야 하는가?

이러한 물음 속에서 역자에게 다가온 넬 나딩스Nel Noddings의 『21세기 교육과 민주주의Education and Democracy in the 21st Century』(2013)는 우리의 교육 문제를 민주주의 관점에서 바라보게 하는 중요한 나침판의 역할을 하고 있다. 스탠퍼드 대학교 교수였던 저자가 설파하고 있는 민주주의 교육론은 교육 문제를 보다 근원적으로 바라보게 한다. 듀이가 꼭 100년 전에 『민주주의와 교육』(1916)을 출간한 이래, 이토록 민주주의와 교육의 문제를 연계시켜 포괄적으로 논의한 저서가 나온 적이 없었는데 이 책의 출판으로 제2의 민주주의 교육론을 보게 되는 것 같다. 나딩스의 책을 끝까지 읽으면 듀이의 『민주주의와 교육』 후속편을 보는 것 같기도 하고, 듀이의 미완성된 논의를 나딩스가 계승하는 것처럼 보이기도 한다. 나딩스는 플라톤도 아니고 루소도 아닌, 두 사람을 넘어서는 듀이의 관점을 따르고 있다. 듀이는 개인주의나 공동체주의의 극단을 보여주는 사회나 교육을 거부하였다. 듀이에게 국가는 일차적으로 개인의 권리를 보호하기 위해서 존재하는 것도 아니며, 개인 또한 국가의 기능적 구성 요소로서만 존재하는 것도 아니다. 민주적인 국가와 개인 사이의 관계는 자연스럽게 균형 있고 상호 의존적이어야 한다. 이러한 사고를 민주적인 교실에 적용해본 듀이는 학교가 개인들 사이에 경쟁을 지나치게 권장해서도 안 되지만, 학생 또한 얼굴 없는 학습의 구성원으로 대우해서도 안 된다는 문제의식을 가졌다고 나딩스는 해석한다.

넬 나딩스의 민주적 교육에는 비판적 사고, 숙의 민주주의, 의사소통적 대화, 평등, 생태적 세계시민주의의 가치가 핵심에 자리하고 있다. 듀이는 민주주의 문제를 단순히 정치의 형태나 제도만의 문제로 보는 것이 아니라, 보다 근본적으로 공동생활의 형식이며, 경험을 전달하고 공유하는 방식이라고 본다. 학교는 더불어 살아가는 "함께 연결하고 결합하여 사는 삶associated life"의 최고 형태를 실현하는 장으로서 민주적으로 조직되어야 한다. 그때 학교는 아이들이 자신과 타인, 전체 사회의 성장을 증진시키는 방법을 실제로 배우고 실천하는 민주적 맹아를 잉태시키는 "작은 공동체"라고 할 수 있다. 사람들이 하나의 사회에서 함께 살아가는 것은 그들이 무엇인가를 공동으로 가지고 있기 때문이다. 그 공동의 것을 가지게 되는 과정이 공적 대화를 위한 의사소통이다. 그것은 민주주의의 이상을 구성하는 것으로서 젊은이들의 참여적 의사소통을 통해 유도되어야 한다. 민주주의는 사람들이 어울려 살아가는 삶의 방식을 드러내는 원리이기에 입으로 구호를 외친다고 해서 실현될 일이 아니다. 저자는 민주주의가 영원히 구성 중에 있는 협력적 작업이기에 교육 또한 마찬가지의 성격을 갖는 일이라고 역설한다.

저자는 민주주의와 교육의 관계를 다차원적 영역에 걸쳐 접근하고 있다. 학교와 교육의 민주주의, 학생의 선택, 교육 기회의 평등, 교육과정의 평등, 교육 목적, 교양교육, 직업교육, 중등학교의 위상, 가정살림과 자녀양육, 생태적 세계시민주의, 전인교육, 도덕교육, 시민성교육 등 다양한 주제에 민주주의 원리를 적용하여 자신만의 독특한 민주주의 교육론을 전개하고 있다. 이들 주제의 핵심에 21세기 이념으로 새롭게 대두된 가치, 즉 협동/협력, 의사소통/대화, 비판적/숙고적 사고, 문제 해결 능력, 창의성, 자기이해, 책무성, 돌봄/배려, 겸손한 애국심, 공동체, 문해력, 평등, 가정/집, 우정, 사회정의, 평화, 지속가능성, 행복 등 여러 가지 주요한 개념들이 녹아들어가 있다. 이 모두 개인의 차이와 다양성을 더 많이 인정하면서도 상호 의존을 더 소중하게 여기는 관계적 삶을 충족시키는 교육의 미래를 건설하는 데 의미를 두고 있다. 저자는 인간 삶의 커다란 영역인 개인적 삶, 직업적 삶, 시민적 삶을 매우 중요하게 생각한다. 이 세 목적은 특히 21세기 교육 이념으로 매우 중요하다. 21세기의 핵심적 이념은 협동, 비판적 사고, 문제 해결 능력, 창의성이다. 따라서 21세기 교육의 목적은 개인의 성장과 세계 시민성에 대해 관심을 갖는 것과 동시에 협력과 비판적 사고를 중시해야 한다. 삶의 세 차원은 학생들 서로에게, 교육과정에, 그리고 일상의 삶으로 연계되어 실천되어야 한다. 이런 수평적으로 확장되는 교육 실천은 모두 국가적이며 세계적인 일이기도 하다.

21세기를 맞이하여 우리가 현재 어디에 있으며, 어떤 방향으로 가야 하는지의 관점을, 교육과정, 교수 방법, 그리고 학교의 사회조직 등을 면밀하게 재검토해볼 것을 촉구하고 있다. 교과 사이를 지나치게 분리시키는 국가교육정책이나 관료주의에 대한 심각한 비판적 질문을 던지면서 동시에 학습자의 흥미, 적성, 꿈을 매우 소중하게 여기는 교육세상을 희망한다. 학교는 안전과 지원의 장소, 우정, 즐거움, 지적 자극, 협력, 음식, 식물과 동물, 그리고 대화 등 수많은 것이 융합된 복합적 장소이다. 그래서 교육은 기본적으로 민주주의라는 시각 속에서 조망하고 실천해야 한다.

우선 저자는 21세기를 위한 교육의 목적과 교육과정을 설정하기 위해 존 듀이의 생각을 끌어들인다. 교육은 이윤만을 쫓아가는 비즈니스가 아니라, 다양한 목적을 가지고 있는 "교육적 업業/educational enterprise"이 이루어지는 활동이라고 바라본다. 경쟁과 효율성 그리고 비즈니스에 바탕을 둔 "책무성accountability"보다, 만남과 돌봄 그리고 협력에 바탕을 둔 "책임성responsibility"을 더 중시한다. 21세기에 필요한 교육은 관계를 맺는 최우선의 형태인 협동/협력, 상호 의존의 정신에 바탕을 두어야 한다. 경쟁, 책무성, 규모 확장, 등급, 효율성, 무관용 원칙, 그리고 "무엇이 효과 있는지"라는 말을 중심으로 한 비즈니스 원리는 실제 공교육을 망가뜨릴 것이다. 저자는 이러한 개념이 교육에서 쓸모가 없는 것은 아니지만, 그것들이 교육적 언어를 지배하면 진정한 교육을 어렵게 한다고 본다. 경쟁을 포기해서는 안 되지만, 지구적 이념이 고양되는 시대를 맞이하여 협력과 대화를 위한 의사소통, 그리고 비판적 사고를 위한 열린 마음을 갖는 교육을 해야 한다. 오늘날 미국의 학교가 실패하고 있는 요인은 대개 시험 성적에 기반을 두고 있기 때문이다. 시험 성적을 올리기 위한 경쟁이 전혀 필요가 없는 것은 아니지만, 과도한 경쟁으로 인해 학습/공부의 의미는 물론이고 지구적 공동체에서 살아갈 수 있는 가치인 협력, 대화, 상호 의존, 창의성의 정신을 실종시킬 가능성이 있다는 것을 유념해야 한다. 21세기의 민주주의와 지구적 삶의 현실은 많은 사람들에게 경쟁보다 "협력"

을 더욱 요청하고 있다.

목적에 대한 논의는 본질적으로 민주주의와 교육 모두에 중요하다. 목적들이 민주주의 교육의 지속적 발전을 받쳐주기 때문이다. 학교가 제공하는 모든 것이 교육적 목적과 의미를 담고 있어야 한다는 듀이의 생각은 단순한 직업훈련에 있지 않다. 교육 목적은 삶의 커다란 세 영역으로서 개인의 영역, 직업의 영역, 시민의 영역으로 확장시켜 구성되어야 한다. 그런데 유감스럽게도 지금 우리 사회는 교육 목표와 지표 설정에 있어 "왜"라는 질문이 결여되어 있다. 중앙정부로부터 일방적 지시만 있을 뿐이다. 나딩스의 이런 상황 인식은 교사가 지식 생산자로서 전문성을 구현하는 직업이라기보다는 권력이 만들어낸 지식을 단순히 소비하는 말단 공무원으로 전락되고 있는 데 대한 중대한 경고를 하는 것으로 들린다. 정해진 수업 시간에 자신이 가르치는 학습 자료를 보다 큰 목표와 연계시키지 못하면 창의적 사고나 비판적 사고가 출현할 리도 없을 것이다. 행동 목표 운동과 이에 따른 역량 운동competencies movement으로 좁게 전문화되어서는 안 됨을 역설한다.

저자는 여기에서 적어도 교육자가 목적에 대한 근본적 질문을 할 수 있어야 한다고 역설한다. "왜"라는 목적에 대한 근원적 질문을 하여 목표와 관련시켜 실천을 해야 한다는 것이다. 교실 현장에서 이런저런 수많은 교육 행위/실천을 하지만 궁극적 목적이 설정되어 있지 않으면 사상누각이 됨을 일깨운다. 그래서 저자는 학습 자료를 심사숙고하면서 작성하고, 성찰한 목적들이 상호 보완되고, 학습 목표를 함께 풍부하게 하는 교과들을 넘어서는 다양한 주제와 교수 기법을 찾을 것을 권고한다. 우리가 "행복"을 교육의 목적으로 받아들인다면, 학생들은 그 주제에 대한 대화에 참여할 기회를 가져야 한다. 무엇이 사람을 행복하게 하는가? 사람들은 행복을 어떻게 추구하는지, 어떻게 실패하거나 성공했는지, 학생들에게 자신의 행복을 향한 길을 탐구하도록 논의의 장을 열어주어야 한다.

행복에 대한 지성적 대화는 개인의 발달이라는 교육 목적에 매우 중요하게 기여한다. 가치는 그냥 전수되는 것이 아니라 대화를 통해 협동적으로 구성되고, 공동의 프로젝트를 기반으로 함께 협력하면서 구성되는 것이다. 저자는 젊은이들이 너무나 자주 쓸모없는 점수나 학위를 따는 것으로 내몰리면서 인생을 어떻게 살 것인지, 어떤 종류의 사람이 되고자 하는지를 망각하게 되는 교육 현실에 대해 비판적 성찰을 할 것을 요청한다.

저자는 대화의 교육학자라고 할 정도로 학교 문제를 21세기 교육의 관점에서 접근하고 있다. "대화"는 비판적 사고를 위한 기본으로서 21세기 교육을 위한 중요한 가치이다. 의사소통을 위한 대화는 타인과의 대화를 통해, 그리고 때때로 자신과의 대화를 통해 아이디어를 탐구하고, 논쟁점을 드러내고, 질문을 제기하고, 탐구를 계속하기 위한 결단에 참여하도록 한다. 그리고 다른 사람들과의 시민적 대화에 참여하는 것을 배움으로써 자신의 신념과 행동에 따라 성찰하는 것에 대한 두려움을 줄여주도록 한다. 저자는 민주주의 정치철학자 구트만의 생각에 따라 교육의 잠재적 가치로서 교화와 억압이 없는 비-억압과 비-차별의 원칙을 제시한다. "숙의 민주주의"의 교육적 분위기 속에서 개인과 집단이 자신의 합리적·도덕적 이상을 따르는 것이 가능하도록 해야 한다고 역설한다. 대화로 유도하는 참여는 숙의를 학습하기 위한 수단이다. 그런데 오늘날 우리 학교는 숙의적/숙고적 참여를 위한 교육을 하는 것을 매우 어렵게 하고 있다. 대충대충 결론을 내거나 다수결주의가 지나치게 활용되어 진지한 숙고를 불가능하게 해서는 안 된다. 그래서 먼저 교사들이 스스로 숙고적으로 생각하는 사람이 되기를 기대한다. 교사가 숙고적이지 않으면 아이들이 숙고적일 수 없기 때문이다. 숙고적 사고를 가능하게 하려면 먼저 의사소통의 통로를 열어주는 대화의 문을 열어야 한다.

최근에 개발된 미국의 국가공통핵심학습기준CCSS에 대해 미국 내 학자들의 저항이 만만치 않다. 이들은 주로 국가공통기준을 주장하는 사람들이 제시하는 가정이나 논리 등을 적극적으로 반박하면서 이 기준의 도입에 반대하고 있다. 국가공통기준은 보는 관점에 따라 미국 교육에 희망적일 수도 있고 위협적일 수도 있다. 옹호자들에게 이 기준은 학생들의 대학과 직장에서의 삶을 준비시키는 데 매우 훌륭한 것이며, 더 나은 수업을 위한 계기를 마련해줄 것으로 기대하는 반면, 비판자들에게 이 기준은 외부에서 부과된 획일적인 국가교육과정에 지나지 않는다. 지지자들의 희망이 피어날지, 아니면 반대론자들의 악몽이 현실이 될지는 앞으로 두고 볼 일이지만, 저자는 반대론자의 입장에 분명하게 서 있다. 우리나라의 일제고사와 같은 표준화 시험은 창의성을 말살할 뿐 아니라 협력과 민주주의의 근간을 흔든다고 본다. 그것은 근본적으로 "비판적 사고"를 위축시키기 때문이다. 비판적 사고는 학교의 모든 과목에서 필요할 뿐 아니라, 삶의 모든 영역에서 필요하다. 모든 학생들에게 일상생활 영역에서 비판적 사고와 문제 해결 능력을 계발하도록 도움을 주어야 한다. 사람의 마음을 똘똘 뭉치게 하는 맹목적 애국심은 세계 지배를 위한 것이기에 "겸손한 애국심chastened patriotism"으로 전환되어야 한다. 국가에 대한 애국심과 자주 연관된 적개심을 순화시킬 수 있는 생태적 애국심이 더 절실하다. 그래야 파시즘이나 나치즘의 출현을 막을 수 있다.

나딩스는 듀이에게서는 크게 강조하지 않은 "평등"을 부각시킨다. 평등은 민주주의의 핵심적 개념이다. 평등은 정치적 권리/자격에 적용되는 것은 물론이고 경제적 권리/자격에도 해당된다. 경제적 성공을 위해 평등한 기회를 제공하는 것은 물론이고, 이와 상관없이 모든 아이들이 지적으로 발달할 기회를 가져야 하는 것도 평등의 개념 속에 포함시켜야 한다. 대체로 바우처 옹호자나 차터스쿨 옹호자들은 시장이 기업적으로 실패하고 있는 학교(일반적으로는 공립학교)를 퇴출시켜야 한다고 주장한다. 저자 또한 학교교육의 자유시장 체제를 부정하지 않지만, 학교란 구석진 곳에 있는 주유소나 편의점과는 다르다고 본다. 거꾸로 저자는 모든 아이들에게 평등한 기회를 갖게 하려면 공립학교를 보호하고 강화해야 한다고 주장한다. 바우처나 차터스쿨로 교육 문제를 복잡하게 만들기보다 재정과 노력을 공립학교에 집중해야 한다. 실패하고 있는 공립학교에 대한 유일한 합리적 대답은 공립학교를 없애는 것이 능사가 아니라 혁신하는 방안이 보다 현실적이라고 판단한다. 이런 의미에서 최근 우리나라에서 부상하고 있는 "공교육 안의 혁신학교 운동"은 매우 중요한 의미를 갖는다고할 수 있다.

많은 사람들은 모든 아이들의 평등을 위해 유치원에서 고등학교까지 통일된 교육과정을 밟아야 한다며 이를 "평등"이라는 이름으로 요구하고 있는데, 저자는 평등은 동일함을 의미하지 않는다는 점을 강조한다. 모든 사람을 위한 지식의 통일성을 추구하면서도 개별 학생의 학업성취 차이/다양성을 존중할 것을 요구한다. 민주주의는 공통의 교육과정을 통해 평등을 성취하거나 향상시킬 수 있지만, 아이들이 무엇을 알아야 할지, 어떻게 해야 진실을 배울 수 있는지에 대한 본질적 질문을 함께 수반해야 한다. 특히, 고등학교 공통 교육과정에서 모든 학생들을 대학에 갈 수 있도록 준비시키는 것은 겉으로 보기에 평등한 기회를 주는 것처럼 보이지만, 그들의 재능과 관심을 무시할 수 있기에 오히려 평등한 기회를 제공하는 것이 아닐 수도 있다. 모든 아이들이 학문적 성향을 갖고 있는 게 아닌데도, 통합적 교육과정을 이수하도록 하는 것은 아이들의 발달적 차이를 무시할 뿐 아니라, 오히려 불평등을 크게 심화시킬 수도 있다. 그래서 많은 학생들이 대학 준비로 인해 삶 전체를 망가지게 하기보다는 고등학교만 마쳐도 만족할 수 있는 삶을 살게 하는 시스템을 구축해야 한다. 그리고 학업 연구를 위한 소질과 적성의 부족함을 "결함"으로 보지 말아야 한다.

교양교육의 강한 힘은 학습 그 자체를 중시하고, 불멸의 대화를 고무하며, 그리고 미적 감상과 건전한 도덕적 인격, 그리고 영적 의미를 보존하는 데 있다. "교양교육liberal education/liberal arts education"은 지혜, 인격, 그리고 영혼의 평안을 가져오도록 돕는 교육 활동이다. 교양교육의 가장 중요한 목적은 지성을 함양하는 데 있다. 그런데 교양교육은 찬사와 염려를 동시에 받고 있다. 찬사는 실존적 문제와 불멸의 대화에 근거를 두고 있다면, 염려는 그것이 때때로 수반하는 확실성 그리고 고상한 척하는 태도를 겨냥하고 있다. 따라서 교양교육은 책, 말, 사실의 목록으로 축소시키지 않고 깊이, 그리고 넓게 사고하도록 유도해야 한다. "교화"가 아닌 방식으로 이루어져야 한다. 그것도 아주 논쟁적인 주제를 논의할 수 있는 열린 대화의 기회로 삼아야 한다. 그러기에 학생들 간의 토의를 격려하지 않으면 안 된다. 이를 위해 저자는 좋은 선생님들에게 불멸의 영원한 대화를 할 수 있는 "함께 읽기common reading"를 권장한다. 좋은 선생님들은 학생들이 가까이에서 만나는 주제의 깊은 심층 속으로 들어가는 지성적 여행을 하도록 자극하고, 다른 주제와 많은 연관을 맺도록 하는 수평적 방식으로 지도를 해야 한다.

교양교육의 열렬한 제창자인 허친스와 아들러는 현 사회의 문제를 해결하는 데 과거 사회의 사상가와 지도자들로부터 많은 것을 배울 수 있다고 믿었다. 이에 대해 듀이는 이 방식에 동의하지 않았다. 허친스는 과거에 비중을 둔 지식을 가르치는 것을 강조하며 종종 "가장 좋은"교육을 제창하는데, 저자는 그것을 두고 삶의 구체적 문제로부터 교육을 분리시킬 가능성이 있을 뿐 아니라, 권력의 존속을 위한 "특권적 지식"으로서 타락할 가능성이 있다고 비판한다. 아무리 최고의 선이라고 하더라도 그것이 누구의 것이며, 누구를 위한 최고선인지를 물어야 한다. 저자는 사회재건주의자들social reconstructivists이 새로운 사회의 건설을 위해 불가피하게 요청하는 "교화indoctrination"가 지배, 권위주의, 그리고 심지어 전체주의로 너무나 쉽게 이끌릴 수 있기에 "지성의 방법"을 따라야 한다고 주장한다. 배움의 내용보다 탐구의 방법이 더 중요하다는 것이다. 저자는 교양교육의 전통적 프로그램을 전적으로 수용하는 것도 아니고 거부하는 것도 아닌 제3의 관점을 취한다. 교양교육의 매우 풍부한 생각들은 학교에서 제공되는 모든 과정에 통합을 시키면서 학교교육과정과 프로그램을 다양화해야 한다.

저자는 또 인문계 교육과 교양교육의 한계를 극복하기 위한 대안으로 직업교육에 관심을 가질 것을 촉구한다. 오늘날 미국의 직업교육 논의는 그렇게 활발하지 않다. 중등학교 단계에서 직업교육을 반대했던 이유 중 하나는 국가가 엔지니어, 과학자, 그리고 수학자를 더 많이 필요로 한다고 보고 있기 때문이다. 이러한 흐름에 대해 저자는 다른 의견을 제시한다. 공급이 부족하다고 하는 기술자 모두는 학사나 석사 학위 같은 대학 졸업 자격을 갖춘 엔지니어들이 아니기 때문이다. 오히려 엔지니어들은 대체로 건강한 후기-중등교육 2년이라는 기간에 직업 준비를 잘한 사람들이다. 이런 직업 준비를 위한 좋은 출발점은 중등 단계에서도 가능하다. 하나의 중등교육 형태는 모든 학생들에게 앞으로 다가올 모든 것들(대학이나 직장 진입 등)을 준비시키는 것은 시대에 뒤떨어진 생각으로서 매우 비평등적이고 비민주적이다. 모든 사람을 대학으로 보내려는 우리들의 현재적 바람은 이제 재고해야만 한다.

저자는 교육의 주요 목적을 학생들이 무엇을 잘하고, 자신의 삶을 어떻게 보내고 싶은지 찾아내고 그리고 자신의 삶에 책임을 지고 완성할 수 있는 방법을 발견하도록 도와주는 일이라고 역설한다. 우리가 교육에서 하고 있는 일의 많은 부분은 미래를 위해 반드시 필요한, 그 무엇을 위한 준비일 것이다. 때로 그 준비는 중요한 문제나 개념을 해결하기 위해 필요한 기술의 습득을 목표로 한다. 즉, 준비는 때때로 사람이 삶을 유지하는 노동이고 생계를 유지하는 방법이기도 한 직업을 목표로 하고 있다. 그런데 이런 종류의 준비는 큰 목적의 탐구를 통해 추구되어야 한다. 모든 것의 가치가 어떤 미래의 날짜에 맞추어져서는 안 된다. 준비는 훗날의 경험을 위해 무엇인가를 준비해야 하는 것이지만, 그 준비는 성장, 계속성, 경험의 재구성을 위한 것이어야 한다. 인간 삶의 3대 영역인 개인적, 시민적, 그리고 직업적 삶 속에서 성공과 만족을 영위할 수 있도록 성장과 준비를 하는 교육을 상정해야 한다. 이를 위해 노동자들이 살아나가는 데 적절한 임금을 받아야 하고, 그래야 어느 정도 일의 존엄성을 가질 것이다. 즉, 자기의 직업에서 만족을 얻지 못하는 사람들은 삶의 다른 큰 영역의 하나에서 만족을 찾을 수 있어야 민주적 희망을 갖는 것이다. 직업적 삶에서 만족을 찾지 못하는 것을 대신하여, 개인적/가정적 삶과 시민적 삶 속에서 만족을 찾아야 한다. 그래서 저자는 대학교육 이전의 "후기 중등교육"을 비중 있게 다루고 있다.

아들러와 베스터, 허쉬, 그리고 초기의 가드너 입장(지적 수월성 강조)에 반대하면서, 학교는 단순히 지적 발달만이 아니라, 보다 많은 목표를 인정하고 추구해야 한다고 주장한다. 저자는 일 속에 정신이 있는 것이기에 일의 탁월성, 때로는 미적 탁월성을 찾을 것을 촉구한다. 저자는 지붕에 물이 새는 것을 수리하기 위해 육체적으로 일하고 있는 사람과 도서관 책상에서 공부를 하는 사람 중 누가 더 우수한지를 되묻는다. 육체노동body work을 하는 배관공이나 미용사, 목수, 운전사 등도 인지, 판단, 기억, 지식 등을 이용하여 "정신노동mind work"을 한다는 것이다. 즉 "일터에서의 정신mind at work"을 요구한다. 더 발전된 민주사회를 위해서는 학문적인 것과 직업적인 것의 이분화를 넘어서야 한다는 생각이다. 생각과 행동이란 상호 보완적이고 긴밀하게 연결된 활동이다. 어떤 실용적 활동도, 또는 현장 실습도 단순히 육체노동만을 요구하지 않는다. 그러한 일은 지적으로 가르치고 배울 수 있으며, 작업장의 토론은 특정의 "행위doing"를 넘어 시민의식과 상호 존중, 개인적 생활과 연관되어 있다.

또한 교육은 삶의 세 가지 커다란 영역에 있어 전인적 인간을 위한 삶의 방식을 충족시키는 일이기도 하다. 개인적, 직업적, 시민적 삶의 영역은 도덕적, 영성적 발달 등 사람의 인성 및 인격과 관련된 "전인교육" 및 "도덕교육"과 연계되어 있다. 무엇이 덕인가, 그리고 어떻게 그것을 습득할 것인가? 덕은 가르쳐질 수 없다는 『메논』은 알면 행할 수 있다고 역설하면서 무지로부터의 해방을 주장했던 소크라테스를 매우 곤혹스럽게 하였다. 이후 『프로타고라스』는 비록 덕이 직접적으로 가르쳐질 수는 없다고 하더라도, 그것의 발달과 함께 "무언가"를 가르칠 수 있다는 상반된 입장을 표명하였다. 도덕적 성취를 지속적으로 이룰 것이라고 보장할 수는 없지만, 여전히 덕을 직접적으로 가르치는 것이 가장 좋은 방법이라고 주장하는 입장은 아리스토텔레스의 관점이라고 할 수 있다. 인격을 강조하는 현대 덕윤리학자들은 대체로 이 노선을 따르고 있다. 반면 소크라테스의 관점을 따르는 도덕발달심리학자 로렌스 콜버그는 전통적 인격교육을 "덕목 보따리" 접근이라고 비판하였다. 전통적 인격교육은 효과가 없으며, 그것이 교화의 방식을 취하고 있다는 것이다. 소크라테스의 노선을 따르는 콜버그의 비판적 추론은 도덕적 행위자의 합리적 결정, 즉 "왜"라는 이유를 대고자 하는 칸트의 정언명령이나 존 롤스의 정의 이론에 기초하고 있다.

비판적 추론을 강조하는 인지발달주의자들의 사상적 흐름은 모두 자유주의에 바탕을 두고 있다. 이 경향은 개인주의나 고립주의로 나아갈 수 있다는 공동체주의의 반발을 불러왔다. 저자는 여기에서 인격교육이 강조하는 공동체 개념은 교화의 우려가 있다며 인격의 비판적 기능을 부각시킨다. 이러한 접근은 덕과 인격이 파시즘이나 나치즘과 연루된 지난날의 역사적 과오와 그것에 대한 성찰에서 나온 것이다. 정직, 용기, 자기희생, 동료애, 충성심 그리고 애국심을 열렬히 가르쳤지만, 이들 덕목들은 잘못된 방향으로 이용되었다. 그러기에 공동체 개념 그 자체는 그것의 도덕적 선과 관련하여 지속적으로 관찰되고, 성찰되어야 한다. 저자는 인격교육, 우리나라에서는 흔히 "인성교육"이라고 호칭되는 정책의 교화 가능성을 위험하다고 본다. 그래서 대안으로 자기에 대한 앎과 자기이해, 그리고 평화교육과 세계시민교육을 적극적으로 불러들인다.

우리는 지구를 보존하기 위해 어떻게 살아야 하는가? 지역적으로는 무엇을 해야 하는가? 그리고 우리가 배워야 할 것은 무엇인가? 학교는 더 넓은 세계에 대해 마음을 열어놓아야 한다. 우리의 가정home/집house이라고 할 수 있는 학교, 마을, 땅 등 장소가 얼마나 소중한지에 대해 성찰하지 않으면 안 된다. 전체주의 경향을 보이는 국가의 역사를 덜 강조하면서 자연환경과 인류의 삶을 더 강조하는 방향으로 나아가야 한다. 학교는 그 안에서 머무는 사람들의 생각을 변화무쌍하게 형성해야 한다. 그리하여 학생들로 하여금 예측할 수 없는 창조적인 생각들과 만나고, 서로서로 만나고, 그리고 자연 세계와 만나게 해야 한다. 교육 내용을 인간 중심적 보존으로부터 생태적 삶으로 전환해야 한다. 이를 위해 전통적 교과 내용을 다소 줄이면서 기존의 내용에 생태에 관한 새로운 주제를 추가해야 한다. 21세기 교육과정은 가르친 과목들 사이의 연계, 그리고 교과목과 실제 삶 사이의 연계가 중요하다. 우리는 국제적인/세계적인 문제에 대해 계속 관심을 가져야 한다. 세계를 시민성의 초점으로 바라보는 관점인 "세계시민교육"은 좁은 국가적 이해를 넘어서는 21세기 교육이 필요하다. 애국심, 군사적 영웅, 파시즘과 같은 주제에 어떻게 접근해야 하는가? 학생들이 애국심과 국가에 대한 자부심에 대해 비판적 안목을 갖는 것은 쉽지 않을 것이다. 그렇지만 21세기에는 지구적 책임과 다문화주의 관점을 가져야 한다. 이런 방향으로 나아가기 위한 하나의 방법으로 "생태적 세계시민주의ecological cosmopolitanism"를 요청한다.

저자는 "시민성 교육citizenship education"을 가로막고 있는 문제들을 하나하나 적시한다. 민주주의 사회에서 학교교육의 기본적 목적은 숙고할 수 있고 현명한 선택을 할 수 있는 사려 깊은 시민을 기르는 것이다. 학생들을 비판적 사고를 할 수 있는 시민으로 변화시키려면, 논리적이고 신중하게 논거를 제시하도록 격려해야 한다. 사려 깊고 효과적인 변화의 주체를 길러내려면 또한 경청과 협력이 필요하다. 비판적 사고는 효과적인 직업생활과 각성된 시민의식을 위해 중요하다. 저자는 민주적 활동의 참여는 필수 불가결하기 때문에, 교육자들은 특별활동을 폐지하거나 축소하는 것에 저항해야 한다고 제안한다. 시민성을 위한 교육 방식은 교사-중심적 방법이나 학생-중심적 방법 어느 하나를 선택하는 이분법을 삼가야 한다. 교사-중심적이지도 않고 학생-중심적이지도 않은, "학급" 전체를 중심으로 두는 방법이 적절하다. 주제를 형식적으로 도입하는 수업이 아니라, 프레이리가 선호하듯 "문제 제기 방식"이어야 한다.

저자는 "가정home"의 의미를 새롭게 제기하고 있다. 주거하는 장소이며, 쉼터의 장소인 가정은 가족에 의해 선택되고 구성되는 거주지이다. 가족이 사는 가정을 꾸린다는 것은 무엇을 의미하는가? 우리는 보통 집에서 안정, 물리적 편안함, 갱생을 연상한다. 저자는 무엇보다 깊은 사색에 잠길 수 있는 꿈꾸는 쉼터로서 가정의 기능을 회복할 것을 역설한다. 그동안 가정을 전문적으로 가꾸는 주부의 헌신을 너무 자주 간과하였다. 가정생활이 차지하는 비중이 매우 중요함에도 불구하고, 학생들이 그것을 거의 준비하고 있지 않다는 점에 대해 우려를 표명한다. 이제 자녀 양육 문제를 여성에게만 한정시키는 것이 아니라, 남성도 가족의 구성원이기에 남학생도 그것을 알게 하는 교육과정을 만들어야 한다. 자녀 양육은 가정의 보존, 성장의 촉진, 도덕적·사회적 수용을 하도록 안내하는 데 중요한 역할을 한다. 많은 사람들에게 가정생활이 차지하는 비중이 얼마나 중요한지를 고려해보면, 학교에서 가정살림homemaking과 자녀 양육 parenting을 가르치지 않는 것은 시대착오적이다. 이런 결과를 낳은 것은 고대 그리스 시대부터 내려온 교육과정이 공적 삶을 준비하는 남자들을 위한 것이었기 때문이며, 그것도 남성들에 의해 만들어졌기 때문이다. 이것은 사적인 삶과 공적인 삶을 분리시키는 것을 지속적으로 강조하면서 강화되었다. 그래서 저자는 민주적 사회의 삶을 살아가는 최상의 부모가 되기 위한 "민주적 자녀 양육"을 대안으로 제시한다. 자기 자녀가 만족하는 삶을 향유하도록 지도할 수 있는 자녀 양육 기술을 습득하도록 해야 한다. 오늘날 이 문제는 학교/제도교육의 저항에 부딪힐 수 있지만, 학교는 가정살림과 자녀 양육에 대해 가르쳐야 한다. 교육이라는 과업이 학생들을 온전하고 만족스러운 삶을 위해 준비시키는 일이라고 한다면, 가정살림과 자녀 양육은 분명 공교육의 한 부분이 되어야 한다. 학교와 가정은 상호 의존적이라는 것을 인식시켜야 한다. 교육과정에 집의 가치나 가정살림의 역사뿐만 아니라, 아동기와 아동 양육의 역사를 포함해야 한다.

저자는 사회재생산 이론가들과 비판적 이론가들처럼 지배 문화가 학교를 통제하고 그것의 재생산을 위해 학교를 이용하고 있다고 강력하게 비판한다. 그런데 저자는 이들 입장과 달리 학교교육의 사회재생산 기능이 막강하다고 하여 저항의 틈새가 전혀 없는 것이 아니라는 입장을 취한다. 학교가 보다 큰 사회구조 속에 파묻혀 있기 때문에 학교가 새로운 사회질서를 만들 수 없다는 비관론적 입장을 취하기보다는, 오히려 학교는 민주적 공동체에 산다고 하는 것이 무엇을 의미하는지를 더 명료하게 이해하고, 사회가 보다 더 책임감 있는 개인을 길러내는 데 도움을 줄 수 있다고 판단한다. 저자는 새로운 사회질서를 만들기 위해서 학교를 비판했던 사회재건주의자들의 급진적 입장보다 더 현실주의적 노선을 취한다. 비판이론가들critical theorists처럼 사회가 훨씬 더 강력해지면 학교에 더 많은 영향력을 행사한다고 생각한다. 저자는 듀이처럼 사회주의의 변형인 공산주의자와 파시스트에 반대한다. 저자는 경제에 지나치게 경도된 사회주의에 대해서는 비판적 입장을 취하면서 듀이와 카운츠처럼 민주적 사회주의democratic socialism를 제창한다. 다만 듀이는 카운츠의 민주적 사회주의 관점에 크게 동의하지만, "교화"나 "주입"의 방식을 옹호하지 않는다. 말하자면 내용은 찬동하지만 방식에는 찬동하지 않은 것이다. 교화가 최고의 선이라도 그것이 너무나 쉽게 권위주의나 전체주의로 유도될 위험이 있기 때문이다. 그래서 저자는 권위와 전통의 방식이 아니라 지성의 방법, 배움의 내용보다 탐구의 방법이 더 중요하다는 듀이 노선과 함께한다.

저자는 사회가 갖고 있는 최상의 소질을 적극적으로 활용하면, 학교가 보다 나은 것을 위해 그 사회를 변화시키는 데 있어 적어도 차이를 더 좁힐 수 있는 가능성이 있다고 본다. 보다 민주적이고 지속가능하며 사회적으로 정의로운 사회를 이끌 수 있는 학교교육의 변화 가능성을 희망하면서 그것에 영향을 미칠 수 있는 교사들의 실천에 희망을 걸고 있다. 이것은 인간이 환경에 수동적으로 적응만 하는 객체가 아니라, 그 환경을 변화시킬 수 있는 주체적 잠재력을 가진 존재로 보는 것이라고 할 수 있다. 저자는 실패하고 있는 공립학교를 개혁할 수 있는 유일한 합리적 대답은 공립학교를 혁신하는 데 있다고 역설한다. 어떻게 공립학교를 개선할 수 있을까? 저자는 그 해답이 폐교나 규모 확장이 아니라 아래로부터의 상향식 개혁을 할 수 있는 현장의 교사와 학부모, 그리고 민주적 관리자에게 맡겨져야 한다고 제안한다.

저자는 현재의 교육 현실에 대한 비판적 평가뿐 아니라, 미래의 상상적 협동적 탐구를 해야 함을 촉구하면서 21세기가 지향해야 할 학교교육의 이상과 비전을 제시한다. 존 듀이의 민주주의 교육론이 철학적이고 좀 사변적이라면, 넬 나딩스의 그것은 철학적이면서도 매우 실천적이다. 나딩스는 듀이에게는 보이지 않는 지구적이고 생태학적인 관점, 그리고 여성주의 관점을 더욱 두드러지게 보여준다. 아마 저자의 발전된 관점은 시대적 상황의 변화와 환경 위기가 반영된 것이기도 할 것이다. 나딩스는 듀이에게 상당히 의존하면서도 그가 인종, 계급, 젠더의 문제에 대해 관심을 덜 기울인 부분은 보완하면서 새로운 아이디어를 제안하고 있다.

저자는 교육에 대한 광범위한 영역에 걸친 다양한 주제를 원로 교육철학자의 원숙한 세계관과 교육철학으로 녹여내고 있다. 저자는 우리에게 많이 알려진 저명한 교육철학자이다. 오랫동안 중등교육의 현장에서 수학을 가르친 현장 경험과 그것을 토대로 발전한 선진적 교육철학자이기도 하다. 콜버그의 인지적 도덕성 이론에 반기를 든 관계에 기반을 둔 돌봄/배려의 윤리학이나 도덕교육을 제창한 여성주의 학자로도 잘 알려져 있다. 칸트나 롤스 그리고 콜버그 등의 합리주의/이성주의를 넘어선 관계론적 인식론을 제창한 윤리학자들의 반열에 올라가 있는 대학자이기도 하다. 시카고 대학의 실험학교 교장을 역임하였기에 진보적이고 실천적인 교육자이기도 하다. 최근에는 행복과 교육의 새로운 지평을 열어 보이는 인문학자, 애국심과 전쟁의 위험성을 우려하는 평화주의자 또는 세계시민주의자, 지구로서의 집의 의미를 회복하고자 하는 생태주의자의 모습을 보이고 있다. 이렇게 저자는 우리의 아이들, 국가 그리고 세상의 미래가 위험에 처해 있다고 경고한다.

그런데 저자는 유토피아를 꿈꾸는 이상주의자이면서도 현실을 아예 내버릴 수도 없다며 처음부터 다시 시작하는 급진주의는 대안이 아니라는 현실주의적 입장을 취한다. 교육의 역사에서 훌륭한 사상들이 많이 등장하고 있지만, 그들 중 많은 것들은 너무 멀리까지 밀고 나감으로써 방향을 잃어버렸고 이상주의자들의 보편적 처방은 실패하였다고 본다. 이 책은 전반적으로 만병통치약을 또다시 찾는 것이 아니다. 거시적 차원에서 "무엇이 효과가 있는지"를 조언하고자 하며 현실 속에서 작업을 하지 않으면 안 된다고 역설한다. 이상적 공동체를 생각하는 것은 멋진 일이지만 그런 생각을 하면서도 있는 그대로의 세상으로 끊임없이 되돌아와 그 이상들이 현 상황을 얼마나 지도하고 개선할 수 있는지를 묻지 않으면 안 된다고 본다. 저자는 지배적 교육 체제나 교육과정을 완전히 내버리거나, 아니면 모든 것을 다시 시작하는 양자택일을 해야 하는 선택

사항이 아니라면서 주어진 현실 속에서 활동할 가능성의 실천 공간을 찾아야 한다고 주장한다. 기존의 교육과정에서 열거하고 있는 학습 자료 모두를 불필요한 것으로 보아 분별없이 폐기하는 방식이 아니라, 그 자료가 무엇을 제공하고 있는지, 그리고 그것이 학생의 현재적 삶에 기여할 수 있는지를 면밀하게 재검토하지 않으면 안 된다. 교육과정은 학생의 요구, 교과의 본질, 그리고 보다 큰 사회로부터의 요구를 모두 고려하여 세심하게 작성되어야 한다고 역설한다.

저자는 최신의 연구 동향과 이론들을 정치하게 펼쳐나가면서도 때로는 결단을 보이고, 또 때로는 호소도 하면서 실천적 학자의 면모를 보여준다. 이런 학문적·실천적 삶을 살고 있는 저자의 『21세기 교육과 민주주의』는 교육의 목적과 방향을 잃어버린 한국 사회에 많은 것을 생각하도록 한다. 열 명의 자녀를 둔 어머니이며 퇴직한 지 오래된 원로 교수임에도 불구하고 끊임없이 글을 쓰고 책을 내고 있다. 나는 이 책을 번역하면서 지난 세월에 걸쳐 오랫동안 교육 활동과 운동에 몸담아왔기에 많이 안다고 생각했으나, 이 책을 읽으면서 자신이 얼마나 무지했는지를 고백하지 않을 수 없다. 교육이라는 활동이 매우 복잡하고 오묘하고 숭고하다는 생각도 하게 되었다. 그동안 가정관리와 아동 양육이 공적 일이 아니라 사적 영역의 일로서 여성들의 몫이라고 여겨졌던 인습적 사고에 대한 남성들의 편견과 무지, 무책임을 깨닫게 하는 지적에는 얼굴이 화끈거렸다. 이러한 사고방식을 젊은 학창 시절에 배웠다면 현재의 가정생활이나 결혼생활 그리고 사회생활이 더욱 원숙하지 않았을까 하는 성찰도 힘든 번역을 하면서 하게 되었다.

원래 이 책은 몇 년 전 고려대학교 대학원 수업 때 교재로 사용한 것이 지금에서야 나오게 되었다. 대학원생들의 발표로부터 시작된 번역이지만 나의 손에 들어와 재번역을 하는 일은 처음부터 다시 손을 대야 하는 고된 작업이었다. 혼자 이 일을 한다는 것은 쉬운 일이 아니었다. 그럼에도 이렇게 힘든 과정인 번역을 고집한 것은 저자의 문제의식이 나와 거의 같다는 점에서다. 그리고 고통스러운 실천을 하는 한국의 교사들에게 상당히 도움이 될 것이라는 생각에서 애써 번역을 완료하였다. 번역을 끝내고 옮긴이의 말을 쓰고 나니 저자의 교육사상이 매우 높고 치열하다는 생각을 하게 되었다. 저자의 생각이 나의 생각과 왜 이리도 닮았는지 놀라지 않을 수 없었다. 국적과 성은 달라도 꿈꾸는 세상이 비슷해서 그런 것이 아닐까 짐작해본다. 아니 솔직한 고백을 하자면 나의 생각이 아직 덜 치열하고 덜 무르익었다는 사실을 고백하고 있다. 번역을 하면서 이런 생각 저런 생각을 많이 하였으며, 번역이 제2의 창작이라는 말을 실감하였다. 이런저런 생각을 거쳐 탄생한 번역이었기에 정년을 얼마 남겨두고 있지 않은 역자에게는 많은 의미를 갖게 하였다. 지난 교육적 생애를 돌이켜 보는 성찰도 하게 되었으며, 정년 이후의 삶을 어떻게 살 것인지를 알려주는 방향타 역할까지 해주었다. 도대체 교육이란 무엇인가? 교육에서의 민주주의란 무엇인가? 이런 근본적 주제에 궁금증을 갖는 독자들에게는 어둠을 밝혀주는 작은 빛의 역할을 할 것이다.

1장

두 렌즈를 통해 본
교육 문제

대중매체의 기사나 정치인들의 연설들의 렌즈를 통해 보여주는 오늘날의 지배적 관점은 공립학교가 실패하고 있다는 사실이다. 이러한 탄식조의 목소리가 되풀이하여 들려오고 있다. 사실 이 불만은 모든 학교가 아니라, 적절히 일부의 학교를 지목하고 있음을 분명히 해야 한다. 그러함에도 아직까지 이 점이 전혀 고쳐지지 않고 있다. 학교가 실패하고 있다는 얘기를 들을 때, 광범위한 보편적 변화를 보이는 "학교 개혁school reform"을 추구하려는 시도는 이해할 만하다. 한 세기 걸쳐 진보주의 교육progressive education[1]의 영향을 받은 기존 학교교육 비판자들 일부는 경고의 메시지를 보내면서 문제를 좀 더 주의 깊게 분석할 것을 촉구하고 있다. 만일 교수들의 전문적 진단으로부터 촉발된 해결책이 문제를 잘못 진단하였다면, 성공한 학교에 대해서는 피해를 줄 수 있으며, 그리고 정말로 실패한 학교에 대해서는 전혀 도움을 주지 못할 수도 있다.

학교가 실패하고 있는 첫 번째 요인은 대개 시험 성적에 기반을 두고 있다는 점이다. 미국 학생들은 읽기와 수학 시험에 있어 싱가포르, 한국, 일본, 핀란드의 학생만큼 잘하지 못한다. 이 말이 무슨 뜻이며, 얼마나 우리를 괴롭히고 있는가? 그런데 첫째, 이 나라들의 높은 성적을 미국과 비교해서는 안 된다. 이들 중 일부는 단일민족 국가이다. 또 어떤 국가들은 어릴 때부터 다른 교육 프로그램과 분리되어 있으며, 15세 이전에 많은 학생들이 탈락한다. 아시아의 어떤 국가를 방문했을 때, 나는 저명한 교육자에게 그 나라 고등학교의 중퇴율에 대해 물은 적이 있다. 그는 자랑스럽게 매우 낮다고 말했다. 그러나 이는 많은 학생들이 이미 고등학교 이전에 학교에서 중퇴했기 때문이라고 밝혔다. 만일 문화가 비슷한 서유럽 국가들을 살펴볼 경우 그들 역시 중상위권에 위치해 있음을 알 수 있다. 이렇게 국제적 시험 성적은 잘못 안내되고 있는 경우가 많은 것이다. 이를 우려한다면 그건 영국, 독일, 프랑스, 네덜란드 그리고 대부분의 서유럽 국가들 또한 마찬가지로 그래야 할 것이다.

국제 시험 점수에 사로잡히지 말아야 할 두 번째 이유가 있다. 지금은 21세기이며, 경쟁에 대한 강조가 줄어들고 있는 시대이다. 협동cooperation은 이 책 전체를 관통하는 큰 주제이다. 우리는 지구적 공동체에 살고 있다. 이 때문에 우리는 이런 공동체를 건설하기 위해 노력하지 않으면 안 된다. 그리고 오늘날의 핵심어는 협력, 대화, 상호 의존, 창의성이다. 그렇다고 해서 더 이상 경쟁이 필요 없다는 뜻은 아니다. 어떤 경쟁은 필요하고 건강하며, 종종 일의 효율성을 촉진한다. 그러나 21세기의 새로운 핵심어는 협력collaboration[2]이다. 사람들은 지구를 보존하고, 반드시 지구에 살고 있는 거주민들의 복지를 촉진하기 위해 함께 일해야 한다.

최근 오바마 대통령은 상당한 박수를 받으면서 미국이 세계의 나머지를 더 혁신하고, 더 교육하고, 더 건설해야 한다고 제언한 바 있다. 많은 사람들이 믿고 있듯이, 이 말은 우리 앞에 아무도 존재해서는 안 된다고 하는 20세기적 사고방식의 전형이다. 첫 번째 관점에서 보면 20세기에 살고 있는 우리들을 위대하게 만들었던 길을 확보할 것을 촉구하고 있다는 사실이다. 두 번째 관점에서 보면 이러한 사고방식이 위험하다는 것이다. 지배의 습관과 "일등"을 향한 집착, 그리고 세계를 미국식의 민주주의로 개종하려는 복음주의적 열망, 이 모두는 제국의 시대로 되돌아가려는 것이다. 따라서 우리는 21세기를 맞이하여 20세기의 성과를 경시하지 않으면서도 세계 권력의 등장을 수반하고 있는 전쟁의 공포를 다시 반복하지 않겠다는 약속을 해야 한다. 지금 우리는 이러한 생각들이 끼친 위해로부터 벗어나야 하며 협동, 의사소통(진정한 대화), 비판적 열린 마음을 가진 시대로 나아가야 할 때이다.

기준이란 무엇인가

오늘날 교육에 관한 논쟁의 또 다른 견해는 기준standards[3]에 대한 전문적 필요성이다. 국제적 기준으로 봤을 때 우리의 학교는 물론 실패한 것처럼 보인다. 이런 진단은 만일 모든 학교가 똑같은 높은 기준을 가지고 있다면, 모두 더 잘할 것이라고 가정하고 있다. 다이안 래비치Diane Ravitch는 1995년 책에서 그것의 연계를 명시적으로 보여주었다. 그녀는 1994년의 교육발전평가NAEP 결과를 보고 다음과 같이 적고 있다. "전국의 읽기 평가에서 4학년의 40%가 기초 수준 이하로 떨어졌으며, 8학년의 30%, 12학년의 25%도 이와 같다"(p. xxiii). 그녀는 이어서 설명한다. "학업성취 기준은 교육혁신에 있어 본질적이다." 학교개혁운동은 우리 학교에 막대한 위해를 끼치는 학업성취 기준과 시험을 기반으로 하고 있다(Ravitch, 2010)[4]고 주장한 이래, 그녀의 명성은 더욱 치솟았다.

좁게 세분화한 기준의 필요를 제시한 이유는 많은 사람들을 당혹스럽게 하였다. 교사들은 자신이 가르치고자 했던 내용을 알지 못했던가? 그들은 신중하게 낮은 목표를 정했는가? 사실상, 교사들이 자신이 이미 기대했던 내용을 성취할 수 없는데 어떻게 새로운 기대를 담고 있는 섬세한 어휘로 이루어진 집합체(기준)가 그것을 성취하는 데 도움을 줄 수 있을 것인가? 이 주제는 복잡한 문제로서 이 책 전체를 통해 원래의 문제로 돌아가 논의해야 할 것이다. 여기에서는 이 문제가 너무나 논쟁적이기에 이렇게 된 몇 가지 이유만을 간단하게 밝히고자 한다.

첫째, 우리에게 기준은 어떤 의미를 갖는가? 이 단어를 일상적으로 사용할 때, 제품의 질이나 모두 지켜야 하는 노동자의 행위에 기대될 수 있는 존경할 만한 집합체라고 간단히 말할 수 있다. 우리는 다음과 같이 말한다. "그녀는 아주 높은 도덕적 기준을 가졌다", "그는 자기 일의 기준에 부응하고 있다", "그들의 차는 안전 기준에 부합하지 못하고 있다." 래비치가 곧바로 지적하듯이, 우리 중 그 누구도 제품의 질이나 수행의 기준을 평가하는 이러한 일상적 의미에서 낮은 기준이나 아무런 기준이 없는 것을 옹호하지 않았다. 기준에 대한 공지는 오직 특정한 영역의 노력이나 그 영역에 종사하는 사람과 연관된다. 학생들이 경험하듯이 사람이란 서로 크게 다름에도 불구하고 선택하지 않은 취업을 강요받을 경우, 그들 모두에게 이미 결정된 일련의 기준을 만족하기를 기대하는 것은 어리석은 일이다. 학생들에게 4분위수, 5분위수, 10분위수, 그리고 100분위수로 등급을 매기는 시험을 치르는 것을 고집하기 때문에, 모두가 하나의 학업성취 기준을 만족시키는 것을 기대하지 않는다고 분명하게 말할 수 있다. 어떤 시험에서 우리는 학생들을 기초적, 유창한, 뛰어난 등의 범주로 나눈다. 확실하게 우리의 목표를 모든 학생이 이미 정해진 기준을 넘는 것에 둔다면, 왜 그래야 하는가? 최소한의 기준에도 도달하지 못한 학생들을 어떻게 도울 수 있을까? 그리고 어떤 훌륭한 기회나 특별한 노력을 기울여서 모든 학생 혹은 대부분의 학생이 학업성취 기준을 달성한다면 어떤 반응을 보여야 하는가? 물론, 우리가 그것을 제기하는 이유가 있다.

여기에 도움이 될 수 있는 솔직한 일화가 있다. 몇 년 전 내가 고등학교 수학 교사로 근무할 때, 우리 부서는 하나의 도전에 직면했다. 주립대학 입학에 필요한 수학 교과의 교육 기간이 2년에서 3년으로 늘어난 것이다. 2년 과정의 수학, 3년 과정의 대수학은 뛰어난 학생들 다수—이전에 그 과정을 밟기 위해 선택하였던—에게도 매우 어려운 것이었다. 이 과정을 통해 어떻게 대학 진학을 희망하는 모든 학생을 받아들이면서 학생들을 관리할 수 있을까? 최소 과정, 표준 과정, 심화 과정을 설계하여 학생이 스스로 선택하도록 하였다. 최소 과정을 마친 학생들은 고등학교의 3년 인증을 받을 수 있지만, 4년 과정의 수학 수업을 따라가기에는 불충분했다. 정규 과정을 모두 마친 학생들은 다음 학년을 준비해야 하고, 그리고 심화 과정을 선택한 학생들은 자신들의 수학 공부를 매우 잘할 수 있었다. 우리(교사가 될 팀)는 큰 공간(학교 카페, 1주기와 2주기)에서 두 개의 세션으로 모든 과정의 학생들을 만났다. 그리고 학생들은 마음이 바뀌면 하나의 과정에서 다른 과정으로 이동할 수 있었다. 우리가 기획한 과정의 본질적인 특징은 학생들이 지금 배우는 각각의 장(단위)을 통과해야 다음 장으로 건너갈 수 있다는 것이었다. 학생들이 과정에 따라 다음 단계로 건너기 위해 한 장에서 알아야 할 것들을 결정하는 데는 시간이 필요하였으며, 그래서 우리는 문제지를 만들었다.

최소 과정을 밟는 학생은 한 학년(분기마다 한 장/단위)에 6개 단위를 통과해야 했다. 이것은 잘 정의된 기준을 나타내고 있음을 유념할 필요가 있다. 우리는 각 분기의 한 단위를 통과하는 데 도움이 필요한 학생에게는 각자의 공부 주기를 만들어 그들과 함께 집중적으로 작업했다. 교사들은 학업성취 기준을 가지고 있을 뿐만 아니라, 모든 학생이 그 자리에서 필히 과정을 통과할 수 있는 학습 계획까지 짰다. 그런데 우리는 학생의 선택을 존중했다. 최소 과정을 선택한 학생은 더 배워야 한다는 압박을 받지 않도록 하였다. 그들 중 다수는 똑똑해졌지만(소수는 매우 창조적이었지만) 수학을 좋아하지는 않았으며, 부담스러워했다. 우리가 진술했던 교육 목적의 하나는 학생이 자신의 교육적 삶을 스스로 통제할 수 있도록 돕는 데 있었다. 우리는 이 헌신을 자랑스럽게 여겼다. 우리의 계획대로 진행했다. 그 결과 전국 시험에서 하위 분위의 학생은 단 한 명도 없었고, 134명 중 5명만이 마지막 4분위에 머물렀다.

이 이야기는 주목할 만한 학업성취일 것 같다. 그리고 오늘날의 주요한 측정 방법(표준화 검사에 기반을 둔 점수)으로 봤을 때도 그러하다. 그러나 여전히 최소 과정을 통과하기 위해 열심히 공부했거나, 그럭저럭 공부했거나 상관없이 자신들의 흥미에 부합하는 과정을 더 잘 받아야 한다고 여긴다. 게다가 어느 정도 현실적 의미에서는 학업성취 격차를 줄이지 못했다고 볼 수 있다. 최소 과정의 이수자가 통과한 6개 단위와는 대조적으로, 수학에 깊은 흥미를 보인 어떤 학생은 종종 무려 16개의 단위(그 이상)를 이수하였다.

우리는 이 계획을 짜고 수행하기 위해 외적(주립대학의) 요구, 학생들의 흥미와 적성, 교과의 내용, 훌륭한 학습과정을 마련하는 것, 민주적 목적을 구현하려는 각오, 그리고 집단을 계속해서 변화시키며 대집단에서 소집단으로 나누어 이용할 수 있는 공간을 고려해야 했다. 이러한 주의 사항은 서로 밀접하게 얽혀 있다. 즉, 각자 스스로 공부해야 했으며, 전체 집합체는 하나의 시스템으로 다시 고려되어야 했다. 학업성취 기준의 설정은 복잡한 과정이다. 학업성취 기준이 모든 주, 모든 학교, 모든 교실, 모든 학생들을 뛰어넘어 적용될 수 있을지는 좀 의문이 들었다. 이 과정에 대해서는 교육의 목적과 학업성취 기준을 논의할 때 4장에서 더 말할 것이다.

학업 수행의 기준

교육에서 학업성취 기준을 고려할 때, 우리는 보통 마음속으로 학업수행performance[6]이나 학업성취achievement[6]를 떠올린다. 한 교사가 학생들에게 높은 학업성취 기준을 말할 때, 자기 학생들로부터 좋은 공부를 기대한다고 추정하지만, "좋은 공부"가 모든 학생에게 동일하게 적절히 정의되지 않고 있다. 아마도 그 교사는 여타 학생들보다 일부 학생들이 잘하는 것을 기대했을 것이다. 교사가 요구를 할 때는 이런 차이의 정당화가 필요하다. 우리는 인종이나 성별 차이를 받아들일 수 없고 받아들이지 말아야 한다. "이 아이들은 셰익스피어를 읽을 수 없다"거나 "여학생들은 수학을 잘 못한다" 등등. 그렇지만 인종과 성차와 관련된 편견을 뒤늦게 거부했다고 하여 우리의 기대에 바탕을 둔 아무 정당한 차이조차 존재하지 않는다는 뜻은 아닐 것이다. 수학의 3년 과정에서 학생의 태도, 흥미, 그리고 안내된 선택을 바탕으로 우리에게 다른 기준의 정당화를 요구하였다. 우리는 수학에 관한 고려뿐 아니라, 참여적·숙고적 민주주의를 고려하였다.

교사들에게 학업 수행 기준은 오랜 시간 동안 논쟁거리였다. A학점을 위해 필요한 것을 어떻게 결정하는가? 통과를 위한 점수를 어디에서 매길 것인가? 만일 모든 학생이 통과되는 상황이라면 축하해야 하는가, 최근 뉴욕 시 교육감[7]이 말했듯이 그 시험은 너무 쉬웠다고 말해야 하는가? 학업 수행 기준에 의해 점수가 크게 강조될 때, 모든 분류는 새로운 문제를 야기한다. 기초적, 유창한, 뛰어난 것으로 설계된 점수는 신중하게 연구되고 정당화되었는가? 무엇에 기반을 두었는가? 다음의 두 장에서 이 주제들을 다시 살펴볼 것이다.

학습 내용의 기준과 그 기준을 학습할 기회

래비치(1995)는 학업 수행 기준과 덧붙여 내용의 기준[8]과 그 기준을 학습할 기회를 논의하였다. 내용의 표준은 무엇을 가르쳤고, 무엇을 배웠는지를 진술한다. 이것을 왜 "내용의 기준"이라고 부르는가? 왜 간단히 "내용"이라고 하지 않는가? 국가의 학업성취 기준 옹호자들은 기준standards[9]을 표준화standardization[10]와 혼돈해서는 안 된다고 주장하지만, 모든 학생들이 어떤 과목에서 학습해야 할 것이 무엇이며, 나아가 학생들에게 어떤 과목을 공부하라고 강제할지를 확실하게 규정하는 것(혹은 표준화하는 것)이 그 목표이다. 수학 3년 과정의 예에서 주립대학은 내용 기준이라고 부를 수 있는 것을 발표하였으나, 실제의 내용과 범위는 개별 학교가 결정하였다. 이것은 학업성취 기준 설정의 또 다른 중요한 특징인데, 이후 그 문제로 다시 돌아가 자세하게 살펴볼 것이다. 지금은 진술된 목적을 위해 설계된 일반적이고, 심지어 모호한 수준에서 설명된 내용 기준이 받아들여질 가능성이 있음을 열어놓고 보자. 예를 들면, 우리 모두가 동의하듯 거의 대부분의 아이들은 읽을 줄 알아야 하며, 자연수의 사칙연산을 사용할 줄 알아야 한다.

좀 모호한 수준에서 학습 내용의 전국적 기준을 설정함으로써 얻고자 하는 것은 무엇인가? 전통적 학교교육과정의 내용은 오랫동안 교과서 출판자, 대학, 시험기관(SATs, ACTs) 등에 의해 표준화되었다. 그러나 중등교육 단계에서 모든 학생들이 정규 학문 교육과정에 참여하지는 않는다. 지금 모든 학생들이 이런 학습 프로그램을 필요로 하는가? 우리가 배우는 기회의 기준을 고려할 때, 만일 학생들이 그러기를 바란다면, 모든 학생이 대학 준비를 할 수 있는 기회를 가져야 한다는 것에 동의할 수 있다. 그런데 다른 것에 재능을 보이는 아이의 경우 어떻게 해야 하는가? 다음의 두 장에서, 그리고 이후 직업교육의 장에서 우리는 이 주제에 대해 좀 깊이 있게 탐구할 것이다. 학습할 기회opportunity to learn의 개념은 충분하거나 풍부하게 연구되지 않았다. 그것은 모든 학생들에게 똑같은 학습과정을 강제하는 간단한 결정을 함으로써 악화되고 말았다.

우리의 학교는 아동들이 학습할 평등한 기회를 제공하지 않는다는 사실을 말해주기 위해 많은 시험 점수를 필요로 하지 않는다. 조너선 코졸

Jonathan Kozol(1988, 1991, 2005)[11]은 40년 동안이나 그 골치 아픈 문제를 자세하게 우리에게 말해왔다. 그동안 우리 학교는 가난한 아동을 무시하고, 평등하게 교육받을 기회뿐 아니라, 안전하게 살 권리, 좋은 학교 건물, 양육되는 것, 건강관리나 오락을 할 수 있는 지역으로 이사 갈 기회를 얼마나 박탈하였는가? 정의로운 돌봄의 공동체는 단지 학습을 위해 밥을 먹이지 않는다. 공동체는 아이들이 배가 고프기에 밥을 먹인다. 무엇을 우선할 것인지를 잘 판단하지 않으면 안 된다. 이런 관찰은 20세기 사고에 대한 또 다른 우려를 보게 된다. 금세기의 대부분을 통해 많은 정책 입안자들은 관료주의의 이론적 개념에 지나치게 의존했다. 제도와 기관은 특정한 문제와 과제를 관리하기 위해 설립되었다. 사회 문제가 발생하면 적합한 제도(기관이나 행위자)는 그것을 분석하고 해결하는 것과 함께 정당화되며 책임을 떠맡게 된다. 인간의 많은 문제들은 여러 기관의 협동적 작업을 필요로 한다는 것을 자각하기 시작하였다. 학교에서 관찰되는 많은 문제들은 학교나 어떤 기관도 단독으로 해결할 수 없는 심각한 사회 문제가 되었다. 따라서 협력이 절실하다.

학업성취 기준을 배울 기회를 숙고할 때, 우리는 상반된 두 개의 관점을 또다시 만나게 된다. 그 하나는 현재 가장 널리 퍼진 관점으로서 학문적으로 특별한 능력을 가진 학생에게 오랫동안 최선이라고 여겨진 자료를 학습할 기회를 모든 아이들이 가져야 한다는 것이다. 또 다른 관점으로 공부를 하기 싫은 학생에게 무조건 강요하는 것은 정말로 배움의 기회가 되지 못할 것이라는 우려가 있다. 이런 논의는 민주주의 측면에서 교육의 일반적 목적에 대한 보다 근본적인 것에 근원을 두고 있다. 이것은 모든 아이에게 이미 상술된 지식과 기술의 체제를 제공하는 것을 두고 하는 말인가? 아니면 각각의 아이들이 자신들이 잘하거나 알고 싶은 무엇을 찾는 데 도움을 준다는 말인가? 혹은 이 둘 다를 말하는가? 그러면 우리의 과제는 이 두 목적 사이에서 최적의 균형을 찾고 있는가?

이 점은 내용이나 그것의 기준과 연계되어 강조된 중요한 지점이다. 각 교과의 내용은 주기적으로 내용 전문가들의 검토를 거친다. 1960년대와 1970년대에 수학, 과학, 사회과, 언어 과목에서 새롭고 창의성이 높은 교육과정이 나타났다. 이들 교육과정은 국립과학기금과 같은 전국적 기관으로부터 막대한 예산 지원을 받았다. 하지만 그것은 정부로부터 지원을 받은 것이 아니다. 말하자면, 이들 교육과정을 정부가 요청하지 않았거나 그것이 채택되는 것을 강력하게 권장하지 않았기 때문이다. 연방정부는 학습과정이나 내용 기준을 규정하지 않았다는 것을 거듭 확인하였음에도 불구하고, 광범위하게 퍼져나갔다. 그러자 연방정부가 각 주에 학교에서 무엇을 가르쳐야 한다고 진술하는 것에 대해 때로는 격노에 찬 우려가 표현되었다(Schaffazsick & Sykes, 1979). 여기에서 역설적인 것은 중앙정부의 지원을 받던 이 시대에 만들어진 교육과정이 창의적 특성의 측면에서 결코 더 좋지 않았다는 사실이다. 오히려 정부 지원을 받기 이전이나 이후에 만들었던 교육과정이 더 다양하고 흥미진진했다. 여전히 정부의 개입을 거부하는 정치적 불만은 건설적인 활동을 가로막기에 충분했다. 종종 협소하고 전문적으로 정의된 전국적 내용 기준을 많은 사람들이 받아들임으로써 엄청난 전환을 가져와 창의적 다양성을 위한 추동력을 사라지게 하였다. 이렇게 태도의 변화가 나타나고 창의성이 실종됨으로써 우려를 낳았다. 이러한 사고의 급격한 변화를 어떻게 설명할 수 있는가?

이 문제에 대해서는 뒷장에서 교육과정의 내용, 특히 고등학교의 내용을 상당하게 할애하여 논의할 것이다. 하나의 표준 학문 교육과정standard academic curriculum이 학교와 학생 모두의 최고의 흥미를 끌고 있음을 요즘 많은 사람들은 분명하게 느끼고 있다. 수십 년 전 허친스Robert Maynard Hutchins는 스스로 자주 인용한 격언을 전한 바 있다. "가장 좋은 것을 위한 가장 좋은 교육이 모두를 위해 가장 좋은 교육이다"(Adler, 1982, p. 6에서 인용). 그 후 몇 년 뒤 아들러Mortimer Adler는 민주적 학교교육을 위한 논의에서 이를 반복했다. 사려 깊은 사람이라면 허친스의 격언에서 세 번이나 사용한 "가장 좋은 것"을 논의해봐야 한다. "가장 좋은" 교육을 만든 "가장 좋은" 사람은 누구인가? 일반적으로 "가장 좋은 것"은 서클에 가입하도록 초대된 일부 학문적 재능을 가진 학생들과 함께 경제적으로 부유한 사람들로부터 도출된 것이다. 이런 특권적 집단을 위해 구성된 교육과정을 탐구하고 분석하는 데 유용한 시간을 보낼 수 있을 것이다. 사실, 사려 깊은 많은 관찰자들은 그것을 "특권적 지식"이라고 부른다.[12] 이것은 무엇을 위해 만들어졌는가? 민주적 참여를 증대시키기 위해 만들어졌는가, 아니면 "가장 좋은 것"에 의해 권력이 존속된다는 것을 보증하기 위해 만들어진 것인가? 그것은 정확하게 무엇으로 구성되어 있는가? 그것은 얼마나 많은 다양성을 보여주는가? 우리는 여기에서 필요한 탐구를 시작할 수는 없지만, 이 탐구가 필요하다는 것을 유념하자. 간단하게 말하면, "가장 좋은 것을 위한 가장 좋은 교육의 형태가 우리에게 알려져 있지 않다"(Adler, p. 7)는 아들러의 주장은 잘못된 것이다. 가장 좋은 것이면서 가장 똑똑한 사람들은 세대 안에서 그리고 세대를 넘어 우리를 전쟁으로 이끌어갔으며, 기업의 탐욕은 또다시 창궐하였으며, 빈곤은 풍요 속에서 지속되었으며, 지구 자체는 인간의 남용으로 고통을 겪었다. 그런 세계에 살면서 가장 좋은 교육의 형태를 잘 안다고 주장할 수는 없다. 오히려 우리가 대체적 윤곽만 알고 있을 뿐인데도 공부만 열심히 하라고 하는 것이 문제이다. "가장 좋은" 교육과정은 이미 유통기한이 한창 지났고, 아마 그것이 만들어졌다고 하더라도 목적에 기여하기란 더욱 어려울 것이라는 것이 나의 주장이다.

교사의 책무성

만일 우리의 학교가 실패하고 있고, 국가적 기준이 학업성취를 개선할 것이라고 사람들이 믿고 있다면, 교사가 진술된 학습 결과에 책임을 지는 것은 당연하다. 다음의 한 문장에 세 가지 진지한 질문이 함의되어 있다는 것을 유념하라. 만일 우리의 학교가 실패하고 있다면, 이 실패를 어떻게 기술할 수 있는가? 왜 우리가 학업성취 기준에 대한 세심한 진술들로 상황이 개선될 것이라고 기대하는가? 책무성이란 무엇을 의미하는가? 옹호할 수 있는 기준의 정립과 보존을 반대하는 주장을 우리 중 어느 누구도 펴지 않듯이, 교사는 전문가로서 자신이 한 일에 대해 책임을 지지 않아도 된다고 어느 누구도 주장하지 않는다. 다만, 교사가 자신의 학생들이 무엇을 학습하고 무엇을 학습하지 못했는지에 대해 전적으로 칭찬을 받을 만하지도 않고, 아니면 전적으로 비난할 만하지도 않다는 사실을 합당하게 주장할 수 있다. 타고난 능력, 가정환경, 지역사회 자원, 그리고 개인적 노력 모두 학생의 학습 성공이나 실패에 기여한다. 분명, 교사들은 자신의 교과를 잘 알고, 수업을 계획하고, 정시에 수업에 들어가야 하고, 스스로 전문적으로 행동하고, 학생들을 조심스럽게 다루고, 전문적 활동에서 동료들과 협력해야 한다. 그리고 이런 모든 책임을 평가하는 방법이 있다. 어느 전문직도 책무성accountability의 기본이 되는 것으로 학습의 수행자가 자기의 전문적 결정과 행동에 책임을 지고 정당화할 수 있어야 한다는 기대를 갖고 있다. 이것은 결과 자체에 대해 책임을 지는 것과는 매우 다르다는 것을 유념하라. 변호사는 모든 재판에서 승소할 수 없고, 의사는 모든 환자의 생명을 구할 수 없다. 하지만 그들은 자신이 했던 일과 전문적 동료를 만족시켜야 하는 이유를 설명해줄 것을 요구받는다. 그러기에 책무성을 학생의 시험 성적 차원에서 전적으로 정의를 하는 것은 개념을 왜곡시킬 수 있다.[13]

그렇지만 그것을 최상으로 본다고 하더라도 여전히 책무성의 개념은 약점을 지니고 있다. 이것은 높은 권위에 순응하고 응답하는 것을 너무 과도하게 강조한다. 내가 다른 데서 주장하였듯이, 교사에게 더 강력한 개념은 책임성responsibility이다. 책무성은 위계 차원에서 위쪽을 겨냥하기에 보상이나 징벌에 대한 교사들의 취약점에 관심을 두는 경향이 있는 반면, 책임성은 권한의 사슬에서 아래쪽을 겨냥하기에 우리의 돌봄과 역량에 의존한다. 교사는 적어도 부분적으로는 학생들의 신체적·정서적 안전, 그리고 그들의 지적 성장뿐만 아니라 도덕적·미적·사회적 성장에 책임이 있다. 시험 성적만으로는 학생들의 학습에 대한 그들의 책임성을 전적으로 나타낼 수 없다.

학생들이 다음 학년이나 과정을 준비할 때, 그들은 반드시 영구적이거나 장기적인 학습과 관련되어야 한다. 여러 해가 지나면, 학생들은 학교에서 배운 것의 많은 부분을 잊어버리게 된다. 정말, 우리들 모두 한때, 시험을 통과하기 위해 익혔던 많은 세세한 부분을 곧잘 잊고 만다. 그러나 책임성을 가진 교사들은 학생들이 어떤 마음의 습관, 지적 호기심, 그리고 배움을 계속할 열정(혹은 적어도 의지)을 보존하기를 바란다. 교사는 수업의 단원이 학습의 즐거움을 죽이고 있는 것을 보았을 때, 교사는 학습하려는 욕구를 회복시킬 수 있는 새롭고 가치 있는 활동을 슬기롭게 만들어낸다(Noddings, 2009).

이 경우 교사는 책무성을 질 필요가 없다. 왜냐하면 정해진 교육과정을 엄격하게 지키고 있기 때문이다. 오히려 전문가로서 교사는 학생들에 대한 깊은 책임성을 인식하고, 그것에서 출발함으로써 자신이 하고 있는 일의 정당성을 기대해야 한다.

학교의 선택권

현재의 교육에 관한 또 다른 생각은 선택choice에 관한 것이다. 다시 우리는 이 주제에 대한 두 개의 아주 다른 관점을 마주하게 된다. 학교가 실패했다고 보는 사람, 즉 학업성취의 국가적 기준을 권장하고, 책무성을 요청하는 사람들은 또한 학교의 선택을 옹호한다. 즉, 이들은 부모가 자기 아이들의 학교를 선택할 수 있도록 허용해야 한다고 주장한다. 일부 사람은 부모가 공립학교가 아닌 사립학교를 선택하는 것을 허용하는 바우처 제도voucher[14]를 주장한다. 또 일부 사람들은 차터스쿨chapter school[15](공공기금으로 운영되지만, 정규 공립학교를 지배하는 모든 규제와 제한이 없이 운영하는 자유로운 학교)의 증대를 주장한다. 이것은 또 다른 복잡한 주제로서 이후의 장에서 보다 집중해서 다루어보기로 한다. 그리고 다시 우리 대부분은 학교의 선택 개념을 반대하는 주장을 하지 않을 것이다. 민주주의에서 선택은 기본적이다. 그러나 한 공동체의 아이들을 모두 받아들이는 지역학교local school와 공립학교public school는 민주주의의 요람 역할을 해야 한다고 주장할 수 있다. 만일 이 생각을 진지하게 받아들인다면, 우리는 사회적 분열과 불건전한 경쟁을 불러일으킬 수 있는 학부모의 학교 선택을 장려하기보다는 학교의 모든 활동에서 학생들이 자기 나이에 적합한 선택을 할 기회를 제공하는 데 좀 더 관심을 가져야 할 것이다. 학생들을 위한 더 많은 선택의 기회를 제공하는 것에 관한 논쟁은 표준화에 대응한 중요한 논쟁이다. 이러한 어려운 문제에 대해 슬기로운 사람들이 서로 생각이 다르다는 것을 우리는 보게 될 것이다.

현재 제기된 문제에 대한 인식을 소개하는 이 언급에서 보여주는 것은 이른바 학업성취의 격차에 대한 것이라고 말할 수 있다. 백인과 아시안 학생, 그리고 흑인과 히스패닉 학생들 간의 상당한 시험 점수 차이는 잘 사는 학생과 가난한 학생 간의 차이처럼 이어지고 있다. 다시 말하면, 이 문제 역시 적어도 서로 다른 두 개의 관점이 있다. 일부 사람들은 학교와 교사가 잘못이라고 한다. 그들은 소수자 학생들에게 별 기대를 하지 않거나, 그들을 성공적으로 가르칠 수 있는 능력을 결여하고 있다고 주장한다. 우리들 대부분은 과거에는 "낮은 기대"가 소수자 학생들의 열악한 학업성취를 가져온 원인이 되었다는 생각에 동의한다. 하지만 학생들의 기대가 높아졌음에도 불구하고 이런 문제점이 계속되고 있는 것은 문제이다. 교사들은 소수자들과 가난한 학생을 가르치는 데 있어 단지 능력이 없는 것인가? 왜 그런가? 그리고 그들은 어떤 면에서 능력이 없는가? 사실 이런 무능력을 구제할 수 있는 프로그램은 풍부하다. 이것들 사이에서 어떻게 선택해야 하는가? 아니면 전반적 문제를 생각해야 하는가? 격차를 계속 강조하는 것은 소수자 출신의 학생들에게는 자신들이 생각하는 무능력에 관심을 두게 하여 고정관념의 위협[16]이 발생하는 것을 증대시킴으로써 실제 위해를 가져올 수 있다. 이 문제를 진단하고 그것을 해결하는 방안을 만들 수 있는 더 나은 방법이 있을까?

21세기를 위한 학교교육

나는 지금까지 오늘날 학교의 문제에 대해 두 가지 다른 관점을 간략하게 고찰하였다. 뒷장에서 이에 대해 어느 정도 깊이 있게 다시 돌아볼 것이다. 지금 나는 20세기와 21세기 사고의 중요한 차이를 개괄하고자 한다. 이 개요에 대한 주제는 일종의 미리 보기이며, 책의 마지막에서 분석 자료로 이용될 것이다. 21세기를 따라 움직일수록, 새롭고 갱신된 가치들, 태도, 그리고 목적이 20세기 사고가 지닌 특성을 대체할 수 있으며, 나는 우리가 이것을 진지하게 고려해야 한다고 주장할 것이다. 이들 생각의 많은 부분들은 이미 국제적 수준의 항목에 들어 있는 목적으로 표현되고 있다.

협력collaboration은 경쟁보다 훨씬 중요하다. 40년 전에 장 피아제Jean Piaget(1971)는 창의적 작업의 협력적 본질을 인식하도록 촉구하였다.

언제든지 어떤 사고의 노선에서 출발하고 있는 것처럼 보이는 훌륭한 사람은 간단하게 말하면, 협동의 과정을 통해 지속적으로 정교화되는 교차나 융합의 지점이며, 그리고 심지어 현재 보여주는 의견과 상반된 입장을 보인다고 하더라도, 그는 자신의 외부에서 일어나는 근본적 필요에 대한 반응을 나타낸다(p. 368).

오늘날 이 주제는 실제로 활동하고 있는 수학자working mathematicians의 설명(Hersh & John-Steiner, 2011),[17] 보다 넓게는 과학, 철학, 음악, 예술, 인류학, 문학 등의 저작(John-Steiner, 2000)에 대한 설명을 고무하는 데 소개되고 있다. 이런 인상적인 역사적/전기적 설명은 우리 학교에서 협력을 촉진하는 반면, 평점GPA이나 석차, 그리고 시험 점수에 대한 현재의 열망을 줄이도록 고무하는 것이다. 이렇게 말한다고 하여 결코 수월성excellence[18]의 사명이 축소되는 것을 수반하는 것이 아니다.

협력을 강조한다는 것은 이에 상응하는 대화 형식의 의사소통을 강조하는 것을 뜻한다. 그리고 대화에는 말하는 것과 듣는 것 모두가 필요하다. 이런 강조는 기초 단계에서 중요하다. 만일 학생이 학생으로서 그리고 건설적 시민으로서 성공하기를 바란다면, 우리는 표준 구술 영어를 숙달하도록 도와주어야 한다. 현재 우리는 다중적 선택에 따른 시험 점수를 걱정하고 야단법석을 떨고 있으며, 아직도 표준적 구술 영어를 배우지 않고 고등학교를 졸업하고 있다. 아마도 구술 영어를 배우는 가장 좋은 방법은 그 표준을 닮아갈 수 있는 사람들과 정기적으로 대화를 나누는 것일 것이다. 그리고 대부분의 선생님들—영어 교사가 아니라도—은 이 과제와 관련이 있을 것이다. 수준이 더 심화될 경우 대화에 참여하는 것을 배우는 것은 비판적으로 사고하는 능력을 발달시키는 데 있어 본질적이다. 선스타인Cass Sunstein(2009)이 말한 "집단 양극화group polarization"[19]를 피하기 위해, 우리가 식별할 수 있는 집단 "안쪽"과 "바깥쪽"에 있는 사람의 목소리를 수용적으로 경청할 수 있는 방법을 배워야 한다. 이것은 인간 활동의 모든 수준, 즉 개인적이고, 직업적이고, 정치적이고 지구적인 수준에서 중요하다.

미국의 19세기와 20세기는 개인주의와 자기-충족 유형이라고 할 수 있는 자율성에 대해 거의 열광적인 찬양을 보냈다. 복잡한 21세기의 세계가 되면서 상호 의존에 대한 건강한 인정이 모든 수준에서 생겨났다. 우리 모두 삶의 어느 단계에서는 돌보는 사람이 필요하다는 것을 알고 돌봄자의 위대한 가치를 격려해야 한다(Fineman, 2004). 보다 일반적으로, 상호 의존의 소중함은 우리 사회의 문제를 확인하고 해결하는 데 필수적이다. 관료적 체제에 대한 기존 신념으로부터 벗어나지 않으면 안 되며, 그리고 가족, 기관, 국가의 수준에서 중간지원기구interagency의 협력을 격려해야 한다.

비판적 사고critical thinking[20]는 현재 효과적인 직업생활을 위해, 그리고 각성된 시민의식을 위해 중요하다고 널리 인식되고 있다. 그러나 종종 비판적 사고는 비판적 이슈와는 고립되어 가르칠 수 있는 지적 기술이라고 여겨진다. 비록 이러한 견해를 옹호하는 사람이 여전히 있지만, 오늘날 대부분의 사람들은 비판적 사고가 적어도 어느 정도는 현장이나 화제를 기반으로 하고 있다고 믿는다(Noddings, 2012b). 양자물리학에 친숙하지 않은 사람은 이 주제를 비판적으로 생각할 수 없을 것 같다. 만일 학생들이 사회적 이슈에 대해 비판적으로 생각하길 바란다면, 우리는 그들에게 어떤 실제적 경험을 제공해야 한다. 예를 들어 만약 어떤 사람이 때때로 돌봄을 주는 활동과 관련이 있다면, 상호 의존을 비판적으로 생각하고 그리고 감사하는 마음을 갖기가 보다 수월할 것이다. 6장에서는 여성들의 경험, 즉 역사적으로 돌봄을 주는 것이 풍부한 경험에 입각해서 교육과정을 유익하게 확장하는 방식을 논의할 것이다.

또한 교육 목적으로서 창의성creativity[21]에 대한 관심은 범세계적으로 증대하고 있다. 아시아 교육자들의 관심이 매우 인상적으로 증대하고 있다. 중국과 일본이 시험 주도의 교육과정으로부터 탈출하기로 결정한 반면, 미국(지난 2세기 동안 혁신적이고 창의적인 노력의 중심지)이 협소하게 규정된 시험 중심의 교육과정, 즉 하나의 기준으로 후퇴하고 있는 것은 역설적이다.[22] 이 책에서 창의성에 대해 논의하면서, 나는 창의적 활동을 위한 기회를 마련하는 것을 강조할 것이다. 나는 모든 사람을 측정 가능할 정도로 창의적이게 만드는 단계적 코스를 제안하지는 않을 것이다.

이 책 전체를 통해 우리가 살펴볼 것처럼, 듀이가 지적했듯이, 특정한 교육 목적은 곧바로 현재의 산물이다. 이때 우리는 21세기의 글로벌 민주주의의 거대한 목적을 달성하기 위해 필연적으로 학교에서 무엇을 해야 하는지를 물어야 한다. 지구의 보존, 기술의 지속적 평가와 그것이 사회적 삶에 미치는 효과, 개인이 완전한 삶을 산다는 것의 의미가 무엇인지를 사려 깊게 분석하기, 어떻게 우리가 개별적 통합성과 타인의 복지를 위한 도덕적 관심에 대한 새로운 헌신을 유도할 것인지 등.

학교가 원리들을 조직하는 데 있어 학생들이 어떻게 세 가지 커다란 영역—가정, 직장, 시민생활—에서 만족하며 사는 것을 도울 수 있을지를 고려해야 한다. 이 책 전체를 통해 나는 교육적 노력을 이들 주요한 세 가지 영역의 어느 하나로 환원하는 것은 중대한 오류라고 주장할 것이다.

따라서 분명 우리는 21세기에 있어 삶의 본질과 민주주의에 대해 무엇인가를 말해야 할 필요가 있다. 그렇지만 이 주제에 들어가기에 앞서, 미국에서 교육과정의 기본 구조가 엄청나게 변하지 않을 거라고 예견된다는 사실을 먼저 밝히고 싶다. 우리는 이러한 기본 구조 속에서 작업을 해야 한다. 안타깝게도 내 생각으로 교육과정의 핵심으로서 영어, 수학, 사회과, 과학, 외국어를 계속해서 학습해야 할 것이다. 그런데 오늘날 향하고 있는 방향이 지속된다면, 교육과정은 정말 현실 생활로부터 더욱 고립될 것이며, 그것의 교과목은 더욱 정교하게 분리되어갈 것이다. 우리는 이러한 경향에 저항해야 하고, 그리고 효과적인 저항을 하려면 협력, 비판적 사고, 창의성이 필요하다.

1. 미국의 진보주의 교육은 19세기 후반 이후 20세기 초반 사이에 유럽과 미국에서 전개된 광범한 교육운동의 일환으로 볼 수 있으며, 미국 국내적으로도 다양한 교육운동들에 그 뿌리를 두고 있다. 진보주의 교육의 계보를 포괄적으로 정리하면 17세기 자연주의 사상부터 현대 비판적 교육학에 이르기까지의 계보를 연결하고 있다고 볼 수 있다. 코메니우스, 로크 등을 선구적 사상으로 보고, 루소(낭만주의), 울스턴크래프트(페미니즘), 19세기 말 심리학의 발달을 주요 배경으로 하고 있다. 진보주의 교육 그 자체는 영국을 중심으로 전개된 New Education Fellowship과 미국의 파커스, 듀이 등을 핵심적으로 다루고 있다. 이들의 입장은 '민주주의 교육'이라는 흐름 속에 묶을 수 있다. 또한 로버트 오웬 등을 위시한 사회개혁적 흐름과 20세기 후반 이후 프레이리, 네오마르크스주의 등에 의한 비판적 페다고지(critical pedagogy)를 진보주의 교육의 계보를 잇는 새로운 흐름으로 간주할 수 있을 것이다. 진보주의 교육은 Progressive education을 번역하여 지칭하는 용어로서 19세기 말 이후 개혁시기(Progressive Era)의 미국을 중심으로 전개된 아동중심적이고 사회개혁적인 교육운동과 관련된다. 이 용어는 기존의 엘리트주의적이고 권위적인 전통적 교육에 대응하는 교육을 지칭하는 의미로 다양하게 사용되어왔으며, 미국의 진보주의교육협회(Progressive Education Association), 유럽을 중심으로 한 국제적 단위의 새로운 교육연맹(New Education Fellowship) 등을 통해 확산된 바 있다. 유럽에서는 진보주의적 교육이라는 영어 번역어에 대응하는 용어로 신교육운동(New Education Movement)이 있는데, 프랑스의 신교육(Education Nouvelle)이나 독일의 개혁교육학(Reformpädagogik) 등이 이러한 흐름을 대표한다. 진보주의 교육은 크게 1890년 전후에 발흥한 교육개혁운동, 아동중심적이고 인간학적인 운동, 학습자중심주의에 따른 교사의 전통적 역할 변화, 학습자의 자기주도적이고 독립적 활동 과정 중시, 발달심리학과 소아의학 분야의 연구 성과 반영, 사회적 맥락 내의 전인에 관심, 획일적 학교공간을 벗어나 자유로운 학습을 위한 교육공간의 변화, 기성의 교육과정으로부터 탐구적 프로그램으로 변화, 학교 밖의 삶이 지니는 교육적 의미에 관심, 학교를 넘어선 교육적 실재와 다양하게 관련(평생교육, 도서관 등), 국가 경계를 넘어선 국제성에 대한 관심(개방성, 새로운 변화에 대한 추구, 소통 등)을 나타나고 있다.

2. 협력과 협동은 구별하지 않고 쓰는 경우가 있으나 최근 이를 구별하여 사용하는 경향을 보게 된다. 단어 특성상 협력과 협동의 차이점을 살펴보면 '협력(協力)'은 수직적인 관계에서 사용되는 개념이고, '협동(協同)'은 수평적인 관계에서 사용되는 개념이다. 높은 사람이 낮은 사람에게 "협력해주세요!"라고 말하지, "협동해주세요!"라고 말하지 않는다. 궁극적으로 지향해야 할 지점이 학습공동체라는 것을 생각할 때 수평적 관계에서의 협동이 수직적 관계에서의 협력보다 더 민주적인 단어라고 할 수 있다. 협력 학습을 주장하는 구성주의 철학자들은 협력이라는 단어를 광의의 개념으로 해석한다. 구성주의 학자들은 협동 학습이 교사 중심 교수 전략이라고 비판하면서 학생들의 자발성에 기초한 협력 학습이 보다 바람직한 접근이라고 본다. 사회심리학을 배경으로 한 협동 학습은 교수학습 모형으로서 발달한 흐름이고, 구성주의 교육철학을 배경으로 한 협력 학습은 교육철학적 접근으로서 발달한 흐름이다. 교사-학생을 넘어 학생-학생, 교사-교사, 학교-학교, 학교-지역사회 등으로 협력의 범주를 넓혀간다. 이러한 정의를 받아들인다면 학생 간의 협동을 강조하는 협동 학습은 협력 학습의 한 부분이라고 말할 수 있다. 결국 협력과 협동을 어떻게 정의하느냐에 따라 둘의 관계를 규정지을 수 있지만, 이는 학자마다 다른 입장들이 존재하기 때문에 쉽게 정리하기가 쉽지 않다. 교육이라는 행위는 수직적 작용과 수평적 작용을 동시에 필요한 하는 활동이기에 협동 학습과 협력 학습을 상호 보완적 관계로 볼 필요가 있을 것이다.

3. 기준(基準)은 사물의 기본이 되는 표준(標準)을 말한다. '기준'이란 흔히 공공 정책에서 두 가지 의미를 지니고 있다. 그 하나는 '표준화'를 의도하는 것으로, 예컨대 서로 다른 제조업자들이 일정한 품질의 상품을 만들 수 있도록 그에 필요한 무게나 길이를 정해놓은 명세서

와 같은 것이다. 기준의 또 다른 의미는 '열망'을 나타내는 것으로, 모든 학생들이 도달하기 어려운 혹은 추구해야 할 목표와 같은 것이다. 미국에서 교과교육을 위한 기준을 개발하려는 노력은 30여 년에 걸친 오랜 역사를 가지고 있다. 교육개혁을 위한 기초로서 기준이라는 아이디어가 논의되기 시작했던 초기에는 높은 기준이 필요하다는 의미에서 '열망'으로서의 기준이 언급된 것으로 보인다. 그러나 최근에 이르러 높은 기준이 모든 아동들에게 적용될 수 있다는 신념이 확산되면서 높은 기준, 즉 열망으로서의 기준이 모든 학생들이 따라야 할 표준으로 인식되는 경향을 보이고 있다. 즉 기준 중심 개혁운동의 핵심에는 높은 기준을 개발하여 모든 학생들이 그들의 배경이나 삶의 열망과 상관없이 동등하게 배울 수 있게 한다는 아이디어가 자리하고 있다. 미국에서 교과교육을 위한 기준을 마련해야 한다는 절실함은 미국 학생들의 학업성취도가 국제평가에서 다른 나라들에 비해 탁월하지 않음을 우려한 국가정책 입안자들로부터 비롯된 것이다. 이러한 우려는 정권에 상관없이 교과별로 국가 수준의 기준을 마련하려는 나름의 노력으로 이어졌으나, 높은 기준을 표준화해서 전국의 모든 학생들에게 제공한다는 아이디어는 자율성을 강조해온 미국 문화 속에서 수용되기가 쉽지 않았다. 최근 도입된 국가공통핵심기준(CCSS)은 30여 년 전부터 추진되어온 미국의 기준 중심 개혁운동의 일환으로 탄생한 것으로서 이 기준의 도입과 관련된 역사적 맥락에 대한 고찰은 이 기준이 왜 오늘날 국가교육과정에 맞먹는 성격으로 추진되고 있는지를 이해할 수 있게 해준다.

4. 미국 부시 정부의 교육차관보(1991년에서 2년간)로서 미국 교육개혁의 선봉에 섰던 다이안 래비치(Diane Ravitch)는 교육과정 표준화와 학교선택제 등 시장주의적 교육개혁을 주도했다. 그러나 시간이 지나면서 자기가 주도했던 교육개혁이 원래 목표에서 한참 벗어나 있음을 발견하게 된다. 아동낙오방지법, 차터스쿨, 학업성취도검사 운동 등 정부의 교육개혁이 강력하게 추진될수록 학교 현장에서는 교육의 본질적 모습은 점차 사라져가고 점수를 높이기 위한 각종 편법이 난무하고 있음을 보게 되면서 미국 공교육이 잘못된 길에 들어섰음을 깨닫게 되었다. 그래서 그녀는 이제라도 "맞지 않는 코트를 내버리는 일"을 과감히 시작하였다. 그녀가 생각하고 있는 교육의 비전은 의외로 간단하다. 학교에서 가르치고 있는 교과과정을 좀 더 구체적으로 단단하게 만들고, 교사의 전문성과 자율성을 토대로 교사 스스로 만들어가는 교수법을 강조한다. 학교의 민영화 위협으로부터 공립학교를 보호하고, 미국 아이들이 살아갈 미래 세대를 구제하는 것이 이 시대의 시민권이라고 주장하며, 모든 아이들에게 평등한 교육 기회를 확장시키는 기관차가 되어야 한다고 역설한다. 공교육의 개혁 운동은 자유-시장 이데올로기와 기업가 정신에 의한 비즈니스 프로젝트가 아니라, 교육자 자신들의 지식과 지혜에 의해 바탕을 두어야 한다. 시민을 길러내고 민주주의를 지켜내는 것이 공교육의 사명이다. 공교육은 모든 사람들에게 열려 있어야 하고, 보다 많은 사람들에게 기회를 확장해야 하고, 그렇게 해야 국가 또한 부강해질 수 있다는 입장을 보이고 있다.

5. 학업 수행은 학습자들이 그들이 학습한 것을 증명하기 위해 무엇인가 하는 것을 말하며, 이러한 활동은 관찰 가능하고 측정 가능한 행동 목표로 기술된다. 또한 학업 수행은 산출물과 과정 모두를 강조한다.

6. 학업성취는 학습의 결과로서 지식과 기능을 습득하는 과정 또는 결과이다. 학업성취란 학생들이 학교 교과목에서 얻은 점수를 말한다. 대부분의 학생들은 학업성취를 가장 중요한 심리적 문제로 인식하고 있다. 그리고 교사나 학부모들도 교실에서의 학습 활동과 학업성취 과정에 큰 비중을 두고 있다. 학생들은 가정과 학교와 사회로부터 우수한 학업성취를 강요받고 있는 것이다. 이는 학생의 학업성취 수준을 중심으로 상급학교 진학이 이루어지며, 학력에 따라 사회적 대우가 등급화되는 현실을 극명하게 반영하기 때문이다. 이러한 현실은 동료 간의 경쟁을 유도하고, 학업성취 결과에 대한 과도한 긴장감을 일으키기 때문에 학생들의 정신건강에

깊이 관련된다. 성취는 다양한 변인의 영향을 받는 것으로 밝혀지고 있다. 그중 중요한 것을 간추려보면, 환경적 요인(가정환경, 학급 및 학교환경, 사회 및 문화적 배경 등), 학습자의 요인 (지능·성격·동기 등), 학습 자체에 관련된 요인(선행학습·학습전략 등), 교수에 관련된 요인(교수 체제와 방법, 평가 체제와 방법, 교재의 체제와 방법, 교사 특성 등) 등을 들 수 있다.

7. 뉴욕 시의 공통핵심학업성취 기준의 표준화 시험 논란은 지금도 계속되고 있다. 2016년 4월 에 치르는 시험에서 뉴욕 주는 시간제한을 없애겠다는 발표를 하였다. 시간제한 없이 학생이 원할 때까지 시험을 치를 수 있도록 변경하였다. 이 지침은 이날 오후 각 학군 교육감 및 교 장, 차터스쿨 대표 등에게 전달됐다. 3~8학년을 대상으로 치러지는 표준화 시험은 영어, 수학 과목으로 이뤄지는데 지난해까지는 학년, 과목별로 70~90분의 제한 시간이 있었다. 제한 시 간이 없어지면 학생들이 실력을 충분히 발휘할 수 있다는 것이다. 이 같은 변화는 지난 2013 년부터 공통핵심기준을 반영한 표준화 시험이 실시되면서 해마다 시험거부율이 급격히 높아 지고 있는 것과 밀접한 연관이 있다. 시험 난이도가 대폭 상승해 학생들에게 혼란과 부담을 주고 있다는 이유로 5명 중 1명꼴로 시험을 거부하는 사태가 벌어졌고 시험 방식에 대한 개 선 요구가 거셌다. 결국 교육국은 시험 시간을 충분히 부여해 학생들의 부담을 덜어주는 쪽 으로 변화를 꾀한 것으로 풀이된다. 아울러 교육국은 영어, 수학 시험 문항 수를 줄이고 현 재 각각 3일씩 총 6일인 시험 일수를 단축하는 것도 고려하는 등 반발을 최소화하려는 노력 을 하고 있다. 주 전역의 학부모와 교사들로부터 시험을 치르는 학생들이 시간제한 때문에 힘 들어하고, 특히 저학년일수록 부담스러워하기에 학생들이 시간제한 없이 시험을 치를 수 있 게 하는 조치를 발표하였다. 이와 관련 교육감과 교사노조 등은 환영 입장을 밝혔다. 그러나 시간제한을 없애는 것이 시험의 본래 취지를 무색하게 만든다는 반론이 터져 나왔다. 시험의 목적은 주어진 시간 안에 학생들이 얼마나 지적 능력을 발휘하고 문제를 해결할 수 있는지를 평가하는 것이라는 것이다. 평균을 전국 수준으로 끌어올리기 위해 전국 평가시험 준비를 위 한 공통핵심기준을 도입했고 독해 실력 향상을 위해 중학교 신설 등의 정책들을 펴고 있다. 물론 이 사업에는 중앙정부 재정지원 경쟁도 한몫하고 있다. 그렇지만 그 성과는 크지 않고, 표준화 시험의 성격과 본질에 대한 논란은 계속되고 있고, 이 시험을 폐지는 하지 않은 채 시 간제한만 없앤 미봉책을 발표한 것이다. 이 논란은 오늘날 학부모 시위로까지 번지는 등 지금 도 계속되고 있다.

8. 모든 학생들이 보여주어야 할 지식과 기능에 대한 내용 기준(content standards) 및 이들이 도달해야 할 수행 수준을 제시하는 수행 기준(performance standards)을 국가적인 차원에 서 마련하는 것을 말한다.

9. 국가 수준에서 교과교육을 위한 모종의 지침을 제공한다고 할 때, 그것의 성격이 '교육과정' 이어야 할지, '기준'이어야 할지에 대한 정리가 필요하다. 미국의 국가공통기준에 관한 논쟁에 서 드러난 바에 따르면, '기준'은 '교육과정'과 구분된다. 전자는 한 나라 교육의 일관성을 확 보하기 위한 것으로 일반적이거나 공통의 것을 담아내는 데에 초점이 있는 것이며, 후자는 지 역이나 학교 맥락에서 '기준'이 다양화되고 구체화된 상태를 지칭한다. 따라서 지역이나 학교 맥락의 다양성을 침해하거나 지나치게 구체화된 것은 국가 '기준'이라고 할 수 없다. 그런데 우리나라의 경우 국가교육과정을 유지해온 오랜 역사 속에서 국가 수준에서 개발된 것에 대 해 공식적으로 '교육과정'이라는 용어를 사용해왔으며, 이러한 국가 수준의 교육과정이 학교 교육을 획일적으로 규제해왔다. 그러다 최근 들어 우리나라는 국가공통의 통제와 지침을 축 소하고 단위 학교의 자율성과 다양성을 확대하는 방향으로 국가교육과정을 개정함으로써 국 가교육과정을 앞서 언급한 '기준'의 성격에 가깝게 전환하고자 하는 노력을 하고 있다. 그러 나 교과별 교육과정은 여전히 해당 교과에서 가르쳐야 할 내용을 구체화하는 데에 많은 지면 이 활용되고 있는 경향을 보인다. 이에 대한 대안으로 최근 미래 사회에 학생들이 살아가는

데 필요한 다양한 역량을 충분히 고려할 수 있는 교과별 교육과정 개발 노력이 필요하다. 이와 관련하여 교과교육과정 개발에 있어서 최근에 회자되는 '역량 중심적 접근'에 주목할 필요가 있다는 의견도 나오고 있다. 그러나 저자는 역량 중심 접근이 협소한 전문성, 고-부담 책무성에 기반하고 있기에 반대하는 입장에 서 있다.

10. '표준화'는 '공통핵심학업성취 기준(CCSS/Common Core Standards)'과 '표준화 시험(Standardized Test)'에서 나온 것으로 말로서 신뢰할 수 있는 결과를 얻기 위해 모든 학생들이 같은 조건하에서 시험을 치르며 같은 기준에 의해서 채점되어야 함을 표현하는 용어이다. 예를 들어 각각의 학생에게 똑같은 시간이 주어지며 아무에게도 특별한 도움이 주어지지 않는 것 등을 의미하는 것이다. 표준화 시험은 보통 기준화된(normed) 시험인데, '표준화'란 미국 전 지역에서 뽑힌 대표 학생들에게 이 시험이 치러짐을 의미한다. 기준 그룹의 시험 결과는 하나의 표준을 제시하게 되며 이 시험을 치르는 모든 학생들의 점수는 이 기준 그룹 학생들의 시험 결과와 비교된다. 시험 결과는 학년별로 개개의 학교와 교육구에 통보되며 이것은 기준 그룹과 비교할 수 있는 근거를 제시한다. 미국의 기준 중심 개혁 운동에서 '기준'은 높은 기준을 모든 학생들에게 동일하게 적용한다는 취지로 사용되어왔다. 기준의 이러한 의미는 최근에 개발된 국가공통기준의 도입을 통해 실질적으로 구현됨으로써 향후 미국의 학교교육에 커다란 파장이 있을 것으로 예상된다. 즉 최근에 개발된 국가공통기준은 이전보다 더 높은 학문적 수준으로 설정되어 있으며, 거의 모든 주가 이러한 높은 기준을 채택할 수밖에 없는 정책에 의해 뒷받침됨으로써 미국의 학교교육을 '표준화'시킬 가능성을 안고 있다. 교과교육을 위한 기준이 필요하다는 것, 그리고 그 기준이 질적으로 우수하며 가급적 높은 기대를 담고 있어야 한다는 것에 대해 반대하는 교육자들은 거의 없을 것이다. 기준은 수업의 방향을 이끌 뿐만 아니라, 교사들이 무엇을 가르쳐야 할지, 학생 성취가 어떻게 측정되어야 하는지에 대한 지침을 제공할 수 있기 때문이다. 이 점에서 미국의 기준 중심 개혁운동은 미국 교육에 긍정적으로 기여하는 바가 있다. 그러나 높은 기준을 지역, 학교, 학생들의 특성이나 요구와 무관하게 동일하게 적용시키려는 것, 즉 표준화에 대한 지나친 강조에 대해서는 미국 내에서 우려의 목소리가 크다. 일부 학자들은 이러한 현상에 대해 이제 미국 교육에서는 표준화가 기준과 동의어가 되어가고 있다고 지적하기도 한다. 이와 관련하여 일찍이 애플(M. Apple, 1993)은 미국이 국가교육과정을 가지려는 움직임에 대해 그것에 수반되는 문제를 지적한 바 있다. 그에 의하면, 국가교육과정은 필연적으로 국가시험을 수반하며, 이러한 국가교육과정과 국가시험은 특정 이데올로기를 반영할 위험이 있다. 따라서 그는 국가교육과정을 향한 개혁과 관련하여 어느 집단이 이러한 개혁을 주도하며, 누가 이것의 도입으로부터 이득을 얻고 손해를 당하는지를 검토해보는 것이 중요하다고 보고 이에 대한 논의에 관심을 갖는다.

11. 조너선 코졸은 뉴욕 할렘과 보스턴의 소외 지역의 아이들을 가르치면서 교육과 사회정의의 문제에 전념한 교육학자다. 그가 1988년부터 1990년까지 미국의 도심 빈민가 30여 곳을 돌아다니며 취재한 열악한 교육 현장의 보고서가 바로 『야만적 불평등』이다. 미국의 공교육 시스템에서 가난한 부모를 둔 아이들이 어떻게 '분리'되고 '배제'되어가는지에 대한 밀착 취재가 돋보이는 역작이다. 수많은 아이들이 처한 공교육의 환경이 충격적일 정도로 불공평하다는 사실이다. 판자로 눌러놓은 문, 고장이 난 난방장치, 작동되지 않는 화장실, 부엌과 카페에 가득한 오물, 벽과 천장에서 떨어지는 페인트, 학교에 오는 학생들을 앉히기 위해 많은 장기 결석자들에게 의존해야 할 정도로 붐비는 교실 등 공교육 제도/도시학교의 야만성을 폭로하였다. 코졸이 '야만적 불평등(savage inequality)'이라고 보는 이런 상황은 부유한 학교의 상황과 명백히 대조적이기 때문에 이는 분명 불의의 징후로 보인다. 공립학교 체제에서 사회정책은 완전히 도외시한 미국 학교의 모순은 크게 세 가지로 요약할 수 있다. 즉 재산세의 불균형, 인종주의, 주 정부와 지역의 대립이다. 미국 사회가 해결해야 할 가장 시급한 문제인 빈부

의 양극화와 인종 갈등과 맞물린 교육 불평등의 참혹상을 통렬하게 폭로하였다. 이런 상황은 레이건~부시 행정부 시기의 사회정책이 거의 100년 전으로 퇴보했다는 것을 보여주는 증거이다. 특히 미국의 공교육이 왜 실패했는가에 대한 저자의 집요한 추적과 그 결과는 현재 지역별 교육 격차가 심화되고 점점 부익부 빈익빈의 차별적인 교육이 이루어지고 있다는 것을 보여준다.

12. 모티머 아들러는 모든 사람이 적어도 고3까지는 동일한 수업을 받아야 한다고 주장하였다. 이렇게 하는 것은 민주주의를 유지하기 위해서 필수적이라고 생각하였다. 확실히 표준화된 시험 준비에만 집중하는 교육과정은 아들러가 권장한 풍성한 전통적 교육과정과는 상당히 다르다. 그런데 아들러의 교육과정에 대한 비판은 항상 제기되어왔다. 같음은 평등이 아니라 불평등하게 한다는 것이다. 물론 아들러의 교육과정은 일부 학생들에게 호소력이 있고, 그것은 내용 면(라틴어, 역사, 수학, 문학 등)에서 부인할 수 없을 정도로 풍성한 측면이 있다. 그렇지만 많은 비판이론가들은 표준화된 시험에서 나올 수 있는 특정 내용만을 강조하는 학교에서는 모든 아이들이 차별을 받고 있다고 비판한다. 아이들에게 표준화된 자유교양 교육과정을 공유하게 하는 것은 지배계급의 헤게모니를 확대하게 할 것이라고 비판하였다.

13. 2001년에 취임한 조지 W. 부시(George W. Bush)는 취임 직후인 2002년에 '낙오아동방지법'(NoChild Left Behind, 이하 NCLB) 법안을 공포하면서 이전 정부에서 확립된 주 차원의 기준 중심 개혁을 좀 더 강도 있게 추진하였다. 특히 NCLB는 그 이전보다 시험 및 시험 결과에 대한 책무성을 한층 강조했다. NCLB는 각 주에게 수학과 영어에 대해 3~8학년까지는 모든 학년에서, 그리고 고등학교의 경우는 1회의 시험을 도입하도록 요구했다. 또한 모든 주는 이 법안이 공포될 때 입학한 학생들이 고등학교를 졸업할 시점인 2014년까지 도달해야 할 '숙달(proficiency)' 기준을 규정하도록 요구받았으며, 이 기준을 달성하기 위한 연간 목표를 설정하여 학생들이 충분한 연도별 발전/학업성취 목표(Adequate Yearly Progress, 이하 AYP)를 도달해야 했다. 만약 2년 연속 AYP를 보이지 못한 학교는 제재를 받게 되었다.

14. 바우처의 사전적 의미는 증서 또는 상품권 등의 뜻이다. 원래는 마케팅에서 특정상품의 판매를 촉진하고 고객의 충성도를 확보하기 위해 사용되는 기법 중의 하나였으나, 현재는 사회보장제도에서도 널리 사용되고 있다. 마케팅 측면에서 바우처는 구입할 수 있는 상품에 제한이 있는 일종의 상품권이라고 할 수 있는데, 예를 들어 도서상품권, 문화상품권 등이 해당된다. 백화점 등에서 물건을 구입하면 사은권 등을 주는 경우가 있는데, 이 또한 바우처 제도의 한 예로 고객의 충성도를 확보하기 위해 사용되는 방법이다. 사회보장제도에서 바우처 제도가 탄생하게 된 주요 원인은 사회보장의 바탕이 될 상품을 판매하는 공급자의 이익을 보호하고, 또한 사회보장제도의 수혜자가 정부의 의도대로 움직이지 않을 것에 대비한 것이다. 미시경제학의 기본적인 이론에 따르면, 사회보장제도의 수혜자의 효용이 가장 극대화되는 경우는 현금을 제공하는 경우이지만, 이때 사회보장제도의 수혜자는 정부가 기대하는 만큼 정부보조 대상의 상품이나 서비스를 구입하지 않는 경우가 발생하게 된다. 그러므로 기본적으로 제공하고자 하는 식량비 등을 바우처로 공급하게 된 것이다. 미국의 경우 저소득층 자녀의 진학을 위해 교육 부문에서도 이러한 제도를 시행하고 있다. 미국의 학교 바우처 제도(school voucher/education voucher)란 공·사립을 불문하고 학생이 다니는 학교에 재정이 투입되는 제도이다. 즉, 만약 학생이 사립학교에 가고자 할 경우 공립학교에 지원되는 만큼의 돈을 학생이 다니는 사립학교에 지원한다. 형식상으로는 학생은 정부로부터 바우처를 받아서 사립학교에 등록금 대신 납부하고, 사립학교는 정부에 바우처를 제출하고 재정을 지원받는다. 그런데 학교 바우처가 실시되기 이전에는 자녀를 사립학교에 보내는 학부모는 공립학교에 들어가는 세금도 내기 때문에 이중 부담을 져야 했다. 이게 부당하다는 목소리가 높아지자, 미 정부는 그 부담을 줄여주고자 바우처를 지급하기 시작했다. 이에 공립학교 교사노조와 공립학

교 지지자들은 학교 바우처 제도가 공립학교 시스템을 해친다고 비판한다. 반대운동의 대표 논객인 조너선 코졸은 이 제도를 '최악의 위험한 발상'이라고 비난했다. 백인 중산층 부모들은 학업 성적이 우수하지 못한 학교에서 벗어나 더 나은 학군으로 이사를 갈 수 있지만, 도심 빈곤층은 또 다른 빈민가 이웃들로 둘러싸여 있는 비슷비슷한 비효율적 학교 이외의 다른 선택지가 없다는 것이다. 그 결과 부모들로 하여금 도심의 빈민가를 벗어나지 못하게 가로막았던 교육 불평등이 이제 그들의 아이들에게까지 대물림되어 같은 지역에서 평생 벗어나지 못할 수도 있다는 것이다.

15. charter school(협약학교)는 원래 1960년대 도시학교의 인종통합의 한 방식이었던 '마그넷 스쿨'로부터 발전된 것이다. 협약학교는 부모들이 자발적으로 자녀들을 입학시키는, 공적 지원금을 받는 학교다. 협약학교는 공공단체와 계약서나 협약을 체결하고 결과에 책임을 지는 조건으로 주 및 지방법으로부터의 자율성이 주어진다. 공교육을 개혁하는 목소리가 높아지면서 1991년 미네소타 주에서 최초로 공립학교의 새로운 학교개혁 운동을 불러일으킨 협약학교법(charter school law)이 통과되었다. 그렇지만 다른 한편으로 협약학교는 자주 협약학교가 공립학교 지원금을 전용함으로써 공립학교 학생들의 상황을 더 악화시킬 뿐이라고 주장하는 전통적 공립학교 지지자들의 극심한 반대에 부딪혔다. 그동안 진보 진영은 협약학교를 우파적 전술로서 민영화로 가는 중간 통로로 여겼다. 그러던 진보 진영이 협약학교가 진보적이고 실험적인 공교육의 대안으로 발전할 해방적 가능성 또한 존재한다는 실용적 전술을 채택하는 관점 변화를 보이고 있다. 특히, 그동안 학교교육의 불평등과 재생산 기능에 대한 비판적 논의에 앞장섰던 진티스는 '협약학교'에 대해 공립학교의 대표적인 실험적 혁신학교로서의 진보적 가능성이 있다는 주장을 폈다. 공교육의 관료주의를 비판하며 등장한 협약학교가 경직된 관료주의를 타파할 해결책이자 미국 교육의 혁신과 교육적 성과를 달성할 결정적 수단이 될 수 있다고 본 것이다. 그는 학교 선택의 한 방식인 '협약학교'가 공교육 안에서 창조적 실험이 가능하다는 이유를 다음과 같이 말한다. 협약학교가 ① 국가의 재정을 통해 운영하고 있고, ② 어려운 가정형편의 자녀들도 다닐 수 있고, ③ 비효율적인 학교경영이 변화될 가능성이 있고, ④ 협동도 경쟁 체제 속에서 발전될 수 있다.

16. '고정관념의 위협(stereotype threat)'이란 자신이 속한 그룹에 대한 부정적 고정관념을 확증할 가능성이 있는 상황에서 인간은 불안이나 걱정을 느끼는 것을 말한다. 예를 들어, 흑인 학생들은 자신이 속한 집단에 대한 '고정관념'과 관련된 상황에 직면하자 그 압박감/위협 때문에 제 실력을 발휘하지 못한다고 한다.

17. 저자들은 『수학을 사랑하고 미워하는 것』(2011)에서 수학을 순수이성의 가장 냉혹한 표현이라고 여기고 있는 데 대해 수학이 인간생활을 가장 풍요롭게 해주는 것이라고 설득력 있게 소개하고 있다. 수학에 대해 다음과 같은 잘못된 신화가 나타나 있다. 수학자는 정서적 복잡성을 결여하고 있고, 다른 사람과 다르고, 수학은 고독한 추구를 하는 것이고, 젊은 사람들의 게임이고, 고등교육을 위한 효과적인 필터라는 오해이다. 이에 대해 저자들은 숨어 있는 인간의 정서적·사회적 힘으로 수학을 보여주려고 한다.

18. 수월성은 생활의 모든 면에 있어서 최상의 표준에 도달하기 위한 노력이다. 수월성은 다른 사람에게 각각 다른 것을 의미하는 다양한 개념을 가지고 있다. 모든 개인은 포부 수준과 과업 수업에 대한 표준, 그리고 보다 좋은 세계에 대한 희망이 각기 다를 뿐만 아니라 정치·음악·문학·교육 등의 각 특수 영역에 있어서 최고 수준의 성취를 위한 노력의 형태가 각각 다르기 때문에 수월성을 한 가지로 규정하기는 힘들다. 그러나 수월성에 대한 모든 광범한 개념은 민주사회의 특징인 가치에 대한 다원적 접근, 개인의 자아실현이라는 두 가지의 기초 위에 구축되어야 한다. 어떤 종류의 수월성은 교육 체제에 의하여 조장될 수 있지만 어떤 것

은 교육 체제의 외부에서 조장되어야 한다. 수월성과 평등성을 동시에 고려하여 '만인의 수월성을 위한 교육'을 요청할 필요가 있다. 전인적 성장을 위해 평등성과 수월성을 동시에 고려하고자 한다면, 먼저 다양한 가치 생성의 교육을 지향하고, 최소 수혜자를 위한 복지교육을 실시하며, 자아실현을 위한 교육과 합리와 가정의 교류를 위한 교육 등이 병행되어야 한다. 교육을 통한 수월성 향상은 개인 수준에서의 노력도 필요하지만, 개인 주변의 타인, 물리적·심리적 환경 등 문화적·사회적 환경 역시 개인의 수월성 추구 과정에 개입하며, 때로는 개인들로 구성된 조직의 수월성을 개발하려는 노력도 필요하다. 교육을 통한 수월성, 그리고 일과 공평한 교육 기회를 제공함으로써 형평성 있는 교육을 실천하고 교육의 민주주의를 구현하려는 노력은 교육이라는 동일한 스펙트럼의 양극단에 있다.

19. 선스타인은 '집단 양극화'로 인해 오히려 기존 대의제 민주주의의 한계가 더욱 극대화될 것이라는 비판적인 의견을 냈다. 자신과 다른 의견을 가진 사람들과의 토론을 통해 합의를 도출하는 숙의 민주주의가 현실화되기보다는 자신의 생각을 더욱 극단적으로 몰고 가는 현상이 더욱 강하게 나타난다는 것이다. 이질적인 사람들의 상호 공존보다는 동질적인 사람들의 집단적 응집력이 더 분명해지면서 비슷한 성향을 가진 사람들로 구성된 집단의 구심력이 더 강해진다는 것이다. 그럴수록 다른 집단과의 대조 효과는 더욱 선명해지고, 합의와 절충에 도달하기보다는 특정 이슈를 놓고 분열과 파편화의 양상으로 치닫게 된다고 보았다.

20. '비판적 사고'란 무엇을 믿고 행하여야 할지 결정하는 것에 집중하는 정당한 성찰적 사고라고 할 수 있다. 사고(그리고 사고하는 사람들)가 비판적이기 위해 필요한 행동, 기술, 태도의 구체적인 목록을 제공한다. 비판적 사고는 여러 사고들 중의 한 유형이 아니라, 그 맥락이나 활동이 어떤 성질이든지 사고의 성질을 지칭하는 종합적 용어라고 할 수 있다. 옳고 그름을 가리는 행위인 비판적 사고는 열린 생각, 공정한 생각, 독립적 생각, 탐구적 태도, 타인에 대한 존중을 하는 것이다. 비판적 사고를 하는 사람이라면 마땅히 그래야 하는 것처럼 다른 사람의 견해에 귀 기울이고, 그에 따라 자신의 입장을 수정할 수 있어야 한다. 그러기에 일상생활의 문제에 유용해야 하고, 성향이나 덕을 포함해야 하며, 자기 자신을 살피는 성찰적 사고 등을 포함한다. 그렇지만 생각과 주장 및 결과들의 올바른 평가에 도달하는 분석적이고 평가적인 연역적 과정으로 간주되는 비판적 사고는 필연적으로 기존의 규칙들을 따르는 기계적인 과정을 수반하기에 기존 틀을 초월하여 새로운 생각을 창출하지 못할 가능성이 있다. 비판적 사고는 직관보다는 합리적·직선적 사고를 우선하기에 협조적이며 협력적이기보다는 공격적이고 대립적일 가능성이 있다. 추상적인 것을 다루며, 감정을 무시하거나 과소평가하는 경향이 있고, 삶의 경험과 구체적 특수성을 무시하는 경향이 있다. 공동체와 관계보다 인격적 자율을 우대하고 개인적인 경향이 있다. 그리고 객관의 가능성을 전제하기에 개인의 상황을 인식하지 못할 가능성도 있다. 비판적 사고는 이 점을 유념해야 한다.

21. '창의성'(創意性)을 정의하기란 복잡하다. 일반적으로 창의성은 새로운 생각이나 개념, 목표를 찾아내거나 참신하고(novel) 색다른 방법으로 사고하고, 문제를 새롭게 인지하고 그것에 대해 독특한 해결책을 생각해낼 수 있는 능력으로 정의될 수 있다. 사고하는 기술로서의 창의성은 기존에 있던 생각이나 개념들을 새롭게 조합하는 것과 연관된 정신적이고 사회적인 과정이라고 할 수 있다. 창의성은 현실에 적용할 수 있을 정도로 유용해야 하고, 공동체, 문화또는 현장에 바탕을 두고 만들어진 것이어야 한다. 생각, 행동 그리고 결과에 대해 비판적으로 성찰할 수 있어야 하고, 상상력을 발휘하여 도전적으로 생각하고 행동할 수 있어야 한다. 창의성 교육은 학생들이 실험을 해보고, 의문을 품고, 질문을 던지고, 독창적 사고의 기술과 기질을 키우도록 이끌어주기에 중점을 둔다. 창의성은 흔히 창조성, 독창성(originality), 창발성(emergence) 등과 같은 말로 사용되기도 한다. 창의성 개념은 나라마다 좀 달리 사용되기도 한다.

22. 현재 개발된 미국의 국가공통기준은 각 교과의 학문적 성취 수준을 높이는 데 초점을 둠으로써 오히려 글로벌 경쟁력을 약화시킬 수 있다는 비판이 제기되고 있다. 국가공통기준에서는 글로벌 문제나 상호 의존성, 간문화적 의사소통 등의 사고 유형을 다루거나 촉진하지 않고 있고, 오히려 이를 억누르고 있기 때문이다. 따라서 반대론자들이 보기에, 국가공통기준은 창의적이고 다양한 인재를 양성해온 미국 교육의 전통적 강점을 황폐화시킴으로써, 미국의 미래를 위험하게 할 가능성이 있다는 것이다.

2장

민주주의와 교육

존 듀이Dewey(1916)의 『민주주의와 교육』이 출판된 지가 거의 100년이 되었다. 이 책에서, 존 듀이는 말한다.

민주주의는 하나의 정치 형태만이 아니라, 보다 근본적으로는 함께 결합하여 사는 삶의 한 형식이요, 경험을 전달하고 공유하는 방식이라는 것이다. 동일한 관심사에 참여하는 개인들의 수가 점점 넓은 지역으로 확대되어서, 각 개인이 자신의 행동을 다른 사람들의 행동과 연관을 짓고, 다른 사람의 행동을 고려하여 자신의 행동 방향을 결정한다는 것은 우리로 하여금 자신이 하는 행동의 완전한 의미를 파악하지 못하도록 가로막는 계급, 인종, 국적과 같은 장애물이 철폐된다는 뜻이다(p. 87).

듀이가 인식했던 대로 민주주의에는 함께 결합하여 사는 삶의 수많은 형식이나 유형이 있다. 참여하고 있는 개인들의 수를 넘어 민주주의 특성이라는 유형을 무엇으로 구별할 수 있는가? 듀이(1916)는 두 주요한 특징을 명확히 하였다. 첫째로, 민주적 사회집단 구성원은 "수많은 다양한 관심"을 공유한다. 둘째로, 집단은 "다른 집단과의 상호작용과 협동적 교섭"이 어느 정도로는 이루어지고 있음을 알 수 있다(p. 87). 민주적 집단의 구성원은 대부분 자기 집단 속에서 활동과 관심을 함께 하고 있으며, 집단 자체가 다른 집단과 유리되어 있지 않다.

듀이(1916)는 다른 관점을 표현하는 집단과 개인을 가로지르는 "자유롭고 균등한" 교류가 이루어지지 않으면 안 된다고 주장했다. "자극의 다양성은 참신성novelty[1]을 의미하며, 이 참신성은 사고를 일깨운다."(p. 85) 듀이의 민주적 집단에 대한 묘사는 21세기 이념과 동일시되는 여러 가지 가치—협력, 의사소통/대화, 그리고 창의성—를 구현하거나 함의한다고 볼 수 있다. 듀이는 적어도 어떤 가장 맹아적 형태로 이미 나타난 특징들로부터 민주적 사회를 건설할 것을 권고하였다. 듀이는 완전히 이론적인 이상을 세우는 것에 대해서도, 그리고 이론적 이상이 적당한 자리에 있어야 작동되는 비효율적 행위의 유형에 갇히는 것에 대해서도 반대했다. 듀이는 이러한 경향이 플라톤과 루소의 사고 때문에 약화되었다고 주장하였다.[2] 듀이는 교육과 사회의 혁신, 모두를 위해 협력하는 실재하는 모임의 의사소통적 상호작용을 믿었다. 듀이가 지금 살아 있으면, 아마 이 책에서 말하려는 몇몇 부분에 쉽게 동의하지 않을지 모르겠다. 그렇지만 듀이는 나의 프로젝트에 열정적으로 동의했을 것이라고 믿는다. 이 프로젝트는 우리가 서 있는 현실적 관점으로부터 출발하여 개인의 완성을 통해 더 공고해지는 사회뿐 아니라, 상호 의존을 더 소중하게 여기는 사회를, 개인의 차이와 다양성에 대한 더욱 완전한 이해를, 그리고 관계적 삶을 더 충분히 더 많이 만족시키는 교육의 미래를 전망하고 있다.

민주적 사회란 모든 아이들에게 대학을 진학하기 이전의 학교교육 전체를 통해 동일한 교육과정을 제공해야 한다고 주장하는 허친스 Robert Maynard Hutchins(1936/1999), 아들러Mortimer Adler(1982), 허쉬E. D. Hirsch(1987), 그리고 기타 사람은 듀이의 교육 신념과 근본적으로 다르다는 점이 3장의 평등 논의에서 더 깊이 고려될 것이다. 여기에서는 이들의 민주적 신념의 기본적 차이를 간략히 논의하자. 허친스와 아들러는 하나의 민주주의에 있어 효과적 의사소통이란 대부분의(이상적으로는 모든) 시민에 의해 광범위하게 공유된 가치와 공통의 지식 기반 위에 의존해야 한다고 믿었다. 그들에게 있어 민주주의—그 이상과 실천—란 공적 대화 public conversation를 앞세우고 옹호하는 것이다. 대조적으로 듀이는 의사소통을 앞세우고 있으며, 민주주의를 건설하는 데 있어 그것이 중요한 역할을 한다고 믿었다. 『민주주의와 교육』의 첫 번째 장에서, 듀이(1916)는 공유된 가치를 구성하는 과정에서 의사소통의 역할을 강조한다.

> 사람들이 하나의 사회에서 살아가는 것은 그들이 무엇인가를 공동으로 가지고 있기 때문이며, 의사소통은 그 공동의 것을 가지게 되는 과정을 나타낸다(p. 4).[3]

허친스와 아들러 그리고 듀이는 가치와 관심을 공유할 필요성을 믿었다. 그런데 허친스와 아들러는 민주주의와 교육의 이상을 새로운 세대에게 이미 알려져 있고, 어느 정도 고정되어 있고, 그리고 전수할 준비가 된 것으로 보았다. 이와 대조적으로 듀이는 민주주의를 구성 중에 있는 이상, 즉 참여를 통해, 특히 참여적 의사소통을 통해 젊은이들을 이끄는 것으로 보았다. 듀이가 묘사한 대로, 21세기의 교육적 사고라고 할 수 있는 대화로서 의사소통을 강조하였다.[4] 의사소통은 화자와 청자 쌍방의 변화에 영향을 미친다. 화자는 그들 자신의 경험을 표현할 방법을 찾아야 하고, 그렇게 함으로써 의사소통은 청자의 경험 세계 속에 있는 무엇인가를 의미한다. 듀이(1916)는 다음과 같이 말했다.

> 정말로 살아 있는 사회조직, 다시 말하면 모든 사람들이 한마음 한뜻으로 공유하는 사회조직은 거기에 참여하는 사람들에게 교육적 영향을 행사한다고 말할 수 있다. 사회조직이 교육적 효능을 잃어버리는 것은 오직 그

것을 틀에 부은 듯이 고정된 방식으로 운영할 때이다(p. 6).[5]

　허친스와 아들러는 분명 반복적이고 낡은 교육과정을 옹호하지 않았다. 그들은 현 사회가 자기들의 문제를 다루었던 과거 사회의 사상가와 지도자의 방법으로부터 많은 것을 배울 수 있다고 믿었다. 듀이가 이 방식에 동의하지 않은 것은 아니었지만 그는 오늘날 사회 문제에 대해 효과적으로 생각하는 사고라는 것은 그 문제와 더불어 살고 있고 그것을 처리해야 하는 사람들의 경험과 함께 시작하지 않으면 안 된다고 믿었다. 듀이는 삶의 실제 문제로부터 교육을 분리시키려는 허친스를 분명히 공격했다(Johnston, 2011). 이 같은 분리는 교육에 있어 허친스가 직업주의 vocationalism와 지성주의intellectualism 사이를 뚜렷하게 분리하고 있는 데서 잘 보여준다. 이 같은 분리론이 지금 내가 하고 있는 작업의 중요한 목표(이 문제는 뒷장에서 다루어지는 중심적 초점이다)지만, 여기에서는 논외로 하자. 허친스와 아들러가 권장한 전통적, 그리고 일반적으로 인정하듯 아주 훌륭한 자료의 많은 부분은 현재적 이슈와 관심에 중심을 둔 코스, 즉 인문계 코스academic courses는 물론이고 실업계 코스vocational courses와도 융합될 수 있다고 나는 주장할 것이다.

　듀이에게 있어 서로 다른 재능을 가진 다양한 집단과 개인 사이에 공유된 관심은 참신성의 기반을 형성하고, 그리고 민주주의를 계속적으로 구성하는 프로젝트의 발전을 가능하게 한다. 가치는 그냥 전수되는 것이 아니다. 가치는 대화를 통해 협동적으로 구성되고, 공동의 프로젝트를 기반으로 함께 협력하는 것이다.

　그러나 이들의 대립되는 견해를 희화화하는 것에 대해서는 신중할 필요가 있다. 양자는 공통된 관심뿐 아니라, 공통의 지식을 위한 필요를 인식하고 있다. 그러면 양자의 차이는 단지 교수법의 문제일까? 나는 그것 이상이라고 생각한다. 허친스는 과거에 비중을 둔 지식을 가르치는 것을 많이 강조한다. 듀이는 그런 지식이 커다란 결함을 안고 있다고 말했다. 듀이는 학생에게 내재한 재능과 흥미 사이의 차이를 처리하는 플라톤의 기획에 찬사를 표하면서도, 사회적 이슈 해결에 이용할 수 있는 하나의 방책으로 이상적 국가의 우선적 건설에 의존하는 문제에 대해서는 다른 생각을 갖고 있다. 플라톤은 자신이 속해 있는 사회 속에서 전망적 요소를 명확히 할 수 없었고, 그것을 가지고 작업할 수 없었다. 과거의 이상적 전망이 실제의 가능성이 될 것이라고 여기면 거기에 쉽게 갇혀버릴 수 있다. 듀이는 과거를 무시하지는 않았지만, 미래를 구성하기 위한 현재의 경험을 분석하는 데 집중했다.[6] 우리는 과거로부터 무엇을 선택해야 할까? 그리고 그것을 왜 선택해야 할까?

듀이-허친스 사이의 논쟁과 비슷한 것이 지금도 계속되고 있다. 민족의 역사와 서구 문화의 광범위한 공통 지식의 기반은 민주적 대화에 참여하기 위해 필수 불가결한 전제조건이라고 주장하는 사람들이 있다. 이와 정반대로, 다양한 관점으로부터 민주주의를 구축하는, 즉 다양성의 함양을 옹호하는 사람도 있다. 두 개의 입장은 여전히 서로 상충하고 있다. 그리고 문화적 소양cultural literacy[7]에 대한 표준적 견해를 지지하는 일부의 사람들(예를 들어, 허쉬 등)은 모든 미국인들이 알아야 하는 내용으로 정의된 문화적 다양성(Wilhelm & Novak, 2011)을 축소시킬 수 있음을 인정한다. 또한 아서 슐레진저(Arthur Schlesinger Jr., 1992)[8]는 공립학교가 "미국의 정체성을 통일시키는 역사적 이념"을 유지할 책임감을 갖고 있으며, 그렇게 하는 데 실패한 공립학교는 미국의 분열에 기여하고 있다 (p. 17)고 주장했다. 나는 이러한 비판을 불관용intolerance의 부산물로 취급하여 밀어내야 한다고 생각하지 않는다. 이보다 우리는 다양성과 통합의 건전한 균형을 고려해야 한다고 본다. 21세기를 맞이하는 방향은 지구적 통합, 즉 민족을 넘어선 책임, 그리고 나누어질 수도 있는 다문화주의 multiculturalism의 형태로 나아가야 한다. 이 방향으로 가기 위한 하나의 방법은 내가 "생태적 세계시민주의ecological cosmopolitanism"라고 부르는 것에서 찾을 수 있는데, 그것은 7장에서 논의할 것이다.

모든 정치철학자들은 시민성을 위해 젊은이를 준비시키는 데 있어 교육의 중요성을 인식하고 있다. 이러한 민주적 교육을 특별하게 지도할 수 있는 정치 이론은 존재하는가?

교육의 민주적 이론을 향하여

애미 구트만Amy Gutmann(1987)은 가장 유명한 정치적 이론들, 즉 보수주의, 자유주의, 그리고 기능주의자의 약점을 간략하게 논의하면서 교육의 민주주의 이론에 대한 탐구로부터 시작하고자 한다. 그녀는 가족과 성별 관계가 변화하는 시대를 맞이하면서 보수주의 이론이 더 이상 생존할 수 없는 공과 사의 분리를 주장하고 있다고 본다. 보수적 견해도 경청해야 하지만, 이 견해는 공교육의 전체 시스템을 안내하는 것으로 이용될 수 없다. 마찬가지로, 자유주의 이론들은 개인의 자율성을 강조하면서 정치적 올바름political rightness에 대한 자유주의적 기준을 만족시키는 정부의 공무 집행과 교육과정의 내용을 옹호한다. 그러나 이 기준은 보수주의자들을 불편하게 하였다. 구트만의 처리 방식은 너무나 간명하지만, 그녀가 주로 반대하는 이유는 더 광범위한 논쟁을 통해 변호되었다. 민주적 교육의 안내자로서 내가 취하는 관점에서 볼 때 이념화되고 고착된 정치 이론을 거부하는 것은 타당하다. 하지만 이 이론을 지지하는 사람들의 권고를 경청하는 것은 받아들일 만하다.

이때 구트만은 자본주의 사회에서 학교가 그것을 유지하는 기능을 한다고 주장하는 그 이론의 집합체를 "기능주의자functionalist"라고 불렀다. 우리는 교육에 있어서 이러한 이론을 일반적으로 "사회적 재생산social reproduction"이라고 호칭한다. 이러한 이론가들은 아마 반反-기능주의자라고 불리는 것이 더 좋을 것이다. 반-기능주의자들은 자본주의적 국가 기구로서 학교가 자본주의를 유지하는 기능을 한다는 기능주의자들에 동의한다. 하지만 그들은 이런 상태에서 아무것도 할 수 없다는 결론을 맺지 않고 있다. 반-기능주의자들의 해결책은 자본주의를 다른 유형의 사회주의로 대체하고자 한다. 예를 들어 보울즈와 진티스Bowles and Gintis(1976)는 사회주의 혁명을 요구했다. 그들은 권력과 특권의 위계 속에서 학교와 교육 이론이 질서를 유지하는 기능을 하고 있는 측면을 비판한다. 나는 구트만이 이러한 비판을 너무 빨리 일축해버렸다고 생각한다. 오늘날 우리 학교에서 무엇이 일어나고 있는지를 고려해보자. 지금 많은 학교들은 평등을 위해(더 많은 것들이 다음 장에서 언급될 것이다), 모든 학생들이 대학 준비 수학반에 들어갈 것을 강요하고 있다. 진술된 의도는 교육과정의 계열화를 수반하였던 불공정한 차별을 없애는 것이다. 대학 예비 코스, 상업 코스, 직업 코스, 그리고 일반 코스의 계열화는 더 이상 없어야 한다. 민주주의란 모든 학생들이 동일한 중등 교육과정을 받아야 한다는 요구를 주창하는 것이다.

그런데 무슨 일이 실제 일어났는가? 대수학 과정(모든 사람이 수강해야 하는)은 기초, 보충, 표준, 향상, 촉진, 특별 우등으로 구분되어 있다. 더 나아가, 몇몇 학생들은 대수학을 7번째 혹은 8번째 등급에서 시작하는데, 그동안 다른 학생들은 9등급으로 강제로 분류될 때까지 기다리고 있다. 전보다 차이는 더욱 확실해졌다. 사람들은 권력과 신분의 위치를 쉽게 포기하지 않는다. 그리고 우리가 보는 것처럼, 학생들을 등급 매기고 분리하는 것을 더 쉽게 할 수 있는 "동일한" 프로그램 안으로 밀어 넣는다. 높은 신분을 성취하고 유지하고자 하는 욕망은 인간에 있어 선천적일지도 모른다. 나는 가끔 수스 박사의 스니치 이야기[9] 사례를 든다. 스니치 사회는 상대적으로 작은 하나의 집단이 주로 통제하고 있었다. 더 큰 종속 집단은 지배 집단이 별모양 배를 갖고 있다는 것을 알아냈다. 별모양 배는 지배집단의 구분이었다. 아! 종속 집단은 지배 집단의 별모양 배를 갖기로 했다. 이제, 모든 사람은 당분간 평등했으며, 모든 사람은 별모양의 배를 가진 스니치였다. 그러자, 원래 별모양의 배를 가진 스니치는 새로운 평등에 행복해하지 않았으며, 그들의 별을 외과적으로 제거했다. 두 집단은 별을 붙였다 떼었다 하는 일련의 극성스러운 절차를 밟았다. 수스의 이야기에서 모든 것은 누가 누구인지 전혀 판단할 수 없는 불능의 상태에서 더할 나위 없이 해피 엔딩으로 끝맺는다. 실제 생활에서 권력관계는 보존될 듯하다. 우리는 뒷장에서 몇 번이고 이 문제로 돌아갈 것이다.

구트만은 또한 자신이 기능주의자라 부르는 이론가들이 지지하는 사회주의 논의를 소홀히 취급했다. 이 지적은 중요하다. 왜냐하면 이 저자들은 구트만이 추구했던 민주주의 이론이 사회주의라고 주장하기 때문이다. 예를 들어, 보울즈와 진티스(1976)는 "사회주의는 노동, 공동체, 교육, 문화생활을 하는 데 있어 인간 상호 간의 관계 과정을 수반하는 끊임없는 변화와 더불어 경제적 민주주의를 실천하는 과정을 점진적으로 강화하고 확장하는 것이다"(pp. 282~283)라고 주장하고 있다. 이 주장은 쉽게 파기될 수가 없다. 그리고 자신의 민주주의 이론이 듀이로부터 영감을 받은 것이라고 주장하는 구트만이기에 그녀에게 있어서는, 특히 어려운 문제이다. 듀이는 분명히 사회주의의 영향을 받았고, 다섯 번의 대통령 선거에서 사회주의 정당에 투표를 했다. 그렇지만 우리 시대도 마찬가지이지만, 듀이의 시대에는 사회주의라는 용어를 사용하는 것은 현실성이 없어 보였다.

듀이는 다음과 같이 진술한다.

새로운 정당은 현재 사회주의적이라고 분류된 많은 대책을 채택해야 함에도, 이 대책들은 사회주의적이라는 꼬리표로 인해 가치 없는 것으로 치부되고 매도당했다. …… 사회주의자들에 의해 옹호된 특별한 대책의 가장 큰 취약점은 그 대책들이 사회주의자와 함께 사회주의 정당에 의해 발전되었다는 점이다. 사회주의라는 명칭에 대한 편견은 불편한 편견을 보일 수 있다. 그렇지만 그 영향력은 아주 강력하였기 때문에 미국 국민 중 상당수가 사회주의로 넘어간 것을 상상하기보다는, 새로운 정당에 가입한 가장 교조적인 사회주의자 이외의 다른 모든 것을 상상해보는 것이 더욱 합리적일 것 같다(Westbrook, 1991, pp. 444-445에서 인용).

듀이의 언급은 오늘날에도 그대로 적용할 수 있다. 사회주의socialism라는 단어는 아직도 미국에서는 경멸적 의미로 사용하고 있다.

구트만의 민주주의 이론의 핵심은 숙의deliberation이다. 숙의는 어느 하나에 고착되지 않는 광범위한 영역의 이상에 목소리를 내는 사회적/정치적 실천을 분석하고, 토의하고, 평가하는 정치적 과정이다. 그녀는 자신의 민주주의 이론과, 도덕적 이상, 즉 다른 도덕적 이상을 견지하는 사람들의 저항(분노조차)을 자극하지 않는다면, 어느 누구도 완전하게 이행할 수 없는 도덕적 이상과 직접적으로 가르치는 것을 구분하였다.

"숙의 민주주의deliberative democracy"는 상대적으로 새로운 범주의 민주주의(Held, 2006을 보라)이다. 참여 민주주의participatory democracy가 비합리적 대중의 감성적이고 무지몽매한 지배[10]로 타락할 수 있다고 플라톤과 여타 많은 사람들이 표현한 우려가 타당성을 갖는다는 것을 숙의 민주주의는 인식하고 있다. 숙의 민주주의 지지자들[11]이 제시하는 해결책은 문제 있는 사안에 대해 모든 측면이 경청되며, 모든 논변이 논리적으로 옹호되어야 한다는 주장이다. 숙의 민주주의 집단 내에서, 적어도 두 집단, 즉 불편부당론자들impartialists—어느 한쪽으로도 치우치지 않는 접근은 오직 이상적 조건하에서만 작동할 수 있다고 주장하는—과 그 비판자들을 확인할 수 있다(이 비판은 듀이가 겨냥한 플라톤과 루소를 연상시킨다). 구트만을 포함한 비판자들은 실제로 현실의 세계에서 실행이 가능한 숙의 유형을 추구한다. 이 점에서 구트만은 듀이의 생각에 동의하며, 나 또한 그렇다(Soder, Goodlad, and McMannon, 2001 참조). 우리가 숙고를 위한 교육에 있어 학교의 역할을 검토하였듯, 이 점에 대해 좀 더 해야 할 말이 있다.

교육의 새로운 민주적 이론을 발전시키는 데 있어 구트만(1987)은 다음과 같이 말한다. "금세기의 가장 영향력 있는 이론인 존 듀이의 이론은 그 자체가 분명 민주주의적이다. 내가 발전시킨 민주주의 이론은 듀이에게서 영감을 받은 것이지만, 이 이론은 또한 적어도 한편으로는 듀이에게서 끌어온 것이다."(p. 13) 구트만은 교사와 학생, 교사와 학부모의 견해에 대한 고려를 넘어 교육적 사고를 확장할 필요가 있다는 듀이의 생각에 동의한다. 구트만은 덧붙여 말한다. "그런데, 보다 더 광범위하게 고려될 수 있는 민주주의 견해는 무엇이어야 하는가?"

다음에서 알 수 있듯이 내가 보기에 구트만은 듀이의 생각을 잘못 이해하고 있는 듯하다. 듀이는 『학교와 사회』(1900)에서 "가장 좋고 가장 현명한 학부모가 자기 아이를 위해 원하는 것은, 즉 지역사회가 모든 아이를 위해 원하는 것이지 않으면 안 된다"(p. 3)라는 한 줄의 글귀를 인용하면서, 구트만은 듀이가 어떤 특별한 지식, 기능, 그리고 성향의 집합체를 갖고 있다고 보았다. 이 집합체는 진정으로 "가장 좋은 것"이기에 모든 아이들에게 제공되는 교육과정이어야 한다는 것이다. 어쩌면 듀이는 다른 언어를 사용했어야 했다. (그는 이 대목에서 다소 허친스처럼 들린다.) 그러나 듀이의 교육 저서를 더 많이 읽고 나면, 가장 좋고 가장 현명한 부모란 자기 아이 각자마다, 개별 아이에게 가장 좋은 것을 바란다는 의미임을 우리는 알게 된다. 듀이는 모든 아이들을 위해 통일된 학습과정을 서술하기보다, 각각의 아이를 만족시키고 만족할 만한 삶을 운영하는 데 필요한 것을 찾도록 도울 정도로 풍부하고, 유연한 교육과정을 원했음을 알 수 있다. 나는 듀이의 생각에 동의한다. 그리고 이 목적을 진지하게 받아들인다면, 21세기를 맞이하여 우리가 현재 어디에 있으며, 어떤 방향으로 가야 하는지의 관점에서 교육과정, 교수 방법, 그리고 학교의 사회조직을 자세히 검토해보아야 할 것이다.

구트만은 학교의 교육과정에 거의 관심을 갖고 있지는 않았지만, 교육정책을 판단하는 잠재적 가치로서 두 가지 원칙, 즉 비-억압non-repression과 비-차별non-discrimination을 제시한다. 숙의의 분위기 속에서 이런 원칙을 견지함으로써 개인과 집단이 자신의 합리적·도덕적 이상을 따르는 것이 가능하도록 해야 하고, 또한 미래의 시민이 숙의 민주주의에 충분히 참여하도록 하는 교육을 배제해서는 안 된다.

그런데 이러한 원칙을 적용하는 것보다 진술을 하는 편이 더 쉬울 수 있다(이에 대해 Callan, 1997의 논의를 보라). 예를 들어보자. 우리 중 일부가 주류의 종교 집단이 종종 전쟁을 지지하는 것을 학생들이 알기를 바라고 있고, 이와 달리 다른 입장을 가진 사람들은 그런 내용을 교육과정에 포함하는 것을 반대한다면 어떻게 해야 하는가? 이 주제는 단순히 합리적이고 균형을 잡는 방안을 찾는 문제가 아니다. 또 일부 사람들은 이런 주제가 학교교육과정의 모든 것에서 거론되는 것을 반대한다. 이들 이슈는 구트만의 비-억압 원칙 아래 솔직하게 다루어져야 하지만, 영향력을 미치는 집단은 끊임없이 수많은 이슈에 대한 논의를 가로막는 행동을 한다. 예를 들어 일부 사람들이 비판적 토의를 반대하는 것을 찾아냈던 과거 및 현재의 주제를 생각해보라. 미국 예외주의,[12] 양육, 애국 운동, 선전의 이용(우리 편에서), 자본주의의 부정적 측면, 동성 결혼, 스포츠를 위한 사냥, 지옥의 존재, 영성, 경제적 격차, 광고의 쾌락주의,[13] 심지어 대규모 잔디 보존을 위해 행해지는 생태적 손실 등. 이러한 항목들은 쉽게 더 증대될 수 있다(Noddings, 2006, 2012a). 교회와 국가의 분리에 관한 제퍼슨의 입장 때문에 미국의 역사 교과에서 그를 삭제하기를 바라는 텍사스 사람들을 떠올려보라. 우리의 도덕적 이상을 비켜갈 수 없는 것이며, 아이들이 학교 밖의 상충되는 수많은 견해에 직면하기를 바라는 것이 일부 사상가들의 신념이다. 불리한 위치에 처한 젊은이가 다양한 견해에 대해 균형 잡힌 설명을 반드시 듣도록 하는 데 관심을 두는 사람은 누구인가? 의심스러운 도덕적 이상에 세뇌indoctrination를 당해본 젊은이들에게 대상을 달리 바라보는 방법이 있다는 것을 누가 알려줄 것인가? 그리고 "이 아이들"은 세뇌를 당했고, "저 아이들"은 세뇌를 당하지 않았다고 누가 단언할 수가 있는가? 사려 깊은 사상가들은 "비-억압"을 옹호할 수 있지만, 이러한 개념을 거부하는 사람들로부터 계속된 억압을 어떻게 극복할 것인가?

문제는 일부 양심적 사상가들이 균형을 잡는 것에 대해 지나치게 이상적 주장을 펴는 것, 그리고 사회정의를 옹호할 수 있는 견해를 그냥 명시적으로 가르치는 것에 대해 그것을 단념하도록 권유한다는 것이 너무나 어렵다는 데 있다. 보울즈와 진티스는 솔직히 사회주의 혁명을 요구하였다. 이들 이전에는 조지 카운츠가 통제받지 않는 자본주의의 경제적 사악함에 대해 설득력 있는 주장을 폈다. 민주적으로 사회화된 경제는 어느 개인이라도 환경과 동료 시민을 착취하는 것을 허용하지 않을 것이다.

> 개인이 국가의 자연자원으로 재산을 불리는 것, 단지 돈을 벌기 위해 사업을 조직하는 것, 언제 어디서나 자기가 하고 싶은 대로 새로운 공장이나 철도를 세우는 것, 자신의 사적 이익의 보호를 위해 통제할 수 없는 경제 체계를 혼란에 빠뜨리는 것, 그리고 정치적 삶의 부패, 여론기관의 통제, 금융 기제의 조작, 두뇌와 지식의 구매, 또는 무지, 나약함 그리고 불행을 이용하여 엄청난 부를 축적하거나 축적하려는 시도를 허용해서는 안 될 것이다(Counts, 1932/1969, pp. 46~47).

카운츠는 1930년대 초에 이 글을 썼다. 아마 독자들은 이러한 탄식이 오늘 작성될 수도 있다는 슬픔—해결을 함의하고 있는 것은 아니었지만—을 보이며 응답할 수 있을 것이다. 카운츠(1932/1969)는 만약 이러한 실천들이 허용되지 않았더라면 사회가 얼마나 달라질 수 있었을지를 서술하면서, 교사가 사회의 새로운 비전을 촉구할 책임이 있음을 호소하였다.

최상의 교화이지만 우리 아이들이 이어받아야 할 것으로—그것은 우리 직업이 만들어내고 계승해야 하는 최대의 관심사이고 귀중한 유산—, 미국이 산업화 시대에 이루고자 하였던 그러한 비전을 학교에 도입하는 것이다(pp. 50~51).

듀이는 미래에 대한 카운츠의 민주적 사회주의democratic socialist 관점에 크게 동의했지만, "교화indoctrination[14] 또는 "주입imposition"을 옹호할 수 없었다. 듀이는 목적은 물론이고 수단이 도덕적으로 받아들여져야 한다고 주장했다. 분명 구트만은 이 점에 동의하였고, 나도 그렇다. 교화—최고의 선이라도—는 너무나 쉽게 지배, 권위주의 그리고 심지어 전체주의로 유도될 수 있다. 상호작용에서 권위와 전통의 방법이 아니라 "지성의 방법"을 사용해야 한다는 것이다. 배움의 내용보다 탐구의 방법이 더 중요하다는 것이다. 학생들은 대화, 책임 있는 실험, 그리고 현재 경험의 평가를 통해 사회적 수정주의자들social revisionists이 옹호한 결론이나 논증이 잘된 대안들에 도달해야 한다. 하지만 오늘날 심각한 문제는 여전히 남아 있다. 만약 그것에 대한 논의조차 할 수 없다면, 어떻게 학생들이 중대한 사회적·정치적 이슈에 대한 합리적·도덕적 결론에 도달할 수가 있는가?(Apple, 1996; Leahey, 2010; Macedo, 1994; Spring, 1997을 보라) 그것은 여전히 우리가 21세기에 마주하고 있는 문제이다. 우리가 비-억압의 원칙을 채택했을 때, 이 생각보다 저 생각을 장려하여 비난을 받기보다는 논쟁적 이슈에 대한 논의를 아예 빼버리는 것이 더 쉬울 수 있다.

아마도 모든 결정을 지도하는 원칙이 가득한 정교하고 상세한 민주주의 이론이 필요하지는 않을 것이다. 집단 안에서나 집단을 넘어 자유롭고 폭넓은 의사소통을 강조하는 듀이의 생각은 우리에게 좋은 출발점을 제시해준다. 아마도 듀이의 충고를 받아들인다면 우리는 활동을 해가면서 우리의 이론적 위치를 구성해야 한다.

현재의 한 지역을 예로 들어 생각해보자. 내가 현재 살고 있는 오션 그로브Ocean Grove 마을은 뉴저지 넵튠에 있는 큰 타운의 일부이다. 이 마을은 감리교 교회에 의해 일 년 전에 조직되었다. 그리고 성결캠프모임연합회Camp Meeting Association[15]는 오션 그로브에서의 활동에 대해 상당한 통제력을 행사하고 있다. 마을의 중앙에는 매년 여름 다양한 강좌와 뮤지컬 행사를 열 수 있는 대강당이 있다. 또한 교회 예배는 대강당에서 이루어지고, 큰 바다를 마주한 대형 십자가가 그 건물의 외관에 우뚝 올라서 있다. 강당은 분명 기독교 시설이다.

대강당은 엄청난 사람을 수용할 수 있는 좌석(3,000명 이상)과 거대한 파이프 오르간을 갖고 있기 때문에 넵튠 고등학교 졸업식을 위해서는 매우 이상적인 장소로 여겨졌다. 그런데 올해, 공립학교 기념식 행사를 위해 기독교 시설을 사용하는 데 있어 교회와 국가의 혼용에 대한 고발이 미국공민자유권연맹the American Civil Liberties Union/ACLU[16]에 제출되었다. 내가 이 장을 쓰기 시작할 당시는 미국공민자유권연맹이 실제로 이 문제에 관한 소송을 제기할지가 분명하지 않았다. 그 후 중재 협상이 이뤄져 졸업식은 강당에서 거행되었다. 하지만 십자가는 켜지지 않았으며, 강당 내부의 종교적 표식들은 잠시 보이지 않도록 가려졌다.

이러한 이슈를 어떻게 보아야 할까? 나는 세속주의자이며 미국공민자유권연맹의 일원으로서 졸업식이 어느 곳에서나 열릴 수 있고, 또한 기독교의 모든 표식들이 일시적으로 치워지거나 가려지도록 실제 결정되었던 것처럼, 이와 같은 고발 사태를 지지하거나 주장할 수 있다고 본다. 그런데 듀이식의 실용주의나 휘트먼적인 관점에서 이 이슈를 생각해보자. 우리는 세속과 종교의 노선을 넘어 의사소통과 협력을 촉구할 기회를 갖고있다. 양쪽 어느 집단을 개종시키거나, 억압 또는 차별할 의도는 조금도 없다. 졸업식을 준비하면서, 관(주 정부)과 교회 집단(이웃들)의 대표자들은 졸업생들과 그 가족에게 아름답고 만족스러운 경험을 제공하기 위하여 함께 협력할 수 있다. 또한 교회와 주정부의 분리와 관련된 이슈를 논의할 기회가 학생과 교사에게 주어진다. 민주주의의 본질은 바로 협력적활동을 위한 이런 기회에 담겨 있다.

듀이적 논변은 돌봄 윤리care ethics의 렌즈를 통해 간단한 평가를 하는 것으로 확장될 수 있다. 이 상황은 지역사회에서 직접 연관을 가진 집단들을 포함하고 있다. 고등학교는 졸업식을 개최할 수 있는 크고 매력적인 시설로 표현되는 욕구를 가지고 있다. 성결캠프모임연합회는 이러한 욕구를 충족시킬 뿐 아니라, 더 넓은 지역사회에서 또한 자신의 이미지를 증진시키고자 한다. 사실 교회와 국가가 연관된 사안에 법적 권한의 할당을 통제하는 원칙을 소개하거나 거론할 아무런 필요도 없었다. 정말 불필요하게 요청된 원칙은 민주적 관계를 증진하기보다는 오히려 침해할 수있다. 원만한 협상을 금지하는, 직접 적용할 수 있는 원칙이 존재하지 않는다면, 집단 스스로 직접적 의사소통과 협력을 고심하는 것이 좋을 것이다.

듀이가 1927년에 내놓은 함께 사는 삶의 양식으로서의 민주주의 개념을 완성하려면 월트 휘트먼Walt Whitman의 "민주주의 선각자the seer of democracy"를 참고할 필요가 있다(Whitman, 1982, p. 184). 계속 진행 중인 민주주의 논란을 지닌 프로젝트로 민주주의를 인식하는 휘트먼(1982)은 자연 세계의 경이로움과 인간의 유대감 그리고 평등이라는 새로운 정신을 묘사할 수 있는 새로운 문학을 요청하였다. 휘트먼은 예술, 특히 문학과 음악이 민주주의적 표현을 깊이 있게 하고 확장해주기를 바랐다. 그는 권위주의의 종식, 교회가 필요 없는 종교성, 여성의 평등, 도덕적 인격의 혁신, 자연에 대한 사랑과 존중(시적 찬사), 그리고 일상적으로 일하는 남성과 여성—사람들!—에 대한 진심 어린 감사를 노래했다. 그는 과거에 생산된 청사진이나 미래의 신화적 이상도 추구하지 않았다. 그러나 가장 좋고 가장 정직한 상태에서 평범한 삶을 소통하고, 함께 나누고, 찬양하기 위해 지속적으로 분투했다.

> 낯선 사람이여,
> 지나가다 나를 만나 나에게 말하고 싶다면,
> 당신은 왜 나에게 말을 걸면 안 되나요?
> 그리고 나는 왜 당신에게 말을 걸면 안 되나요?
> (Whitman, 1982, p. 175)

이러한 사고는 또한 랄프 왈도 에머슨Ralph Waldo Emerson(1803~1882)의 작품에서 발견된다. 에머슨은 평범한 삶을 축복했고 은은하게 빛나게 했다. 듀이는 분명 창의적 개성과 협력적 사회관계의 중요한 연관성에 대한 에머슨의 이해력을 존중했다. 듀이(1929~30/1988)는 『오래되고 새로운 개인주의Individualism, Old and New』에서 개체성과 민주주의의 본질을 역동적으로 상호 연결시킨 에머슨의 견해를 예로 들었다. 관계의 네트워크/사회가 인간의 개체성individuality을 허물 수 있다는 에머슨과 인식을 같이 하면서, 듀이는 끊임없는 변화에 내재되어 있는 가능성을 인식하는 것이 개인과 사회 모두에 긍정적 효과를 줄 수 있음을 지적하였다(이 점에서 듀이는 다시 한 번 에머슨의 주장과 일치한다).

그러나 "사건들의 연계"와 움직이는 다양한 결사체로 구성된 "동시대

사람들의 사회"는 개체성의 잠재력을 구현할 수 있는 유일한 수단이다(p. 122).

휘트먼과 에머슨에 의해 표현된 견해는 낭만적으로 분류할 수 있지만, 휘트먼과 에머슨이 불가능한 이상을 표현한 것은 아니다. 그들은 해결 방안, 법체계 또는 헌법조항을 거론하지 않았다. 그들은 돌봄, 동료의식, 우정, 공감, 관심 등을 표현하고 있다. 이들의 견해와 듀이가 중시하는 지성의 방법 그리고 돌봄 윤리—대화와 끊임없는 실천을 대단히 강조하는—를 결합시키면, 아마 우리는 지금까지 표현된 어느 누구보다 더 강한 접근법을 발전시킬 수 있을 것이다. 이러한 시도를 하는 데 있어, 나는 또한 사회적 재생산과 비판적 이론가들의 견해를 고려할 수 있다. 사회적/경제적 현재 상황의 유지를 위해 작동하는 사회에서 학교가 권력에 의해 통제되고 있음을 지적한 이들의 주장은 타당하다(Apple, 1996; Spring, 1997). 이러한 권력을 아무 생각 없이 지지한다는 것이 얼마나 손쉬운지를 경계하지 않으면 안 된다. 모든 사람에게 학업을 강제로 시키는 현재의 움직임—표면상 평등을 촉진하기 위하여 제안된—이 역설적으로 현재의 상황을 유지하거나, 심지어 계층 상승의 기회를 위축시키는 데 기여할 수 있다. 듀이는 또한 민주주의에 대한 자신의 견해에 강한 영향을 미쳤던 사회주의적 성향을 가졌음을 기억해야 한다.

이 책 전체를 통해 독자들에게 교육 안으로 열정적으로 소개된 많은 사상, 이론, 그리고 개념을 고찰하도록 촉구하였다. 하지만 이들이 만능해법이 아니라는 것을 발견했을 때 곧 내버리고 말았다. 우리는 견해와 방법을 "무비판적으로" 믿는 것도 피해야 하지만, 또한 그것들을 그냥 내버리는 것도 피해야 한다. 그러지 말고 우리는 일부의 아이디어들이 어떤 목적을 위해, 언제, 그리고 어느 학생들과 어떻게 사용될 수 있는지를 물어보아야 한다.

학교에서의 민주주의

듀이, 에머슨 그리고 휘트먼에 따라 나는 무엇보다 민주주의를 참여적이라고 생각한다. 그리고 구트만과 함께 나는 교사의 중요한 역할이 학생의 참여를 촉구하고, 그들을 숙의적 사고와 의사소통의 방향으로 지도하는 것이라고 본다. 듀이와 함께, 나는 의사소통/대화가 공통의 가치를 확립하는 것보다 앞서야 하고, 대화로 유도하는 참여는 숙고를 학습하기 위한 수단이라고 생각한다. 숙의적 참여deliberate participation를 위한 가르침은 이를 지지하는 상황을 마련하는 것조차 쉽지 않다. 오늘날 그런 교육을 우리 학교에서 반대하는 세력이 아주 많아 숙의적 참여를 위한 교육을 하는 것이 매우 어렵다. 우리가 소중히 여기는 교양인educated person과 민주주의를 이루고 있는 것이 무엇인지를 우리가 이미 알고 있으며, 그리고 우리가 해야 할 필요가 있는 모든 것은 새로운 세대를 지성적이고 헌신적 시민으로 기르기 위해 학습 자료를 교훈적인didactic 방식—특정의 학습 목표에서 하나의 테스트로 쉽게 측정된 항목에 이르기까지—으로 가르치는 것이라고 많은 사람들은 일반적으로 생각한다. 이리하여 숙고적으로 생각하는 사람을 기르지 못했다는 점이 나의 주장이다. 더욱이 많은 교사들은 스스로 숙고적으로 생각하는 사람이 되지 못했다.

지도주임의 격려를 받고 숙고적으로 생각하는 사람이 된 교사는 모든 학교 정책에 대해 적절한 질문을 던짐으로써 본보기를 보여야 한다. 예를 들어보자. 전국적으로 재정이 부족하면, 많은 학교는 특별활동을 축소하고, 수학과 독서와 같은 기초 학과에 더욱 많은 노력을 집중하는 결정을 해왔다. 이것은 현명한 선택인가? 고등학교에서는 무슨 목적으로 특별활동을 제공하는가? 학생회 모임, 동아리, 그리고 공연 그룹들은 학생들에게 같이 작업하고, 간부를 선출하고, 그들의 학업성취를 위한 목표와 계획들을 수립하기 위한 기회를 마련한다. 종합고등학교에서의 이런 활동은 다른 프로그램에 학생들을 불러 모으며, 그에 따라 학생 인구를 건너뛰어 접촉 지점을 증대시킨다. 건강한 특별활동이 민주주의의 요람으로서, 그리고 젊은 시민들을 위한 중요한 실천의 중심으로서 역할을 하고 있다는 것은 과장된 주장이 아니다. 만약 정규 언어 과목에서 두 배로 시간이 들기에 특별활동을 그만두거나, 전형적인 한 시기만을 유지하더라도 특별활동을 촉진하는 것 가운데 선택해야 한다면, 두 번째 선택을 골라야 할 이유는 충분하다. 더욱이, 그들 스스로 민주적으로 선택한 프로젝트를 지향하는 의사소통은 더 많은 정규 언어 수업보다 더욱더 유창한 언어를 증대시킬 수 있다.

이런 종류의 사고를 격려하는 또 다른 사례를 생각해보자. 도시 또는 넓은 지역에, 이를테면 예술 분야의 마그넷 스쿨Magnet School[17]의 설립을 고려하는 것을 생각해보자. 학생회가 표출한 관심을 둘러싸고 학교를 조직하는 일은 대단히 매력적이다. 그러나 이런 일을 하는 가장 좋은 방법이 별도의 학교separate school인가? 매우 다른 이해관계를 가진 집단들을 넘어서고자 하는 듀이의 의사소통 준거를 다시 생각해볼 때, 별도의 학교에 학생을 배치하지 않으면서 학생들의 특별한 관심을 만족시킬 수 있는 방법을 찾는 길을 더 선호할 수도 있다. 민주주의의 형식적 절차를 사용하는 것 이상의 더 많은 것을 할 수 있는 시민으로 성장하기를 바란다. 우리는 상호 의존을 존중하는 시민을 원한다. 일부의 가치를 공유하지만, 중심적 관심을 달리하는 집단들을 넘나들며 협력적으로 일을 할 수 있다. 이 말을 한다고 하여 마그넷 스쿨을 거부하자는 것은 아니다. 오히려, 결정하는 데 있어 세심한 숙고를 해야 함을 유념하자는 뜻이다. 마그넷 스쿨과 직업학교(8장에서 논의될 것이다)가 설립될 때, 상호 존중과 협력을 향상시키기 위해 구상된 학교들 사이의 활동이 주어져야 한다는 것을 생각해봐야 한다.

또 다른 사례가 있다. 민주주의 사회는 사립학교를 허용해야 하는가?

구트만(1987)은 상당히 깊이 있게 이 문제를 논의하고 있지만, 그녀는 내가 분석해왔던 듀이/휘트먼 유형과는 좀 다른 언어를 사용하고 있다. 구트만은 숙고/숙의의 좋은 일례로 민주주의에서 사립학교 금지를 위한 강력한 논변이 개진될 수 있다고 인식한다. 그럼에도 그녀는 다음과 같이 제안한다.

사립학교를 금지하는 것에 대한 더 좋은 대안으로, 사립학교가 공립학교처럼 일련의 공통된 민주주의 가치를 가르친다는 조건을 걸고 종교계 사립학교를 용인하는 초등교육 시스템을 강구하는 것이다(p. 117).

그러나 민주주의가 무엇보다도 함께 결합하여 사는 삶이라는 듀이의 생각에 동의한다면, 우리는 대안에 있어 강한 유보적 입장을 취할 수 있다. 더불어 살지 않으면서 민주주의 가치를 가르칠 수 있을까? 폐쇄된 집단 내에서 민주적 절차를 사용하는 것과 진짜 민주적 방식으로 집단을 넘어 활동하는 것은 완전히 다른 것이다. 고대 그리스 사람들을 생각해보자. 추정컨대, 우리는 그리스인의 사례에서 민주적 절차에 대한 무엇을 배웠을 테지만, 아테네 사람들은 아무리 상상해봐도 민주주의라는 나래를 펼치지 못했다. 사립학교의 존재를 허용하지 않았다면, 민주주의를 위해 더 나은 결론이 나왔을 수도 있다. 동시에, 그것을 지금 없애려고 함으로써 오히려 민주주의를 강화하는 캠페인에 역효과가 날 수 있음을 우리는 인식하고 있다. 그와 같은 행동은 분명 반-민주주의로 간주될 것이다. 그렇게 하기보다는 지금 학교를 넘나들면서 접촉 지점을 증대시키고, 나아가 지금 점점 증대되고 있는 민영화privatization를 저지하기 위한 활동을 하는 것이다.

선택은 민주주의를 논의하는 과정에서 주기적으로 일어나는 또 다른 문제라고 할 수 있다. 사립학교 철폐에 반대하는 어느 주장은 아이의 학교를 선택하는 부모의 권리에 초점을 맞춘다. 민주주의에서 부모가 아이를 종교계 사립학교로 보내는 것이 허용되어야 한다고 주장한다. 그리고 공립학교가 부모들이 옹호하는 종교를 고취하는 것을 금지할 경우, 이 권리는 특히 중요하다. 이것은 미국에서 오랫동안 받아들여졌던 권리이지만, 강한 반론이 제기되고 있다. 한 가지 반론은 문화적으로 폭넓고, 과학적으로 충분한 교육에 대한 아이들의 권리에 관한 것이다. 합리적 숙고라는 민주적 목표에 대한 구트만의 관점을 지목하면서, 과격한 회교도 또는 유태인 학교가 제출한 교육은 물론이고, 근본주의 기독교 학교가 제출한 종류의 교육도 강하게 반대할 수 있다(Peshkin, 1986). 그러나 일반적으로 부모의 권리는 지켜지고 있으며, 그리고 종교의 자유를 보장하는 미국 헌법 수정조항[18]에 의해 결정이 이루어지고 있다. 그렇지만 우리는 몇몇 건국의 원로들도 아이들이 자기 부모보다 국가에 더 많이 귀속되어 있다고 믿는다는 것을 기억해야 한다(Wood, 2011a). 국가의 권리가 위협을 받지 않으면 부모의 권리는 대체로 지켜져왔다. 대법원은 1972년 요더Yoder 사건[19]에서, 심지어 8학년 이후에는 아미쉬 교파 부모가 아이를 학교에 보내지 않아도 된다고 허용했다(1987년 구트만의 논의, 2005년 Greenwalt의 논의도 보라). 재판관 윌리엄 O. 더글라스William O. Douglas는 아이에게 주어졌던 교육을 아이가 빼앗길 수도 있다고 주장하며 부분적으로 이의를 제기하였지만, 법원은 전원 만장일치로 표결했다. 요더와 다른 사건들을 심리하는 데 있어 아미쉬 교파 사람들이 활발한 정치적 활동을 해왔고, 광범위하게 적용할 수 있는 판례를 만드는 데 관심이 있어왔다면, 법원은 아마 아미쉬 교파의 요구를 거부했을 것이다(Greenwalt, 2005).

학생의 선택

학생들에게 민주주의 가치를 "가르쳐야" 한다고 주장하는 일이 합당한지, 또 학교가 학생들에게 함께 결합하여 사는 삶의 유형으로서 민주주의를 실천하는 기회를 제공하도록 조직되어야 하는지에 대한 질문을 일찍이 하였다. 지금 나는 학생들에게 던져야 할 선택권의 종류에 대해 묻고자 한다. 우리는 표면적으로는 성인으로서 지성적 선택을 하도록 학생을 교육하면서 학생들의 선택권을 주의 깊게 제한해야 하는가? 아니면 모든 수준에서 나이에 적합한 선택의 규정을 통해 학생을 조심스럽게 지도해야 하는가?

오늘날 학교가 학생 선택을 결여하고 있다는 것은 듀이, 에머슨, 그리고 구트만이 촉발시킨 주요 사상을 옹립했던 사람을 극심하게 혼란에 빠트리고 있다. 유치원에서 초등학교와 중학교에 이르기까지 학생 선택은 줄어들고 있다. 유치원생은 자유롭게 놀 수 있는 시간이 적으며, 그리고 초등학교 1학년에 들어가기에 앞서 어떤 학업 과제를 숙달하기를 기대한다. 많은 초등학교 아이들은 휴식, 말하자면 어떤 게임을 하고 놀 것인지, 누구와 얘기를 할지를 선택할 수 있는 시간을 빼앗기고 있다. 최근 한 중학교 교장은 나에게 자기 학교가 조용한 복도를 만들었다고 자랑스럽게 말했다. 이 학교 학생들은 교실에서 교실로 이동할 때 서로에게 말하는 것이 금지되었다. 다음으로 교장 선생님이 구내식당이 침묵하는 공간이기를 희망한다는 얘기를 듣고 충격을 받았다! 아이들은 무엇을 읽을지, 언제 숙제를 할지, 누구와 어디서 놀지, 모든 수업 시간에 어디에 앉을지, 그리고 그들이 몹시 바라는 A학점을 받기 위해 정확하게 무엇을 해야 하는지를 귀담아듣는다.

교사들 역시 선택권을 박탈당하고 있다. 교사들은 갈수록 더 평가가 뒤따르는 학업성취검사에 맞추어 빽빽하게 정렬된 교과과정을 준수할 것을 요청받는다. 많은 교사들은 교재나 각본을 벗어나면 자유롭지 않다고 느낀다. 심지어 그들은 가르치는 학생에게 그렇게 하는 것이 이익일 거라고 생각한다. 이러한 경직성의 결말은 교사들이 자신들을 지적으로 확대시킬 수 있는 유인책을 거의 가지고 있지 않다는 것을 말해준다. 수업이 모두 자신들을 위해 배치되어 있기에 몇몇 교사들은 그것을 위한 계획을 거의 하지 않는다고 말한다. 이 얼마나 애석한 일인가! 수업계획은 교사가 하는 역할의 심장부가 될 수 있어야 하고 그렇게 되지 않으면 안 되며, 교사의 지속적인 지적 성장에 필수적임은 분명하다. 수업계획을 세울 때 교사는 수업만 준비하는 건 아니다. 더 중요한 것은 교사들이 희망하는, 제기될 질문의 배열을 위해 스스로를 준비하는 것이다. 교사들은 도전 의식을 북돋우는 많은 가능성들을 위해 철저히 준비하여 자신감과 열정을 갖고 학생들을 만나야 한다. 그리고 그러한 준비를 함으로써 권위를 가진 자신감, 즉 교사들에게 적절한 학생 선택권을 고취시키는 자신감이라 할 수 있는 것이 교사들에게 부여된다(D. Hawkins, 1973; F. Hawkins, 1997).

부모와 교사는 학생들이 잘못된 선택을 하게 되고, 그리하여 학교에서 그리고 심지어 학생들의 삶의 기회에서 그들이 나아가는 길에 피해를 입을까 봐 종종 두려워한다. 이런 두려움으로 인해 모티머 아들러Mortimer Adler(1982)는 학생들이 고등학교의 공부 과목에서 그 어떤 선택도 할 수 없다는 생각을 하도록 이끌었다. 아들러는 다음과 같이 진술한다.

하나의 동일한 성질의 학교교육을 모든 학생에게 제공하기 위해 교양 liberal 과목과 일반general 과목의 공부 프로그램이 필요하다. 즉, 이것은 여러 개의 중요한 포괄적 측면에서 보면 하나이고, 모든 아이들을 위해서는 동일하다. 모든 여가 과목, 전문 과정 또는 선택 과목은 폐지되어야 한다. 이러한 과목들을 허용함으로써 항상 어느 정도의 학생들이 자신의 교육을 자발적으로 하향화하도록 이끈다(Adler, 1982, p. 21).

그렇지만 학교가 제공하는 어떤 것을 선택함으로써 학생들의 교육이 하향화downgrade되도록 놔두어서는 안 된다고 나는 주장할 것이다. 모든 코스는 지적 가능성이 풍부해야 하고, 학생들의 삶에 밀접하게 관련되어야 한다. 민주주의 사회에서 학교교육의 기본적 목적은 숙고할 수 있고 현명한 선택을 할 수 있는 사려 깊은 시민을 기르는 것이다. 여러 가지 중요한, 포괄적인 측면에서 분명 "모든 아이들을 위한 하나의 동일한" 학교교육의 특징은 있어야 한다. 그러나 이러한 특징들을 어떻게 식별하고, 기술하고, 실행하는가? 그것은 이 책에서 주어진 가장 중요한 과제이다. 모든 학생들에게 "같은 성질"의 학교교육을 제공하는 것이란 모든 사람이 사전에 규정된 교육과정을 똑같이 거치도록 강요하는 것을 뜻하지 않는다. 평등은 동일함을 의미하지 않는다. 그렇다면 어떻게 평등을 설명해야 할까? 그 주제는 다음 장으로 미루자.

1. 참신성은 창의성의 주요한 한 특성으로서 예상했던 것이 아닌 독특함을 의미한다. 참신성은 새로운 결과물을 산출하는 데서 나타나게 되는데, 새로운 결과물이란 다른 사람들이 이미 생산한 것과는 다른 것으로서 창의성의 가장 중요한 특성은 과거의 어떤 것을 뛰어넘는 것이다. 어떤 결과물이 새롭다고 하는 것은 사람들의 이전 경험에 달려 있기 때문에 어떤 사람에게는 참신한 것이 다른 사람에게는 아닐 수도 있다. 어떤 결과물은 개인적 수준에서, 지역적 수준에서, 그리고 국가적 혹은 세계적 수준에서 참신한 것으로 인식될 수 있다.

2. 듀이는 다음과 같이 말한다. "플라톤은 노예를 또 다른 사람의 의도를 실행하기 위한 사람으로 정의했고, 그래서… 자신의 맹목적인 욕망에 사로잡힌 사람 또한 노예라고 하였다. 마치 전통적인 교육에서 학습과 관련된 의도의 구성에 학생의 능동적인 협동을 확보하지 못하는 것보다 더 큰 결함이 없는 것처럼 진보주의 교육철학에서는 학습과정에서 자신의 활동을 이끄는 의도 형성에 학습자의 참여를 강조하는 것보다 더 중요한 것은 없다"(Dewey, Experience and Education, 1938, p. 67)

3. 듀이는 의사소통, 그리고 그것으로 인한 공동 이해에의 참여야말로 사람들이 유사한 정서적, 지적 성향을 가지게 해주며, 기대와 요구조건에 대하여 유사한 방식으로 반응해줄 수 있다고 보았다. 사람들이 공동체를 이룩하기 위해 위하여 공동으로 가지고 있어야 하는 것은 공동의 이해(목적, 신념, 포부, 지식 등)나 '비슷한 마음가짐(like-mindedness)'이다. 상투적인 말이나 표어를 말하는 경우라면 몰라도 우리 자신의 경험을 다른 사람이 알아들을 수 있도록 말하려면 그 사람의 경험의 한 부분을 우리의 마음속에 동화하지 않으면 안 된다.

4. 공동의 목적을 인식하고, 그 목적에 관심을 가지고 각각의 활동을 그 목적에 맞게 조정하는 과정이 '의사소통'이다. 의사소통은 목적의 공유, 관심과 의견의 교환을 위한 것이다. 의사소통은 경험이 공동 소유가 될 때까지 경험에 참여하는 과정이다. 의사소통은 그것에 참여하는 쌍방의 성향에 수정을 가한다. 경험의 질 개선에 기여하는 데 있다는 사실을 가장 잘 인식하게 되는 것은 미성숙한 사람들을 다루는 과정, 즉 어른들/교사들이 아이들과 교섭할 때이다. 사회의 구조나 자원이 복잡해짐에 따라 형식적 또는 의도적인 교육(가르침과 배움)의 필요가 증대한다.

5. 듀이는 사회생활이 스스로를 영속시키기 위하여 가르치고 배우는 일이 필요할 뿐 아니라, 함께 살아가는 과정 자체가 교육이라고 말한다. 사회생활은 경험을 확대시키고 조명하며, 상상을 자극하고 풍부하게 하며, 말과 생각을 정확하고 발랄하게 할 책임감을 일깨워준다.

6. 듀이는 루소와 플라톤의 민주주의 철학에 동감하면서도 비판적이었다. 그는 루소가 지나치게 개인을 강조하였고, 플라톤은 지나치게 사회를 강조하였다고 보았다. 그래서 양자를 아우르는 프래그머티즘/실용주의(pragmatism) 철학을 제창하였다.

7. 허쉬(1928~)는 『문화적 소양: 모든 미국인이 알고 있어야 할 것(Cultural Literacy: What Every American Needs to Know)』(1987)이라는 책에서 미국인들이 반드시 알아야 하고, 관심을 가져야 할 핵심적 지식, 즉 기초 교육을 강조하고, 기본적 규범인 애국심과 성실, 정직 등의 가치를 내면화해야 한다고 주장한다. 진정한 문화적 소양은 기본적인 읽고 쓰는 기술적 능력을 넘어서서 한 사회가 공유하고 있는 정보와 지식을 습득하는 것을 가리킨다. 주어진 문화에서 유창하게 이해하고 참여할 수 있는 능력을 일컫는다. 존 듀이와 여타의 진보주의 학자가 옹호한 반-본질적/반-학문적 접근 때문에 미국 학교가 교육과정이 없는 60여 년의 역사를 가졌다고 비판했다. 그는 내용으로부터 자유로운 접근이 아닌, 공통되고 핵심이 되는 지식을 옹호함으로써 민주주의에 참여할 수 있는 시민을 준비시킬 수 있다고 본다. 이것이 미

국의 많은 총명하고 문해적 학생들의 능력을 방해하고 있다고 보았다. 이러한 본질주의적 교육을 단순히 틀에 박힌 암기식 교육으로 비난하는 진보주의자들의 '비판적 사고 기술'이야말로 미국의 문화적 소양을 상실시키고 있다고 주장한다. 그는 연구에 기반한 발견이나 쟁점적 지식을 가르치는 것을 위험스럽게 보고 있다. 이 주장으로 인한 미국의 학자들 사이에서는 많은 논란이 일었다. 너무 보수적이고, 백인 중심이고, 훈련과 죽음의 교육을 촉진하는 사람, 반동적이라는 비판을 받았다. 아프리카계 미국인 등 소수인종에게는 적절치 않다는 것이다. 그리고 학습 양식에 있어서도 차이를 인정하지 않는 것으로 비판받고 있다. 특히 아동 존중의 학습을 중요시하는 진보주의 교육자들로부터 비판이 거세었다. 이러한 진보주의 교육사상은 단순히 정보를 흡수하는 것이 아니라 적극적 구성의 참여자가 되도록 고무하는 구성주의자들에 의해 주목을 받았다. 또 허쉬의 견해는 행동주의적이고, 보수주의적이라는 비판을 받았다. 특히 경쟁, 인센티브 프로그램, 인습적 훈육, 표준화 검사, 성적, 숙제, 전통적 학습방식 등 보수적 방식은 학생들을 특정한 틀에 주입하고 그들의 내면세계를 억압하여 문제아만을 양산한다는 비판을 받았다. 이런 비판적 생각은 흔히 존 듀이, 장 피아제, 하워드 가드너의 생각이기도 하다. 오늘날 '문화적 소양'은 '문해력'이라는 말로 많이 사용하고 있는데, 문화적 문해력뿐 아니라, 정치적 문해력, 사회적 문해력, 생태적 문해력 등 다양한 개념 확장을 보이고 있다.

8. Arthur Schlesinger Jr.(1917~2007)는 미국의 역사학자이다. 퓰리처상 역사학 부문·전기 부문, 국립예술·문학연구소 금메달, 뱅크럽트·파크먼상 등을 수상했다. Americans for Democratic Action을 창설한 진보주의자이다.

9. Theodor Seuss Geisel은 어린이 책을 쓴 미국의 작가로 1984년 퓰리처상을 수상한 바 있다. 독특한 인물, 독특한 운율로 유명하다. 아이들에게 엄청난 사랑을 받는 작가로 그의 많은 그림책이 영화로 만들어지기까지 했는데, 너무나 사랑을 많이 받은 나머지 그의 생일이 미국의 National Read Across America Day로 기념되고 있기까지 하다. 'Sneetch'는 수스의 The Sneetch and Other Stories라는 소설 이름에서 나온 말이다. 자기 배에 별이 있는 '스니치'라는 동물이 그것이 없는 동물을 경멸하는 불평등, 편견, 차별, 억압 등 사회적 위계와 계급 문제를 풍자하고 있다. 별이 있는 시장 세력과 그것이 없는 게토 집단을 양극화한 신자유주의를 비판하면서 시민권운동과 노동운동을 대안으로 제시한다.

10. 중우(衆愚) 정치(ochlocracy, mob rule)는 '다수의 어리석은 민중이 이끄는 정치'를 이르는 말로, 올바른 민주제가 시행되지 못할 때 나타나는 정치 현상이다. 플라톤은 다수의 난폭한 폭민이 이끄는 정치라는 뜻에서 폭민 정치(mobocracy)라고 하였고, 아리스토텔레스는 다수 빈민의 정치(ochlocracy)라고 표현하였다. 고대 그리스 폴리스(polis)의 정치를 고찰한 플라톤과 아리스토텔레스가 『국가론(Politeia)』과 『정치학(Politica)』에서 '민주제의 타락한 정체'에 부여한 명칭이다. 플라톤은 중우정치에 빠진 민주주의에 반대하였고 절제, 용기, 지혜, 정의라는 덕목을 추구하였으며, 생산자(농민 등), 수호자(군인), 통치자(철인왕)로 이루어진 국가를 내세웠다. 그에 반해 아리스토텔레스는 민주주의를 긍정하였으며, 그 까닭으로 "적은 양의 물은 쉽게 썩지만, 많은 양의 물은 쉽게 썩지 않는다"라고 하였다. 하지만 그 역시 타락한 아테네의 민주정치에 한계를 느꼈고, '중산정치'라는 새로운 국가론을 내세운다. 중산정치에서는 가난하지도, 부유하지도 않은 중산층을 중심으로 한 정치로, 적어도 생계를 떠나서 옳고 그름을 판단할 수 있는 중산층이 정치를 주도해야 한다고 보았다. 민주제가 상황에 적합한 효과적인 리더십을 결여하였을 때 나타나는 정치 현상이며, 중세·근대에 이르러서도 대중에 의한 정치를 혐오하는 많은 보수적 정치가나 사상가들에 의해서 민주제·민주주의에 대한 멸시의 뜻으로 사용되기도 하였다.

11. 하버마스는 참여를 통해 시민을 정치의 주체로 회복시키고 정치 과정을 공정한 것으로 이 끄는 것을 목적으로 하는 숙의 민주주의를 제창하였다. 숙의 민주주의의 성립 요건으로 공통의 관심사에 관하여 시민들 사이의 숙의가 일어나는 사회적 공간인 '공론의 장'을 제시하였다. 공론의 장이란 신분에 구애받지 않고 누구나 토론에 참석할 수 있으며, 그동안 금기의 영역에 있던 주제까지 토론하는 공간이다. 즉, 시민들의 관심 분야와 정치적 문제들이 자유롭고 공개적으로 논의되는 영역으로, 비판적 참여의 통로가 되는 공론장의 생성은 공적 영역과 사적 영역 사이의 정치적 의사교환을 활발하게 한다. 인터넷은 새로운 공론장의 재현에 대한 기대감을 더욱 높여주고 있다.

12. 미국 예외론(American exceptionalism)은 미국이 다른 나라들과 다른 '특별한' 국가로 자유·인권·민주주의 증진의 소명을 가졌다고 하는 사고이다. 미국이 세계를 이끄는 국가의 위치에 있음을 나타내는 용어로서 19세기 프랑스 사상가 알렉시 드 토크빌(Alexis de Tocqueville)이 쓴『미국의 민주주의』에서 미국과 러시아는 미래에 세계의 운명을 떠안을 예외적 위치에 있다고 주장한 데서 유래됐다. 한편『뉴욕타임스』는 2011년 11월 18일, 미국이 200년 가까이 자긍심처럼 여기며 대외정책의 한 줄기로 여겨왔던 예외주의를 미국인조차 믿지 않게 됐다고 보도했다.

13. 광고의 쾌락주의는 개인의 쾌락을 얻는 것이 인간 행위의 기본 동기이며, 최종 목적이고, 도덕상의 선이라는 가치의 기준이 된다는 윤리설에 근거하고 있다. 고대 그리스의 키레네 학파(Cyrenaics)의 아리스티포스는 즐거움을 즐길 수 있는 것이 인간 최고의 행복이라 하여 쾌락주의를 제창하였다. 대중의 생활의식의 근거에는 쾌적한 생활의 확립이 있으므로 광고의 기본 이념은 쾌락주의와 향락주의적 요소를 띠게 된다. 광고가 쾌락주의 물질주의 생활방식을 조장하면서 사람들의 가치체계를 저하시킨다는 비판은 지속적으로 제기되는 문제이다.

14. 교화의 문제점은 이미 수용된 견해들이 일종의 방패막이 되어 사상을 통제/제한/국한시키고, 대안이 될 믿음들을 아예 배제시키며, 비판적 사고/상상을 차단해버리는 세뇌의 위험이 있다. 더욱이 교화를 인정할 수 없는 까닭은 그런 결과가 열린 마음과 자율성이라는 원칙과 부합될 수 없기 때문이다. 그런데 '교화'는 '불가피한 악'이라고 생각하는 교육자들이 있다. 즉, 교화는 아주 특수한 맥락에서 인정되어야 한다는 뜻이다. 특히, '교리'의 경우가 증명되거나, 검증되거나, 틀릴 수 있는 종류의 것이 아니다. 미성숙자에게 진리를 전달할 경우 교화는 불가피한 경우가 많다. '교화' 논쟁은 지금도 계속되고 있다.

15. 1867년에 있었던 감리교단에 의해 조직된 크리스천의 성결 증진을 위한 전국캠프모임연합회(National Camp Meeting Association)로부터 출발한다. 부흥운동이나 성결운동 등의 성격을 강조하는 캠프모임(Camp Meeting)은 미국 상황의 전형적 활동에서 나온 것으로 일반적으로 어떤 분야에 있어 개혁을 추구하거나 아니면 어떤 특수한 메시지를 전파할 목적으로 조직되곤 하였다.

16. 1920년에 설립된 미국공민자유권연맹은 미국의 헌법과 법률에 의해 모든 사람이 보장받는 개인의 권리와 자유를 지키고 변호하는 비당파적 비이익단체이다. 미국의 전 주에 지부를 두고 있다. 표현의 자유, 베트남 반전운동, 반-인종주의와 차별철폐운동 등을 벌였고, 오늘날 입법운동, 로비, 지역사회교육운동 등을 하고 있다. 국가와 교회의 분리를 주장한다. 미국 공립학교에서 진화론의 가르침을 법적으로 금지하려는 기독교인에 대항하는 운동을 폈다.

17. 일종의 특성화 학교인 '마그넷 학교'는 특성화된 교육과정을 운영하는 미국 초중등 공립학교를 일컫는다. 'magnet(자석)'이라는 말은 학군에 구애받지 않고 넓은 지역의 학생들을 받

아들이는 지역공동학교로서 우수생이나 소수 민족 학생을 모아 따로 교육하기 위한 것이다. 마그넷 학교를 저소득층 지역 등에 세우면 우수한 교육 프로그램이 말 그대로 '자석' 역할을 해 부유층이나 백인들을 끌어들임으로써 사회적 불균형을 해소하고 학교 선택권도 넓힐 수 있다는 이점이 있다. 그렇지만 경쟁 위주의 마그넷 학교가 공립학교를 황폐화시켰다는 평가도 있다. 미국의 일반적인 공립학교는 학군이라고 불리는 학생들의 거주 지역에 따라 학교를 배정받기 때문에, 지역의 경제 수준 또는 인종과 문화적 차이에 따라 특정 인종과 생활수준의 학생들끼리 모이게 되고, 그로 인한 학교 간의 차이와 문화적 고립현상이 일어나게 되었다. 이러한 문제를 해결하기 위해 1970년대부터 각각의 거주 지역에서 다른 지역으로 인종, 문화, 경제, 환경에 관계없이 학교 진학을 허락하여 좀 더 공평한 교육환경을 제공하고 인종 간의 화합을 장려할 목적으로 마그넷 스쿨이 설립되기 시작하였다.

18. 미국 헌법 수정조항(First Amendment)은 언론·종교·집회의 자유를 정한 미국 헌법 수정 제1조를 말한다.

19. 위스콘신 주 대(對) 요더 씨 사건(the Wisconsin versus Yoder Case)으로 널리 알려진 이 소송사건에서 연방 대법원은 1972년에 내린 최종 판결을 통해 "수 세기 동안 뿌리 깊은 신앙을 바탕으로 가족들을 책임 있게 보살피며 자급자족을 실천해온 아미쉬 공동체의 전통적 삶을 감안할 때, 그러한 삶을 지속적으로 영위해나가는 데 있어 고등교육이 필요치 않으며, 따라서 아미쉬 교도들은 자녀들의 고등학교 진학을 거부할 권리와 스스로의 책임하에 자녀들을 교육시킬 자유가 있다"라는 요지의 판결을 내렸다.

3장

평등과 교육

평등equality은 민주주의에서 핵심 개념이지만 말뿐만 아니라 실천에서도 그것을 지키기 위한 오랜 투쟁이 있었다. 오늘날 우리는 한 세기 전보다 법 앞에서의 평등을 성취하는 데 더욱 근접해 있지만, 그것이 정치적 자격은 물론이고 경제적 자격에도 적용되어야 하는지에 대해 미국인들은 여전히 생각이 나뉘어 있다. 성인이 된 모든 시민은 투표할 권리가 있고, 법정에서 같은 대우를 받을 권리가 있다는 의미에서 평등하다. 하지만 모든 사람이 적절한 주택과 음식, 건강관리, 빈곤이 없는 퇴직을 보장받고 있는가? 아마도 개인들 사이에서, 그리고 가족들 사이에서 부의 절대적인, 혹은 거의 균등한 분배가 이루어져야 한다고 주장하는 사람들이 일부 있다. 그렇지만, 좀 전에 언급했던 기본적 필요 사항에 대한 결핍이 없어야 한다는 의미에서 경제적 평등은 이루어지고 있는가? 이 물음에 대해 민주적 사회주의democratic socialism를 추구하는 사람들은 긍정적 반응을 보인다. 반면 더 개인주의적 성향의 정치적 입장을 선호하는 사람들은 모든 사람들이 이들 재화를 성취할 공평한 기회를 가져야 한다고 생각하며, 그리고 평등해야 하는 것은 결과가 아니라 기회라고 응답한다. 이때 진정으로 기회가 평등하게 주어진다면 평등한 결과가 뒤따를 것이라고 주장하는 사람들이 있다.

이러한 관점과 그 관점에 대한 여러 변형들은 오늘날 교육을 둘러싼 논쟁의 중심에 있다. 예를 들어, 민주적 평등을 위해서는 모든 아이들이 유치원에서 고등학교까지 정확하게 통일된 교육과정을 밟아야만 한다고 주장하는 사람들이 있다. 때때로 그들은 그리고 또 다른 이들은 더 거대한 사회에서 통일된 교육과정이 더 큰 평등을 이룰 것이라고 주장한다. 어떤 사람들은 허친스와 아들러가 지지하는 전통적 교육과정과 같은 종류의 것을 고집하지 않지만, 모든 학생들에게 대학 준비를 하도록 하는 일반 학문 중심의 교육과정에 찬성한다. 그들의 주장은 첫째로 경제적인 것으로서, 대학을 위한 준비는 모든 학생들에게 경제적 성공을 위해 평등한 기회를 제공하는 것이다. 이와 일부분 생각이 겹치지만, 또 다른 이들은 경제적인 것과는 상관없이 모든 아이들이 지적으로 발달할 기회를 가져야 하고, 개인적 삶의 만족을 위한 준비와 같이 다른 목적과 이익 때문에 학교는 지적 발달의 과업에서 이탈하여 다른 데로 관심을 돌려서는 안 된다고 생각한다.

그런데 이들 주장 모두 설득력이 좀 약하다. 이 장의 끝에서 평등한 기회에 관하여, 나는 평등한 기회에 대한 합리적 접근을 위해 학생의 재능과 흥미 간의 차이를 인식할 필요가 있다고 주장할 것이다. 실제로 21세기 민주주의의 관점에서 교육과정과 교수법의 동일함보다 더 불평등한 것은 없다는 점을 주장할 것이다.

공통 교육과정을 통한 평등

과거 몇십 년 동안 유명했던 표어 중 하나는 "모든 아이들은 배울 수 있다"였다. 아들러(1982)는 "가르칠 수 없는 아이란 없다. 단지 그들을 가르치는 데 실패한 학교, 교사, 부모만 있을 뿐이다"(p. 8)라고 썼다. 그런데

이 말이 호소력이 있기는 하지만, 모든 아이들이 배울 수 있는 것이 무엇이고, 그리고 왜 그들이 그것을 배워야 하는지를 상세하게 진술하기 전에는 사실 별다른 의미를 가질 수 없다. 1장에서 나는 모든 학생들이 표준화 시험standardized test[1]에서 적절한 점수를 얻을 수 있도록 하는 2학년 대수학의 한 코스에 대해 기술했다. 이들은 대학 준비 프로그램을 선택했던 학생들이었다. 그 프로그램에서 최소 과목만 선택했던 학생들이 똑똑하기는 하지만, 수학적으로 소질이 있지는 않았다. 나는 여전히 그 학생들이 전혀 다른 수학 코스를 밟았다면 좋았을 것이라고, 아니면 수학이 아닌 다른 공부를 할 수 있었다면 더욱 좋았을 것이라고 믿는다.

허친스와 아들러는 단순히 "가장 좋은 것"으로서 전통적으로 제출된 교육과정이 모든 아이들에게 가치가 있는 교육과정이라고 생각했다. 허쉬E. D. Hirsch는 고등학교에 들어가기 이전의 모든 학년에서 아이들이 배워야만 하는 것의 목록을 열거할 만큼 멀리 나갔다. 말하자면, 아이들이 5학년에서 배우는 것들에 큰 어려움을 겪는다면, 그것은 4학년 등에서 충분히 배우지 못했기 때문이라고 말한다. 나는 이런 지적이 너무 단순하다고 생각하지만, 무시하고 싶지는 않다. 어쨌든 나는, 학생들이 다음 단원으로 넘어가기 전에 단원 하나에 한 장의 시험을 통과해야 하는 2학년 대수학의 한 코스에 대해 이미 기술한 바 있다. 시간이 지날수록 학습을 더욱더 어렵게 만드는 누적된 무지와 같은 병폐가 있다. 허쉬의 주장은 쉽게 밀쳐낼 수는 없지만, 우리는 왜 모든 학생들에게 동일한 학습 자료를 강제하는지를 고심해봐야 한다.

앞에서 논의되었던 대수학 코스에서 우리 교사들은 2장을 시작하기 위해 1장의 어떤 것에 숙달되어야 하는가 식의 학습 자료를 결정해야만 했다. 교사와 학생 양쪽 모두의 인내력 덕분에 표준화 시험의 최저 사분위에는 소수만이 있고, 최저 십분위에는 아무도 없는 결과를 보여주는 성과를 거두었다. 그러나 상위의 학생들과 최소 코스만을 수료한 학생들의 차이는 상당히 컸다. 정직하게 관찰을 한 사람이라면 모든 학생들이 동일한 교과과정을 수료했다고 주장할 수 없을 것이다. 책임감 있는 교육자라면 누적되는 무지의 문제를 심각하게 받아들여야 한다.

하지만 성공의 진짜 가능성을 지니고 나아가려면 학생들은 무엇을 알아야 할까? 다음과 같은 질문은 이 질문보다 한층 더 어렵다. 5학년에서 실패하지 않으려면 4학년에서 아이들은 무엇을 배워야 할까? 대수적 분수를 추가로 배우려면 인수분해에 관해 무엇을 배워야 할까? 잘 정의된 작은 일련의 기법을 고려한다면, 우리는 학생이 다음 주제로 넘어가기에 앞서 충분한 능력을 얻을 때까지 참을 수 있다. 그렇다고 하더라도, 학생들의 성취도에서 마지막 결과는 동등하지 않고 급격한 차이를 보인다. 수학을 배우는 학생들이 평등하다는 것은 단지 그들 모두의 서류에 "대수학 2"가 목록에 올라와 있다는 의미에서일 뿐이다. 나는 학위와 수료증의 가치에 대해 다음 절에서 더 많은 언급을 할 것이다.

학생들이 어느 정도의 성공 가능성을 믿고 나아가기 위해 그들이 무엇을 알 필요가 있는지에 대한 질문에 답하는 데 필요한 생각을 골똘히 한 이후에도, 여전히 매우 도전적 질문을 만나게 된다. 우리가 어떻게 해야 하는가? 이는 사이저(Ted Sizer, 1984)[2]가 미국 고등학교에 대한 사려 깊은 연구에서 당면한 질문이다. 이 연구에서 그는 교사가 한 학생 집단과 더 많은 시간을 보냄으로써 달성할 수 있는 더욱 작은 소규모 학급과 더욱 친밀한 관계를 고려했다. 그는 교사가 두 학급에 한 과목을 가르치기보다, 한 학생 집단에 두 과목(예를 들어 영어와 사회)을 가르치는 것을 하나의 가능성으로 제안했다. 이처럼 발전된 교사와 학생 간의 친밀한 관계는 학업성취도를 향상시킬 것이다. 나도 전형적인 1년보다는 3년 동안 동일한 학생들을 가르치는 것과 같이 연속성의 유형을 통해 무엇을 얻을 수 있는지를 고려해보았다(Noddings, 2005). 이 작업이 가치 있는 일이기는 하지만, 비록 우리의 대수학 코스에서 그랬던 것처럼 참담한 실패를 줄이는 데는 상당한 변화를 만들어낼 수 있을지라도, 표준화 시험에 대한 누적된 학업성취도의 불평등을 줄일 수는 없다. 동시에 그것은 학생들의 소질과 관심이 얼마나 다른지를 생생하게 보여준다. 주요 과목과 관련된 제재와 프로젝트에서 학업성취 영역을 파악하려면 표준화 시험을 넘어 생각해볼 필요가 있다.

나는 아직 위에서 제기한 질문에 답하지 않았다. 모든 학생이 알아야 하는 것은 무엇이며, 왜 그것을 알아야만 하는가? 나는 목적과 기준에 관해 언급하는 4장에 들어가기 이전까지는 이 논의를 미루겠다. 다만 여기에서는 교육과정의 코스와 시험이 끝나면 학교에서 가르치고 배우는 것의 대부분을 잊어버린다는 것을 지적하고 싶다. 다양한 여론 조사와 인터뷰, 설문조사는 몇 번이고 되풀이하여 우리에게 미국인들이 역사와 정부의 형태에 대해 거의 알고(기억하고) 있지 못하다는 사실을 일깨워준다. 이런 이야기가 나올 때마다, 학교가 이러한 내용을 가르쳐야 한다고 법석을 떤다. 하지만 학교는 그것을 가르친다! 우리는 그것을 잊고 있고, 우리가 배웠던 수학도 잊어버렸다. 섭씨온도를 화씨로 바꾸는 방정식을 전개해보라. 나는 여러분이 9학년 대수학에서 이것을 배웠음을 알고 있다. 여러분은 그 공식을 기억할지 모르겠지만 (혹은 기억하지 못할 수 있지만) 그것을 전개할 수 있을까?

혹은 좀 가볍게 얘기하면 허쉬가 높이 평가한 교육과정의 6학년 과정에서 상술된 제재를 고찰해보자.

[학생들은] 황허강과 양쯔강과 시장강을, 히말라야 산맥과 친링 산맥과 일본 중앙 산맥과 후지산을, 고비사막과 동중국평야와 만주평야를, 홍콩과 대만과 요코하마를, 태평양과 일본해와 황해를 찾아보라(Hirsch, 1996, p. 31 에서 인용).

이러한 사실들을 배우는 것은 강력한 마음의 습관들을 유도한다고 주장할 수 있고, 그럴 수도 있겠지만(가능성을 열어두자), 그래도 여전히 다음과 같은 의문이 생긴다. 이렇게 특별한 일련의 사실들을 왜 배우는가? 어떤 학생들이 가장 유명한 록스타나 야구 타자, 혹은 아카데미상 수상자들의 명단을 암기한다고 바람직한 마음의 습관을 발달시킬 수 있는가?

허쉬는 "마음의 습관habits of mind"이라는 말을 사용하지는 않지만, 그의 저서 『문화적 소양』(1996)에서 열거한 것들은 모든 미국인들의 문화적 소양에 필수적이라고 주장하고 있으며, 그러한 공통의 지식이 미국인 모두의 삶을 향상시키는 두 가지 측면을 제시한다. 첫 번째는 다음과 같다.

> 교육의 내용과 그것의 공통성을 향상함으로써 교육의 효과성과 공정성을 개선하는 일은 교육적 중요성보다 더 큰 것이다. 모든 사람이 알고 있듯이, 그러한 개선은 우리 국가 안에서의 경제적 불평등을 줄여줄 것이다 (Hirsch, 1996, p. 238).

정말 그러한가? 우리 중 많은 사람들에게 그것은 명확하지 않다. 대학 졸업자들은 학위가 없는 사람들보다 더 높은 평생의 벌이를 보통 가지고 있다. 하지만 많은 예외들이 있으며, 학위와 상관없이 엄청난 불평등이 직업을 넘어 존재한다. 대표적으로 가정건강관리나 보육에 종사하는 학사학위 소지자들의 수입은 준학사학위를 가진 기술 산업 종사자가 받는 수입의 절반 정도이다(Sparks, 2011). 자녀를 둔 많은 사람들—대학 졸업자들—의 수입은 너무 적어서 맞벌이가 아니라면 가난한 삶을 살 수밖에 없다. 그리고 여성들의 수입은 여전히 같은 일을 하는 남성 수입의 80퍼센트 정도이다. 학교교육은 이러한 불평등을 줄이기 위해 할 수 있는 것이 거의 없다. 게다가 정보 세계가 성장하는 만큼 서비스 세계도 커지는데, 정말 민주주의 사회라면 서비스 노동자들(돌봄 서비스를 제공하는 사람

들)이 전업으로 일함에도 불구하고 빈곤에 허덕이는 삶을 살아가는 것을
허용해서는 안 될 것이다.

허쉬(1996)가 주장하는, 공통된 문화적 소양이 기여할 수 있는 두 번째
는 시민적 예의civility와 공동체 정신의 혁신이다.

> 우리 아이들이 보편적 역량에 더 가까운 역량을 가지도록 하는 것은 중
> 요하다. 하지만 이와 동등하게, 진정한 공립학교가 중요하게 기여해야 할 것
> 은 의사소통 능력과 공적 영역에서 공동체 의식을 증진시키는 것이다. 결국
> 그것은 부서지기 쉬운 우리의 민주주의를 지키기 위해 공립학교가 기여할
> 수 있는 가장 중요한 일일 것이다.(p. 238)

이것은 어떤 차원에서 매력적일 정도로 이상적이다. 미국에는 오늘날
틀림없이 더 많은 시민적 예의와 더 풍부한 공동체 정신이 필요하다. 하
지만 허쉬는 거꾸로 일을 하고 있는지도 모른다. 듀이와 같이, 나는 함께
일하는 것, 다양한 과업과 관심에 대한 의사소통이 공동체와 공통의 가
치를 만들어낸다고 믿는다. 공통의 가치는 하나의 성취이지 출발점이 아
니다. 게다가, 공동체community라는 개념은 문제가 전혀 없는 것이 아니
다. 공통 교육common education과 강한 일체감, 공동체 의식은 파시즘의 핵
심적 특징이다(Noddings, 1996). 허쉬가 콜럼비아 교육대학에서 출발한 진
보적 이념의 숭배자로 묘사한 젠틸레Giovanni Gentile는 무솔리니 치하에서
교육부 장관으로 일했다. 젠틸레는 파시즘의 철학자로 널리 알려졌고, 스
스로도 그렇게 생각했으며, 열정적으로 공동체 정신과 그 정신의 일체성
에 대한 글을 썼다. 아마 그것은 공동체의 이상에 접근하는 방식에서 의
미 있는 차이를 만들 것이다. 만약 우리가 여하간 공동체의 이상이 이미
저 위에 있다고—신에 의해서든 특정한 이데올로기에 의해서든 특정한
지식 체계에 의해서든 구성되어 있다고—가정한다면, 교사의 과업은 거

의 무수한 전달에 가깝다고 말할 수 있을 것이다. 그러나 민주적 공동체 democratic community라는 것이 끊임없이 구성하는 작업이라고 말한 듀이의 생각에 우리가 동의한다면, 교사의 과제는 의사소통이 필요하고, 공통의 관심사를 만들어내며 확장하고, 반성과 숙고를 격려하는 일일 것이다. 의사소통을 하기 위해 공통의 지식 체계가 필요한 것이 아니라, 그것을 만들기 위해 의사소통이 필요한 것이다.

지금까지 우리는 공통 교육과정common curriculum에 대한 두 측면의 논변에 주목했다. 첫째, 민주주의에는 공통 교육과정이 필요하다는 점이다. 그것은 평등이라는 이름으로 추구된다. 둘째 공통 교육과정은 기존의 민주주의 속에서 평등을 만들어내거나 향상시킬 것이라는 점이다. 그런데 두 논변은 모두 의문의 여지가 있다. 그리고 둘 중 어느 것도 공통 교육과정을 위해 특별한 형식이 필요하지는 않다. 공통 교육과정은 왜 허친스나 허쉬가 기술했던 것처럼 구성되거나 이행되어야 하는가? 우리는 이 질문을 더 깊이 탐색해 들어가야만 할 것이다.

이 논의 중 어떤 것이라도 공통 학습common learning이 아무 가치가 없음을 뜻하는 것은 아니다. 하지만 다음과 같은 질문은 여전히 남는다. 모든 아이들이 알아야 하고, 할 수 있는 것은 무엇인가? 그리고 다음의 두 번째 질문은 허쉬의 작업과 연관되어 있다. 어떻게 해야 허쉬가 상세히 열거한 사실들facts을 가장 잘 배울 수 있는가? 사실들을 묶는 큰 관념이나 중심 개념이 없이는 그것들을 떠올리기란 쉽지 않을 듯하다. 그리고 큰 관념이나 개념이 잘 개발되면, 사실은 언제나 발견되거나 재발견될 수 있다. 따라서 사실들을 교육과정의 중심에 밀어 넣을 필요가 없다. 숙지를 잘하는 사람들 다수는 사실을 기억할 필요가 없다. 그들은 대화나 독서를 통해 사실을 가져온다. 하지만 분명 모든 것을 형식 없이 "선택하는" 것은 아니다. 모든 사람이 학습 자료가 어떤지를 알아야 하는가 그리고 그것을 어떻게 배우게 되는가? 의문은 여전히 남아 있다.

학교에서의 평등을 논의하는 이 지점에서 두 가지 사실이 드러난다. 첫째, 아이들은 학문적 학습 역량에서 동등하지 않다는 점이다. 둘째, 보편적 학문 교육과정은 학문적 학습 역량의 차이를 약화시킬 수 있다는 점이다. 더욱 풍부하고, 더욱 다양한 교육과정은 학생들로 하여금 자신이 무엇을 하는 데 적합한지 찾도록 돕는다. 또한 그것은 학급에서 보이도록 장려되어야 하는 재능의 놀라운 차이를 존중하도록 도울 것이다. 심지어 특정한 코스에서조차 공통의 학습과 개별화된 단원과 제재—관련된 작업에 대한 자신들의 특별한 재능과 흥미를 발휘할 기회를 학생들에게 제공하는—사이의 균형을 유지해야 한다. 다시 이것은 더 많이 논의되어야 할 주제이다.

학위와 졸업장을 통한 평등

나는 허쉬의 저작에 대한 논의를 하면서 대학 학위 소지자가 그것이 없는 사람보다 더 높은 평생 소득을 벌어들일 것이라는 것을 예상할 수 있음을 인지하였다. 이는 과거에 그랬고, 틀림없이 적어도 가까운 미래에도 계속 그렇게 될 것이다. 하지만 내가 위에서 지적한 대로, 졸업자들이 선택한 분야를 고려하면 국면은 복잡해진다. 게다가 젊은 졸업자들의 현재 재정 상황, 즉 갚아야 할 수업료 때문에 쌓인 엄청난 빚을 고려하면 더욱 복잡해진다.

젊은이들은 자신이 일할 분야의 선택과 융자 상환이라는 개인적 문제 이외에 구조적 문제와 얽혀 있다. 정부의 실제 정책이 모두를 위한 대학교육으로 결정된다면, 미국은 너무 많은 대학 졸업자를 양산하게 될 것이다. 이미 중국은 이 문제로 골머리를 앓고 있으며, 많은 젊은 중국인 졸업자들이 대학교육이 필요하지 않은 일을 하고 있다. 오늘날 문제 많은 노동시장을 감안하면 젊은 미국인들에게도 어느 정도 그렇게 될 것이다. 만약 모든 사람이 학사 학위를 취득하게 된다면 어떤 일이 벌어질지 생각해 보라. 필연적으로 많은 졸업자들은 보통의 노동계층에 부합하는 일자리에 취업이 될 것이다. 그들이 학위를 가졌다고 이 일을 하는 데 더 많은 보수를 받을 수 있을까? 어떤 이들은 그럴 것이라고 주장하지만 그 증거는 명확하지 않다.

학사 학위BA가 현재 경제적 가치를 지니고 있는 것은 사실이지만, 많은 경우 그것의 이점은 하나의 표식으로 사용된 데 따른 결과이다. 머레이 Charles Murray(2008)는 이렇게 말한다.

> 심지어 고용주들은 학사 학위가 없는 응시자에게는 면접 기회도 주지 않는다. 더 잔인하게도, 학사 학위가 부여하는 이점은 종종 교육 내용과는 아무 관련도 없다. 고용주들은 학생이 배웠던 것을 평가하지 않고, 단지 학위를 가지고 있다는 것만을 평가한다. 그것이 (그들에게는) 학문적 능력과 끈기에 대한 비용을 들이지 않는 선별 장치이기에 고용주들은 학사 학위를 가치 있게 여긴다(p. 92).

이런 주장이 보편적으로 적용되는 진실이라고는 할 수 없다. 예를 들어 현재 사이버 보안 분야에서 일할 수 있는 컴퓨터 전문가들의 수요가 아직 채워지지 않은 자리가 많이 있으며, 의심할 바 없이 전문적 훈련을 받은 노동자들이 부족한 실정이다. 그러나 머레이의 주장은 전 분야에 걸친 대학 졸업자에 관한 한 꽤 타당성을 갖고 있다. 구직을 하는 대학 졸업자 수가 증가함에 따라, 그리고 대학교육과 대학 졸업자의 질에 대한 불만이 커짐에 따라 이 사실은 변할 것이다(Hacker & Dreifus, 2010과 Arum & Roksa, 2011을 보라). 하지만 가까운 미래에는 학위와 졸업장 소지자들이 적절히 교육을 받았는지, 아니면 그러지 않았는지가 매우 중요할 것이다.

우리는 지금 어떤 딜레마와 마주하고 있다. 고등학교의 수준을 높이는 것에 동의한다면, 그래서 고등학교 졸업장이 "어떤 것을 의미한다"라고 한다면, 결과적으로 많은 학생들이 일터나 계속 훈련을 받는 데 필요한 자격증을 박탈당할지도 모른다. 물론 기준을 높이기로 결정한 사람들은 우리가 이미 논의했던 노선에 따른 주장을 펼 것이다. 그들은 "모든 아이들은 배울 수 있다"고, 그리고 모든 아이들은 엄격한 중등학교 프로그램을 받아야 하고, 학생들이 성공하지 못하면, 그것은 교사와 학교의 잘못이라고 주장한다. 이와 정반대 입장에 선 나는 모든 아이들이 학문적 성향이 있는 것도 아니고, 조밀하게 조직된 보편적 교육과정은 차이를 확대시키고 불평등을 심화시키고 있다고 주장해왔다. 많은 학생들이 대학 준비 때문에 걱정을 하기보다는 고등학교를 잘 마치도록 노력해야 하고, 그리하여 자신을 만족시키는 일터를 준비할 수 있도록 해야 한다.

고등학교 졸업장의 의미가 무엇인가? 그것은 언제나 의미해왔던 것—한 사람의 졸업생은 코스와 성적에서 학교의 요구조건을 충족시켰다—을 뜻해야 한다. 그 어떤 졸업시험exit test도 없어야 한다. 만약 학교의 코스나 프로그램에 결함이 있다면 분석되고 수정되어야 한다. 어떤 학생들에게는 학생의 선택이 자신들의 교육 수준을 "하향화시킬" 것이라는 아들러의 두려움을 논의한 데서 언급했듯이, 이것은 가능하지 않다. 인가된 고등학교에서 제공된 모든 코스는 지성적으로 풍부해야만 하고, 실천적으로는 의미가 있어야 하며, 계속적으로 평가되어야 한다. 이것은 우리가 전력을 다해 교육적 노력을 기울여야 할 목표이다. 우리는 21세기를 위해 정당성을 갖고, 잘 이해될 수 있는 목적들을 다루면서 모든 코스에 대해 다음과 같은 질문을 해야 한다. 이 코스들은 어떤 방식으로 이들 목적에 기여하는가?

그동안 이러한 도전적 과제에 심혈을 기울이면서 쓸데없이 겁을 주는 졸업시험을 없애야 하며, 아이들을 학교에 머물도록 해야 하며, 그들의 졸업을 돕기 위해 모든 장애물을 제거해야 한다. 학생들을 전혀 졸업을 시키지 않는 것보다는 아는 것이 너무 적을지라도—지적 조잡함을 크게 개탄하기는 하지만—, 졸업을 시키는 편이 더 낫다고 생각한다. 우리 팀에서 만든 대수학 2 과정이 고등학교에서 3년의 학문적 수학을 하면서 대학의 요구 사항을 충족시키기 위해 고안되었다는 점을 떠올려보라. 우리의 테스트 결과는 대수학의 모든 코스는 아니었지만 학생들이 수학의 일부분을 학습했음을 증명했고, 그들은 자격증을 획득했다. 아마 그런 식으로 해서는 안 되겠지만, 종종 고등학교나 전문대학 수준의 자격증은 이들 졸업생이 실제 아는 것보다 더 큰 것을 의미한다는 머레이의 말은 옳다고 보인다. 우리가 어디에 서 있는가로부터 우리의 생각을 시작하지 않으면 안 된다.

평등과 반-지성주의

전통적 공통 교육과정의 옹호자들은 민주주의가 요구하는 평등이나 공통의 교육과정을 통해 성취되어야 할 평등을 별로 강조하지 않는다. 이보다 그들은 학교가 그 정의로 보건대, 무엇보다도 지적 발달을 촉진하기 위해 고안된 것이라고 주장한다. 아이들의 발달을 위한 또 다른 중요한 목표는 널리 인정되고 있는 것처럼, 가정과 종교기관, 지역사회, 그리고 여타 조직의 영역이어야 한다는 것이다. 이러한 태도는 20세기의 관료주의적 사고의 특징, 즉 적절하게 고안된 기구나 기관에 모든 임무와 문제를 할당하는 것임을 우리는 주목한다. 관료주의의 기본적 이념인 희망은 사회적 과업을 관리할 수 있도록 하는 것이었다.

20세기 초의 시작부터 미국 고등학교는 주기적으로 반-지성주의antiintellectualism라는 비난을 받아왔다. 그 공격은 1950년대에 격렬했다. 그렇게 된 것은 이유가 없는 게 아니었다. 생활적응life adjustment이라고 불리는 운동은 미국중등학교 교장협의회에 매우 인기가 높았다. 협회의 회보 하나에 다음과 같은 구절이 있다.

> 모든 아이들이 읽고, 계산하고, 쓰고, 맞춤법을 알아야만 하는 것은 아니라는 것을…… 많은 아이들이 이런 잡일에 숙달하지 못하거나 숙달하려고 하지 않으리라는 것을…… 깨닫게 될 때, 이때 우리는 중학교 교육과정을 혁신하기 위한 길 위에 서 있을 것이다(Kliebard, 1995, p. 223에서 인용).

이와 같은 진술은 모든 학생들이 학문적 수학을 숙달할 필요는 없다(아니면 숙달할 수는 있다)—지금 내가 그런 것처럼—는 주장을 하고 있는 것에 주목하지 않으면 안 된다. 물론 내가 틀릴 수 있다. 그러기에 우리는 조심스럽게 작업해야 한다. 생활적응을 옹호하는 사람들은 분명 틀렸다. 오늘날 어느 누구도 모든 학생들이 읽고 계산하고, 쓰고, 맞춤법을 알 필요가 없다고 주장하지는 않을 것이다. 그렇지만 학생들이 이 일을 얼마나 잘해야 하며, 그 밖의 무엇을 배워야 하는지에 대한 근본적 질문은 여전히 남아 있다. 이는 쉬운 질문이 아니며, 이와는 반대되는 대답도 할 수 있어야 한다.

베스터Arthur Bestor Jr.(1953)[3]는 생활적응 운동의 가장 강력한 비판자 중 한 사람이다. 그의 비판에 대한 조심스러운 리뷰는 오늘날에도 가치가 있다. 베스트의 비판은 정곡을 찌르고 있으며, 열정적이었다. 그렇지만 그는 진보주의나 듀이에 대해 학교에 만연한 것으로 보았던 반-지성주의의 원인으로 돌리지 않을 만큼 신중하게 접근했다. 그가 목표로 삼은 것은 생활적응 운동과 앞서 언급한 것과 같은 진술이었다. 하지만 베스터와 여러 다른 강력한 비판자들은 생활적응 운동이 실제보다 훨씬 더 영향력이 있다고 믿는 것 같았다.

베스터는 학교가 특별한 과제(지적 발달과 같은)를 안고 있다고 주장했던 사람 중 한 명이었으며, 생활적응 운동을 반지성주의와 반민주적인 것으로 의심하였다. 그는 강한 어조로 쓴 일련의 에세이에서 대다수의 아이들이 지적 작업을 할 능력이 없다고 상정하는 것은 잘못이라며, 그렇게 생각하는 것은 반민주적이라고 주장했다. 우리는 이런 주장에 대해 잠정적으로 동의할 수 있지만, 지적intellectual이라는 말이 무엇을 의미하는지를 캐물어야 한다. 만약 우리가 "지적"이라는 명칭을 언제나 전통적인 학문 활동과 연관된 내용을 의미하는 것으로 한정한다면, 많은 아이들이 지적 활동을 하는 데 적합하지 않다고 믿는다고 하여 전혀 반민주적이라고 할 것 같지는 않다. 실제로 하버드 총장이었던 엘리엇Charles W. Eliot(1908)[4]은 20세기 초반 인간에 대한 이런 진실을 인식하지 못한 것은 실제 우리의 민주주의를 위험 속으로 몰아넣은 것이라고 주장했다.

> 만약 민주주의가 모든 아이들을 동등하게, 혹은 모든 사람들을 동등하게 만들고자 애쓰는 것을 의미한다면, 그것은 본성과 싸운다는 것을 의미하고, 그런 싸움에서 민주주의는 반드시 패배하게 될 것이다. 인간들 사이에서 본성, 훈련 능력, 지적 능력에서의 평등이라는 것은 있을 수 없다(p. 13).

모든 학생들에게 고등학교 수준에서 공통 교육과정을 강요하는 것은 정말 우리의 민주주의를 위험에 빠뜨릴 수 있다. 이런 배치 기준을 가지고 학생들의 특별한 재능과 흥미를 무시하고 위에서 아래로 등수를 매기는 것은 손쉬울 것이다. 학급에서 학급으로, 해가 넘어갈수록, 아마도— "엄격한" 학문적 교육과정에서는—같은 수준에 있는 학생들은 바닥을 칠 것 같다. 21세기의 민주주의에서 우리의 가장 중요한 목표의 하나는 상호의존을 인식하고 소중히 여기는 것이다. 가드너Gardner(1984)도 학교의 첫 번째 과제가 지적 발달이라고 믿고 있다. 그렇지만 전체적 영역에 걸친 수월성을 인정해야 함을 강하게 주장했다.

> 우리는 활동이 아무리 비천하더라도 사회적으로 받아들여진 모든 인간 활동의 수월성을 배워야 한다. 그리고 아무리 활동이 지고하더라도 조잡성을 조롱해야 한다. 탁월한 배관공은 무능한 철학자보다 무한대로 더 가치가 있다. 배관 일이 보잘것없는 일이라서 그 일의 수월성을 조롱하고, 철학이 지고한 활동이라고 하여 그것의 조잡함을 용인하는 사회라면, 훌륭한 배관공이란 존재하지 않고 훌륭한 철학자란 존재하지 않을 것이다. 배관의 파이프도 철학의 이론도 사리에 맞지 않을 것이다(p. 102).

가드너는 『수월성*Excellence*』(1961/1984)의 초판에서 학문적 교과의 형식에서 학교교육의 우선적 목표는 지적 발달에 있으며, 그러해야 한다는 자신의 신념 때문에 좀 한계를 보였다. 그렇지만 개정판(1984)에서는 전통적 대학교육 이외의 후기 중등교육을 소중하게 여겼으며, 지적 수월성의 추구는 물론이고 함께 공유하는 목적에 대한 생각을 언급하였다.

나는 아들러와 베스터, 허쉬, 그리고 초기의 가드너 입장에 반대하면서 학교는 단순히 지적 발달만이 아니라, 많은 목표를 인정하고 추구해야 한다고 생각한다. 하지만 더 중요한 것은 "지적"을 전통적 학문 교과의 탐구로 정의하는 것에 대해서는 다시 생각해봐야 할 것이다.

'지적'이라는 어휘의 의미에 대한 혼란

듀이(1916)는 어떤 과목도 다른 것보다 내재적으로 더 지적이지 않다는 것을 반복해서 분명하게 말했고, 나도 여러 곳에서 그런 주장을 해왔다(Nodding, 2003; 2007). 우리가 지적intellectual과 지성intelligence의 활동을 동일시한다면, 학교에서 가르치는 대수학이 요리나 오토바이 수리보다 본질적으로 더 지적인 것은 아니다. 우드워드Calvini Woodward는 듀이보다 더 앞서 대장간에서 일하는 젊은 일꾼들을 언급하면서, "소매를 걷고 가죽 앞치마를 두른, 정직한 땀방울을 흘리는 많은 젊은 불카누스Vulcans, … 그들은 머리와 손을 사용하고 있다"(Kliebard, 1999, p. 1에서 인용)는 주장을 하였다.

로즈(Mike Rose, 1995; 2005)는 생각과 행동이란 상호 보완적이고 긴밀하게 연결된 활동임을 오늘날 우리에게 일깨우고 있다. 어떤 실용적 활동도, 또는 현장 실습hands-on work을 포함한 직업에 대한 어떤 준비도 단순히 육체노동만을 요구하지 않는다.[5] 그러한 일은 지적으로 가르치고 배울수 있으며, 작업장의 토론은 특정의 "행위doings"를 넘어 시민의식과 상호존중, 개인적 생활을 만족시키는 전망의 문제로 나아갈 수 있다. 로즈는 자신의 논의를 민주주의의 의미, 그리고 성장하고 진화하는 민주주의에서 존중이 중심이 되어야 하는 것과 연계시킨다. 이러한 민주주의—우리는 이것을 '휘트먼풍'이라고 부른다—에서 정직한 노동자들은 존중받을 가치가 있다. 이러한 존중을 받기 위해 대학 학위가 필요한 것이 아니다.

그렇지만 로즈가 최근 "일터에서의 정신mind at work"에 대한 그의 호평이 소수자와 낮은 사회경제적 지위를 가진 학생들을 대학 준비 과정으로부터 멀어지게 하고, 장래성 없는 직업 프로그램으로 밀어내려는 갱신의 시도를 도모하는 데 이용될지 모른다는 우려에 주목할 필요가 있다. 나는 이러한 우려에 공감한다. 그래서 8장에서 직업교육 프로그램이 지적으로 풍부할 수 있고, 또 그래야만 한다고 주장할 것이다. 직업교육 프로그램은 단순한 훈련으로 구성될 필요는 없다.

그렇지만 아주 심각한 우려를 갖게 하는 것은 고등학교 중퇴율의 증대이다. 우리가 지금 모든 학생들에게 대학 입학 준비를 시키는 것을 자랑

함으로써 위안을 느낄지 모르지만, 고등학교 졸업을 앞둔 엄청난 수의 학생들을 잃어버리고 있다. 직업교육에 대한 나의 관심은 두 개의 필수적인 가정에 기반을 두고 있다. 첫 번째는 우리가 풍부하고 적절한 직업교육 프로그램을 만드는 데 진지하게 작업하는 것이다. 두 번째는 광범위한 상담과 멘토링을 함으로써 학생들이 프로그램에 대해 지성적 선택을 할 수 있다.

질 높은 직업교육/훈련VET은 가장 번영한 유럽의 많은 국가들에서 필수적인 것으로 여겨진다.

> 견고한 직업교육/훈련 시스템을 가진 국가들은 직업교육에 대해 서로 다른 개념을 가지고 있다. 이 국가들은 직업이나 천직이라고 불리는 것과 용접 또는 은행 업무를 해결하거나 기업의 IT 시스템을 관리하는 데 필요한 특정한 기술의 학습 사이에 큰 차이를 두고 있다…… 노동은 능동적 시민성과 관련이 있으며, 따라서 노동을 위한 교육과 훈련은 정부뿐 아니라, "사회적 파트너"로서 우호적으로 불리는 고용주와 노동조합의 공동 책임으로 볼 수 있다(Hoffman, 2010, p.1).

8장에서 우리는 직업교육, 그리고 이 교육이 민주주의와 개인적 번영과 어떤 연관을 갖고 있는지를 논의할 것이다.

평등한 기회에 대한 논의로 돌아가기에 앞서, 지적이라는 의미에 대해 조금 더 언급해야겠다. 우리가 지식인들에 대해 말할 때 보통 일반적이고 추상적 수준의 생각을 다룬다는 것을 뜻한다. 그들은 실용적 목적을 위한 것이 아니라, 스스로의 목적을 위한 생각과 제재에 관심을 가진다는 것을 의미한다. 여기서 우리는 수학자 하디G. H. Hardy를 생각해 볼 수 있다. 그는 자신이 결코 어떤 유용한 일도 하지 않았다고 주장했다(Newman, 1956, p.2026). 하디를 포함한 지식인들의 일은 많은 경우에 유용한 것으로 변화한다. 그렇지만 그들이 이것 때문에 일을 하는 것은 아니다. 그들은 그 일에 사로잡히는 것이며, 그것의 아름다움이나 그것이 보여주는 도전 때문에 그것에 이끌린다.

이런 의미에서 고등학교 학생들 일부는 지식인이 될 가능성이 있고, 이들을 격려해야 한다. 오늘날의 학교에서 그들은 종종 기만을 당할 수도 있다. 우리가 젊은 음악가와 예술가, 기계공, 그리고 특출한 사회적 기술을 가진 사람들을 위해 적절한 교육적 준비를 해야 하는 것만큼 젊은 지식인을 격려해야 한다. 그러한 학생들에게 동급생이 누리는 것보다 훨씬 더 깊이 있는 주제를 탐색할 기회가 주어져야 한다. 그런데 모든 사람들이 동일한 지적 프로그램에 참여할 것이라고 가정함으로써, 가장 풍부한 수준의 이해도와 창조성보다는 가능한 한 가장 높은 평점(Grade Point Average/GPA: 대학성적 평균)의 측면에서만 오직 두각을 보이는 쪽으로 젊은 지식인들을 몰아가고 있다. 젊은 지식인을 모든 학생들이 따라야 할 모범으로 여겨서는 안 된다. 지식인의 삶이 다른 삶의 방식보다 당연히 더 좋은 삶으로 여겨져서도 안 될 것이다. 공통 교육과정을 통해 지적 평등을 추구하려는 우리의 잘못된 시도가 모든 사람들(젊은 지성인조차)에게서 지성적으로 발전할 참된 기회를 박탈할 수도 있다.

기회의 평등

민주주의 원리에서 고도로 세분화된 공통 교육과정이 필수적인 것은 아니며, 또한 그러한 교육과정에 의해 평등이 발전될 것 같지 않다고 지금까지 주장해왔다. 그러나 고등학교를 통한 공통 교육과정—모든 사람이 대학을 준비하는 것—은 모든 사람에게 평등한 기회를 준다고 주장하는 사람들이 있다. 이와 반대로 나는 많은 학생들의 재능과 관심을 무시하는 것은 평등한 기회를 제공하는 것이라고 말할 수 없다고 지적해왔다(평등한 기회라는 개념에 대한 흥미롭고 포괄적 분석에 대해서는 Kenneth Jowe, 1997을 보라).

오늘날 평등에 대한 이야기는 학교교육을 둘러싼 논의에 널리 퍼져 있다.[6] 예를 들어 바우처 옹호자들은 부유한 부모들이 그것을 이용한 것처럼, 가난한 부모들도 이들을 위해 학교를 선택할 수 있다고 주장한다. 그런데 이러한 주장은 거의 속임수에 가깝다. 이 나라에서 가장 명성 있는 사립학교들은 수업료가 3만 달러 이상이고(많은 경우 5만 달러에 가깝다), 부유한 부모들은 추가적 교습을 받으려면 많은 돈을 더 지불해야 한다. 게다가 전형적 바우처 비용의 범위 내에서 운영하는 자율학교들 independent schools은 겨우 연명하고 있다. 많은 경우 빈약한 자금으로는 학교를 꾸려나갈 수가 없다. 그래서 종종 이들 학교들은 아예 문을 닫는다.

역설적으로 바우처 옹호자들은 많은 경우 활기 있는 시장이 기업적으로 실패하고 있는 학교(보통은 공립학교)를 퇴출시킬 수 있을 것이라고 주장하며, 학교교육의 자유시장 체제를 지지한다. 하지만 학교는 구석진 곳에 있는 주유소나 편의점과는 다르다. 학교는 아이들에게 제2의 가정이나 다름없으며, 연속성이 중요하다. 한 가족이 선택한 학교가 문을 닫을 때 그들은 어떻게 할 것인가? 해당 학년 혹은 문을 닫기 전 몇 해 동안 아이들에게 무슨 일이 일어났는가? 잘사는 사람들이 다니는 고액의 비용이 드는 명문교들은 시장에서 퇴출될 위험이 없다는 것은 아주 명백하다. 이들 학교 중 다수는 오랜 역사를 당연히 자랑스러워하고 미래를 보장한다. 실패하고 있는 공립학교에 대한 유일한 합리적 대답은 공립학교를 혁신하는 데 있다.

어떻게 공립학교를 개선할 수 있을까? 나는 결코 확신할 수 없지만, 그 과제를 현장의 교사와 학부모, 그리고 관리들에게 맡겨야 한다고 생각한다. 오늘날 학교교육의 문제를 해결할 수 있는 만병통치약은 없다. 따라서 현재 극단적으로 "규모 확장scaling up"에 열광하는 것은 망상의 결과이다. 이 문제는 누명을 씌우면서 모든 사람을 유죄 책임의 공포로 몰아넣을 것이 아니라, 분석적 마음 자세analytic frame of mind로 작업을 시작하는 활동적 위원회(혹은 위원회들의 설치)의 협력적 작업을 필요로 한다. 위원회는 가족과 지역사회를 적절한 방식으로 포함해야 하지만, 전체 프로젝트를 그들에게 맡겨서는 안 된다. 모든 수준에서 이와 같은 종류의 간섭을 하는 것은 지역 통제를 하고자 하는 초창기 노력을 어둡게 할 것이다. 의사소통의 통로는 계속 열려 있어야만 하고, 프로젝트는 계속 구성 중에 있어야 한다(Meier, 1995, Meier & Wood, 2004를 보라). 이 책에서 내가 제시하는 종류의 도움을 주고자 하는 제안들이 고려되어야 한다. 하지만 어떤 비책이 있는 것은 아니다.

모든 아이들에게 평등한 기회를 갖게 하려면, 공립학교들을 보호하고 강화해야 한다. 한 아이가 "실패하고 있는" 학교를 떠날 때마다, 그 학교는 더 취약해지고, 아이들은 뒤처져 더욱 고생한다. 위에서 제안된 대로 책임감 있는 실험을 프로젝트 위원회가 이끌 수 있다. 협약학교charter school나 바우처로 문제를 복잡하게 만들 필요는 없다. 재정과 수고는 기존의 공립학교에 집중되어야 한다.

개별 임금 생활자들의 재정적 평등은 종종 공통의 정해진 학문적 교육과정의 장점으로 주장된다. 그리고 많은 졸업생들이 자격증명서로서의 대학 학위가 없는 것보다는 있는 것이 더 많은 돈을 벌 수 있게 함을 알고 있다. 오늘날 단일한 전통적·학문적 코스에 대해 가장 자주 들어왔던 논의는 실제로 지적 내용이 아니라, 대학 학위의 경제적 이득을 강조하는 것이었다. 하지만 이득이라는 것이 우리가 믿는 것만큼 명백하고 확실하지 않다. 학생과 그들 부모가 분별 있게 선택하지 않는다면, 그것을 상환하는 데 걸릴 오랜 시간 비용을 감당해야 할 것이다.

모든 사람에게 대학 입학 준비를 현재 강조하는 것은 그 자체가 금전적 고려에 의해 뒤집혀져 동기가 부여된 것이다. 그렇게 하는 것은 사회정의에 대한 오도된 민주적 책임에 의해 전적으로 추동될 수는 없다. 좋은 직업교육을 받으려면 보통의 대학 준비를 위한 코스보다 훨씬 비용이 많이 든다. 많은 경우 더 많은 공간과 비싼 장비, 더 작은 학급, 특별히 훈련된 교원, 새로운 설비를 주기적으로 추가해야 하는 결단을 요구한다. 모든 학생을 대학에 진학시키는 학문 코스에 배치하는 것—그러한 배치가 적합하든 아니든—은 비용이 훨씬 덜 든다. 비록 우리가 그들에게 적합지 않은 학문 코스를 통과하도록 추가로 도움을 주었지만, 현재 학생의 장기적인 흥미를 무시하면서 여전히 돈을 모은다. 많은 학생들이 사실상 이중으로 상처를 받을 때, 그들에게 평등한 기회를 제공하였다는 주장을 당연시한다. 학생들에게 그들이 잘하지도 못하는 공부를 하라고 강요했고, 그들 스스로 성공할 수도 있었을 경로를 빼앗아갔다. 그 결과 많은 학생들이 고등학교를 졸업하지 못하고, 졸업하는 학생이라고 하더라도 선택에 의한 것이 아니라, 자동적으로 일하는 신세가 되었다. 이 학생들은 다른 것을 잘할 수 없기 때문에 이 일을 하고 있다고 믿는 것은 당연할 것이다.

나는 8장에서 직업교육의 주제, 그리고 직업 코스에서 진정한 지적 참여의 가능성으로 돌아갈 것이다. 하지만 우리는 어떤 일—누군가는 해야 하는 일—은 본질적으로 머리를 쓸 필요가 없고, 심지어 품위를 떨어뜨리기조차 한다는 것 또한 인정해야 한다. 터널을 파고 화장실을 청소하고 주전자를 문지르고 하루 종일 콩을 줍는 일은 지적 능력을 사용할 것 같지 않다. 유토피아적 작가들은 오랫동안 경제정의와 존중과 어떤 필요 불가결한 노동의 더럽고 고루한 성질을 화해시키는 것의 어려움을 인식해 왔다. 벨러미Edward Bellamy(1897/1960)[7]와 스키너B. F. Skinner(1948/1962)[8] 같이 서로 다른 작업을 하는 저자는 어떤 사람도 일주일 내내 힘들고 더럽고 생각 없는 노동에 소모될 필요가 없는 사회를 건설하기 위해 모든 사람들에 의해 공유되는 유토피아적 사회의 이념을 탐구해왔다. 그렇지만 지금까지 우리는 유토피아 탐험에 성공하지 못했다.

이들 조건들을 변화시키기 위해서 학교 홀로 할 수 있는 것은 별로 없다. 실질적 변화에는 여러 기관들의 협력이 필요하다. 하지만 학교는 그런 협력 정신을 촉진시킬 수 있고, 의식적으로 사회적/경제적 상호 의존의 소중함을 발달시키기 위해 작업할 수 있다. 아마 가장 중요하다고 할 수 있는 것은 학교가 젊은이들의 경제적 영역을 넘어—개인적, 직업적, 시민적 영역에서—충분하고 만족스러운 삶을 준비하는 과제를 진지하게 이행하는 것이다. 이 세 가지 목적이 모두 21세기 교육에서 대단히 중요한 부분이 될 것임은 틀림없다.

우리는 또한 학생들의 다양한 재능과 관심을 더 충분히 고려할 수 있다. 가드너(1983)는 다중 지능multiple intelligence[9] 이론으로 이에 대한 가치 있는 출발점을 제공해주었다. 나의 접근은 강조점에서 좀 다르다. 첫 번째, 심리학적인 이론에 그렇게 크게 의존하지 않는다. 흥미를 확인하는 데 더 많은 "일상성"을 요구한다. 두 번째, 가드너가 정규 교육과정을 가르치는 데 지능을 어떻게 사용해야 하는지에 대해 많은 조언을 하고 있지만, 나는 이러한 흥미를 교육과정으로 만들어 그것을 혁신하려고 한다.

교육의 목표들에 대한 더 풍부한 논의로 들어가기에 앞서 평등한 기회에 대해 좀 더 말할 것이 있다. 평등한 기회의 첫 번째 단계는 집에서 아이들에 의해 경험된다. 분별력 있는 많은 사상가들은 집에서 보내는 생후 5년 동안의 아이들 삶은 아이가 나중에, 특히 학교에서 생길 기회를 이용하도록 준비시키는 데 매우 중요하다고 주장한다. 이 사실은 널리 알려져 있는 내용임을 감안할 때, 학교들이 가정살림과 자녀 양육을 여전히 가르치지 않고 있다는 점은 도무지 이해할 수가 없다. 교육의 역사를 보면, 이러한 내용의 생략이 대부분 공적 생활에서 남성을 위한 남성에 의한 교육의 발달 때문임을 알 수 있다. 만약 여성이 처음부터 적극적으로 관여를 했다면, 학교의 교육과정은 어떻게 발달했을까? 나는 1장에서 이 책의 전체 논의가 교육과정의 아주 오래된 과목 구조가 급진적으로 변하지 않을 것이라는 가정에 기반을 둘 것이라고 말했다. 그러면 우리의 과제는 어떻게 이런 필수적인 내용—가정살림, 자녀 양육, 돌봄—이 변화되지 않는 기본 구조 속으로 통합될 수 있는가를 탐구하는 데 있다. 그것은 6장의 주요한 주제가 될 것이다.

이 장을 마치기 전에 목적에 대한 논의를 위해 나는 평등과 인종에 주목할 것을 추가하고 싶다. 소수자 위치에 있는 학생을 비전 없는 프로그램 안으로 자동적으로 잔인하게 밀어 넣었던 지난날로부터 우리는 너무 먼 길을 걸어왔다. 이 책이 강조하는 요점은 우리의 학교에 아무런 장래성도 없는 프로그램을 있게 해서는 안 된다는 점이다. 우리가 제공하는 모든 것은 풍부하고 적절해야 한다. 그러나 우리는 오래된 형태의 차별을 거부하면서 학생들을 보편화될 수 있는 새로운 불평등으로 안내되어야 한다. 왜냐하면 정당화될 수 있는 그들의 재능과 흥미의 차이가 무시될지도 모르기 때문이다.

1. 미국의 교육 관련 기관들은 협의체를 만들고 1901년부터 SAT라는 표준화 시험(Standardized Test)을 시행한다. 미국 또는 전 세계에 존재하는 수많은 고등학교들이 제시하는 서로 다른 평가 기준으로 만들어낸 학생기록부와 학점을 그대로 받아들여서는 학생에 대한 객관적인 평가가 어렵다고 판단하고 이를 해결하기 위해 표준화 평가 시험인 학업성취도검사를 개발하였다.

2. 테드 사이저(Ted Sizer)는 전 하버드 교육대학원장으로서 진보주의 교육 단체인 본질학교연합(Coalition for Essential Schools)을 설립하였다.

3. 1930년대에는 William Bagley, 1950년대는 Arthur Bestor, 1980년대와 1990년대는 William Bennett, Harold Bloom, E. D. Hirsch, Diane Ravitch 등 본질주의(essentialists) 교육이론가들은 진보주의 교육에 비판적이었다. 1957년 소련의 스푸트니크 인공위성 발사 성공으로 미국은 국제 경쟁력에서 결정적 타격을 입게 된다. 인공위성 발사 사건 이후 충격을 받은 미국은 수학, 과학 등 과학적 성과를 위해 수월성 교육과정이 강조되었고, 1958년에는 국가방위교육법을 제정하고 그 결과로 미국은 소련에 뒤떨어진 과학기술을 따라잡기 위해서 능력주의와 지식교육(특히 과학과 수학) 위주의 교육으로 바뀌어갔다. 이렇게 국제경쟁력 확보를 위한 수월성 교육으로 치닫는다. 수월성 교육의 발전은 1980년대에 이르러 신자유주의적 경제정책에 부응하기 위해 국제 경쟁, 교육, 수요자의 선택 확대, 학업성취도 향상, 효율성 제고, 교육의 민영화를 내세우는 방식으로 진행되면서 그 위력을 더해갔다.

4. 찰스 W. 엘리엇은 40년 동안 하버드 총장(1869~1909)을 역임하면서 하버드를 근대 연구대학으로 변모시켰고 하버드 모델은 미국 교육에 큰 영향을 미쳤다. 엘리엇의 개혁은 선택과목, 소규모 강의, 입학시험에 관한 변화도 포함하고 있다. 엘리엇 총장은 낡고 경직되고 고전적인 교육과정 대신 선택과목제를 도입했다. 학부 학생들은 자신의 관심분야를 전문적으로 연구할 수 있게 되었고, 1894년까지 신입생은 수사학과 현대어만 필수과목으로 이수하면 되었다. 진보주의교육협회 초대 명예회장을 지냈으며, 그가 작고하자 듀이가 회장직을 이어받았다.

5. 로즈는 『일터에서의 정신』에서 육체노동자와 서비스노동자의 지성, 통합된 기술과 성취가 지속적으로 문화적 고정관념에 의해 무너지고 주변화되었다고 비판한다. 사회계층과 연계되고, 역량과 판단보다는 형식 교육을 측정하는 IQ와 연계된 지성의 전통적 평가를 문제 삼고 있다. 육체노동(body work)을 하는 배관공이나 미용사, 목수, 운전사 등도 인지, 판단, 기억, 지식 등을 이용하여 '정신노동(mind work)'을 한다는 것이다. 더 발전된 민주사회를 위해서는 학문적인 것과 직업적인 것을 이분화를 넘어서야 한다는 주장을 펴고 있다.

6. 평등에는 네 가지 정의관에 따라 달라진다. 평등 개념은 정의 개념과 얽혀 있다. 조화로서의 정의(불평등한 교육 기회/차별화된 교육 체제를 정당화하며, 심지어 그것을 요청한다. 사람들의 타고난 재능은 평등하지 않다. 공동체 전체의 안녕이 교육/진로를 선택할 개인의 자유보다 우선한다. 플라톤의 정의관), 평등으로서의 정의(평등한 대우는 아주 불평등한 성과를 낳을지라도 가장 중요하다. 모든 인간 존재는 도덕적 행위로서 평등한 도덕적 가치를 갖는다. 칸트의 정의관), 형평으로서의 정의(평등보다 더 평등적이다. 사회적·경제적 불평등은 최소 수혜자에게 최대의 이익이 되도록, 공정한 기회균등이라는 조건으로 모든 사람에게 개방된 직위나 직책과 결부되도록 하는 조건을 모두 충족시키는 한도 한에서만 허용되어야 한다. 오늘날 공교육을 뒷받침하고 있는 지배적 교육관으로서 평등한 기회와 불평등한 대우에 대한 아이디어를 제공한다). 보상의 원칙은 적극적 역차별 정책(롤스의 정의관)으로 발전한다. 차이로서의 정의(자비와 사랑의 윤리 원칙 아래 정의라는 원칙)는 타자의 운명을 나의 짐으로 받아들이는데, 레비나스와 데리다의 정의관은 무조건적 긍정과 환대의 원칙을 참조하지 못하

는 교육을 정의에 대한 참조가 상실된 교육이라고 비판한다.

7. 에드워드 벨러미(Edward Bellamy, 1850~1898)는 미국의 언론가이며 소설가이다. 벨러미는
『뒤를 돌아보면서(Looking Backward)』(1988)를 통해 당대의 사회적 모순과 갈등을 해결
해줄 대안으로서 이상적 사회체제를 제시했다. 19세기에 놀랄 만한 상업적 성공을 거두었고,
민중주의적 사회주의의 전파에 큰 몫을 했다.

8. 조건 반사의 원리에 입각해서 학습을 연구하여 독특한 경지로 발전시켰다. 흔히 알려져 있
는 'Skinner Box'는 쥐가 빗장을 누르고 문을 열게 마련한 학습 실험의 상자로 반응과 조작
적 행동을 엄격히 구별하려는 의도에서 만들었다. 행동주의의 거장인 스키너가 쓴 『월든 투』
는 과학적인 이상사회에 관한 소설이다. 행동공학을 통해 인간의 행동을 좀 더 효율적이고 행
복하게 하기 위한 하나의 실험적인 이상적 공동사회를 꿈꾸었다.

9. Howard Gardner의 다중지능이론은 인간에게 존재하는 7가지 종류의 지능을 그들의 다양
한 인생과 활동과 관련시켜 발표한 심리학 이론이며 교육이론이다. 이 이론에 따르면, 교육자
는 교육을 받는 학생들이 가진 다양한 지능을 충족시키는 교육 프로그램을 채택해야만 한
다. 이 개념을 전제로 하여 많은 책과 학습 자료가 만들어진다. 그가 이 이론을 만든 것은 뇌
손상 환자와 학습 능력이 떨어지는 사람들에 대한 연구와 함께, 모든 인간은 동등한 지적 능
력을 가지고 있다는 믿음에 바탕을 두고 있다. 인간의 능력은 음악적 지능, 신체-운동적 지
능, 논리-수학적 지능, 언어적 지능, 공간적 지능, 대인관계 지능, 그리고, 자기이해 지능이었
다. 최근에는 여덟 번째 지능인 자연탐구 지능을 새롭게 목록에 첨가하였고, 아홉 번째인 실
존적 지능을 제기하기도 했지만, 아직 널리 인정되지는 않고 있다.

4장

교육의 목적, 목표
그리고 지표

목적에 대해 지속적으로 계속된 논의는 민주주의와 교육 모두에 중요하다(Noddings, 2003). 듀이(1916)의 말에 의하면, 좋은 목적이란 기존 상황을 분석한 것의 결과물이다. 우리가 왜 어떤 활동에 참여해야 하며, 왜 어떠한 신념이나 실천에 헌신해야 하는지를 질문 받거나, 그것을 스스로에게 물을 경우 우리는 목적에 초점을 맞추게 된다. 급격한 사회적·정치적 변화가 발생할 경우 목적을 변경하며, 새로운 목적을 만들거나 우리의 강조점을 재정리할 수도 있다. 내가 1장에서 제안했던 것처럼, 21세기의 지구적 삶의 현실은 많은 사람들에게 경쟁보다 협력에 더 많은 가치를 두어야 한다는 것을 생각하게 하였다. 평화와 번영은 한 국가뿐만 아니라 지구적 공동체를 위한 우선적 목적이다. 협력은 하나의 가치이며 도구적 기술로서 이 양자의 가치를 받쳐주는 실천이다.

교육에서 목적aims 논의는 오늘날 거의 잘 묻지 않는 중요한 질문을 다룬다. 만약 적어도 목적에 대한 질문을 할 경우, 대부분 왜라는 질문은 목표goals와 지표objectives, 즉 더 낮고 더 세부적인 수준에서의 결과와 관련하여 발생한다. 나는 이 장에서 개념적 명료성을 위해 결과의 위계—목적, 목표, 지표—를 제시할 것이다. 예를 들어, 교사나 교과서가 정해진 수업에서 하나의 목표로서 특정 교수 기술이나 개념을 왜 포함시켜왔는지를 물을 수 있다. 수업 자료를 과정에서 다음에 올 것, 또는 과정의 더 큰 목표와 연계시키는 답을 기대한다. 일반적으로 지표는 수업과 일치시키고, 목표는 더 큰 단위나 학습과정과 일치시킨다. 예를 들어, 사회과 교사는 학생들이 독도법에서 더 큰 목표를 성취할 수 있도록 경도와 위도에 관한 일련의 지표를 성취할 수 있다. 기하학 과목 교사는 학생들이 수학 시간에 증명 개념을 이해할 수 있도록 논리 수업으로 한 해를 시작할 수 있다.

여기서 잠깐 멈추고, 오늘날 심지어 목표와 지표의 수준에서조차 왜라는 질문이 빈약하다는 말을 해야겠다. 유감스럽게도, 일부 교사는 정해진 수업 시간에 자신이 가르치는 수업 자료가 보다 큰 목표와 어떻게 연결되는지를 잘 모른다. 수업 자료는 교사가 "전달한" 것 또는 학생이 "전달받은" 것 아니면 학습된 것이다. 학생들은 어떤 종류의 시험을 통과하면 전달한 것에 서명을 한다. 이것은 교수 방법의 과정에서 고려되어야 할 매우 중요한 제재이다. 좋은 교사는 반드시 과제 분석에 참여할 수 있어야 한다. 즉, 그들은 새로운 과제를 다루기에 앞서 학생들이 알 필요가 있어야 할 것을 반드시 알고 있어야 한다. 교사는 자기가 가르치는 각각의 개념과 교수 기술이 다른 것과 어떻게 조화될 수 있는지, 또 그것들이 더 큰 주제와 어떻게 연결될 수 있는지에 대해 알고 있어야만 한다. 이 책의 초반부에서 설명하였던 대수학 2 교수 요목은 이런 지식 없이는 그것을 만들 수 없다.

그러나 지표를 목표에 일치시키는 것이 전부는 아니다. 거대한 포괄적 목적은 논의에 참여하고, 질문을 제기하고, 그리고 필요하다면 이슈를 논의할 것을 알려준다.

교육의 목적이란?

교육은 다양한 목적을 가진 업enterprise이다. 나는 1장에서 이러한 것이 커다란 삶의 세 영역 안에서, 그리고 그 영역을 넘어 조직될 수 있는지를 언급하였다. 그것은 가정적/개인적, 직업적, 그리고 시민적 영역이다. 만약에 우리가 1장에서 일반적 윤곽을 밝힌 목적과 가치의 안내에 따라 진도를 나갈 수 있다면, 21세기의 교사는 자신의 전문 과목에서 제재 사이의 연관성뿐만 아니라, 자신의 과목이 다른 많은 과목과 어떻게 연계될 수 있는지를 아는 것이 중요할 것이다. 신중하게 작성된 성찰된 목적은 서로 보완이 되고, 안내하는 목적을 함께 풍성하게 할 수 있는 교과들을 가로지르는 제재와 교수 기술을 찾도록 주기적으로 안내한다.

듀이(1916)는 고등학교 교과과정에 대해 그렇게 많이 언급하지 않았기 때문에 방금 언급한 목적의 위계적 범주를 사용하지 않았다. 그렇지만 목적의 기본적 의미에 기반을 두고 듀이를 따르는 것이 더 나을 것이다. 그리고 그것의 의미는 세 가지 영역 전체로 확장되어야 한다. 듀이는 목적과 결과 사이의 의미를 『민주주의와 교육』 2장에서 구분했다. 예를 들면, 모든 종류의 자연적 사건은 결과를 가져오지만, 이러한 결과들이 목적은 아니다.[1] 이러한 결과들은 의도된 계획의 결과물도 아니며, 노력의 방향을 규정하는 것도 아니다. 게다가 예견된 결과ends-in-view에 비추어 해석된 목적[2]은 교육적 과정에 연속성을 제공한다. 각각의 활동은 목적에 선행하고, 그것을 지속시키는 활동과 어느 정도의 연계성을 보인다. 그리고 이러한 활동은 크고, 광범위하며, 주요한 목적과 분명 연결된다.

학습 목표를 세분화하기 위해 허쉬Hirsch가 중시한 목록을 보면, 어떤 주요한 목적이나 목표—세 개의 강, 네 개의 산맥, 홍콩, 대만, 요코하마를 알아보기 등—가 어떻게 학습 목표의 선정을 안내할지를 생각하게 한다. 허쉬는 의심할 여지 없이 "문화적 소양"을 거론하는데, 그것의 가치를 부정하지 않으면서 목적이 어떻게 내용과 방법의 선택을 방향 짓는지를 더욱 깊이 캐물어야 한다. 개별적 학습 목표들을 기본 개념과, 그리고 학생들이 의식하고 있는 예견되는 결과와 연관을 짓지 않으면, 사물은 순식간에 잊히고 말 것이다. 화이트헤드(1927/1967)는 이러한 문제에 대해 힘주어 말을 했다. 그는 연계되는 교육의 목적을 "온갖 모습을 드러내는 삶life in all its manifestations"이라고 했다. 우리는 교육자로서 수업 목표가 서로서로, 그리고 더 큰 과정의 목표뿐만 아니라 삶의 거대한 중심적인 목적과 어떻게 연계되는지를 생각하지 않으면 안 된다. 그런데 화이트헤드는 삶과 우리의 목적을 연관시키기보다 다음과 같이 불만을 토로했다.

> 아이들에게 아무것도 뒤따르지 않는 대수학, 아무것도 뒤따르지 않는 기하학, 결코 숙달될 수 없는 두 개의 외국어 과목을 제공했다. 그리고 끝으로 가장 지루하게 한 것은 문헌학적 주석과 기억에 의존할 수밖에 없는 이야기 줄거리나 등장인물에 대한 간단한 분석을 붙인 셰익스피어 희곡으로 대표되는 문학을 가르치는 것이다(p. 7).

화이트헤드는 "무기력한 관념inert ideas"으로 학습된 사물의 관행적 목록을 비판했고, 그의 경고는 오늘날에도 적절성을 갖는다.

> 어린이의 사고력을 훈련하는 데 있어 무엇보다도 경계해야 할 것은 내가 말하는 '무기력한 관념'—말하자면 활용되지 않거나 검토되지도 않는, 그것도 아니면 참신한 결합에 몰입되지 않은 채 단지 머릿속에 받아들여지기만 하는 관념—이다(p. 1).

무기력한 관념에 대한 위험성을 인식한 사람은 20세기 초에 저술한 철학자의 저서에만 있는 것이 아니다. 저명한 생물학자인 윌슨(2006)[3]은 21

세기 교육을 특징짓는 생각에 대한 멋진 항변을 했다.

> 내 생각에는 지식의 통합이 불가피하다. 현실이 그러하다. 세계적인 추이
> 를 보더라도, 교양인들은 분야를 넘나들며, 큰 사안들을 과감하고 분석적
> 으로 다루는 데 있어 이전보다 훨씬 더 뛰어난 듯하다. 우리는 진짜 그것에
> 맞물린 종합의 시대로 들어서 있다(p. 137).

윌슨은 오늘날 전문가들이 자신의 담당 교과 외에도 더 많은 것을 알
아야 할 필요가 있다고 주장한다. 또한 그들은 교사로서 논쟁 중인 특정
한 제재와 관련이 있는 다른 교과와 폭넓게 연동될 수 있어야 한다고 말
한다. 나는 내부로부터(5장에서) 교과를 확장하는 논의를 더 하려고 한다.
듀이가 추구했던 "연속성"을 견지하면서도 화이트헤드가 혐오했듯이, "무
기력한 관념"을 피하고자 한 윌슨은 "일반적인 것에서 시작하여 특수한
것에 이르기까지 각각의 주제들을 가르치는 것이다"라고 권고한다(p. 131).
이러한 접근을 함으로써 학생들이 따라야 할 세부 사항을 배우는 것에
대한 동기와 이유를 부여한다. 그것은 또한 교육이란 "훈육 지향적인 것
은 적게 하고, 문제 지향은 많게 하는" 것이어야 함을 함의한다(p. 136).

윌슨의 제안은 우리의 21세기 사고에 대한 설명에 부응하고 있다. 우리
가 이용할 수 있는 테크놀로지 덕분에 우리는 항상 사실과 세부 사항들
을 찾을 수 있다. 우리는 그 긴 목록을 암기할 필요가 없다. 그렇지만 우
리가 세부 사항들을 찾도록 추동하는 이유, 즉 문제, 개념, 이슈를 갖고
있지 않으면 안 된다.

적극적으로 목표와 지표에 대한 질문이 저지당하면, 생각 없이 정해진
학습 목표를 추구하는 것에 대한 우려는 더욱 깊어진다. 학생들의 흥미나
행사를 고려하여 다른 제재를 제시할 경우, 즉 하루의 정해진 계획을 공
식적으로 열거하지는 않았지만, 주요 목적에 맞게 멋지게 배치될 수 있는

것을 강하게 제시했을 경우, 공시된 수업 목표를 무시했다고 하며 질책을 받았다는 교사들의 이야기를 전국 어디서나 많이 듣게 된다. 좋은 교사는 그렇게 가르칠 수 있는 순간teachable moments[4]을 열심히 붙잡아 활용하려고 하지만, 오늘날 교사들은 그렇게 한다는 것에 너무나 자주 크게 낙담을 한다.

목표와 지표의 수준에서 왜라는 질문이 저지되면, 거대하고 추상적인 목적에 의해 이끌어지는 질문을 한다는 것이 얼마나 어려울지를 한번 생각해보라. 왜 모든 아이들은 기하학을 배워야만 하는가? 전쟁을 둘러싼 역사 수업 과정을 조직하는 것을 왜 고집해야 하는가? 고등학생들에게 다른 아동문학과 동화에 대한 진지한 공부보다 셰익스피어가 왜 더 중요한가? 학교의 화학 수업의 강의가 영양학 강의보다 왜 더 중요한가? 학생들이 수업을 빼먹으면 왜 정학을 시키는가? 우리가 협업에 대한 강조를 받아들이면서도 평점GPAs과 학급 석차의 유지를 왜 고집하는가? 우리는 왜 자유교양liberal arts을 협소한, 겉으로 보기에도 관련이 없는 전공 과목specialities의 집합으로 전락하도록 허용했는가? 이런 질문은 더 많이 있을 수 있다. 실제로 오늘날 거의 모든 교육적 질문은 경제적 용어로 제기되고 응답된다. 급여를 더 많이 주는 일자리에 필요한 자격을 얻게 하며, 경제적으로 경쟁할 수 있는 국가의 역량을 증대시키기 위해 아이들을 교육한다. 아주 철저하게 논의를 좁혀보면 우리의 아이들, 국가 그리고 세상의 미래가 위험에 처해 있는 것이다.

1장에서 언급된 목적들을 보면, 목적들이 서로를 지지하고, 민주주의의 지속적 발전을 떠받치고 있음을 알 수 있다. 예를 들어 협력, 의사소통, 상호 의존의 소중함이 평화와 번영을 달성하는 목적을 촉진해야 한다. 이와 마찬가지로 비판적 사고, 자기이해, 창의성, 그리고 완전하고 만족스러운 삶은 지적 발달과 공동체 정신 모두를 촉진시켜야 한다. 그러나 이들 각각의 목적은 정교화될 필요가 있다.

개인의 완전한 삶을 위한 교육의 목적에 대해 생각해보자. 이러한 생각이 들기 시작한 이래로 모든 교육철학에서 등장해온 것은 바로 목적이다. 보편교육이 실시된 이래, 목적의 구성 요소들을 학교가 소홀히 했다고 주기적으로 비판받아왔다. 역설적으로, 그것의 부활을 시도했을 때에도 학교는 비판을 받았다. 1918년, 『기본 원리 보고서』 위원회는 보편적 중등교육이 초기에 지적 개발로 정의된 전통적인 학문적 목적을 넘어서는 것에 대한 관심을 필요로 한다고 주장했다. 위원회는 7가지 목표를 옹호하였다. "1. 건강, 2. 기본 과정의 지도, 3. 가치 있는 가족 구성원, 4. 직업, 5. 시민의식, 6. 여가 선용, 7. 윤리적 인성"(Kliebard, 1995, p. 98에서 인용).

이 연구는 널리 찬사를 받았지만, 학교에 너무 많은 것을 하도록 요청하자 비판을 받게 된다. 10인 위원회 보고서의 초기 대표를 맡았던 찰스 엘리엇에게는 일반교육general education[5]—그 스스로 이것을 믿었다—에 비해 너무 지적/학문적이라고 여겨진 반면, 『기본 원리 보고서』는 반-지적이라는 비판을 받았다. 심지어 오늘날까지 이 보고서는 "학문적 교과목에 대한 반감" 경향을 지속적으로 보였다는 비난을 받았다. 허쉬(1996)는 연구가 다음과 같은 점을 볼 수 있음을 인정하고 있다.

> 국가의 요구, 다시 말하면 아이들의 "능력과 적성에서의 개인차"를 가르치는 것을 수용함으로써 단순히 학생의 지적 측면보다는 오히려 전인적 학생에 대한 관심과 공교육을 민주화하기 위한 열망에 균형을 잡는 접근을 권장하는 것(p. 48).

그러나 비록 허쉬가 "전인적 아동whole child"에 관심을 기울였을지라도, 학교의 중요한 책임은 지적 발달을 향상시키는 것이라고 믿는다. 그는 21세기적 사고로 옹호되는 관점에서 보면 지적인 것을 전인적 학생으로부터 분리시키는 실수를 범했다. 또한 그는 20세기 학교가 표준적인 학문 활동standard academic work을 거부했다고 추정하는 데서도 실수를 범했다. 일부 학교를 제외하고는 초등학교 대부분은 일상적 학문 활동을 계속하였다. 중등학교 단계에서는 커다란 차이가 발생했는데, 여러 계열화 교육 tracking[6]이 제안되었다. 초등학교에서 이루어지는 표준적 학업은 학생들을 능력별로 분류하기 위해서 사용되었다. 그런 계열화 교육을 하는 것 중에는 전통적인 대학 예비 과정이 대표적이다. 분류하는 교육적 과정이 이미 도덕적으로나 사회적으로 개탄할 만한 일이라고 종종 인식되었다. 그렇다고 다양한 수준별/능력별 교육이라는 생각이 잘못되었다고 말하는 것은 아니다. 사실상 의문스러운 계열화 교육의 방식이 사용되고 있었음에도 불구하고, 21세기 초반 고등학교 재학생과 그 졸업생 수가 엄청나게 증가한 것은 10인 위원회 그룹의 계획 아래에서 이루어질 수 없었던 주목할 만한 성취였다.

『기본 원리 보고서』 위원회의 기본적 생각은 21세기의 교육 목적 논의에 대한 좋은 출발점을 제공한다. 충실한 삶을 위한 교육을 진지하게 생각할 때, 여러분은 이러한 목적들 중 어느 것을 포기할 것인가? 그리고 우리는 왜 교육 목적 논의를 다룰 때 필연적으로 반-지적이어야 한다고 추정해야만 하는가? 이들 모두 당연히 지적일 수 있다. 즉, 그들은 모두 적극적으로 정신에 개입하고 있다는 점이다.

그러한 광범위한 목적을 학교가 감당할 수 없을 것이라는 두려움은 20세기 전반에 걸쳐 일찍이, 그리고 여러 차례 들려왔다. 우리가 보았듯이, 심지어 가드너와 같은 너그러운 생각을 하는 사람도 학교가 너무 거대한 과업을 다룰 수 있는지에 우려를 표명하였다. 이런 우려를 하게 된 것은 부분적으로 20세기 관료적 사고방식의 산물이라고 할 수 있다. 모든 기관과 제도는 추가 의무 때문에 희생되거나 혼란을 겪을 책임을 떠맡게 된다는 생각을 계속하게 된다. 그래서 오늘날 우리는 기관 내에서 관련 부처 간의 협업과 더 광범위한 목적 모두를 생각하지 않으면 안 된다.

1장에서, 나는 협소하게 정의된 학문적 교과를 벗어나 비판적 사고, 자기이해, 창의성, 그리고 테크놀로지의 효과적이고 책임 있는 이용을 위한 지적 발달로 생각을 전환할 것을 제안하였다. 이 말을 하였다고 논리학자와 철학자가 정의하는 것처럼, 모든 학생들이 비판적 사고를 성취할 것이라는 것은 아니다. 또한 모든 학생들이 창의적이 될 것이라고 주장하는 것도 아니다. 제대로 정의한다면, 목적이란 우리의 생각을 안내하는 것이다. 따라서 그것을 수치상으로 측정될 수 있는 목표와 지표로 바꾸려는 시도를 하지 말아야 한다. 차라리, 우리는 진술된 목적에 비추어 우리가 학교에서 할 수 있는 모든 것을 검토해보아야 한다. 가까운 미래에 교과에 포함되어야 할 비판적 이슈는 무엇일까? 이러한 이슈를 생각하고 토의하는 것을 어떻게 격려할 것인가? 이러한 작업 단위에 창의성을 발휘할 기회는 있을까? 모든 학생들이 창의적이 될 것이다(그리고 그것을 수치 규모로 증명할 것이다)라고 주장하지 않는다면, 우리는 제시된 기회들을 생각한다. 예를 들어 첫 번째 수학 문제가 만족스럽게 해결되었을 때, 다음 문제로 바로 넘어가지 말고, 잠시 멈추고 학생들로 하여금 그 문제를 또 다른 풀이 방식으로 생각하도록 물을 수 있다. 특히 교사들은 언제 가능성이 특히 풍부해질지를 알아야 한다.

비판적 사고의 일부로서 자기이해self-understanding[7]에 대한 교육이 제안되었다. 그러나 그것이 너무나 중요함에도 불구하고, 그동안 소홀히 다루어졌기에 9장에서 논의될 것 중에서 하나의 독립된 목적으로 열거할 것이다. 가장 심오한 차원에서 자기이해를 위해 가르치는 것은 다른 모든 목적들에 학생을 참여시키는 방식이다. 민주적 목표의 목록을 교육을 위한 목표의 그것과 연결시키는 것이 목적이다. 학생들은 자신을 개인으로서 이해할 뿐만 아니라 그들의 국가에 대해서도 비판적으로, 그리고 우호적으로 이해할 수 있어야 한다. 자랑스러워하고, 숭배하고, 보존할 것들이 많지만, 또한 자기 나라의 역사에서 존경할 수 없는 행동, 명시된 원칙의 배신, 세계 무대에서 취한 모호한 입장을 고찰할 수 있는 기회를 학생들에게 제공해야 한다. 학생들은 또한 전통적 애국주의가 사람들의 마음 및 대오를 똘똘 뭉치게 하는 데 어떤 기능을 해왔는지, 그리고 세계 지배에 대한 모든 형태의 개념을 거부할 수 있는지를 고찰해야 한다.

다음 장에서 나는 목적의 세부 항목을 제시하지는 않을 것이지만, 6장은 개인적인 영역에서, 7장은 시민의 영역에서, 8장은 직업의 영역에서 목표를 어떻게 세워야 할지를 제안할 것이다. 이러한 각각을 탐구하는 논의를 하면서 나는 협동, 비판적 사고, 문제 해결 능력, 창의성이라는 21세기 목적에 관심을 둘 것이다.

목적에서 목표로

목적이란 우리가 어떤 일을 왜 하고 있는지를 질문하거나 스스로에게 물을 때 관심을 기울이는 일반적 진술이다. 건강, 행복, 시민성, 그리고 목적과 같이 다른 중요한 수많은 제재를 언급할 때, 우리는 이들 문제를 가지고 전면적이고 의미 있는 관심을 기울인다. 우리가 무엇을 성취할 것인지, 아니면 개인차에 대해 어떤 규정을 만들 것인지를 미리 정확하게 상세화하지 않는다.

이와 달리 목표를 목적에 조화시켜 설정할 때 우리는 특별한 수업 주제, 지역 자료, 그리고 학생의 개별 요구 사항을 고려해야 한다. 이 책 초반부에 들었던 대수학 2의 예에서 우리는 다른 적성과 흥미를 가진 학생들을 위해 또 다른 목표를 설정했다. 이와 대조적인 목표 2000과 아동낙오방지법과 같은 국가의 진술을 생각해보자. 예를 들어, 목표 2000의 내용에 2000년까지 미국의 학생들이 수학 분야에서 세계 최고가 되어야 한다고 진술되어 있었다. 왜 그래야 했는가? 어떤 위대한 목적 혹은 이상이 이러한 목표를 촉진할 수 있었는가? 이러한 목표가 터무니없다는 것을 거의 모든 미국의 교육자들은 알았다. 심지어 그러한 목적을 지향하는 것이 현명한 처사인지 우리 대다수는 의문을 가졌다. 목표는 달성될 수 있어야 한다. 하나의 목표를 성취하지 못하는 데는 그럴 만한 다양한 이유가 있으나, 원칙적으로 목표는 현실적으로 달성될 수 있어야 한다. 허황된 정책 입안자들은 그것이 달성될 수 있으리라고 생각했음에 틀림없다. 왜냐하면 분별없이 착수하여 그것을 달성하지 못해 징계 처분에 적용되었기 때문이다. 미국 학생들을 2000년까지 수학 분야에서 세계 최고로 만드는 것은 달성될 수 있는 목표가 아니다. 이와 마찬가지로, 아동낙오방지법에 의해 설정된 목표는—2014년까지는 모든 학생들이 수학 분야에서 능숙해질 것이다—확실히 불가능하다. 연방정부, 주정부, 지역정부는 그 목표를 진짜 목표라고 여겼으며, 그 목표를 향해 충분한 진전을 보지 못한 학교들에 대해 처벌 제도를 도입했다. 불가능한 것을 달성하려는 시도에 낭비된 시간과 돈, 노력, 그리고 그렇게 하는 데 실패하여 벌점을 받을 거라는 두려움을 피하기 위해 초래한 부패를 생각해보라. 법령에 규정된 목표는 불가능할 뿐만 아니라, 부패하고 비도덕적으로 되는 것을 실제 만연하게 함으로써 우리 교육 체계의 손실을 가져왔다(Nichols & Berliner, 2007).[8] 이렇게 상정된 목표는 실제 여기서 논의하는 광범위한 거대한 목적과는 정반대로 작동하였다.

게다가 부패의 결과로 정부 관리들은 시험부정행위자를 찾아서 그들에게 책임을 지우는 노력을 하는 것으로 대응을 하였다. 만약에 시험부정행위를 하는 데 있어 윤리적으로 동기유발이 덜하고, 제도적 대의가 명백하지 않을 경우, 그렇게 하는 행동은 합당하고 윤리적으로 적절할 수 있다. 나는 시험부정행위를 옹호하려는 것이 아니다. 우리는 교육자로서 그것을 개탄해야 한다. 그러나 그 뒤에 어떤 일이 벌어지는지를 생각해보라. 정부 관리들은 책임 있는 행동을 하도록 동기를 부여할 수 있는 규율을 바꾸기보다는 더 강력한 적발 방법을 사용해왔다. 머리 좋은 사람들은 이제 표준화 시험에서 소거된 수를 찾아 그 숫자를 세고 있고, 이러한 소거를 오답부터 정답까지 세는 데 시간을 보낸다. 학생당 평균수는 각각의 학급, 학교, 그리고 구역으로 산출된다. 소거의 숫자(오답부터 정답까지)가 평균 이상일 때, 더 많은 조사가 요구된다. 또한 자기 학생들의 시험을 채점하는 데 그들 교사가 포함되지 말아야 한다는 건의가 터져 나왔다. 시험을 감독하는 것에서도 교사들이 참여할 수 없다는 제안이 제출되었다. 그래서 근본적으로 변화되어야 하는 시스템을 지원하기 위한 예산은 더 많이 소요될 것이다.

몇 년 전, 나의 수업을 받던 한 대학생은 학생들에게 정답을 말하라고 하지는 않았지만, 오른쪽 빈칸이 채워질 때까지 오답이라고 가리키거나 책상을 두드리는 교사의 시험부정행위를 실제로 옹호했다. 대학생은 교사의 행동이 도덕적으로 정당화될 수 있다고 주장했다. 그는 그것을 시민불복종civil disobedience이라고 불렀다. 당시 나는 수업을 멈추었고 시민불복종의 의미와 역사에 대한 토론하면서 시간을 보냈다. 시민불복종은 법을 위배하는 것을 받아들이는 것일 뿐 아니라, 더 중요한 것은 그 결과를 받아들이는 것을 포함한다. 헨리 소로Henry Threau와 마틴 루터 킹Martin Ruther King은 법을 위반하였고, 그래서 감옥에 갇혔다. 그들은 훔치지 않았고, 부정행위를 하지 않았다. 진정한 시민불복종, 예를 들어 시험 감독 역할을 거부하는 용감하고, 결연한 노력은 고-책무 시험을 실제로 종식시키는 결과를 가져올 수도 있다. 이와 반대로 시험부정행위는 더 엄격한 규칙, 더 강력한 감시, 더 가혹한 처벌, 그리고 교사를 자신의 수업 통제로부터 더욱 분리시키는 것을 가져올 수도 있다.

목표는 달성될 수 있어야만 하고, 그리고 목표는 우리가 헌신하고 있는 목적에 맞게 협동적으로 정립되어야 한다.[9] 목적은 일반적이고 이상적인 수준, 즉 모든 학생들을 위한 "철저하고 효능이 있는 교육T&E"[10]에 맞게 진술되어야 되는 반면, 목표는 배우는 과목, 학생들의 흥미와 재능, 이용 가능한 자료, 그리고 더 큰 공동체의 사회적이고 경제적인 필요를 세심하게 분석한 것에 의존한다.

그런데 오늘날 시도되는 접근에서는 몇 가지 중대한 실수를 범했다. 첫 번째로, 우리는 목적과 목표를 혼동했다. 왜냐하면 우리는 각각의 아이들이 완전한 개인의 삶과 직장 생활에 만족하는 것, 책임 있는 시민의식을 향상시키는 교육에 전념하기 때문에, 목표는 모두에게 동일하지 않으면 안 된다고 생각한다. 수학자, 기계 운전자, 호텔 매니저, 경찰관, 작가, 음악가, 그리고 의료계 종사자 등 새롭게 떠오르는 직업들 모두 고등학교에서 동일한 수학 강의를 들어야만 한다. 이렇게 하는 것은 모두 해롭고 터무니없는 일이다. 그런데 차별화differentiation는 어느 지점에서 시작되어야 하고, 어떤 이유로 그런 것인가? 개인차를 받아들이는 것은 출발부터 우리의 교육적 노력을 특징짓는 것이다. 하지만 차이를 위한 신중한 계획은 대략 중학교에서부터 출발해야 한다. 8장에서 중학교 시기는 재능과 흥미를 발견하는 데 이용되어야 하며, 고등학교 시절은 차별화된 계획이 제공되어야 한다고 제안할 것이다. 단지 시험 점수에 기초하여 선별하는 방식이나 개별 학생들의 흥미와 재능을 무시하는 것은 권장하지 않을 것이다.

오늘날 이렇게 만든 또 다른 실수는 교과의 목표가 다른 모든 가능성들을 지배하도록 한다는 점이다. 이 점은 현재 아마도 더 높은 학문 수준을 강조하고 있고, 전통적 교육과정을 협소하게 정의된 독립 과목으로 분리시킨 것으로 여긴다면 이해될 법하다. 그러나 우리는 그것에 저항해야만 하고, 그리고 그것은 최소한 두 가지 방식으로 이루어질 수 있다. 첫째로 중요한 사회 문제가 발생했을 때, 우리는 우리의 목표를 다시 생각해야 한다. 예를 들어 미국에서 너무 많은 학생들이 비만 상태에 있다. 몇 년 전에, 『뉴욕 타임스』에서 영양에 관하여 부모들과 학생들에게 가르치는 프로젝트를 시작한 훌륭한 단체에 대한 기사를 읽은 적이 있다. 그러나 아무리 그 일이 효과가 있다고 하더라도, 비교적 소수의 아이들에게만 영향이 미칠 것이다. 내가 생각하건대, 학교는 비만에 대해 이 자료를 왜 가르치지 않는가? 우리 아이들 모두에게 더 잘 도달할 수 있을 곳은 어디인가? 과학 수업은 레버, 배터리, 그리고 유전학 공식에 대한 과를 미루거나, 이 자료를 영양 단원으로 실제 통합할 수도 있다. 교육은 우리 주변의 세계와 실질적으로 상호작용해야 한다. 화이트헤드가 주장한 바대로, 교육은 삶 자체를 지향해야 한다.

형식적 교과 목표의 지배에 저항하는 두 번째 방식은 안에서부터 교과를 확장하고 학제 간의 연구를 증가시키는 것이다. 그것은 다음 장에서 논의될 중요한 주제가 될 것이다.

현실적이고 가치 있는 목표의 구성은 전문대학/종합대학과의 평소 연계와 함께 고등학교 교사진, 교과 전문가, 고용주, 지역사회 대학 교수진, 그리고 노조를 필요로 한다. 다음 10년 후에는 어떤 일자리가 가능할 것인가? 어떻게 해야 사람들은 적절한 중등학교 이후의 훈련을 가장 잘 준비할 수 있는가?

직업적 준비를 하는 것에 대한 질문과 더불어, 우리는 시민정신과 개인의 충실한 삶과 같은 더 큰 목적에 기여할 수 있는 목표를 어떻게 포함할 수 있는지를 물을 필요가 있다. 이러한 목표는 무기력한 학업으로 가득 찬 분위기 속에서 점점 소홀히 되어왔다. 교양교육liberal education과 결합된 위대한 목적은 일부 사람이 "문화적 소양"—실제 세계의 이용으로부터 그리고 서로에게서 격리되어 분절된 사실들과 교수 기법들의 총합이라고 호칭되는 것—에 너무나 자주 희생되어왔다. 나는 이 문제를 다음 장에서 다룰 것이다.

우리는 과거에도 현재에도 대학 진학을 하지 않는 사람들에 대한 다양한 목표의 구성을 무시해왔다. 우리들 다수는 그러한 목표가 오직 학문적 교육과정에 반드시 뿌리내려야 한다고 제안해왔다. 마지막 장에서 논의하겠지만, 이러한 결과는 지적이란 말의 의미에 대한 혼란에 의해 야기되었다. 그러한 정책 입안자들은 잘못된 전제에 의해 안내되었기 때문에, 모든 학생들에게 문화적으로 풍부한 교육을 제공하는 유일한 방법이란 학생들 모두가 동일한 표준적 학문 교육과정에 참여해야 함을 주장하는 것이라는 결론을 내렸다. 이는 너무나 낙후된 사고방식이다. 직업교육 과정은 보편적 목적에 의해 고무된 목표 속에서 흥미롭고 다채로울 수 있다. 하지만 우리는 존경심과 창의적 노력을 보이면서 이러한 교육과정과 그 과정 속에 존재하는 학생들을 다루어야 한다.

학생들에게 학문적이고 직업적인 프로그램, 예를 들어 미술, 음악, 드라마 그리고 문학 모두에 여러 개의 코스를 여는 것이 가능해야만 한다. 몇 년 전 예술교육 기반 교과Discipline Based Art Education/DBAE[11]가 유명해졌을 때, 우리 중 일부는 이 강의가 정말로 예술적 재능을 가진 학생들보다 학문 지향을 가진 학생들에게 더 매력적일 것이라고 주의를 촉구한 바 있다. 특별한 재능을 가진 학생들을 위해 설립된 코스는 유지되어야 하고 확장되어야 한다. 그렇게 함으로써 프로그램 안에서 가르치는 미술가, 음악가, 작가, 배우를 고용하는 것을 허용할 수 있는 교사 자격 기준의 변화가 필요한 것은 당연하다. 이러한 실천은 마그넷 학교에 한정하지 말아야 한다.

우수한 직업교육의 성장은 분명 거의 모든 교사 자격에 변화를 요구할 것이다. 이 논쟁은 누구보다도 헤스Frederick Hess에 의해 이루어졌다. 그는 21세기 요구에 비추어 교사 자격을 다시 생각해봐야 한다고 매우 포괄적으로 주장하였다. 이렇게 다시 생각하는 것이 가치 있다고 여겨지는 방식으로 고려하는 그의 주장에 모두 동의할 필요는 없을 것이다. 그런데 이 책 전체를 통해 주장한 것처럼, 정말 그것이 만병통치약은 아니라고 판명될 때 완전히 거부될 수 있는 전면적 채택 방식을 포괄한, 즉 "무조건 따르는(hook, line and sinker)" 접근을 거부하는 주장을 편다.[12] 그의 경고 메시지는 충분히 받아들일 만하다.

　　신선한 생각이 발생했을 때 그 생각은 모두 유용한 도구이기보다는 기적
적 치료제와 같이 너무 자주 부풀려진다. 옹호자들은 선호하는 조치들이
가능한 한 빨리 모든 곳에서 채택되어야 한다고 요구한다―그리하여 결국
총명한 생각은 다른 것으로 대체되어 열의를 잃어버림으로써 잘못 구상한
일시적 유행으로 끝나버렸다(Hess, 2010: 11).

　　좀 더 합리적인 접근은 오래되거나 새로운 생각 모두를 평가하고 검토
하는 것이다. 우리는 이 접근을 이용할 수 있는가? 우리는 그것을 어떻게
사용할 수 있는가? 누구와 함께 이용해야 하는가? 이전에 설명된 대수학
2코스에서 이미 블룸Benjamin Bloom의 완전 학습mastery learning[13]에 관한
논의에 심도 있게 접근했다. 우리는 완전 학습과 가르침이 학생들의 90%
정도 숙달을 충분히 가져올 수 있을 것이라고 주장한 블룸과 그의 동료
들의 생각에 동의하지 않았다. 그리고 우리는 숙달을 어떻게 정의해야만
하는가? 그러나 목표를 합리적으로 정의하고, 학생들이 다음 단위로 넘
어가기 전의 한 단위에서 유능함을 보인다고 주장했다면, 우리가 연구하
고 있는 대상에서 대부분의 학생들이 최소한도의 숙달을 가져올 것이라
고 믿을 수 있었다. 그 결과는 우리에게 이것이 옳다는 것을 보여주었다.
말하자면 우리가 대수학 1의 수준에서 더 일반적 대중들과 대면했다면,
대수학 이전에 하나의 코스를 정의하는 목표를 확립하는 것이 마땅하다.
그러한 일이 발생했을 때, 즉 많은 학생들이 대수학을 다룰 수 없을 경우
도전에 창조적으로 대처해야 한다. 아마도 대수학적 개념을 빼버리는 것
이 좋을 수도 있다. 어느 정도 성공할 가능성을 가지고 어떤 종류의 수학
을 가르칠 수 있는가? 어떻게 우리의 보편적 목적이 목표의 구성을 지도
할 수 있을까? 그런데 학생들에게 실재의 사물을 가장하는 가짜 대수학[14]

코스를 제시하는 것은 하지 말아야 한다.

여기에서 나는 직업교육에 대한 전체 계획을 제시할 수 없다. 이것은 고용주, 노조 그리고 후기 중등교육자들과 함께 협동하여 지역적으로 이루어지지 않으면 안 된다. 직업교육의 여러 행태는 비용이 많이 들고, 모든 형태는 끊임없이 혁신을 해야 한다. 우리가 교육자로서 할 수 있는 가장 중요한 단 하나의 일은 모든 형태의 일과 재능을 존중하도록 격려하는 것이다. 모든 아이들이 학문적 공부에 성공할 수 있다고 오늘날 정치적으로 공정한 주장을 하는 것은 많은 학생들을 도와주기보다는 그들에게 상처를 안겨줄 수도 있다. 적절히 지적이고, 도덕적으로 예의 바르고, 창의적인 사람들 다수는 수학을 잘하지 못한다. 우리가 교육자로서 해야 할 일은 상호 의존적 사회에서 학생들이 잘하는 것을 찾아주며, 그들이 소중하게 여겨지는지를 확인하도록 도와주는 것이다. 나는 8장에서 직업교육의 교육적 가능성에 대해 더 논의할 것이다.

수업의 지표는 무엇인가?

오늘날 교사에게 가장 익숙한 교육의 목적은 학습 지표learning objectives 이다. 많은 학교들이 교사들에게 매일 모든 수업을 위해 진술된 학습 지표를 가지기를 기대한다. 일부 학교에서는 그들을 위해 지표가 언명되어 있다. 그래서 그들이 결정할 것은 아무것도 없다. 때때로 지표에 도달하기 위한 수단, 즉 교수 방법조차 규정되어 있다. 이렇게 특정 학생들이 필요로 하는 것, 그들의 흥미를 자극하는 방법, 교사가 전문가가 되는 전략, 현재 학교 공동체에서 일어나는 것, 이들 모두는 서로 관련이 없는 것으로 받아들여지고 있다.

오랫동안 교육에 종사해왔던 우리들은 행동 지표의 전성기와 그러한 행동 지표의 관점에서 그들의 교육과정 전체를 다시 기술했던 방법을 기억할 수 있다. 교사들(그리고 단원 저자들)은 학생들이 수업의 결과(예를 들어 12 이하의 서로 다른 분모를 가진 분수들을 더해라)로 무엇을 할 것인지를, 어떤 숙련 수준(말하자면, 80%)에, 그리고 어떤 조건 속에(예를 들어 10가지의 질문에 대한 종이와 연필 퀴즈) 있는지를 정확하게 진술하도록 요구된다(그러한 목표의 사용과 구성에 대한 온전하고 공정한 논의를 위해서는 Cronbach, 1977을 보라).

행동 지표behavioral objectives는 교사가 특정 교수 기법이나 개념의 적용을 가르치기 시작할 때 매우 도움이 된다. 고등학교 수학 교사였을 때 나는 수업을 안내하기 위해 종종 행동 지표를 사용했다. (비록 내가 그들을 행동 지표라고 부르지는 않았지만) 만약 대다수의 내 학생들이 80% 정도 성취할 수 없거나 다음의 퀴즈에서 더 잘하지 못할 경우, 나는 퀴즈를 취소하고 내용을 다시 가르쳤다. 그런데 매 수업 시간은 행동 지표에 따라 이루어지지 않았고, 그렇게 정의되었던 일부는 사회적으로 필수적이거나 지적으로 흥미로운 것이 갑자기 나왔을 때 방해가 되었다. 모든 수업이 교사 중심적인 것은 아니었다. 때때로 지표는 단순한 각성이지 엄격하게 정의된 배움이 아니다. 일부 가치 있는 수업 시간은 성찰에 목표를 두었으며, 일부는 사회적/정치적 이슈, 영감, 발견, 실천, 자기이해, 시간 관리 등에 목표를 두었다. 또 일부는 수학을 다른 과목과 연계하는 데 목표를 두었다.

행동 지표에 대한 논의는 전망이 좋은 생각을 극단으로 끌고 가는 교육적 경향을 보인다. 교육의 목적으로 내세우는 비판적 사고는 교사와 그들의 지도교사에게는 거의 사용되지 않는다. 훌륭한 교사들은 교사 중심적 방법과 학생 중심적인 방법을 언제 사용할지에 대해 비판적이고 분석적으로 고찰한다. 훌륭한 교사들은 전자나 후자를 영원한 것으로 설정하지 않는다. 수년간, 우리는 그것을 너무 멀리까지 펼침으로써 일부의 홀

룡한 생각을 잊어버리거나 폄하해왔다. 발견 학습discovery learning,[15] 협동적 소그룹, 역할놀이, 소크라테스적 질문법, 직관력, 교과의 구조, 반복 연습, 총체적 언어 접근법whole language,[16] 명시적 생각…… 심지어 "반복 연습drill"과 같은 단순한 단어는 너무 많이 사용되거나 완전히 버려졌다. 나는 "drill" 하면 그 뒤에 "and kill"[17]이 자주 따르곤 하는 대중적인 이 단어의 의미를 알지 못하는 청중들을 그다지 설득하고 싶지 않다. 그러나 반복 연습은 적절하게 쓰일 수 있다. 그것은 잠시 동안 생각을 멈추고, 명확한 기술을 단순히 연습하는 평화로운 의미일 수 있다. 이러한 생각과 기술을 합리적으로 분석하고, 평가하고, 쓰는 것 대신에, 우리는 그러한 총체적 어휘whole word 대 발음 중심 어학 교습법phonics, 교사 중심 대 구성주의, 반복 연습 대 발견, 기타 등등과 같은 이념적 적대 개념들을 설정하지 않으면 안 된다. 학교 계획의 "규모 확대"[18]를 위한 헛된 요구는 모든 사람들에게 특정 과목이나 기술을 가르치기 위한 가장 좋은 방법을 계속 탐구하는 것으로 확장된다. 이러한 탐구 방식의 허망함은 40년 전보다도 더 앞서 크롱바흐Lee Cronbach(1966)에 의해 알려졌다.

나는 다른 교수 기법을 반대하는 하나의 교수 기법을 유지하려는 어떤 일반화도 믿지 않는다. …… 특정한 교육 전략은 하나의 중요한 체계의 부분이다. 적절한 교육 계획은 순서의 어떤 지점에서, 어떤 기간의 시간에, 어떤 다른 전략을 앞서거나 뒤따르는 그런 전략을 불러온다. 그래서 스스로 고찰된 전략에 대해 어떤 결론도 도출될 수 없다(p. 77).

또한 크롱바흐는 우리가 어떤 기법의 성공적 학습과는 다른 결과를 바라봐야 한다고 경고했다. 예를 들어 만약 아이들이 어떤 방법을 사용하며 컴퓨터로 계산하는 것을 좋아하나, 또한 수학을 싫어한다면 그 방법은 적절하다고 간주될 수 없다. 교육자로서 우리가 하는 모든 일은 수업 목표는 물론이고, 우리의 목적과 목표에 비추어 평가되어야 한다.

지금까지의 논의에서, 나는 다양한 교수법 중에서 분별력 있게 선택하는 것과 교사-중심적이고 학생-중심적인 방법 둘 다를 사용하는 것을 제안해왔다. 그러나 이러한 이분법은 너무 지나치게 단순하다. 그러면 교사-중심적이지도 않고 학생-중심적이지도 않으며, 오히려 학급 전체에 중심을 두는 방법은 어떤가? 내가 좋아하는 수업은 이런 종류의 것이다. 새로운 제재를 준비할 때, 나는 그것을 형식적으로 도입하는 방식으로 시작하지 않고, 문제 제기 방법을 좋아했다. 예를 들어 등장하는 주제가 지수 방정식이었을 때, 나는 칠판에 $2^x=8$이라고 썼다. 아이들이 x=3이라는 것은 쉽게 알았다. 그러나 내가 $2^x=10$이라고 썼을 때, 우리는 대략적 답을 알아내는 데 더 많은 시간을 보내곤 했다. x는 확실히 정수는 아니며 (만약에 답이 있다면) 그것은 3과 4 사이에 있다. 그런 후 나는 이 같은 방정식을 해결하는 방법을 우리가 알고 있는지를 물었다. $y=2^x$. 이는 우리가 방정식을 푸는 데 여태까지 배웠던 모든 방법을 살펴볼 기회를 주었다. 학생들은 방정식이 그 이전의 어느 유형에도 적합하지 않다는 결정을 내렸다. 무엇을 해야 하는가? 학생들은 그래프를 그리기로 결정을 내렸으며, 방정식과 그것을 푸는 데 있어 우리의 가정에 대한 여러 중요한 사실을 발견했다.

허쉬Rueben Hersh(1997)는 수학 과목에서 독자들에게 여러 가지 주제를 소개하는 데 이 방법을 사용한다. 그의 독자는 물리적으로 함께 있을 수 없기에 "여러분이 보다시피……"와 "여러분이 짐작하듯……"과 같은 말을 하거나 위에서 내가 제시한 실제의 생활에 대한 설명과 유사한 사실적 각본realistic skits을 만든다. 그 노력은 동기 부여 없이, 주제에 공식적으로 소개되는 것이 아니라 하나의 문제에 몰두하는 것이다. 딱지 붙이는 것이 반드시 필요한 것은 아니지만, 이 수업을 안내된 발견guided discovery[19]이라고 부를 수 있다고 본다. 필요한 것은 수업의 단위를 분석하는 것이고, 방법이란 적용할 수 있을 때를 결정하는 것이다.

y=aˣ에 관한 도입부 수업에서 흥미로운 추수 질문을 할 수 있다. 왜 a는 양의 정수여야 하는가? 이러한 질문은 훌륭한 학습 동기를 부여할 수 있다. 이것은 아마도 하루면 충분히 풀 수 있는 수학이다. 목적을 제시하기 위해 그러한 수업은 큰 목적, 즉 창의적이고 비판적으로 사고하기, 협동하는 것, 그리고 분명하게 의사소통하기를 격려함으로써 동기 부여가 되는 것을 강조하는 것이 중요하다.

충분히 숙고된 목적과 목표에 의해 안내되면, 우리는 결과의 다양성은 물론이고 지적 투입을 하는 것을 살피지 않으면 안 된다. 이 문제는 한 방향으로 너무 멀리 나갔던 또 하나의 영역이다. 재정, 시설, 그리고 다양한 자원과 같은 투입에 당분간 아주 집중적으로 관심을 갖는 것이 맞을지도 모른다. 아마 결과에는 충분한 관심을 기울이지 않을 것이다. 하지만 우리가 지금 어디에 있는지를 보라. 거의 모든 관심이 시험 점수의 형태로 결과에 두어져 있다. 이것은 이중으로 어리석다. 그것은 지적 호기심, 반동료에 대한 도덕적 관심, 그리고 더 큰 공동체, 심지어 학문적 정직성조차 무시한다. 전국에 걸쳐 너무 많은 학생들은 자신이 공부하는 과목을 소중히 여기는 학습에 대해 관심이 별로 없으며 높은 점수를 따기 위해 노예처럼 공부한다(Labaree, 1997; Pope, 2001). 또한 학습의 세부적 결과에 관심을 집중하여 개별 학생이 추구할 기회를 제공하는 것을 목표로 하는 가치 있는 지적 투입을 소홀히 한다.

가장 의미 있고 즐거운 교육적 과제 중 하나는 일부 학생들이 스스로 자신의 학습 지표를 구성하고 그것으로부터 아이디어를 제시하는 것이다. 이런 수업에서는 그 자체가 아무런 특정의 학습 지표가 없다. 이 생각은 학생들이 공부를 계속하기 위해 제재나 문제를 선택할 수 있고, 그것에서 아이디어를 자극하는 배열을 제시하는 것이다. 듀이Dewey(1938/1963)는 이렇게 말한다.

전통적 교육은 학생들이 자신의 공부와 관련된 목적을 구성하는 데에 그들이 적극적 협력을 확보하지 못한 것 이외에 더 큰 결점이 아무것도 없듯이, 진보적 교육progressive education의 철학에서는 학습과정에서 자신의 활동 방향을 잡는 목적의 구성에서 학습자 참여의 중요성을 강조하는 것보다 더 건전한 요체란 아무것도 없다(p. 67).

이렇게 말한다고 하여 학생들이 추구하는 활동과 학습 목표를 항상 스스로 구성해야 한다는 것을 의미하는 것은 아니다. 교사는 학생들이 학습해야 하는—그것을 좋아하든 그렇지 않든—많은 것들을 알고 있는 잘 교육받은 어른well-educated adult이다. 훌륭한 교사는 이런 필수적인 학습을 가능한 한 자기 마음에 들도록 만들지만, 교사 중심의 수업 시간이 많이 필요할 것이다. 내가 피타고라스 정리를 소개하기에 앞서 대략 3주간 기하학을 가르쳤을 때, 학생들이 만약 루트의 간소화, 제곱근, 그리고 수직선과 같은 약간의 기능을 습득한다면, 그 정리를 가지고 더 쉽게 풀 수 있다고 설명했다. 나는 1에서 25까지 정수의 제곱근과 3과 2의 제곱근에 대한 근삿값을 암기하라고 하였다. 내가 가장 자랑스러워하는 수업의 순간 중 하나는 한 소년이 수업에 어떤 의견, 즉 "네, 만약에 당신이 그렇게 말한다면⋯⋯"을 표현했을 때이다. 이런 표현은 우리에게 목적과 목표에 대한 다른 관점을 불러온다. 배려와 신뢰의 관계를 진전시키는 데 보내는 시간은 낭비가 아니다. 결과적으로 모든 것이 더 좋아질 것이다. 이야기를 하고, 불만을 경청하고, 사회 문제에 대해 숙고하는 것은 모두 좋은 가르침에서 하나의 위치를 갖는다.

계획이 목적에서 목표와 지표로 진전이 되고, 다시 평가가 지표로부터 목표와 목적으로 돌아오는 과정이 계속됨에 따라, 수업하는 데 교수 기법의 사용을 고려해야 한다. 지난 10년 동안 교수 기법의 사용에 대한 몇 가지 토론이 있었다. 일부 사람은 그것을 만병통치약이라고 선언하였고,

또 다른 사람들은 그것의 효능성이 증명되지 않았으며, 가르침과 배움의 과정을 비인간화dehumanize시켰다고 주장하였다. 1960년대와 1970년대에 시청각 교재를 둘러싼 논쟁이 있었다는 것을 기억하는가? 이것은 너무 멀리 떨어져 나가 다양한 교수-학습 전술을 잘 계획된 수업체계로 통합하는 데 실패함으로써 매우 효과적 방법을 희생시킨 또 하나의 사례가 되었다.

교수 기법에서 전산화된 교과과정의 엄청난 장래성(나는 그것을 진심으로 지지한다)은 판에 박은 가르침을 대체할 수 있다는 점이다. 잘 설계된 컴퓨터 강의는 학생 자신의 속도에 따라 수업할 수 있고, 학생들의 성공을 모니터링할 수 있으며, 그들의 진전 과정을 기록할 수 있다. 전산화된 교육과정이 잘 이루어진다면, 더 많은 문제지, 지루한 연습문제 같은 숙제를 고쳐주는 데 낭비되는 교사의 더 많은 시간을 소거할 수 있음을 뜻할 수 있다. 고도의 효과적 프로그램은 교사들로부터 거의 불가능한 업무, 즉 학업성취 범위를 넘어 학생들에게 널리 확산시킬 수 있는 차별화 수업을 하는 업무를 덜어줄 수 있다. 또한 이 프로그램은 교사들을 자유롭게 하여 토의를 지도하고, 창의적 작업을 격려하고, 그리고 민주주의 사회에서 매우 필요한 숙고를 고무할 수 있다. 판에 박은 기술적 수업의 지루함으로부터 자유로워진다는 것은, 교사들이 윌슨이 설명한 중요한 일, 즉 자신의 전문 교과에 대한 논의를 수평적으로 윤리학, 종교, 사회 문제와 같은 다른 교과들과 인간의 관심 영역들로 이동하는 일을 하는 것이 가능해진다는 것을 말해준다. 여기에 '경고caution'라는 말이 추가되어야 한다. 교사들은 정기적으로 학생들이 전산화한 진행 과정을 검토해야 하고, 가끔씩 학생들에게 중요한 기술을 포함한 연습에 대해 생각한 바를 큰 소리로 말하도록 요청해야 한다. 하나의 방법이 우리의 지표 모두를 달성시킬 수는 없으며, 그리고 우리들이 가진 목표 모두를 만족시키는 데 도움이 되지는 못할 것이다.

다음 장에서, 우리는 21세기를 위해 중요한 목적과 목표를 달성하기 위한 작업을 통해 교사교육과 K-21 교육과정 모두의 변화를 요구할 것이다.

1. '목적'과 '결과'는 구분할 필요가 있다. 예를 들어 에너지가 작용하면 거기에는 반드시 결과가 따른다. 사막에 바람이 불면 모래 알맹이의 위치가 바뀐다. 이것은 결과요, 효과일지언정 목적은 아니다. 이때 나타난 결과에는 그 이전에 일어난 일을 완성한다든가 이룩한다든가 하는 뜻이 포함되어 있지 않은 것이다. 거기에는 단순히 공간적인 재배열이 있을 뿐이다. 따라서 목적은 언제나 결과와 관련을 맺고 있는 만큼, 목적의 문제를 논할 때 우리가 맨 먼저 살펴야 할 것은 그것을 추구하는 일이 내재적 연속성을 가지고 있는가, 아니면 여러 행위들이 그냥 차례대로 모여 있어서, 먼저 이 일을 하고 그다음에 저 일을 하는 식으로 이루어지는가 하는 것이다. 듀이는 교육의 경우 학생의 행동 하나하나가 거의 전적으로 교사의 지시에 의한 것일 때, 그리고 학생의 행동이 일어나는 순서가 오직 교과 내용의 배열이나 교사의 지시에 의하여 결정될 때 교육 목적을 논한다는 것은 언어도단이라고 말했다. 또한, 변덕스럽게 불연속적으로 벌어지는 행위를 자발적인 '자기표현'이라는 미명으로 용납하는 것도 목적과는 거리가 멀다. 목적이라는 것은 활동이 질서정연하게, 순서에 따라서 이루어질 때, 다시 말하면, 그 순서가 하나의 과정을 점진적으로 완성하는 식으로 되어 있을 때에만 해당된다.

2. 예견된 결과로서의 목적은 활동의 방향을 지시한다. 목적은 그 활동을 그냥 구경하는 사람의 안일한 관점을 나타내는 것이 아니라, 결과에 도달하기까지 취해야 할 단계 하나하나에 영향을 미친다. 즉, 현재의 조건을 미래의 결과에 비추어보는 능력이다. 생각에 비추어 사물의 의미를 파악한다는 것이다. 그리고 의식/목적을 가지고 행동한다는 것이다. 느낌이 아니라 지적으로 예견하는 것이다. 그래서 그 예견되는 결과를 좋아하지 않으면 그것을 피할 수 있는 조치를 취해야 한다. 이러한 조치는 있을 수 있는 가능한 결과에 대한 예견/예측에서 나온 것이지, 막연한 추측에서 나온 것이 아니다. 예를 들어 만약 썩은 물에서 모기가 생긴다는 것과 모기는 병을 옮길 가능성이 있다는 것을 알면 모종의 조치를 취할 것이다. 따라서 우리는 농사를 지을 때 성장 특징, 토양, 기후 등 전반을 검토한다. 그래서 우리는 어떤 행동의 계획을 수립할 때 정신을 차려서 보고 듣고 하지 않으면 안 되며, 그리고 정신을 차려서 미래의 가능성을 예견해야 한다. 하나의 활동이 일정한 시간대에 걸쳐서 일어나고 또 그 시간대 내에서 누적적인 성장이 이루어질 경우에, 목적이라는 것은 결과 또는 가능한 종결 상태에 대한 사전의 예견을 뜻한다. 만약 꿀벌이 그 활동의 결과를 예견한다면, 만약 꿀벌이 머릿속으로 그 결과를 그려본다면, 꿀벌은 목적의 초보적인 형태를 가지고 있는 셈이다. 그러므로 교육에 있어서—또는 그 밖의 어떤 활동에 있어서든지—결과를 예견할 수 없게끔 상황적 조건이 되어 있을 때, 즉 자기가 하는 활동의 결과가 어떠하리라는 것을 내다볼 수 없게끔 상황적 조건이 되어 있을 때 교육의 목적을 논하는 것은 당치 않다.

3. 에드워드 윌슨(Edward Osborne Wilson, 미국 출생, 1929~)은 생물학자이고 사회생물학의 아버지라 불린다. 저서에는 학문 간 대통합을 시도한 통섭(consilience)과 DNA에는 생명을 사랑하는 본능이 있다는『바이오필리아(Biophilia)』,『인간본성에 대하여』등이 있다.

4. 발달심리학자 Robert Havighurst가『인간 발달과 교육』(1952)에서 처음 등장한 '가르칠 수 있는 순간'을 언급하면서 대중화되었다. '가르칠 수 있는 순간'은 과업을 성공적으로 달성할 수 있는 특별한 지점에서 학습하는 과업, 즉 '발달적 과업'이 존재하는데, 바로 이때 타이밍/적기가 중요하는 것이다. 그 순간에 특정의 과업을 배우게 해야 한다는 것이다. 시간이 중요하지 않다면 학습은 일어나지 않는다는 것을 유념해야 한다. '배움은 다 때가 있다'는 말로 이해할 수 있다. 가장 흥미를 끄는 특별한 순간, 배움의 순간이 발생할 때 학생들은 특별한 주제에 관심을 보이며, 그때 지식으로부터 무엇인가 얻는 것이 있을 것이다. 이슈와 문제에 개별적 개입을 하도록 하는 것이 중요하다. 교사와 부모는 가르칠 수 있는 이 순간을 잘 포착해야 한다. 물론 이 가르칠 순간은 신뢰의 관계가 만들어졌을 때 성공할 것이다. 교사의 첫 번째 일은 학습자의 마음을 변화시키려고 하는 데 집착하기보다 그들 자신의 마음을 있는 그

대로 표현하도록 하는 것이 더 중요하다고 할 수 있다.

5. 지난 세기 동안 하버드 대학교는 교육과정개혁에서 선두적인 역할을 했다. 찰스 W. 엘리엇 총장의 재임 기간(1869~1909)에 국제적으로 영향력 있는 기관이 되었으며, '교양인'을 양성할 수 있는 교육과정에 대한 논의가 계속되었다. 엘리엇 총장은 낡고 경직되고 고전적인 교육과정 대신 선택과목제를 도입했다. 학부 학생들은 자신의 관심 분야를 전문적으로 연구할 수 있게 되었고, 1894년까지 신입생들은 수사학과 현대어만 필수과목으로 이수하면 되었다. 1940년대에 이르러 이러한 선택과목제에 대한 반발이 일었고 어빙 베빗을 중심으로 일군의 신인문주의자(New Humanist)들이 등장하여 고전적 모델을 따르는 인문교양교육에 대한 새로운 요구가 일어났다. 1945년 제임스 브라이언트 코넌트 총장을 중심으로 한 하버드 대학교 교수들이 「자유로운 사회에서의 일반교육(General Education in a Free Society)」을 발간했다. 그들은 이 보고서에서 학부학생들이 전문 분야에만 치중하는 경향을 비판하면서 인문과학·사회과학·자연과학 등 기초학문을 강화한 교육과정으로 되돌아갈 것을 주장했다. 1960년대 몇 개의 학과에서 이러한 요구를 받아들였지만, 1970년대에 들어서면서 선택과목제가 하버드 대학교에서 사실상 자리를 굳히게 되었다. 이렇게 교과과정이 느슨해진 데 대해 교수진들이 불평하자 1978년에 헨리 로소돈스키 학장과 데릭 복 총장은 학부학생들이 전공분야 학위를 따기 전에 5개 분야에서 기초학문을 필수과목으로 이수해야 한다는 내용의 중핵교육과정(core curriculum)을 제시했다.

6. 계열화(tracking)는 한 학교 내에서 학생을 학업 능력/성적에 따라 과목별, 반별로 편성하는 것을 말한다. 교육제도의 형태를 달리하는 여러 나라에서 다양한 의미로 사용되고 있는 용어이지만, 일반적으로 특정의 기준, 예컨대 학습 능력, 적성, 장래계획 등에 입각한 집단화(grouping)를 총칭하는 개념으로 사용되고 있다. 우열반의 편성과 같은 능력별 집단화와 서로 이질적인 교육과정을 제공하기 위한 교육과정 집단화, 교실 내 집단화 및 특수교육을 위한 집단화 등은 모두 계열화의 예이다. 계열화의 각 유형들은 대체로 두 가지 정도의 공통점을 가진다. 첫째, 분류의 기준상 유사한 특징을 지닌 학생들은 동일한 집단에 포함되는 반면 서로 상이한 특징을 가진 학생들은 다른 집단으로 분류된다는 점이다. 둘째, 집단배치는 사회적으로 가치 있다고 여겨지는 준거에 기초해서 이루어진다는 점이다. 특히 부분적으로 서열화된 기준에 입각한 집단화가 이루어지며 그 결과 학생집단들은 직업지위 획득에 있어서 불평등하게 된다는 두 가지 중요한 사회적 특징들을 공유하고 있다.

7. 저자는 자기이해를 개인으로서 이해뿐 아니라 자기에게 영향을 미치고 있는 국가적/지구적 차원으로서 요청하고 있다. 스스로를 이해한다는 것(self-understanding)은 내가 누군지, 왜 이런 일을 하고 있는지, 왜 이렇게 행동하는지, 무엇이 나를 이렇게 행동하게 만드는지를 이해하는 것이다. 자기를 알고 이해해야 행복하고 성공적인 삶을 사는 출발점이다. 소크라테스가 말한 "너 자신을 알라"라는 최고의 성취와 행복을 이루려면 먼저, 내가 누구이고 특정 상황에서 자신이 왜 그렇게 생각하고 느끼는지를 알아야 한다. 자신의 성격을 형성해온 힘과 영향력을 이해해야 한다. 나의 장점과 약점을 정직하게 들여다봄으로써 내가 무엇을 하는지, 왜 하는지, 그리고 무엇이 날 움직이게 하는지를 충분히 이해하고 있어야 한다. 저자는 사람들이 어떻게 행위하고, 시간을 어떻게 관리하고, 자신의 삶을 일반적으로 조직하는지에 대한 전기적 설명을 통해 학생들로 하여금 자기이해를 고양시키는 데 유익하다고 권고하고 있다.

8. 학생들의 학업성취 향상을 위한 문제 유출, 쉬운 문제 유출, 낙제생 분류 등으로 자주 교사와 행정가를 더욱 탈-도덕화시켰다. 오늘날 미국 청소년의 4분의 1가량이 고등학교를 수료하지 않으며, 유색인종 학생이 고등학교 졸업장을 취득하는 확률은 불과 50%에 지나지 않는다. 적절한 교육을 받지 못한 많은 수의 젊은이들이 최저임금 직장조차 확보하지 못하고 있

다. 그런데 2015년 12월 10일 미국의 오바마 대통령이 새로운 교육법안인 '모든 학생이 성공한다'는 모토를 건 「ESSA(Every Student Succeed Act)」 법안에 서명을 했다. 오랜만에 민주당과 공화당이 모두 동의한 법안으로 통과됐다. 오바마 대통령은 교육정책에서 부시 전 대통령의 흔적을 지울 수 있었고, 공화당은 연방정부가 가지고 있었던 교육정책과 관련된 권한의 일부를 주정부로 넘기는 것에 만족스러워했다. "어떤 학생도 뒤에 남겨두지 않겠다"라는 부시 대통령의 이른바 '아동낙오방지법'의 시대는 이렇게 막을 내렸다. 그동안 부시 정부의 '아동낙오방지법'의 시행에서 보여준 시장과 선택을 강조하는 신자유주의 교육정책은 미국의 진보주의 교육 전통을 더욱 어렵게 만들었다. 아동낙오방지법은 자유학교 운동의 철학적 신념과 원리의 정반대의 극단에 서 있다는 비판을 받고 있다.

9. 일반적으로 '목표'는 '목적'에서 도출된다. 목표는 바람직한 학생의 행동이 무엇인지를 밝히는 것이어야 한다. 교사의 행동을 밝히는 것이 아니다. 목표는 교사가 내용을 학생들에게 전달함으로써 달성된다. 교육적인 프로그램을 짜고, 그 프로그램의 실천을 통해 달성하려고 하는 구체적인 목적지를 말한다. 계획이 달성되려면, 목표가 설정되어야 할 뿐 아니라, 목적 설정이 명료하고 구체적이어야 한다. 목표를 명료하고 구체적으로 설정하기 위해서는 관찰하기 어려운 용어는 사용하지 말아야 한다. 그것을 관찰하기 위해서는 겉으로 나타나는 행동을 관찰하고 나서, 다시 그것을 추리해보는 것이 필요하다. 그러므로 목표는 구체적인 행위, 즉 보다 구체적이고 자세한 용어로 표현되어야 한다. 목표는 교육을 통해서 우리가 도달하고자 하는 정해진 지점이다. 그러나 우리가 의도한 지점에 반드시 도달하는 것은 아니다.

10. 미국 공교육의 역사에서 1875년 미국 뉴저지 주에서 주로 하여금 아이들을 위한 무상 공교육 체제를 유지하고 지원하는 수정 법률이 통과된 것에서 유래한다. 이 법률이 통과되기 전까지는 공립학교조차 학부모가 수업료를 부담했다. 그러하였기에 공립학교 교육은 철저하지도 않았고 능률적이지도 않았다. 따라서 교육의 이상적 목적은 공교육의 "철저하고 효능이 있는 교육 체제(thorough and efficient education)"를 구축하지 않으면 안 된다는 것이다.

11. '예술교육 기반 교과'는 1980년대 초 J. Getty Trust에 의해 만들어진 교육 프로그램이다. 스튜디오 수업을 줄이고 미학, 예술 비판, 예술사, 그리고 예술 생산 등 네 교과를 가로지르는 교육을 촉진한다. 예술 생산에서 재능을 발휘하는 사람이 아니라 모든 사람을 위한 예술교육을 목표로 한다. Elliot Eisner도 이를 지지하였다.

12. F. M. Hess는 좌우파의 도그마에 얽힌 것을 끊어내고, 미국 교육 체제의 급진적 변혁을 위한 근거를 분명히 밝힌다. 19세기 교육 체제는 기본적으로 21세기에 맞지 않는다고 주장한다. 통일성은 질을 방해하고 있으며, 다양한 학교 양식, 매우 복합한 사회가 필요로 하는 다양한 재능에 광범위한 욕구 충족 등을 요청한다. 그는 1교실-1교사 모델, 전문적 전일제 교사, 학생들의 나이에 따른 학년 배치, 9개월 달력, 하향식 지역통제 등을 대안으로 제시한다.

13. '숙달 학습'은 흔히 완전히 익힌다는 '완전 학습'이라고도 호칭되고 있는데 구체적이고 실천적인 용어, 즉 행동 목표로 나타내라는 것이다. 예를 들어 중요한 것은 학생들의 수영 능력을 비교하려는 것이 아니라, 그 능력이 있나 없나를 측정하는 것이다. 많은 학생들이 만족스러운 수준까지 도달할 수 있도록 치밀하고 흥미로운 교수 방법을 제공해준다. 학생 개개인의 능력에 알맞은 최상의 수업조건과 적절한 조력을 통해 수업을 하기 위한 개별화 수업방식이다. 목표 도달 학습의 성취는 학습 성취에 필요한 시간과 학습에 실제로 투입한 시간과의 함수관계로 나타난다는 가정을 받아들여 효율적인 수업전략으로 '완전 학습'을 연구했다. 완전 학습 이론은 학교가 학생을 비교하는 수단을 통해 인간의 우열을 가리려 해서는 안 된다는 가정 위에 서 있다. 역사적으로 학교는 인간의 우열을 가리는 역할을 맡아왔는데, 그 결과는 성

공하지 못한 학생들에게 좌절감을 주고, 그래서 많은 재능의 손실을 가져왔다. 따라서 학교는 학생들을 비교하는 평가 절차를 가지고 우수한 자와 열등한 자를 가려내기보다 구체적인 성취 목표, 즉 구체적 목표를 설정해서 그 목표를 달성하는 데 걸리는 시간에 관계없이 그 학생이 그 목표 자체를 얼마나 달성했나를 기준으로 평가가 이루어지도록 해야 한다는 것이다. 완전 학습의 수업 체제는 미국의 초중등 학교교육에 커다란 영향을 미쳤으며, 한국에서도 1970년대의 학교교육에 널리 적용되었다.

14. 대수학(代數學, Algebra)은 일련의 공리들을 만족하는 수학적 구조들의 일반적인 성질을 연구하는 수학의 한 분야이다. 이렇게 일련의 추상적인 성질들로 정의되는 구조들을 대수 구조라고 한다.

15. '발견 학습'은 학생 스스로 어떤 사실로부터 원리를 발견하도록 안내하는 학습 방법이다. 따라서 사실에 대한 지식이 아니라, 사실들 간에 내재되어 있는 원리를 발견하는 것이 발견 학습의 핵심이다. 브루너(Bruner)는 학생들이 정보의 구조를 파악하기 위해서는 능동적이어야 한다고 전제하고, 교사의 설명을 그대로 수용하기보다는 스스로 핵심적 원리를 파악해야 한다고 보았다. 그는 교사가 학생들에게 문제 상황을 제시하여 학생들이 의문을 제기하고 탐구하며 실험할 수 있도록 자극을 줄 것을 요구하였다. 이를 위해 교사는 실례들을 제시하고 학생들이 이 예들의 상호 관계, 주제의 구조를 발견하도록 해야 한다.

16. 총체적 언어 접근법은 듀이의 학습자 중심 교육에서 비롯되며, 문자의 해독에 초점을 두어 문법, 어취, 낱말 인식, 음철법(phonics) 등의 요소를 개별적으로 가르치지 않고, 언어를 총체적으로 가르치는 방법이다. 총체적 언어 접근법은 제2언어 습득도 모국어처럼 자연스럽게 습득되어야 한다는 이론이다.

17. 'drill and kill'은 반복 학습과 죽음이라는 학습 형태를 비판할 때 사용하는 말로서 "잘할 때까지 계속 반복 학습을 시킨다"라는 의미를 갖고 있다. 시험을 목적으로 한 주입식 교육 방식을 비판하는 말이다.

18. '규모 확대(scale up)'는 원래 실험실에서 성공한 프로세스를 공업 규모의 장치에서도 경제적으로 성립하도록 그 규모를 확대하는 것을 뜻한다. 실험실적 연구를 공업화하기 위한 계발 연구에서 시작한 말이나 오늘날 매우 넓은 의미로 해석되고 있다.

19. '안내된 발견'은 교사가 수업 목표를 밝히고, 유형(지식의 구조)이 발견될 수 있도록 자료 또는 사례들을 배열하며, 질문을 통해 유형에 대한 탐색을 안내하는 수업 방법이다. '안내된 발견'에서 교사는 일정한 방향을 제시하는 질문이나 자료를 제공하고 학생들이 이를 관찰하고 가설을 세워 해답을 검증할 수 있도록 격려한다. 학교교육에서 완전한 발견 학습은 활동이나 수업 내용의 관리 측면에서 현실적 제한이 있기 때문에 종종 '안내된 발견'이 더욱 효과적일 수 있다.

5장

학교의 교양교육

문학, 역사, 철학, 수학, 과학, 미술(마지막 셋은 기술적 전문성이 아니라, 그 것의 계발을 강조하고 있다)과 같은 교양과목liberal arts[1]은 오랫동안 고등교 육의 핵심이었다. 이들 과목의 강조는 대입 입학 이전의 학교교육에 영향 을 미쳤으며, 모든 곳에서 영어, 수학, 사회, 과학, 외국어 과목의 측면에 서 정의된 고등학교 교과과정을 보게 된다. 그러나 학자들은 지난 100여 년 동안 교양교육liberal arts education[2]의 전통이 소멸될 것이라는 두려움을 표현해왔다(DeNicola, 2011).[3] 우리는 이럴 가능성에 어느 정도 관심을 가 져야 하는가?

이 장에서 우리는 먼저 교양교육의 전통과 목표에 대해 먼저 살펴볼 것 이다. 그런 다음 교양교육이 축소되고, 그것이 고등학교 교육과정에서 얼 마나 축소되고 있는지에 대해 살펴볼 것이다. 마지막으로 우리는 교양교 육의 전통을 혁신해야 할지 아닐지를, 그리하여 그 혁신을 어떻게 접근해 야 할지를 고찰할 것이다.

교양교육의 전통

항상 교양과목으로 동일시된 많은 과목들을 위에서 언급했지만, 교양
과목의 전통은 과목 자체에 의한 것보다, 그것의 목적과 가치 측면에서
더 잘 정의되었다. 무엇보다도 교양교육의 전통은 그 자체를 위한 학습에
가치를 둔다. 허친스R. M. Hutchins(1936/1999)는 유용성을 폄하하려는 것이
아니라, 일상의 실용적 유용성을 삶을 안내하는 장기적 유용성과 구분하
고자 하는 뜻을 조심스럽게 말하려고 하였다. 그는 이렇게 말했다.

유용성의 대중적 개념이 갖는 문제로는 그것이 즉각적 목적과 궁극적 목
적을 혼동하도록 만들었다는 것이다. 물질적 번영과 환경에 대한 적응은 어
느 정도 좋은 것이나, 그것 자체로서 좋은 것이 아니라, 그것을 넘어서야 좋
은 것이다. 그렇지만 지성적 덕은 그 자체가 좋은 것이다(p. 62).[4]

여기에서 교양교육의 가장 중요한 목적은 지성the intellect을 함양하
는 것이다. 허친스(1936/1999)는 자신의 견해를 옹호하기 위해 뉴먼 주교
Cardinal Newman의 말을 인용한다.

만약 이때 지성이 우리 대부분에게 아주 탁월하다면, 그리고 그것의 함
양이 매우 탁월하다면, 그것은 아름답고 완전하며 경외롭고, 그 자체로 숭
고하다. 그뿐 아니라, 진정한 고차원적 의미에서 그것을 가진 사람과 그를
둘러싼 모든 사람에게 유용하지 않으면 안 된다. 저차원적이고 기술적이고
상업적인 의미에서 어느 정도 유용한 것이 아니라 베푸는 선, 은총 또는 선
물, 권능이나 보물이 될 것이다. 먼저 그것을 가진 사람에게, 이때 그를 통해
세상에 유용하지 않으면 안 된다(pp. 63~64).

어느 관점에서 보면, 이것은 아름다운 메시지이다. 또 다른 관점에서 보면 그것은 자체를 숭상하는 특권적 지식에 대한 고상한 사례일 수 있다. 그러나 두 관점의 사례에서 허친스와 뉴먼이 귀속시킨 교양교육의 효과가 있는지에 관한 탐구를 계속할지에 대해서는 의문을 갖지 않을 수 없다. 그렇다면 교양교육이 왜 점점 소멸하고 있는가? 부스Wayne Booth(1988)—그의 소설적 대변자인 주군프트Zukunft 교수를 통해—는 안타까움을 다음과 같이 언급한다.

> 어떤 숨어 있거나 실용적인 용도가 아닌, 사고의 가치 자체를 위한 사고력의 함양과 같은 순수한 가치가 사라졌다. 그리하여 미디어의 마사지는 기분이 좋게 편안함을 가져왔고, 영원한 정신의 무감각을 초래하였다(p. 159).

순수한 사고와 관조[5]—거의 숭배에 가까운—의 고양은 고대 그리스로부터 내려온 유산이었으며, 그것 자체가 파괴의 씨앗을 품고 전파되었다. 플라톤과 아리스토텔레스에게 있어 생각하는 삶은 인간 삶의 최고 형태로 표현되었으며, 그런 능력이 없는 사람들은 그럴 능력이 있는 사람들을 위하여 봉사를 해야 한다고 여겼다. 하지만 오늘날 지성적 삶의 양식에 크게 공감하는 사람들 대부분은 그 같은 삶이 인간의 재능에서 최고의 자리에 위치했을 때 불편함 그 이상의 감정을 갖는다. 베토벤이 옹호한 바 있듯, 현관 지붕에 물이 새는 것을 수리하기 위해 육체적으로 일하고 있는 사람보다 도서관 책상에서 공부하는 사람이 더 우수할까? 사람이 아니라 일의 유형이 우수한 것이라고 주장할지라도, 여전히 다음과 같은 질문을 하게 된다. 이러한 우수성을 무엇으로 구성하는가? 다른 무엇보다도 이러한 삶의 양식을 향상시키지 않고, 과연 진리, 지적 아름다움, 그리고 학습의 가치 그 자체를 보존하고 확장하는 삶의 방식을 찾을 수 있을까?

세상을 있는 그대로 바라본다면, 배움 그 자체가 인간 조건을 향상시켰다는 증거를 별로 발견할 수 없다. 정말 사람들은 그것이 가중시켰던 분할로 인해 좌절할 수 있다. 우리는 이러한 학습과정에서 종종 수반되었던 고상한 척하는 우월의식을 상기하기 위해 파렐J. G. Farrell, 포스터E. M. Forster, 와튼Edith Wharton, 코워드Noel Coward, 심지어 도일Conan Doyle까지 읽어볼 필요가 있다. 하디Thomas Hardy(1840~1928)의 『이름 없는 주드Jude the Obscure』**6**를 기억하라. 주드는 배운 사람들의 환경에서 얼마나 고통을 받았는가? 물론 『이름 없는 주드』는 소설이지만, 옥스퍼드에 대한 강도 높은 비판은 좋은 평가를 받았다. 하디는 책을 옥스퍼드에 대한 신랄한 비판적 관찰과 위선적 성 문화에 대한 분노에 찬 비판으로 짜고 있다. 하디는 다시 다른 소설을 쓰지 않았다(하지만 당시 시집을 냈으며, 시적으로 어느 정도의 공통점을 만들었다).

그러나 실용적 목적에 오염되지 않은 "순수 사고pure thought"의 이상은 매력적이다. 명백하고도 직접적인 유용성을 넘어서려면 순수한 사고를 고양시켜야 하지 않을까? "배움 그 자체를 위한 것"은 또 다른 골치 아픈 주제이다. 배움 그 자체를 위해 무엇을 공부하는 것이 필요할까, 아니면 전복적 목적 때문에 필연적으로 공부를 하게 되는 것일까? 물론 어떤 사람은 플라톤의 『국가론』이 그 자체로 읽을 가치가 있다며 다른 사람에게 말할 수도 있지만, 만약에 그것을 읽으라고 강요할 경우, 그리고 그것을 읽지 않을 경우 코스를 통과하지 못한다면, 이념화된 목적에 무슨 일이 벌어질까? 내가 배움 자체에 진실로 관여한다고 하면, 개인적인 선택이란 없는 것일까? 내가 실용성에 의해 동기유발이 되면 그 배움의 본질은 상실되는 것인가?

이러한 딜레마는 모든 고등학교 수준의 교육에서 발생한다. 최근에 『뉴욕타임스』의 논단에서 한 작가는 고등학교 수학 교과과정이 보다 실용적으로 개정되어야 한다는 의견을 냈다. 한 번도 쓰지 않는 대수학은 도대체 무슨 소용이 있는가? 그리고 재정, 예산 책정 그리고 가전제품 사용법의 기본에 대해 왜 가르치지 않는지를 묻는다. 나는 그 기고자에 진심으로 동의하지만, 그 기사에 대한 반응들은 하나같이 비판적이었다. 수학자로 추정되는 조나던 데이비드 팔리로부터 온 편지는 수학자 하디를 다시 상기시켰다. "여러분은 다리를 건설하는 데 수학이 도움이 되지 않는다고 수학 공부를 하지 않겠습니까? 여러분은 수학이 '우주의 시'이기에 그것을 공부합니다. 그것의 아름다움은 단수한 사물을 초월합니다"(New York Times, Sep. 2, 2011, 편지). 이 문장을 읽을 때 나는 이런 질문이 생겼다. 모든 사람이 그러한가? 왜 모든 사람들은 수학을 공부하지 않으면 안 되는가? 나는 일부 학생들이 수학을 우주의 시로 바라볼 가능성이 열려 있기를 원하지만, 그런 경험을 할 수 있는 확률은 상당히 적을 것이라고 생각한다.

나는 다음과 같은 사실을 고려해볼 수 있도록 질문을 해본다. 민주주의 사회에서 어떤 다른 삶의 유형보다도 "더 좋은" 것이라는 딱지를 붙이지 않고, 경외할 수 있고 격려할 수 있는 지성적 삶(허친스와 그의 추종자들이 규정했던)의 방법을 찾을 수 있을까? 더 나아지기 위하여 직업교육 코스를 포함하여 모든 코스에서 자유로운 사고가 포함된 방법을 찾을 수 있을까? 실용적인 것과 아름다운 것은 반드시 분리되고 구분되는 것인가? 우리는 그런 과목들을 규정하거나 요구하지 않으면서 학생들에게 학습을 위해 기꺼이 참여할 수 있는 과목들을 발견하도록 도움을 주려고 노력해야 하는가?

교양교육의 지지자들은 학습 자체를 극찬하는 것 외에 사상의 역사와 위대한 문학에 몰두함으로써 지성적 덕을 발달시키고, 그리하여 인격의 발달을 격려한다. 그렇다고 오늘날 인격교육character education이라 부르는 것을 옹호하는 것은 아니다. 한 예로 허친스는 미덕을 직접적으로 가르치는 시도를 거부하였다. 아마도 그의 견해는 미덕은 직접적으로 가르칠 수 없다는 소크라테스의 조심스러운 주장으로부터 영향을 받은 것이었다. 소크라테스는 직접적 가르침이 거의 확실하게 실패할 수 있음에도 불구하고, 그것이 덕의 발달로 할 수 있는 어떤 것을 틀림없이 갖고 있다고 충고했다. 허친스와 또 다른 교양교육 지지자들도 동의했다. 그들은 좋은 교사로부터 교양과목을 배움으로써 지혜와 미덕의 발달을 고무시킬 수 있다고 믿었다.

우리가 허친스, 뉴먼, 부스의 말에 의해 상당한 영향을 받고 있을 수도 있지만, 또한 이러한 접근이 아무런 확실성도 없는 것이라는 의심도 품고 있다. 만약 이 점이 확실하다면, 분명 세계는 더 정상적이고 편안한 장소가 되었을 것이다. 예를 들어 할버스탬David Halberstam의 『가장 훌륭하고 똑똑한 사람들The Best and the Brightest』[7]을 읽을 때, 국가정책 계획을 정반대 방향으로 구상한 "머리 좋은 사람들eggheads"[8]이 끼친 실제적 공포 때문에 고통스러울 수도 있다. 사려 깊은 교육자가 보기에는 갈등이란 우리를 계속 괴롭힐 것이다.

그러나 우리는 교양과목에 의해 안내된 "불멸의 대화immortal conversation"[9]에 참여하는 것을 거부하는 방향으로 나가서는 안 된다. 위대한 질문들은 다음과 같이 우리의 관심을 이끌어내고 있다. 삶의 의미는 무엇인가? 진리란 무엇이며 그것을 어떻게 찾을 수 있는가? 아름다움이란 무엇인가? 선이란 무엇인가? 이 질문에 대한 새로운 해석을 보려면 가드너Gardner(2011)의 책을 보라. 신은 존재하는가? 사랑은 무엇인가? 어떻게 살아야 하는가? 내가 다른 사람에게 무엇을 신세지고 있는가? 오늘날 환경오염의 시대에 우리는 또한 질문을 해야 한다. 우리는 지구를 보전하기 위해서 무엇을 해야 하는가? 우리는 하나의 세계/세계정부를 향한 정치운동을 진지하게 고려해야 하는가? 이러한 질문들이 모든 인간 삶의 세 가지 영역(가정적 삶, 직업적 삶, 시민적 삶)에 관련되어 있다는 것을 주목하라. 교양과목의 위대한 선물은 이러한 대화를 살아 있도록 해준다.

이러한 의미에서 그것은 어떤 형태의 교육보다도 훌륭하다.

본 장의 마지막 부분에서 모든 학생들을 포함하기 위해 교양교육을 혁신하고 확장하는 몇몇 가능성을 탐구할 것이다. 그러나 나는 "위대한 책Great Books"의 연구로, 또는 고등학교에서 협소하게 정의된 특별한 교과의 종합으로서 교양과목을 유지하는 것이 현명하거나 실행 가능한 일이라고 생각하지 않는다. 위대한 책의 문학 작품은 매우 훌륭한 자료를 포함하고 있음에도 불구하고, 세상은 변화하였고, 변화가 계속될 것이다. 이런 명백한 사실은 듀이에 의해 강조되었으나,[10] 허친스에 의해 곧바로 거부되었다. 허친스는 말한다.

> 교육은 가르침을 함의한다. 가르침은 지식을 함의한다. 지식은 진리이다. 진리는 어디에서나 동일하다. …… 그리하여 교육은 어디에서나 동일해야 한다—전인적 인간이 되고자 하는 학습과정의 핵심은…… 어떤 정책, 사회, 환경의 조건 아래에서 어느 시간이든, 어떤 장소에서든 항상 동일하다(p. 66).

이 장의 마지막 절에서 제시되고 있는 제안은 이 단락의 모든 문장에 도전적으로 작용할 것이다.

그렇지만 이 책에서 나의 초점은 미국의 중등학교에 맞추어져 있다. 그리고 나의 주요한 도전은 현재의 교육과정 조직에서 교과를 넘어서는 연계가 거의 이루어져 있지 않고 그리고 중대한 실존적 질문을 거의 철저하게 무시하는 전문 과목에 맞추어져 있다.

교양교육의 쇠퇴

교양교육의 전통은 백여 년이 넘는 기간 동안 쇠퇴의 길을 걷고 있다. 이 말이 전문대학이나 일반대학에서 교양과정의 질이 떨어진다는 것을 의미하는 것은 아니다. 나는 그것에 대해 잘 알지 못한다. 내가 말하고자 하는 것은 전 교육과정에서 비즈니스, 테크놀로지, 응용정치-사회과학, 그리고 전문교과가 교양교육의 자리를 빼앗고 있다는 점이다. 간단하게 말하면 교양 과목이 단기적으로—교양교육 옹호자들이 자랑스럽게 동의했던—, 아니면 장기적으로 그렇게 유용하지 않다고 믿는 사람들은 그 변화를 환영하였다. 비판자들은 하나의 교양교육이 지혜, 좋은 인격, 또는 영혼의 평온을 가져올 수 있다는 증거가 어디에 있는지를 묻는다.

이와 정반대의 목소리를 내는 강한 비판자들은 다음과 같이 말한다. 교양교육은 고상한 척하는 사람, 스니치Sneech 사회—아놀드Matthew Arnold와 니체Friedrich Nietzche에 대해 들어보았던 사람들이 이들을 들어보지도 못한 사람들을 경멸하였던 사회—를 생산해냈다고 비판한다. 포스터E. M. Forster와 파렐J. G. Farrel의 소설들을 읽기만 하면 교양교육에 의해 악화된 계급 분할의 취향을 습득할 수 있다. 포스터(1908/1995)의 등장인물 중 한 사람은 그런 사회의 삶을 이렇게 묘사한다.

> 그녀가 괴롭게 고민하고 있는 삶은 동일한 관심과 동일한 적을 가진 부유하고 유쾌한 사람들의 서클이었다. 이러한 서클에서 사람들은 생각하였고, 결혼을 하였고, 그리고 세상을 떠났다. 런던의 안개가 소나무 숲으로 들어가듯, 그 바깥에서는 여전히 밀고 들어가려고 하는 것은 가난과 저속함이다(p. 89).[11]

위에서 언급된 "동일한 관심identical interests"은 교양교육에 의해 정의된 문화적 소양을 포함하고 있다.

교양교육의 지지자나 반대자나 모두 서양 문학에서 묘사된 유해한 사회적 장애물을 인식하고 있다. 그러나 오늘날 교양교육 지지자들은 이렇게 응답한다. "모든 사람을 교양과목으로 교육하라." 이것은 허쉬E. D. Hirsch에 의해 추천된 해결책이다. 나는 한 가지 점에는 동의한다—모든 어린이들은 표준적 구두 영어를 배워 사용해야 한다. 이를 성취하였다고 하여 모든 사회적 장애물이 제거되는 완전한 민주주의로 이끌어지지는 않을 것이다. 회화 영어의 기본에 기반을 두고 그것을 만들어가는 데는 아주 빠르지만, 즉각적 판단을 하는 데는 방해가 될 것이다. 그래서 우리는 어린이들이 숙달해야 하는 하나의 과목/교수 기법을 확인하였다. 이런 점조차 논쟁거리가 된다. 그리고 나는 직업교육을 논의하는 장에서 그것에 대해 더 많은 이야기를 할 것이다. 이런 점에서 나는 이러한 교수 기법을 촉진하는 하나의 방법은 어린이들이 이미 그 기법을 숙지한 사람들과 정기적으로 시간을 내어 회화를 할 것을 권하고 싶다. 연계성을 갖지 않은 훈련이나 "수업을 처벌하라"[12]와 연결된 종류의 연습을 통해서는 그것을 효과적으로 학습할 수 없다. 칠판에 "I have gone"를 100번 쓴 아이가, 이후 "I wrote it 100 times, and I have went home"로 끝마쳤던 일을 기억해보라.

교양교육의 현장 연구로부터 무엇을 얻을 수 있는가? 여기서 우리의 탐구를 개별 과목으로 쪼개어 구분하지 않도록 시도하는 것이며, 물론 그것이 고등학교 교육과정이 구성되는 방식이다. 세분화는 대학에서 교양과목의 쇠퇴를 가져왔고(Booth, 1988), 사실상 고등학교 차원에서 이 전통을 소멸시켰다. 교과목들이 협소하게 정의되고 뚜렷하게 분리됨으로써 불멸의 대화 전통을 고양하는 것은 거의 불가능하게 되었다.

몇 가지 예를 고찰해보자. 이제 대부분의 학교들은 생물학 수업에서 진화에 대해 가르치고 있지만, 아주 소수의 교사만이 이 주제를 둘러싼 흥미로운 논쟁의 역사에 시간을 보냈다. 일부 교사는 이런 주제가 "진정한" 과학에 속하지 않으며, "과학의 역사"에 속한다는 주장을 펴면서 이 주제를 비켜 나간다. 그런데 고등학교에서는 과학의 역사 강의를 전형적으로 제공하지 않고 있으며, 그리하여 논쟁을 무시하였다. 이런 논의 방식은 과학적 활동으로부터 여성 배제, 그리고 그 배제를 존속시키기 위한 과학과 종교의 결탁으로 이끌어질 수 있다(Noble, 1992). 이와 관련하여 본 장의 마지막 부분에서 더 설명할 것이지만, 고등학교 교양교육이 어떻게 혁신될 수 있을지를 고려해야 할 때가 되었다.

수학의 교육과정이 너무 엄격하게 통제되어 있어 학생들은 다른 교과와의 연계를 거의 들여다보지 못하고 있으며, 더구나 "우주의 시"라고 할 수 있는 수학을 알지 못하고 있다. 학생들은 미적분학의 발견으로 유명한 라이프니츠와 뉴턴의 이론을 각각 추종하는 사람들 사이의 논쟁을 결코 들어볼 수도 없다.[13] 기하학을 공부하는 많은 학생들은 비-유클리드 기하학[14]이 있다는 것을 모른다. 수 세기 동안 유클리드의 평행 공리 parallel postulate을 증명하기 위해 수학자들이 얼마나 노력했는지에 대해 듣지 못하고 있다. 그리고 피타고라스의 종교적 믿음에 관한 것에 대해 얼마나 들어보았겠는가?[15]

영어 수업에서 문학을 가르칠 때 위대한 주제를 읽고 성찰하는 것이 아닌, 위대한 작가 읽기를 강조한다. 주제로부터 시작하고, 이 주제를 쓴 좋은 작가를 고르는 것이 훨씬 수월하며, 더 강력한 힘을 발휘한다. 학생들은 아리스토텔레스의 우정에 대한 언급, 즉 친구들끼리 서로를 고무시키는 말을 듣도록 해야 한다. 좋은 친구는 자기 친구들이 더 나은 사람이 되는 것을 돕는다. 나는 『학교에서의 돌봄을 위한 도전The Challenge to Care in Schools』(1992)에서 우정에 관한 주제에 대해 읽고 토의할 수 있는 몇 가지 책을 제시했다. 『허클베리 핀Huckleberry Finn』(Huckle & the slave Jim), 『컬러 퍼플The Color Purple』(Miss Celei & Shug), 『생쥐와 인간Of Mice *and Men*』(Lennie & George), 『제인 좀머의 일기*The Diaries of Jane Somers*』(Jane & Maudie). 예를 들어 우리가 "자아를 위한 돌봄care for self"을 위한 주제를 선택하려면, 자기 됨selfhood과 기나긴 싸움을 들여다보기 위해 버틀러Butler의 『육체의 길』[16]을 읽으라고 권할 수 있다. 우리는 학생들에게 시간 관리, 작업 유형, 숙제 혐오 등 자신이 겪는 일상의 문제 해결에 도움을 주기 위한 자서전을 고를 수 있다.

　교양교육의 정신을 어떻게 새롭게 할 것인지를 더 면밀히 살펴보기에 앞서, 현행 옹호자들이 미리 정해진 책의 종합세트를 모든 사람이 읽어야 한다고 이따금 제안함으로써 사태를 더욱 악화시키고 있음을 인식해야 한다. 예를 들어 『뉴스위크』지의 최근 칼럼을 보면 퍼거슨Niall Ferguson(2011)은 콜럼비아 대학의 핵심 교육과정에서 뽑은 11개의 책을 목록으로 정했다. 버질Virgil의 『아이네이드*Aeneid*』, 오비드Ovid의 『변신이야기*Metamorphoses*』, 성 아우구스티누스Saint Augustine의 『고백*Confession*』, 괴테Goehe의 『파우스트』, 울프Woolf의 『등대로*To The Lighthouse*』 등이다. 이런 목록에 대해서 예측되는 반응이란 이런 독서가 만족할 만한 어떠한 유용성이 있는지에 대한 물음이다. 실제 영문학 전공을 하는 젊은이들이 대학에 들어가게 되면, 부모들은 자녀의 미래를 걱정한다. 그 전공으로 무엇을 할 수 있는가? 부모들은 이렇게 물어볼 수 있다. 만약 여러분이 『파우스트』를 읽기로 결심한다면, "괴테"를 배우는 게 더 나을 수 있다. 아니면 소나무 숲에서의 런던 안개처럼 교양인들the cultured이 모인 서클에 "진입하는 시도"로서 조그만 지역의 모임에 참여하면 될 것이다.

교양교육의 혁신에 대한 희망

만약 교양교육의 정신을 혁신하고자 한다면, 문화적 소양처럼 그 내용을 강조하는 것이 거부될 수도 있다. 포스터E. M Forster(1910/1993)는 그가 등장시킨 다른 인물들—위대한 책들을 통한 학습을 추구하는 데 있어 젊은이들을 바르게 세우고 싶은—의 생각에서 문제를 파악한다.

> 이 위대한 이름들을 경멸하지 마라. 그 실수는 우리에게 있지, 그들에게 있지 않다. 그들은 우리가 이정표로 이용하도록 할 따름이다. 만일 이정표를 목적지로 잘못 보았다면 이는 우리의 약점이지, 우리를 비난할 바는 못된다(p. 101).

그리고 교양과목을 책, 말, 사실의 목록으로 축소시켰을 때, 우리가 무엇을 할 수 있을지는 바로 내가 우려하는 사항이다. 본질적 생각을 해본다면, 학생들이 깊이, 그리고 넓게 사고하도록 하는 것이다. 많은 훌륭한 책과 가치 있는 개별 관심사들이 있다. 너무 많아서 처방된 목록을 꽉꽉 눌러 담을 수가 없다. 좋은 교사들은 다른 관심을 가진 학생들이 선택할 수 있는 것으로부터 훌륭한 가능성을 마련해준다. 그리고 이때 같은 선택을 하는 학생들 간의 토의를 격려한다. 좋은 선생님들은 함께 읽기common reading[17]가 필요할 때 활동을 불멸의 대화와 연관시키는 방식에 많은 시간을 보낸다. 좋은 선생님들은 학생들을 가까이 접하는 주제의 심층 속으로 들어가는 여행을 하도록 하고, 다른 주제와 많은 연관을 짓도록 측면에서 유도한다.

예를 들어 대수에 관한 제재를 생각해보자. 물론, 학생들은 자릿값, 즉 1, 10, 100, 1000, 100만, 10억, 요즈음에는 1조를 이해해야 한다. 호프스태터Douglas Hofstadter는 10억 달러로 무엇을 살 수 있는지 생각하기를 바란다. 그러나 수에 대한 무감각을 극복하기를 바라면서 우주적 관점에서 생각하기를 기대한다. 호프스태터는 가능성을 궁리하면서 다음과 같이 언급한다.

만약 숫자 '314,159,265,358,979'와 '271,828,182,845'를 보여주고, 앞의 숫자가 뒤의 것보다 약 1000배 더 크다는 것을 인지한다면 우리의 인구의 몇 퍼센트가 되는지가 궁금해질 것이다(p. 130).

나 또한 궁금하다. 그런데 우리가 앞의 숫자 3의 뒤와 두 번째 숫자 2 뒤의 십진법에 바로 콤마를 찍으면, 수학을 전공하는 학생들이 이 숫자들을 인지할 수 있을지는 의문이다. 이것이 어느 정도 주목할 만한 숫자인가? 이 숫자들은 무엇을 위해 사용되는가? 그리고 어떻게 계산되는가? 아마도 학생들은 십만 자리까지 계산된 파이를 보고 싶을 것이다(그래서 Posamentier & Lehmann, 2004, pp. 246~273을 보라). 이것은 그 자체로 우주적 경이로움을 지닌 수업이 될 수 있고, 또한 전기적 이야기, 역사적 설명, 그리고 지리적 답사로 보충될 수 있다. 이런 내용을 시험으로 이어지게 해서는 안 된다. 호기심이 강한 사람들은 "자기 자신을 위한 공부"가 무슨 의미인지를 알 것이다. 그렇지 못한 사람은 언젠가 호기심을 갖게 하는 또 다른 우주적 경이의 볼거리를 만나게 되는 것을 이해할 것이다.

우리가 가르치는 과목 하나하나가 갖는 가능성을 탐구할 때, 우리는 21세기의 목적, 특히 협력, 창의성, 지구의 보존, 비판적 사고를 염두에 두어야 한다. 호프스태터는 네덜란드 교사 뵈크Kees Boeke가 쓴 『우주적 관점: 점프 40번을 해서 본 우주』(1957)를 인용하면서 대수와 우주적 경이의 논의를 근접시킨다.

이렇게 우리가 우주적 용어를 가지고 생각할 때, 진정으로 그가 인간이 되고자 한다면, 자기 마음대로 할 수 있는 우주적 힘을 가장 주의 깊고 신중하게 사용함으로써 최고의 겸손한 존재가 되는 데 결합을 해야 한다는 것을 우리는 인식한다. …… 그리하여 시급하게 필요한 것은 우리 모두 우선적으로 아이들과 어른들이 똑같이 이러한 정신을 가지고, 이런 목표를 향해 교육을 받아야 한다는 것이다. 상호 존중하고, 모든 이들의 행복을 증진시키는 분명한 목적을 가지고, 함께 더불어 살아가는 법을 배우는 것은…… 인류를 위한 분명한 의무이다(Hofstadter 1985, p. 131에서 인용).

나는 약 12년간 고등학교 수학을 가르쳤기에 나의 교차 학문적 사고는 수학에서 출발하였으며, 그리고 그것을 폭넓게 확장하였다. 수학 교사들은 분명 전문화를 위한 하나의 역할이 있으나, 다른 수학 전문가와는 다른 준비를 해야 한다. 교사교육자들의 크나큰 실수 중 하나는 수학을 전공하는 다른 사람과 똑같은 방식으로 교사 전문가를 교육시키는 논지를 선호하면서 그것을 받아들여왔다는 것이다. 이런 논지에 따르면, 고등학교 수학을 가르치려는 계획을 가진 사람들은 다른 모든 수학 전공과 같은 대학 프로그램을 받아야 하고, 그리고 그들의 승진은 동일한 대학원 과정에 의존하게 된다. 이것은 잘못이다. 수학 교사들에게는 다른 수학 전공에서는 필요하지 않은 지식의 넓이가 필요하다. 그리고 그들에게 위상기하학이나 그래프 이론의 복잡한 분석에 대한 기술적 전문성은 필요하지 않다. 수학 교사들은 이러한 분야들이 어떻게 정의되어야 하고 어떻게 성장해왔는지를 어느 정도 알아야 하지만, 수학 교사들은 수학의 많은 세부 전공들 중에서 하나를 연구하기를 기대하는 사람들에게 요구되는 집중적인 기술적 준비를 필요로 하지 않는다. 따라서 중요한 방식을 가진 수학 교사 교육은 더욱 풍부하고 광범위해야 한다. 교육자들은 지위의 문제로서 양자가 모두 "같은 코스"라는 생각을 받아들여야 한다. 이런 생각을 함으로써 수학 교사들이 다른 수학 전공자들만큼이나 훌륭하다는 것을 보여주는 것이다. 그런데 결국 수학 교사들은 종종 교사로서의 가능성만큼 훌륭하다는 것을 보여주지 못하였다.

고등교육에서는 다른 교과에서 그 폭을 넓히기 위해 다양한 코스를 요청하는 실천이 있어왔다. 예를 들어 많은 기술전문학교engineering school는 학생들에게 인문학 과정the humanities의 2개나 3개 코스를 필수로 듣도록 하고 있다. 만일 학생들이 부스Wayne Booth와 같은 교사를 만날 정도의 행운을 만나지 못한다면, 경험은 풍부하게 드러나지 않을 것이다. 학생들이 거대한 실존적 문제와 일상적으로 겪는 인간의 딜레마에 연관되지 않는다면, 이들 코스는 학생들에게 그냥 여타의 한두 개 세부 전공들을 단순히 소개하는 정도에 지나지 않을 것이다.

고등학교 단계에서 더 나은 대답은 내부로부터 교과를 분명하게 확장시키는 것이다. 동기화되지 않은 세부 사항이 아니라, 윌슨에 의해 제안된 위대한 아이디어로서 공부의 단위를 시작해야 할 가능성이 어디에 있든, 그들이 필요한 대로, 그리고 다른 교과의 결과나 연관성을 갖고 세부 사항에 이르기까지 폭넓게 확장하여야 한다. 주제가 아주 중요하고 학생들의 흥미를 끄는 것이라면 관련 지식을 폭넓게 살펴보는 것은 꽤 길어질 수도 있으며, 그렇지 않은 경우라면 매우 간단하게 언급하는 정도에 그칠 수 있다. 나폴레옹 시대의 단원을 가르치는 역사 교사는 베토벤이 세 번째 교향곡을 나폴레옹에게 헌정하기 위해 작곡한 것이라는 언급을 잠시 중단할 수 있다. 사실 베토벤은 나폴레옹이 민주주의의 대의를 배신한 것에 혐오하여 그 헌정을 삭제하고 '영웅 교향곡'[18]이라 불렀다. 이런 종류는 인과관계를 갖지만, 이러한 종류의 적절한 언급은 또한 심리학자들이 말하는 '주기적 반복'[19]에 기여하기에 반복은 계획되거나 숙고될 필요가 없는 것이다. 우리가 상당한 시간에 걸쳐 여러 번 반복해서 들을 경우, 그것들을 더 잘 기억하게 되는 것은 사실이고, 때때로 이러한 반복은 기획되어야 하며, 수업과정에 신중하게 포함되어야 한다. 더 심층적 차원에서 나선형 교육과정(Bruner, 1960)[20]의 배후에 깔린 강력한 아이디어로는 시간이 충분히 지난 후 개념을 다시 논의하는 것이다. 조밀하게 짜인 교육과정은 학생들로 하여금 시험을 위해 지식들을 공부하게 하고, 바로 잊어버리는 것들을 매우 자주 권장한다. 반복해서 떠오르는 생각, 사실, 일화,

이름을 잊어버리는 일은 좀 덜한 편이다. 여기에서 제시된 비형식적 반복은 시험을 위해 기억하는 것을 돕기 위해 고안된 것이 아니다. 즉, 그것은 기억을 지원하는 것뿐 아니라, 연계를 위한 진정한 교육에 근거하고 있다. 영어, 수학, 역사, 과학, 음악 교사들이 모두 베토벤, 가우스, 괴테, 나폴레옹을 언급할 때, 학생들은 주어진 시간에 세계와 그것의 경이로움을 느끼게 될 것이다.

내부로부터 교과를 확대함으로써 화이트헤드가 학교에서 아주 결핍된 것으로 보았던 연계성connections을 가질 수 있다. 또한 실천은 교화indoctrination가 이루어지지 않은 채로 매우 논쟁적인 주제를 논의할 수 있는 기회를 제공해준다. 카운츠George Counts가 어떻게 "교화imposition"를 통해 사회정의를 가르치고 싶어 하였는지를 떠올려보라. 이 논의에서 우리는 주입과 교화를 거절해야 한다고 주장하는 듀이의 의견에 동의한다고 나는 말한 바 있다. 그 대신 우리는 학생들에게 가능한 한 자신의 언어를 사용하여 타인에 의해 만들어진 여러 논쟁을 제시할 수 있다. 이 접근은 교양교육의 전통이 지닌 강력한 힘이다. 읽기는 이런저런 이슈를 다룬 모든 관점에 대해 적절한 표현으로 이루어진 논쟁을 제공한다. 학생들은 경제학과 정치학에 대해서 마르크스, 하이에크, 케인스를 읽는다. 그들은 종교에 대해서는 성 아우구스티누스, 뉴먼 주교, 니체를 읽는다.

생물 교사들은 고등학교 단계에서 기독교에 대한 다윈의 언급을 인용함으로써 진화론에 대한 논의를 확장할 수 있다. 어떤 진화론자들은 무신론을 옹호하는 입장을 가지고 있는 반면, 또 다른 진화론자들은 종교적 믿음을 옹호하고 있다. 여기에서 괄목할 만한 것은 진화론자들인 도킨스Richard Dawkins(무신론자)[21]와 모리스Simon Conway Morris(영국 성공회 신자)[22] 사이의 우정은 계속되고 있다는 사실이다. 둘 다 과학자로서 한 명은 신의 계획 아래 진화를 믿고 있으며, 다른 한 명은 어떤 신도 존재하지 않는 진화론을 믿고 있다.

이런 자료를 학교에 소개하려면 교육적 중립pedagogical neutrality, 즉 절대적 진리처럼 어떤 하나를 신봉하지 않고 모든 합리적 관점을 고려하는 의지가 있어야 한다. 이를 지킨다는 것은 어렵다. 먼저 무엇이 합리적 관점을 구성하는지를 결정해야 한다. 교사들에게 히틀러의 나치 이론을 합당한 것으로 받아들이도록 기대해서는 안 된다. 그것은 가장 기본적인 도덕적 명령을 위반하는 것이다. 이 명령이 종교에 대한 존중을 벗어났다고 창조과학을 인정하는 것은 아니다. 개념이나 이론이 수많은 증거에 의해 과학적으로 지지될 때 사실로서 제시되어야 한다. 2+3=5와 같은 질문처럼 교육적 중립을 진화론의 경우에 적용하는 것은 적합하지 않다. 성공회의 진화생물학자 모리스(2003)는 다음과 같이 경고한다.

> 만약 여러분이 우연히 "창조과학자"(혹은 그런 종류의 무엇)가 되고, 이 책을 더 깊이 읽는다면, 그것을 서재에 꽂아놓을 것을 공손하게 제안할지도 모른다. 그렇게 하는 것은 별 효력이 없을 것이다. 진화는 사실이요, 우연히 발생된 것이요, 세계가 존재하는 방식이요, 우리 역시 그 부산물의 하나이다 (p.xv).

그러나 진화적 활동이 완전히 무작위로 일어난 일인지, 아니면 점진적으로 일어난 일인지에 대해 진화론자들 사이에 일어난 토론을 거론하는 데서 교육적 중립이 필요하다. 이 논쟁은 매우 흥미롭고, 양측에는 인정받은 전문가들이 있다.

교육적 중립은 논쟁적 이슈를 학생들에게 소개시키는 윤리적이고 전략적으로 효과적인 방법이다. 합리적으로 대립된 관점을 아주 효과적으로 이끌어낸 것은 전통적 혁신의 강력한 힘이다. 신이 존재하는지, 아닌지를 교사들이 주장할 필요는 없다. 교사들은 『카라마조프가의 형제들』[23]을 통해 논쟁의 양측을 이끌어갈 수 있다. 학생들은 『일리아드Iliad』[24]를 읽고 전쟁과 군인들을 찬양할 수도 있다. 그들은 시인 오웬Wilfred Owen[25]을 읽고 전쟁에 대해 혐오하는 방향으로 생각을 바꿀 수 있다. 이때 오웬은 비겁자이고 애국심이 결여됐다고 비판하는 예이츠William Butler Yeats[26]의 말을 경청하며, 그리고 경험은 혼란을 새롭게 할 수 있다.

고등학교 수준에서 비판적 사고를 권장할 수 있는 좋은 전략은 열띤 논쟁을 도입하는 것이다. 이러한 열띤 논쟁은 아주 강한 논란을 불러일으키지 않는다. 정치철학자 홉스Thomas Hobbes와 수학자 월리스John Wallis 사이의 길고 오래된 대논쟁의 이야기는 여러 이유로 가치가 있다(Hellman, 1998).[27]

첫째, 그것은 얼마나 무례한, 심지어 고약한 두 저명한 지식인들이 반대 입장에 서 있을 수 있는지를 생생하게 보여준다.

둘째, 그것은 또한 "주어진 원과 같은 넓이의 정사각형 작도"와 같은 흥미진진한 수학적 문제를 포함하는 것이다. 이 문제는 불가능성에 대한 증거가 오래도록 발표되었지만, 일부 비전문가들 사이에서 이 문제는 여전히 논쟁이 되고 있는 이슈이다.

세 번째, 그것은 월리스에 의해 고안된 두 개의 친숙한 수학적 기호의 근본에 대해 학생들에게 알려줄 수 있다는 점이다(≦와 ∞). 넷째로, 아마 비판적 사고방식의 관점으로부터 가장 가치 있는 것의 한 영역에서 인간의 사고는 창조적이거나, 논리적 오류에 의해 손상을 받지 않는다. 그러나 놀랍게도 다른 분야에서는 정확하지 않다. 훌륭한 정치적 철학가이자 작가인 홉스는 수학에서 월리스와 일치하는 게 없었다. 또한 학생들은 피어스Iain Pears(1998)가 쓴 매혹적 역사소설인 『핑거포스트An Instance of the Fingerpost』[28]에서 월리스가 하나의 등장인물로 두각을 나타냈음을 배우는 데 흥미를 자아낼 수 있다. 마지막으로, 이러한 불화 사실을 읽음으로써 우리들이 하는 논쟁에서 더 관용적으로 될 수 있다.

지난 논쟁들은 비판적 사고와 실존적 문제의 고려에서 학생들의 흥미를 불러일으킬 수 있어야 한다. 이것이 과학 교사들이 진화에 대한 헉슬리-위버포스 논쟁[29]에 대해 시간을 소비할 것을 반복해서 제안한 하나의 이유이다. 학생들은 항상 이러한 이야기에서 흥분과 유머를 즐긴다. 그러나 그들은 또한 논쟁을 평가하라는 질문을 받는다. 이 일을 하려는 데 누구에게 또는 무엇을 제시해야 하는가?

교육적 중립은 개인적 중립성personal neutrality을 뜻하지 않는다. 교사들이 어떤 이슈에 대해 확고한 견해를 갖고 있을 때, 그렇게 말하며 이유를 표현하는 데 자유로워야 한다. 그렇지만 교사들은 또한 자기 학생들에게 다른 견해가 있다는 것을 일깨우지 않으면 안 된다. 카운츠처럼, 교사들은 사회정의를 강하게 믿을 수 있다. 그러나 듀이가 충고한 것처럼, 교사들은 교화를 피해야 한다.

미세한 것으로 가득 찬 교육과정에서 심지어 논쟁적 이슈와 실존적 문제를 포함시키는 방법을 찾아내는 일은 아마도 오늘날 사려 깊은 교사들이 가장 곤란을 겪는 문제일 것이다. 논쟁을 효과적으로 취급하고 그것을 도입하는 방식이 큰 문제인데, 불행하게도 너무 무시되고 있다. 대학 단계에서 가장 최상의 교양교육 프로그램이 여전히 운영되고 있으나, 학생들을 "자유롭게 하는 것"에 대해 이를 비판하는 사람으로부터 공격을 받고 있는 실정이다. 비판하는 사람들은 "자유롭게 한다liberalize"라는 것이 어떤 의미인지를 이해하고 있는가?

고등학교 단계에서 교양교육은 영원한 문제에 대해 깊이 생각하는 과정이 아니라, 항상 분리된 교과의 종합처럼 해석하는 경향이 있다. 그런데 이런 경향성은 오늘날 우수학생배치 과정Advanced Placement/AP[30]의 확대에 의해 악화되고 있다. 왜냐하면 AP에서 상세하게 처방된 교육과정이 학생들과 교사로 하여금 교양교육의 중심에서 고려되어야 할 탐구정신, 호기심, 그리고 창의적 사고를 할 겨를이 별로 없는 기술, 실제의 세부 사항, 그리고 미리 정해진 응용 방식을 "숙달하도록to master" 압박을 가하기 때문이다.

이 경우 여전히 희망이 없는 것은 아니다. 좋은 교사들은 자신의 교과를 확장시킬 수 있으며, 이를 통해 교과를 넘어 서로 이야기할 수 있을 것이다. 과학, 역사, 문학, 수학 교사가 홉스-윌리스 간의 논쟁을 가르칠 때, 학생들은 더 큰 지적 세계의 모습을 보게 된다. 그러나 교사들은 이 수업을 지적으로 준비할 필요가 있고, 또 자유롭게 준비할 수 있어야 한다. 이 말은 시험 성적, 평점, 등급을 강조하는 것을 약화시킨다는 것을 뜻한다.

우리의 목적은 일하고 관련시키는 방법으로서 협력을 증대시키는 것뿐 아니라, 창의력을 격려하며 학생들이 스스로 생각하도록 하는 것이다. 그리고 학제 간 연구와 윤리, 종교, 정치로 수평적 운동의 확장을 촉구한다. 그런데 윌슨(2006)은 건전한 조언조로 다음과 같이 결론을 내린다. "그래서 감히 알려고 하라Supere aude!."(p. 137) 또한 도킨스는 그 목적을 향해 작업해야 한다고 믿는다. 그가 학교를 설립했다면 "당신 자신의 아카데미를 생각하라"라고 말했을 것이다(Powel, 2011, p.D4에서 인용). 만약 이들의 말이 맞는다면, 그리고 내가 그들이라면 더욱 표준화되고 상세한 교육과정을 만든다는 것은 아주 나쁜 실책을 저지르는 것이나 다름없다.

우리는 교육적 투입에 대한 활기찬 토론을 도입하여 확대시켜야 한다. 지난 20~30년간 경제적 관점에서 투입을 설명해왔고, 이러한 강조와는 반대로 산출이나 결실에 초점을 두어야만 한다고 주장해왔다. 우리는 왜 협소한 이분법적 사고방식에 그렇게 매료되었는가? 돈 이외에 고려되어야 할 투입이 있고, 더 높은 시험 성적 이외에 중요한 산출이 분명 존재한다. 지적 투입을 하는 데 있어 흥미가 다시 일어나야 한다. 그것을 마련할 것인가? 누가 다양한 제안을 받아들일까, 그리고 어떤 산출을 가지고 받아들이겠는가? 훌륭한 교사들은 이야기, 암시, 질문, 그리고 인용을 통해 학생들의 시각을 어떻게 넓힐 수 있는가? 이것들이 시험에 나오지 않는다고 하더라도, 학생들은 다양한 도전에 대한 해답을 만들어가는 과정에서 그것들을 언급할 수 있다. 학생들이 얼마나 자주 공부하고, 또 어떤 방식으로 지적으로 활동적인 교사에 의해 학생들에게 부여된 "자유로운 선물"을 이용할 수 있을지는 흥미로운 논의거리이다.

지금까지 어느 정도 찬사와 염려를 동시에 안고 있는 교양교육의 전통에 대해 알아보았다. 찬사는 실존적 문제와 불멸의 대화에 근거를 두고 있다. 염려는 그것이 때때로 수반한 확실성 그리고 고상한 척하는 태도를 겨냥하고 있다. 찬사와 염려 모두 교양교육 그 자체를 위한 것에서 일어난 것이다. 그래서 그것에 대해 좀 더 말하려고 한다.

허친스의 "지식은 진리이다"라는 선언은 나의 마음속에서 걱정을 불러일으켰다. 그리고 모든 교육자들에게 우려를 갖게 했다. 허친스의 주장은 플라톤적 사고의 특징을 보여준다. 플라톤적 사고는 영원하고 확실한 형식의 세계에서 진리가 존재한다는 것이다. 이때 어떻게든 지식은 학습하고 발견해야 하는 우리의 노력을 통해 문제를 풀고자 하는 진리의 작은 조각이다. 이런 식의 관점은 지식이 창조되는 것이 아니라, 발견된다는 것이다. 이 관점은 많은 수학자들에게 오랫동안 인기를 끌었다. 그리고 수학의 연속적 창조를 바라는 다른 의견의 가진 사람을 방해하지는 않았다. 그렇지만 그것은 삶의 철학(정치철학, 윤리학, 교육철학)에서 문제가 될 수 있다. 그것은 만약 x가 지식의 한 부분으로 받아들여진다는 가정으로 유도된다면, x는 진리가 된다. 이때 이것은 진리로 생각되는 체계를 완고하게 붙들거나 완전히 진리가 아닌 체계는 버리고 만다. 이 책 전체는 전부 아니면 전무—이분법적—라고 접근하는 사고를 경계해왔다.

듀이와 실용주의자는 이와 다른 접근을 제안하였다. 실용주의적 관점에서 본 지식은 진리보다 더 큰 개념이다. 이 내용은 종종 입증되지 않았지만, 최소한 한 번은 효과적으로 행동을 안내한다. 모리스가 진화에 대해 말한 것처럼, 충분한 실험과 확인을 통해 "그것은 진리이다"라고 말한다. 아니면 아주 가끔, 어떤 조건에서, 어떤 사람들에게, 어떤 장소에서 약간의 지식이 활용되는 것을 발견할 수 있다. 지식은 모든 것에 있지 않고, 영구적으로 동일한 것이 아니다. 듀이는 역시 우리에게 우리의 행동은 지식의 대상에 영향을 미칠 수 있음을 말한다. 그는 대상과 관찰자, 본질과 실존, 감각과 이성 사이의 날선 경계를 고집하는 모든 이론을 둘러싸고 상반된 주장을 편다.

이러한 철학적 문제에 대한 충분한 논의가 여기에서는 불가능하다.―그러나 듀이의 『확실성을 위한 탐구 *The Quest for Certainty*』(1929)를 보라.[31] 교양과목이 인간의 태도, 가치와 행동에서 나타나는 엄청난 차이를 생생하게 묘사하고 있다. 하지만 현재적 목적을 위한 가장 중요한 핵심은 어떤 점에서 교양과목은 질문에만 존재하는 것이 아니라 해답 속에서 보편성과 확신성에 대해 갈망을 어느 정도 계승하는 데 있다. 그래서 우리는 항상 효과적인 방법을 위해, 그리고 논박의 여지가 전혀 없는 가치를 위해, 모두를 위한 최상의 교육과정을 마련하기 위한 권고들을 경청해야 한다.

교양교육의 옹호자들이 "배움 자체를 위한 것"을 특별하게 강조한 것을 생각해보라. 나는 그것으로 인해 고통스럽다는 것을 솔직히 고백한다. 나는 『확실성 탐구』를 언급하고, 다시 그중의 일부분을 읽었다. 홉스-월리스 대논쟁[32]에 대해 토의할 때, 나는 등장인물 중 하나로 월리스를 출연시킨 소설을 다시 떠올렸으며, 그래서 책장에 있는 『펑거포스트』를 꺼내 관련된 장의 일부분을 다시 읽었다. 이러한 고민을 함께 하는 우리 같은 사람들은 배움 그 자체에 몰입하는 이야기를 하는 것에 시간을 보낼 수 있다. 일부 사람들―어떤 특별한 흥미를 추구하는 것을 함께 하고자 하는―은 때때로 매혹될 수도 있으며, 잇달아 대화가 일어날 수 있다. 정말 나를 매혹시켰던 주제에 별 관심이 없는 사람은 매우 지루할 거다. 배움 자체는 교사들에 의해 고무되어야 하지만, 그 자체로 배워야 하는 것이 무엇인지를 정확히 명시할 수가 없다. 그것은 학습자의 흥미, 적성, 꿈에 달려 있다고 할 수 있다. 역시 그 선택은 민주주의의 기본적 개념이라는 것을 떠올린다. 이 점이 아주 중요한 이유로는 교사들이 학생들에게 일련의 엄청난 "투입"을 해야 더 진전된 학습을 위해 학생들이 선택을 할 수 있기 때문이다.

교육의 주요 목적은 학생들이 무엇을 잘하는지, 자신의 삶을 어떻게 보내고 싶어 하는지, 어떻게 자신의 삶에 책임을 지고 완성할 수 있는지 발견하도록 도와주는 것임을 확인하면서 이 장을 끝내려 한다. 이러한 목적을 만족시키기 위해서는 다음의 장에서 논의될 개인적 삶(자녀 양육과 가정 꾸리기)을 우리의 교육과정에 포함시켜야 할 것이다. 다음 주제로 넘어가자.

1. 오늘날 liberal arts는 일반적으로 '교양과목'이라고 불리지만, 엄밀하게 말하면 '자유의 기술'이라고 할 수 있다. liberal arts(그리스어 eleutherial technai, 라틴어 artes liberales)의 뜻은 '자유의 기술(the skills of freedom)'이라는 의미를 갖고 있다. 무지/오류/구속/인습/미신으로부터 벗어나는 데/해방하는 데 있다. 'liberal'은 노예가 아닌 자유로운(free/liber), 해방된 의미를 갖고 있다. 교양교육은 자유로운 인간의 함양에 적합한 교육과정이나 체제를 말한다. 교양교육(liberal education)은 자유롭게 하는 교육이다. 이 교육은 중세시대에 liberal arts, 문예부흥 시대가 되면서 '인문학 교육(Humanitas Education)'으로 불렸고, 계몽주의 시대에는 liberalism의 영향을 받았다.

2. 교양교육은 본래 '자유인'(노예가 아닌 일반 시민)을 위한 교육을 의미하였다. 그러나 오늘날의 교양교육은 대체적으로 전문적 능력이나 기술을 익혀 특정한 직업적 부문에 종사할 것을 전제로 하는 전문교육이나 기술교육과는 구별되는 교육 활동, 즉 사회적 유용성에 관계없이 인간의 마음이 자유롭게 활동하는 상태에서 이루어지는 교육을 말한다. 개인에게 광범위한 지식, 전환 가능한 기술, 그리고 특정의 과정이나 학문 영역에 한정하기보다 더 넓은 공부 방식, 중요한 이슈에 대면하는 특징을 갖고 강한 의식을 가진 가치, 윤리, 시민적 참여와 같이 적극적 시민성을 함양하는 교육철학이다. 영역이 항상 지구적이고 다원적이기에 적어도 하나의 학문 영역에 심층적 관심을 보이는 것에 덧붙여 항상 영역이 지구적이고 다양하기에 교과와 학습전략을 제공하는 일반교육과정을 포함할 수 있다. 교양교육은 19세기 뉴먼, 헉슬리 등에 의해 옹호되다가 2차 대전 이후 계층상승 욕구의 증대와 함께 수학, 과학, 기술훈련 등이 강조되면서 사양화되었다. 사람들의 행복을 극대화하는 것이 교육의 궁극적인 목적이라고 할 때, 학생들에게 자유롭게 그들의 교육적 관심을 추구하도록 하는 것이 설사 최고의 점수를 내지는 못한다 하더라도 그들에게 좀 더 의미 있는 것이 될 수 있다. 국가공통기준의 도입은 바로 이러한 학생들의 행복을 앗아갈 가능성이 있다. 인문학, 과학, 사회과학과 같은 특별한 교과를 지칭할 때 사용하기도 한다.

3. 데니콜라는 liberal education과 liberal arts education의 뉘앙스 차이가 잘 드러나지 않는 경우가 많기에 혼용해서 사용한다. 나딩스는 교양교육에 대해 liberal education 또는 liberal arts education을 혼용하여 사용하고 있으나 전자를 더 많이 사용하고 있다. 미국의 경우 20세기 중반에 접어들면서 "general education"이라는 이름으로 다시 대두되었다. 21세기 초에 이르면 많은 대학과 인문대학은 "liberal education"을 포함한 교육과정이 마련되기 시작하였다. 대체로 학자들은 liberal arts education은 학문적 교과(전통적인 4학7과)를 다루는 반면, liberal education은 사상적 교과(고전, 영문학, 인문학, 도덕적 미덕 등)를 다룬다. liberal arts education은 liberal education을 포함하지 않으며, liberal arts program은 professional education 또는 vocational program으로 전문화될 수도 있다. liberal education은 학생들에게 보편적 자유와 관용을 준비시키는 교육을 하고자 한다. 개인에게 삶의 갈등을 피하는 데 도움을 준다. 학생들에게 자신의 행동과 동기를 의식하게 하고 깨닫게 한다. 그리고 다른 신념과 문화를 더욱 고려하도록 한다. 너스봄은 교양교육을 상상력과 비판적 사고, 시민의식을 강조하면서 교양 있고(educated) 사려 깊은 시민을 위한 틀을 제공하는 데 두고 있다.

4. 허친스는 교양교육이 직업을 가지고 생계를 충족시키기 위한 준비로서 전문적 직업훈련과는 아무런 관련이 없지만, 사회화의 수단도 아니라고 보았다. 교육의 임무는 현실적 유행을 좇는 것이 아니라, 과거의 전통 속에 담긴 영원한 진리를 밝히는 데 있다고 보았다.

5. 관조(觀照, contemplation)의 그리스어 the-oria는 '바라본다'는 의미의 동사 the-orein에서 온 말로서, 구경(거리) 또는 광경이라는 의미로 사용되었다. 아리스토텔레스는 테오리아

를 프락시스(praxis: 실천, 즉 정치적 행동을 포함하는 윤리적 행동)와 포이에시스(poièsis: 제작, 즉 생산기술적 활동 및 예술적 활동)로 구별하여 감각적으로 포착할 수 없는 영원불변한 형이상학과 수학 등을 통해 대상의 진리를 바라보는 영혼의 활동으로 생각하였다. 그리하여 그는 쾌락을 목적으로 하는 향락적 생활, 명예를 목적으로 하는 정치적 생활, 부를 목적으로 하는 영리적 생활로부터 '관조적 생활'(biostheōrètikos)을 인간 최고의 이상적 행복의 생활이라고 생각하였다. 이 사상은 후세의 신비주의자들에게 큰 영향을 끼쳤다. 이 테오리아는 라틴어 contemplatio를 통해 근대어 contemplation의 원천이 된 동시에 이론을 의미하는 theory의 어원이 되기도 했다. 전자는 생활사상으로서의 의미는 없어지고 행동적인 실천과 대립하는 '바라본다'라고 하는 의미의 요소가 포함되었다. 대부분의 이론은 단순히 '바라본다'라는 관조적인 성질을 지니고 있다. 마르크스는 그 이전의 유물론이 이와 같은 관조적인 성격을 가지고 시종일관 대상을 바라보는 태도를 취하면서, 현실 세계가 인간의 주체적인 감성적 실천 활동을 통해 변혁될 수 있는 것임을 간과하고 있다고 비판하였다. 일상용어에서 사용되는 '관조'는 무언가를 계속, 조용히, 주의 깊게, 탐구적으로 응시한다는 뜻을 가지고 있다. 참된 관조는 사물과 인생, 세계의 의미에 대한 내적 열림이다. 관조란 인생의 모든 활동을 분석하고 짜고 재고하고 평가해 그 통일성을 파악하고 표면 밑에서 모든 게 한데 연결되어 있음을 발견하는 것이다. 한자말, 관조(觀照)를 그대로 풀면, '그대로 비추어 바라보다'로 해석될 수 있다. 서양철학의 미학적 관점에서 관조는 자연이나 미술품을 보고 감동하는 계기나 태도를 의미한다. 이는 아름다운 자연이나 작품을 감상하는 미적 인식의 태도이자 관점이다. 그것은 얽매이지 않은 자유로운 상태에서 가능하다.

6. 『이름 없는 주드』는 하디의 자전적 소설이다. 하디에게도 주드처럼 이종사촌 트라이피나와 사랑에 빠졌으나 집안의 강한 반대에 부딪혀 결국 헤어진 아픈 과거가 있었다. 하디는 자신이 관찰한 웨섹스 주변 사람들의 목가적 생활에 자신의 경험담을 더하여 『이름 없는 주드』를 펴냈다. 『이름 없는 주드』는 더 큰 사회적 파장을 일으켰다. 기혼 남녀인 두 주인공이 각각 자신의 배우자를 버리고 동거하여 아이를 낳는 이야기를 아무런 도덕적 비난 없이 그려내 보였기 때문이다. 이 소설은 인습과 제도라는 경직된 틀에서 벗어나지 못하고 있는 영국 사회의 보수성을 혁파하는 계기가 되었다. 20세기 초 대학 입학의 기회를 놓친 노동조합 간부들이 주로 진학하는 러스킨 대학이 옥스퍼드 시내에 설립되었을 때 그 대학을 "이름 없는 주드 대학"으로 명명해야 한다는 의견이 나올 만큼 이 작품이 영국 사회에 미친 영향은 컸다. 『이름 없는 주드』를 쓰면서 작가는 소설가로서 역량을 최대로 발휘했다는 찬사를 받았으나, 오히려 소설가로서의 생명은 끝을 맺게 되었다. 그는 부조리로 가득 찬 세상에서 살아남기 위해서는 '자기 내면의 소리'에 귀를 기울여야 한다고 말한다.

7. 미국의 베트남 전쟁(1960~1965)의 기원을 다룬 David Halberstam 기자의 책이다. 기자는 베트남 전쟁 참전 기자로서의 체험을 바탕으로 역사를 무시하고 계량적인 목표에 집착하는 맹목적 반공주의자/메카시주의자들인 미국의 당대 최고의 인재들(가장 훌륭하고 똑똑한 사람들)이 베트남 전쟁에 끼어든 여러 가지 정황들을 속속들이 파헤치고 있다.

8. "머리 좋은 사람들"은 베트남 전쟁 참전을 결정한 케네디 대통령을 돕기 위해 정계에 뛰어든 하버드 대학의 교수들을 역설적으로 상징한 말이다.

9. 허친스를 비롯한 항존주의자들이 주장하듯, 진리의 영원성을 믿고, 과거의 위대한 정신이 담겨 있는 고전 읽기를 통한 비판적/지성적 논의를 '불멸의 대화'라고 칭하고 있다.

10. 듀이는 교양교육이 과거의 문화에 집착하여 회고적인 사회적 정신을 기를 위험을 안고 있다고 경고하였다. 과거를 황금시대로 그리며 거기서 정신의 도피와 위안을 구하면서 오늘날

의 문제에 관심을 가지는 것은 답답하고 신경 쓸 가치가 없는 것으로 생각하기 쉽다는 것이다. 타운(town)과 가운(gown)의 분리, 사회와 학문의 분리, 사회와 격리된 학문의 양산을 낳게 되는 것이다. 이렇게 되면 학습의 필요성을 부여하고 보람을 안겨주는 사회적 환경이 없게 되기 십상이다. 이것은 학교가 고립되는 가장 중요한 이유이다. 그리고 이 고립으로 말미암아 학교에서 배우는 지식은 삶에 적용할 수 없게 되고, 따라서 인격에 아무런 영향을 미칠 수 없게 된다고 보았다.

11. Forster는 물질적 부가 개인의 삶에 얼마나 부정적인 영향을 끼치는지를 섬세하게 묘사하고 있다. 재산을 소유하게 되면 사람은 엄청나게 무거워지고, 한없이 탐욕스러워지며, 지독하게 이기적이 된다고 말한다. 상업 등으로 부를 취득한 천박한 영국 중산계층의 문화적 조야성을 비판하고 있다. 저자는 개인의 자유/자유로운 마음과 존엄성, 호기심, 비판정신, 인도주의적 가치 추구, 예술창조의 자유와 상상력, 선한 취향에 대한 믿음, 인종에 대한 믿음 등 그리스적/이탈리아적 신비(liberal humanism)를 옹호하고 있다.

12. Amanda Moore의 『수업을 처벌하라(punish lesson)』라는 소설에 의하면 교실 안에서 그녀는 교사였으며, 그는 학생이었다. 그렇지만 교실 바깥에서는 그가 명령을 내리는 사람이었다. Amanda Moore는 워싱턴 대학의 브라운 학부(사회활동)의 교수이다. 그녀는 지역사회 개발, 적절한 주택, 도시교육을 강조하는 전문적 훈련, 지역사회 파트너십 프로그램을 운영하고 있다. 학생들의 학업성취와 함께 그들의 사회적-정서적 시민성을 개발을 촉진하는 사회복지사를 위한 전문성 개발 프로그램을 운영하고 있다.

13. 가장 먼저 미적분이라는 개념을 확립하고 사용한 것은 1665년 당시 23세의 뉴턴이다. 가장 처음 미적분학의 발명의 토대가 된 것은 포탄의 궤도를 알기 위해서였다. 갈릴레이가 관성의 법칙을 발표한 이후 데카르트가 좌표를 정의함으로써 포물선을 확립시키고 포탄의 궤도를 수식으로 나타내는 것이 가능하게 된다. 이후 학자들은 계속 변하는 진행 방향에 대해 어떻게 해야 하는지를 연구하면서 새로운 수학인 미분과 적분을 발견하게 된다. 이후 뉴턴은 적분에 대해서도 연구하여 미분과 적분을 통일하게 된다. 적분은 구부러진 강가의 토지 등의 넓이를 구하기 위한 생각으로 이용되었다. 하지만 뉴턴은 이러한 생각을 공표하지 않고, 이후 독일의 수학자인 라이프니츠(1646~1716)가 1675년경 뉴턴과는 독립적인 아이디어로 미분에 도달하게 되었고, 1684년경 미적분에 관한 논문을 표하였다. 뉴턴이 구적론(求積論)을 1704년에 발표하였다. 생각해낸 시기는 뉴턴이 빨랐으나 발표에선 뒤처졌기 때문에 1711년경부터 뉴턴과 라이프니츠 사이에서 미적분의 창시자의 자리를 놓고 싸움이 생기기도 했다.

14. 유클리드는 고대그리스의 수학자로서, 프톨레마이오스 1세에게 수학을 가르쳤던 매우 학식이 높은 수학자였다. 그는 기하학 원론을 만들어내고, 기존의 수학의 업적을 집성함과 동시에 계통을 부여하여 상당히 엄밀한 이론체계를 구성하였다. 기하학에 있어서는 유클리드가 명사급으로 취급된다. 하지만 19세기에 들어서서 유클리드의 기하학을 부정하는 수학자가 나타났다. 바로 야노스 보여이(1802~1860)이다. 그는 니콜라이 로바쳅스키와 함께 직선 밖의 한 점을 지나는 직선은 무한히 있다고 가정하여 이와 나머지 법칙을 가지고 새로운 학문을 만들어내었다. 그것이 바로 비(非)유클리드 기하학이다.

15. 피타고라스(B.C 570~497)는 오르페우스교의 영향으로 인간의 본래적 영혼은 신성을 소유하고 있었으나 여러 육체들을 넘나들며 윤회하다가 차차 혼탁해져 그 신성을 잃어버렸다고 생각하였다. 그렇기 때문에 인간으로서 가장 중요한 과제는 혼이 윤회 전쟁으로부터 해방되어 신에게도 귀일하는 것을 보았다. 이 때문에 피타고라스는 혼의 카타르시스를 무엇보다도

중시하였다. 이러한 과제를 종교적 실천에 이해 수행하려 한 사람들은 피타고라스교도라고 불렀고, 이것을 학문적으로 추구하려는 사람들을 피타고라스학파라고 불렀다. 피타고라스의 종교적 가르침 중 하나인 음악이 우주의 구조 자체에 섞여들어 특별한 힘이 영혼에 작용한다는 주장 때문에, 그로부터 수가 실재의 궁극적인 본질이라는 믿음이 뒤따르게 되었다.

16. 『육체의 길(The Way of All Flesh)』(1903)은 자전적인 소설로 위선적인 목사의 아들인 주인공, 어네스트 폰티펙스가 강압적 기독교적인 도덕률이 지배하는 가정에서 뛰쳐나와 빈민굴에서 생활하다가 감옥에 들어가게 되고, 출옥한 이후엔 불우한 결혼생활을 하는 등의 인생역정을 풍자적으로 그리고 있다.

17. 교사와 학생이 책을 함께 읽은 후 토론과 서평 활동을 실시하는 것이다. 종합적으로 사고하는 기초 능력을 함양하는 데 도움을 줄 수 있다.

18. 베토벤은 전부 9곡의 교향곡을 작곡했는데 그중 '교향곡 제3번 영웅'은 나폴레옹에 헌정할 것을 생각하고 작곡했던 것이다. 자유의 정신에 불타 민중의 권리를 옹호한 베토벤은 프랑스혁명(1789)을 주도한 나폴레옹의 열렬한 숭배자였다. 자기보다 1세 연상의 코르시카의 영웅인 나폴레옹(34세)이 인류에게 자유와 평화를 가져다줄 구세주와 같은 존재로 여겨졌기 때문이다. 이 '교향곡 제3번'은 그와 같은 나폴레옹을 포함한 영웅들의 행위를 교향곡의 형식으로 나타내려고 했던 것이다. 공화주의의 이상과 새로운 시대의 지도자 나폴레옹에 대한 존경심이 교향곡을 작곡한 최초의 발상을 제공하였다. 그러나 나폴레옹이 프랑스의 황제로 즉위하자 베토벤은 크게 실망하였다. "그놈도 평범한 인간에 지나지 않았던가, 머지않아 그놈은 틀림없이 온갖 인권을 짓밟고 자기의 야심을 만족시킬 것이 틀림없다"라고 말하고 그는 총보의 속표지를 찢었다. 17년 후 나폴레옹이 실각된 후 세인트헬레나 섬에 유배되어 사망했다는 소식을 듣고, 베토벤은 "나는 이런 날이 올 것을 알고 미리 결말에 적절한 음악을 써두었다"라고 했다. 그것이 이 곡의 2악장에 나오는 '장송 행진곡'이다. 나중에 영웅의 추억을 기리기 위해 영웅 교향곡(Eroica)이라고 적었다. 그 이래로 베토벤은 나폴레옹에 대해서 일체 언급하지 않았다.

19. '주기적 반복(spaced repetition)'이란 일정한 시간을 두고 주기적으로 반복하는 학습이다. 질문과 반복 카드를 이용하여 기억을 가장 효과적으로 하도록 하는 반복 학습의 방법이다. 단번에 모든 것을 배우지 못할 때 흔히 사용하는 일반적인 학습 기법이다.

20. 나선형(spiral) 교육과정은 교육과정을 조직할 때 중요한 원리 중의 하나인 계속성의 원리를 이용하여 학생들을 가르칠 때 점진적으로 내용을 심화시키고 확대를 통한 계열성의 원리를 통해 이루어지는 학습 이론이다. 브루너는 모든 교과가 그 지적 성격에 충실한 형태로 표현하면 어떤 발달 단계도 효과적으로 가르칠 수 있다고 주장한다. 브루너는 1960년대 『교육의 과정』에서 나선형 교육과정(spiral curriculum)의 개념을 처음 소개함으로써 아동의 학습에서 준비성 개념과 관련하여 교육과정의 구성의 새로운 시각을 제시해주었다. 그는 『교육의 문화』에서 그 의미를 새롭게 해석하고 있다. 이른바, '나선화(spiralling)'의 개념은 피아제와 비고츠키 이론과 같은 맥락에서 해석된다. 나선화는 새로운 학습과 경험에 비추어 학습자가 어떻게 '이전'의 학습과 이해로 되돌아가는지를 설명해준다. 즉, 새로운 학습과 경험은 우리가 갖고 있는 이전의 개념과 경험을 재검토 및 재배열하는 것처럼 이전에 갖고 있던 개념과 이해도 새로운 개념과 경험을 이해하도록 도와준다. 나선화는 학습에서 어느 정도의 '잠정성'을 함축하고 있다. 예를 들면, 아동들이 '민주주의'라는 개념을 처음 접할 때, 그들의 마음속에 잠정적인 의미가 만들어지며 그 의미는 다른 학습이 이루어지거나 새로운 상황이 제시될 때 끊임없이 수정된다. 나선화의 개념은 지식에 대한 기존의 견해를 부정한다. 우리는

흔히 지식이란 처음부터 명확하고, 증가하며, 또 단계적으로 축적되는 특성을 지닌 것으로 생각해왔다. 브루너에 의하면, 나선화를 통해 우리 자신의 지식은 계속해서 그 의미가 재구성된다. 나선화는 학습자에게 앞으로 나가게도 또 뒤돌아가게도 함으로써 자신이 갖고 있는 지식을 수정할 수 있도록 해준다. 브루너는 교육 및 학습이 일어나는 구조에 대한 상당한 관심을 두고 있다. 그러나 그 이유는 아동의 개인적 특성과 잠재력, 그리고 그를 둘러싸고 있는 문화적 배경 등의 상이함 때문이다. 즉, 구조를 강조하기 위하여 구조를 설명하는 것이 아니라 다양하고 상이한 아동들의 잠재성과 개인적 특성, 문화를 존중하기 때문에 한 개인을 위한 학습의 구조가 다르게 존재할 수 있다는 인식을 가질 수 있었다. 구조에 대한 강조를 하되, 그 안의 내용을 담아내기 위한 구조의 설계가 필요하다는 논리인 것이다. 브루너는 아동의 인지 발달에 가정의 역할, 특히 어머니의 역할의 중요성을 밝히고 있다. 더 나아가 그는 아동의 학습과 관련하여 학교 환경 밖과 학교 안에서 아동의 학습이 내용들 간의 불일치로 생기는 인지 발달의 문제점을 드러냄으로써 그가 교육에 대한 문화적 측면뿐 아니라 정치적 측면에도 관심을 갖고 있음을 보여주고 있다. 학습의 방식과 교육의 방식에도 많은 관심이 필요하지만 가정과 국가 차원에서의 구조적 관심이 소외된 아동들에게까지 영향을 끼치게 될 때, 비로소 모두가 교육다운 교육을 평등하게 받게 될 사회가 도래하게 될 것이다. 1970년대 이후 브루너는 빈곤, 인종, 그리고 소외의 문제가 아동의 학교 학습에 심각한 영향을 주고 있음을 밝힘으로써 이전의 보수적인 입장에서 벗어난 모습을 보인다. 자신의 저서 『빈곤과 아동기』에서 세대를 통해 내려온 항상적 빈곤은 생존의 문화를 만들어내며 그들의 목표는 제한되어 있다고 주장한다.

21. 클린턴 리처드 도킨스(1941~)는 영국의 동물행동학자, 진화생물학자 및 대중과학 저술가이다. 그는 현재 옥스퍼드 대학교에서 "대중의 과학이해를 위한 찰스 시모니 석좌교수"직을 맡고 있다. 그는 진화에 대한 유전자 중심적 관점을 대중화하고 밈이라는 용어를 도입한 1976년 저서 『이기적 유전자』로 널리 알려졌다. 그는 무신론자이며, 자유사상가, 세속 인간주의자, 회의주의자, 과학적 합리주의자 및 브라이트 운동 지지자이다. 2006년에 발표한 그의 책 『만들어진 신』에서 도킨스는 초자연적 창조자가 거의 확실히 존재하지 않으며 종교적 신앙은 굳어진 착각에 불과하다고 주장했다.

22. 사이먼 모리스(1951~): 영국 케임브리지 대학 생물학/고생물학 교수이다. 과학의 대중화, 보급화에 함께하고 있다. 캄브리아기 대폭발에 대한 권위자로 잘 알려져 있다.

23. 표도로 파블로비치 카라마조프를 가장으로 한 카라마조프가와 그 주변의 인물들의 이야기를 그린 이 소설은 장남인 드미트리가 아버지를 살해했다는 누명을 쓰고 형을 받는 것을 주 줄거리로 하고 있다. 도스토예프스키의 또 하나의 고민은 신에 대한 것이다. 신은 과연 존재하는 것일까? 실제로 유신론자였던 작가가 이반과 같은 인물을 창조한 것을 보면, 그는 적어도 신에 대한 의혹을 품고 있었던 것 같다. 이반의 모습을 볼 때, 특별한 비중이 없이 그냥 등장시킨 것이 아니라 어느 정도 작가의 생각이 반영된 인물이다. 하지만 신을 믿는 것도 여러 가지 형태가 있다. 종교적으로 신을 믿는 것, 또 하나는 여기에 나온 것이다. 신을 존재로서 받아들이기보다는 우리가 신이 필요해 만들었다는 것이다. 또 하나는 신의 부정인데, 즉 무신론이다. 작가는 신의 존재를 인정하지만, 우리가 단순히 생각하는 유신론이 아니라, 신이 필요에 의해 존재한다는 것이다. 정말로 신은 우리에게 필요한 존재이기 때문이다. 신이 우리의 악을 제어해주며, 우리가 힘들 때 위로 받을 수 있게 한다는 생각이다.

24. 『일리아드』는 그리스의 시민 호메로스(Homeros)가 지은 영웅서사시이다. 트로이 전쟁 중 마지막 해에 일어났던 사건들을 노래한 것이다. 트로이 전쟁 10년째, 아폴론신의 노여움을 달래는 과정에서 아가멤논의 심기를 건드린 아킬레스는 자신의 전리품인 여자를 총사령관

아가멤논에게 뺏기고 이에 자존심 상한 그는 어머니 테티스에게 억울함을 호소한다. 아킬레스의 불참과 신들의 전폭적인 지원에 트로이군이 맹공을 퍼붓고 이에 그리스군은 계속 밀리고 부상자와 사상자가 속출한다. 이에 파트로클로스(아킬레스의 충복)가 아킬레스 군사를 이끌고 아킬레스 분장을 하여 참전하지만 정체를 들키고 전사한다. 이에 분노한 아킬레스는 결국 출전을 하고 트로이 총사령관인 헥토르와 일전을 벌여 그를 죽이고 그 시체를 마차에 매달고 트로이 성을 몇 바퀴 돈다. 헥토르의 아버지인 트로이 왕 프리아모스는 신들의 도움으로 아킬레스 진영에 와서 자식의 시체를 찾아간다.

25. 월프레드 오웬(1893~1918)은 전쟁의 잔혹성과 파괴에 대한 분노, 그 희생자들에 대한 동정을 표현한 시인으로 잘 알려져 있다. 영국 잉글랜드 출신으로 1차 대전에 참전하다가 종전 직전에 프랑스에 사망하였다.

〈불운한 젊은이를 위한 송가〉
소떼처럼 죽어가는 이들에게 무슨 조종이 울리나? 단지 소총의 기괴한 분노. 단지 더듬거리는 장총의 빠른 따르륵 소리만 성급한 기도를 재잘댈 수 있으리라. 이제 그들에겐 조롱, 기도나 조종소리, 애도의 소리도 없다 저 합창을 제외하고는—울부짖는 포탄들의 날카롭고 미친 합창, 슬픈 주들로부터 그들을 부르는 나팔 소리를 제외하고는. 그들의 명복을 빌기 위해서 어떤 촛불이 들려지겠는가? 소년들의 손에서가 아니라 그들의 눈에서 작별의 성스러운 빛이 희미하게 빛나리라. 소녀들의 이마의 창백함이 그들의 마사포가 되리라, 그들의 꽃은 인내심 있는 사람들의 애틋함이 될 것이고, 각각의 느린 황혼은 장례식을 치르기 위해 내리는 블라인드가 될 것이다.

26. 윌리엄 버틀러 예이츠(1865~1939)는 아일랜드의 시인이며 극작가이다. 1891년 아일랜드 문예협회를 창립하여 아일랜드의 문예부흥운동에 박차를 가했다. 환상적인 주제를 즐겨 다루어 낭만적인 시가 많다. 아일랜드 민족주의 정치가로도 활약했으며 1923년 노벨 문학상을 받았다.

27. 헬만이 지은 『과학사 속의 대논쟁(Great Feuds in Science)』에서 바로 일반인이 놓친 25년간의 논쟁의 과정과 그 속에 숨어 있는 의미를 찾아 나선 책이다. 과학사에 있어 이정표 역할을 한 7세기에서 20세기 사이에 벌어진 가장 격렬하고 흥미로운 10가지 논쟁을 소개했다. 단순한 이론과 사상의 대충돌뿐만 아니라 논쟁 당사자들의 개인적 성격, 다채로운 삶 그리고 시대정신까지 포착했다. 미국 과학저널리스트 헬먼은 "과학의 분쟁은 단지 순수한 지적 견해의 불일치에서만 발생하는 것이 아니라, 그 이면에 미묘하거나 노골적인 신념 또는 가치문제가 대립하고 있는 경우도 있으며 종종 비타협적인 태도, 야심, 시기, 정치 신념, 그리고 옳은 편이 되고자 하는 억누를 수 없는 인간의 충동이 과학 논쟁의 불길에 기름을 끼얹었다"라고 주장한다. 과학적 논쟁은 주로 새로운 이론의 제기와 우선권을 둘러싸고 벌어진다. 기하학을 신봉한 홉스는 논쟁의 패자로 굳어지면서 월리스의 천재적인 대수학의 가능성을 "온갖 잡다한 기호들로 가득 차 있다"라는 비난으로 끝까지 패배를 인정하지 않았다. 원과 똑같은 면적의 정사각형 그리기를 놓고 영국 철학자이자 수학자인 토머스 홉스와 수학자 존 월리스가 25년간에 걸친 논쟁을 벌인 뒤에야 이론적 정립이 가능했던 것은 단적인 예이다.

28. 원제인 An Instance of the Fingerpost는 길안내표시(Fingerpost)가 가리키는 증례를 말한다. 17세기 초 귀납법을 확립한 프랜시스 베이컨의 역저 『노붐 오르가눔』에 나오는 이 말은 어떤 문제가 미궁에 빠졌을 때 오로지 한 길을 가리키며 모든 형태의 증거를 압도하는 청자적 증거를 뜻한다. 『핑거포스트』는 각자 다른 관점에서 같은 이야기가 다르게 펼쳐지면서 한 꺼풀씩 베일이 벗겨지며, 다른 이야기의 조각들이 퍼즐 맞추듯 맞추어지면서 진실로 한 걸

음씩 다가가는 방식이다. 17세기 왕정복고 시대의 영국에서 일어난 한 살인사건과 그 숨겨진 진상을 네 명의 증인이 각각 자기가 바라본 대로 서술하는 구성이다. 『핑거포스트』는 크롬웰 정권이 무너지고 찰스 2세가 왕위에 복귀되고 가톨릭이 핍박받는 혼돈의 배경 속에서 옥스퍼드에서 일어나는 어느 학자의 죽음이 일련의 역사적인 큰 사건들과 연관된다. 종교적, 정치적 동요의 와중에 있는 1660년대, 옥스퍼드 뉴 칼리지의 로버트 그로브 박사가 의문의 죽음을 당하고 사라 블런더라는 젊은 여인이 살인죄로 기소된다. 그리고 이 살인사건을 곁에서 보고 들은 네 명의 증인이 등장한다. 수혈의 발명이 자기의 공이라고 주장하는 베네치아 출신의 가톨릭교도 마르코 다 콜라. 아버지의 누명을 벗기기 위해 애쓰는 왕당파 반역자의 아들 잭 프레스콧. 수학자이자 신학자이며 암호해독가로 크롬웰과 찰스 2세에게 연이어 봉사했던 존 월리스, 유명한 옥스퍼드 사학자이며 골동품 연구가인 앤소니 우드가 그들이다. 네 명의 각 증인들은 그때 무슨 일이 있었는가에 대해 각자 자기 나름대로의 증언을 들려주지만 그중 진실에 다가가는 것은 오로지 한 증언뿐이다. 이 책의 가장 큰 매력은 역시 사법살인이 주는 서스펜스라 할 수 있다. 이 사법살인을 지휘하고 뒤에서 덫을 놓은 사람은 이 사건과 전혀 관계가 없어 보였고, 수사와 재판 과정에서도 물리적으로 상당한 거리를 갖고 있었던 전혀 뜻밖의 인물이다. 진실은 표면에 드러나 있지 않았지만, 그에 관계했던 사람들 중 어느 누구도 완전한 지식을 손에 쥐지 못하였다. 뒤에서 진두지휘한 자조차도 말이다. 몇십 년이 지난 뒤에야 진상을 알게 되는 한 사람이 있지만, 그 사람도 다른 사람들의 증언이 없었다면 결코 나머지 퍼즐을 끼워 맞추지 못했을 것이다. 네 사람의 증언은 각기 전 사람들의 증언을 뒤엎으면서 진행된다. 머리가 좀 아프고, 지루할 수도 있지만, 덕분에 소소한 서스펜스도 놓치지 않는다. 그중 월리스는 물적 증거보다는 사람들의 증언과 정황적 증거를 토대로 비약적 추리를 통해 사건의 얼개를 끼워 맞춰 나가는데, 나중에 그것들이 네 번째 증인인 우드의 증언을 통해 어떻게 반박되고 있는지를 보는 게 아주 재미있다. 우드의 증언은 앞서의 세 증언을 정리하면서 진상을 밝혀준다. 그리고 그들이 수사했던 "그 당시의 사건"과 그들 전 세대에 있었던 "과거의 사건"이 어떻게 맞물려 돌아가 사법살인이라는 결과로 나타났는가, 그 과정에서 무엇이 은폐되었는지를 드러나게 한다.

29. 19세기 영국에서 생물학자 헉슬리와 성공회 주교인 위버포스 사이에 벌어진 진화론과 창조론 논쟁을 말한다.

30. AP는 고등학교에서 미리 대학과정 수업을 수강하는 대학 학과목 제도이다. 이 프로그램의 목적은 우수한 고등학생에게 더 높은 학업의 기회를 주기 위함이다. 대학 수준 학과목 수강을 통한 지적 충족감과 대학 학점을 미리 따는 효과가 있다. 미국의 명문대학은 이 제도가 거의 필수적이며 매우 중요한 역할을 한다. 대학교 과정을 이수하고 나서 그 과정/과목을 인정받기 위한 시험이 주어진다.

31. 듀이는 전통적 관점에서 교양교육이 인간의 수월성의 성취를 지향해야 한다는 데는 동의하지만, 일상적으로 유용한 교육과 대립되는 것이 아니라, 삶과 괴리된 고정된 지식의 전수를 의미하지는 않았다. 직업교육과 교양교육을 분리시키는 전통적 이원론을 거부하였다.

32. 홉스는 갈릴레오의 역학에 관한 업적에 매우 감명을 받았다. 그는 만물과 감각 자체를 신에의 운동 원리로 설명하려고 하였다. 따라서 자연철학에 대한 홉스의 선험적인 접근법은 경험적 귀납법을 옹호한 귀납법과 충돌하였다. 홉스는 물체론의 연역적 방법을 반대하면서 경험적 연구를 중시하던 월리스를 맹렬히 비판하였다. 홉스의 이러한 기계론적 형이상학은 천문학 교수인 『산물적 무한대』의 저자이면서 훨씬 우월한 위치에 있었던 월리스를 공격하였다. 이에 대해 월리스는 신랄하고 지독한 풍자로 이에 대응한다. 월리스는 홉스가 크롬웰의 후원 아래 『리바이어던』을 집필했으며, 왕을 저버렸다고 비난했다. 홉스는 월리스에 편지를 보내

이에 대한 자신의 충성심, 종교, 명예, 예의에 대해 논했다. 이에 대해 월리스는 별다른 응수를 하지 않음으로써 논쟁은 끝을 맺는다. 그러나 홉스를 둘러싼 논쟁은 다른 사람들을 통해 계속 이어졌다.

6장

가정생활을 위한 교육

현 교육과정의 대략적 개요는 수 세기 동안 우리와 함께 있었다. 이것은 남자들의 공적 삶을 위해 남자들에 의해 만들어진 것이다. 실용 과목들이 추가되었을 때(예를 들어 대학 단계) 이 과목들은 낮게 평가되었고, 때때로 거의 무시되었다. 지난 수십 년 사이 교육과정은 급격하게 변했으며, 많은 비판자들은 교양교육의 지위가 쇠퇴하는 것을 개탄하였다. 20세기에 이르기까지 이와 유사하게 중등학교의 교육과정은 특권층 소년들이 대학을 가기 위한 준비로 만들어졌다. 종합고등학교가 출현하고, 그것의 프로그램(혹은 "경로")이 다양화되면서 중등교육에 들어가는 학생의 비율은 세계를 선도하였다. 그렇지만 그것의 위상에 대한 인식 차이는 여전하였다. 오늘날 "개혁"—비전을 가진 우리들의 선조가 만들어놓은 것을 바탕으로 하여 혁신을 하는 것이 아닌—이라고 불리는 운동은 어느 누구나 특권화된 전통적 교육과정을 받아들이고, 전통적인 대학 공부를 준비할 것을 권장하고 있다.

이러한 과정을 통틀어 여성들의 경험은 크게 무시되었다. 여성들이 겉으로는 교육을 받았다고 하더라도, 그들에 대한 교육은 대체로 남성들에게 제공된 것보다 더 걸러진 설명들로 구성되었다. 잘사는 집안의 소녀들은 문화적 소양을 갖추도록 교육을 받았지만, 사회적으로 공적 생활을 통제하는 남성의 동반자로서 받아들여진 것이었으며, 그것도 흥미 있는 내용 중심이었다. 그렇지만 가난한 집안의 소녀들은 얄팍한 지식으로 짜인 읽을거리를 접할 뿐이었으며, 종종 별 볼 일 없는 것이었다. 여성들의 대학이 출현하면서(1821), 19세기 후반 들어 여성들이 일부 주립대학에 들어가게 되면서부터 이전에 남성을 위해 마련해두었던 종류의 교육을 받았다. 물론, 여성교육의 지혜를 둘러싼 논쟁은 뜨거웠다. 여성들은 이런 정도의 교육을 가지고 무엇을 할 수 있을 것인가? 혹시 모성을 포기하는 것은 아닐까? 지나친 정신노동으로 여성들의 생식기가 손상을 입지는 않을까? 결혼을 포기해야 하는 것은 아닐까? 린다 커버Linder Kerber(1997)는 여성의 지성사를 다룬 저작에서 장의 하나로, "소녀들은 왜 배워야 하며 현명해져야 하는가"라는 제목을 단 것 서두에 18세기 말에 쓴 시 구절을 적고 있다.

> 왜 소녀들은 배워야 하고 현명해져야 하나?
> 책은 그들의 눈을 흐리기만 하네.
> 공부를 좋아하는 눈이지만, 희미하게 반짝일 뿐
> 그리고 독서는 좋은 생각으로 가는 길을 걸어가도록 하네.
> (Kerber 인용, 1997, p. 232)

여성교육을 위해 만들어진 일부의 초기 학교는 가정살림을 하는 주부와 어머니로서 여성의 의무에 어느 정도 관심을 기울였지만, 남성을 위해 만들어진 교육과정에 여성의 참여가 허용된 것으로서 결코 학교의 지위를 갖지 못했다. 여성을 위해 자세하게 만들어진 어떤 코스나 제재도 자연스럽게 낮은 지위를 가졌다. 고등학교 단계에서조차 가정경제와 가정간호는 대학 입학을 위해 인정될 정도의 성적증명서로 여겨지지 않았다. 여성을 위해 존중받을 만한 교육은 특권을 누린 남성을 위한 것에 딱 맞는

이미지가 되었다.[1]

교육의 평등을 위한 기나긴 투쟁은 지극히 중요한 것을 사라지게 하였다. 여성들이 수 세기 동안 해왔던 작업에 주의 깊은 관심을 가져보자. 가정살림이나 자녀 양육이 기하학이나 영문학보다 가치가 덜 한 일인가? 이러한 활동들, 즉 여성들의 일은 집에서 가르치는 것이라 여겨져왔으며, 그리고 공적 삶과 사적 삶 사이의 견고하게 지지되었던 오래된 분리가 이러한 관점을 떠받쳐왔다. 개인적 삶은 교육의 한 부분으로 생각될 정도로 교양교육을 통해 지지되고 발달되었던 인격과 문화적 소양의 형성에 한정되었다. 이것은 자기 문화와 역사를 잘 아는 좋은 인격을 가진 사람이 집에서 가르쳤기 때문에 학교에서는 그것을 확실하게 가르칠 필요가 없었다. 교육자들은 『주요 원리 보고서』에 들어 있는 "훌륭한 가정의 구성원이 되기"를 소개하려고 하였으나, 비판자들은 이 시도를 반-지성적 시도라고 가치를 격하시켰다.

학교에서 이 문제를 가르치는 것에 대한 저항은 오늘날도 만만치 않게 발견되고 있다. 우리의 공립학교가 국가에 의해 운영 되어온 이래 가정살림이나 자녀 양육에 대해 가르치자는 제안은 사적 삶을 국가가 침해하는 것이기에 종종 거부되었다. 비판자들은 비록 그것이 자주 행해지지 않는다는 것을 알지만, 그러한 소재는 집에서 가르쳐야 한다고 주장했다. 교육자와 정책 입안자들은 아이들이 어릴 때는 스스로 학교 준비를 할 수 없기에 아이들을 지원하지 않으면 안 된다고 제안하는 논문을 계속 쓰고 있다. 아이들은 왜 준비가 되지 않았는가? 생물학적으로 부모들 다수는 분명 자녀 양육을 감당할 준비가 되어 있지 않다. 여기에는 가난하게 사는 부모뿐만 아니라 경제적으로 여유가 있는 부모도 해당된다. 하지만 가난한 사람들의 결손은 자녀의 학교 입학 준비를 하는 자녀 양육 바로 그 상황이기에 자주 더 두드러져 보인다. 부모의 입장에서 볼 때 이 점은 도덕적 잘못이라고 볼 수 없다. 오히려 이것은 한 세대에서 다른 세대로 대물림되는 빈곤과 여러 가지 결여에 의해 영향을 받는 하나의 삶의 방식으로부터 나온 결과물이다. 이를 받아들이는 것은 결함을 보여주는 사람이 무엇인가 잘못이 있다는 것을 암시하기에, 많은 교육자들은 소위 결핍 deficit이나 결손deficiency 모델로 이해하는 것을 내켜 하지 않을 거라고 짐작한다. 그것은 희생자를 비난하는 것처럼 보일 수 있다. 결손은 존재하지만, 사실 크게 보면 교육적 결손이다. 만일 모든 아이들이 성공하도록 돕는 데 진전을 보인다면, 많은 부모들은 자기 자녀들을 사랑하지만, 자기 아이들의 교육을 지도하는 데 필요한 지식과 자녀 양육 기술을 갖고 있지 않다는 점을 사실로 받아들이지 않으면 안 된다고 나는 생각한다. 물론 자기 자녀가 만족하는 삶을 향유하도록 보다 일반적으로 안내할 수 있는 자녀 양육 기술을 갖고 있지 않은 모든 사회경제적 수준이 열악한 부모들이 있다.

모든 어린이들이 학문적 수학을 한 번도 사용한 적이 없지만, 그것을 배우지 않으면 안 된다고 주장한다. 그런데 모든 어른들은 바로 자신을 위해서라도 가정을 꾸려야 하며, 그리하여 대부분 부모가 된다. 이렇게 과업이 지극히 중요함에도, 왜 학교에서 자녀 양육을 가르치지 않는가? 최근 예일 대학의 한 연구를 인용한 『뉴욕타임스』의 칼럼에서 이 대학을 졸업한 한 중년 남성은 예일 대학이 모든 학생들에게 자녀 양육을 가르치지 않은 것을 개탄했다고 한다. 그는 부모로서 자신의 역할에 대한 어떤 어려움을 확실히 경험하였기 때문이다.

만일 교육의 주요한 목적을 학생들에게 온전하고 만족스러운 삶을 위해 준비시키는 일로 받아들인다면, 분명 가정살림과 자녀 양육은 공교육 formal education의 한 부분이 되어야 할 것이다. 학교는 이 주제들을 어떻게 포함해야 할까? 한두 개의 과정을 단순히 첨가해서 될 일이 아니라는 것은 분명하다. 수업 시간은 이미 꽉 차 있고, 축소된 자원은 현재의 교과과정을 유지하는 것을 어렵게 하고 있다. 가정살림과 자녀 양육 과정을 추가한다고 하더라도, 이 과정은 대학 준비에는 쓸모없는 이삼류 등급에 속하는 자료로 처리되기가 쉽다. 최상의 해결은 마지막 두 장에서 제안하겠지만, 가정살림과 자녀 양육이라는 제재에 중심이 되는 학습 자료를 교과에 포함시키기 위해 교과 내부에서부터 펼치는 것이다. 이런 두 큰 제재가 주어진다면, 어떤 학습 자료가 들어가도록 노력해야 하는가? 다음에 이어지는 글에서 세부적인 교육과정을 권고하지는 않을 것이다. 오히려 탐색과 성찰을 통해 어떻게 이 일을 시작할 수 있는지를 보여주려고 할 것이다.

가정과 가정살림

가정home이란 무엇인가? 여기에는 몇 가지 고려해야 할 의미들을 함축하고 있다. 첫째, 가정은 주거하는 장소이며, 쉼터의 장소이다. 이런 가정은 가족을 묶게 할 필요가 없다. 양로원이나 고아원은 이런 의미를 갖는 가정이다. 둘째, 우리가 보통 생각하는 집은 가족이나 가족 같은 단위에 의해 선택되고 구성되는 거주지이다. 셋째, 지리적 구역이나 지역사회가 집으로 생각될 수 있다. 많은 사람들에게 애팔래치아 지역은 집으로 느껴진다. 미국, 페루, 러시아는 자기 나라homeland로 여겨진다. 넷째, 때때로 우리는 직장에 정착하거나 어떤 선호하는 활동에 전념하는 안정적 집단의 구성원이 되었을 때 "가정을 발견했다"라고 말한다. 이들 의미는 모두 중요하지만, 둘째와 셋째에 우선적 관심을 두고자 한다. 이 장에서 우리의 관심은 가족이 사는 집에서 무슨 일이 일어나는지, 그다음으로 사람들이 그들의 지역적 가정, 그리고 국가적 가정과 어떻게 관련지을지에 관심을 둘 것이다.

가족이 사는 집family home에 대하여 생각해보자. 가정을 꾸린다는 것은 무엇을 의미하는가? 우리는 보통 집에서 안정, 물리적 편안함, 갱생을 연상한다. 다수의 사람들은 이에 들어갈 목록 중에서 사생활을 높은 순위에 둔다. 우리가 집에 들어와서 문을 닫을 때, 바깥세상은 일시적으로 닫힌다. 우리 중 많은 사람들은 집이 가족 구성원들로부터도 은거할 수 있는 장소가 되기를 바란다. 붐비는 가족들 사이에서 어떻게 사생활을 누릴 수 있겠는가? 이는 젊은 10대 청소년들을 탐구할 때 제기되는 중요한 질문이다. 어떤 아이들은 그들의 가족을 멀리하기 위해 집을 나가지 않으면 안 된다. 그들은 어디로 가는가?

아이들이 그냥 "나가버린" 날도 있다. 그들은 때로는 친구들과 놀며, 때로는 숲을 거닐거나 운동장의 나무 아래 그냥 앉아 있다. 어떤 아이들은 나무 집을 짓고, 다른 아이들은 그들의 뒷마당에 텐트를 친다(Smith, 1957). 오늘날 교육에 민감한 가정education-conscious home[2]에 사는 아이들은 이리저리 돌아다닐 시간이 거의 없다. 많은 부모들은 자기 자식들에게 이렇게 감시받지 않는 시간을 허용하는 것을 두고 태만이라고 생각한다. 과거에는 아이들이 현관이나 다락방 구석에서 조용한 장소를 찾을 수 있었다. 이런 조용한 장소들, 때때로 집 자체 내부에 있는 장소는 생각이나 몽상을 하는 쉼터를 제공하였다.

가스통 바슐라르Gaston Bachelard(1964)는 우리의 삶에서 집이나 거처의 역할을 아름답게 묘사하고 있다.

> 집은 몽상을 숨겨준다. 집은 꿈꾸는 사람을 보호한다. 집은 평화 속에 꿈꾸는 것을 허락한다…… 이곳은 인간이 만나는 첫 번째 세계이다…… 사람은 집의 요람에 누워 있다…… 삶이 좋게 시작되고, 둘러싸여 시작하고 보호되며, 모두 집의 품 안에서 따뜻하다……(p. 6, 7).

바슐라르는 물리적인 장소로서 집house에 관해 말하고 있는 것이지, 사람이 살고 그것을 만들어가는 집이 아니기 때문에 인간의 경험에 관한 그의 묘사가 모든 사람들에게 적합하다고 할 수는 없다. 하지만 집은 중요한 출발의 장소place[3]가 될 수 있다. 가정을 꾸리는 사람homemaker으로서 우리는 살고 있는 장소를 어떻게 형성하는지를 탐색하고 싶을 것이다. 그러나 우리의 집—거주하는 장소—또한 우리를 형성한다. 바슐라르는 우리에게 이 점을 생각하는 데 도움을 주고 있다. 우리의 집들은 우리를 형성할 뿐만 아니라, 우리가 살고 일하는 지리적 위치도 또한 우리를 형성한다. 소크라테스부터 하이데거, 울프, 그리고 사르트르에 이르는 철학가들은 인간의 의식과 장소가 갖는 상호작용 효과에 대해 말했다.

주거 장소에 대한 논의는 역사와 지리 교과목에서 이루어질 수 있다. 그동안 학교에서 가르치는 역사에서 우리가 가정이라고 부르는 구조의 발달과 위생에 대해 너무 관심이 적었다(Rybczynski, 1986). 사실 최근(17세기)에 와서 오늘날 우리가 소중히 여기는 사생활과 안락함에 좀 관심을 갖게 되었다. 미술 수업 역시 미술적 기술뿐만 아니라 환경의 묘사에 좀 주목하게 되었다. 비톨드 리빈츠키Witold Rybczynski(1986)는 그의 연구에서 알브레히트 뒤러albrecht durer가 그린 성 제롬에 대한 그림[4]을 예로 들면서 그림에 나오는 방이 성 제롬이 실제 살았던 시기(5세기)의 것이 아니라, 전형적인 16세기의 건축이라는 점을 상기시켰다. 그림에서 제롬은 어깨부터 발까지 가운을 두르고 있다. 이것은 열의 원천인가? 빛의 원천인가? 그리고 방에서 작은 개 옆에 사자가 평화롭게 누워 있는 것은 왜 그런가? 잠깐! 이 작은 생명체가 개라는 말인가? 좀 더 가까이 보자. 이것이 양인가? 여기에서 성서적 예언을 보여주고자 하는 것인가?

다시 가장 깊은 생각을 할 수 있는 꿈꾸는 쉼터shelter로서 집에 대한 바슐라르의 시적 묘사로 돌아가보자. 만일 우리가 이 묘사를 중시한다면, 가정을 꾸리는 사람은 모든 가족 구성원들이 성장할 수 있는 환경을 제공하기 위해 우리의 주거 공간을 어떻게 구성해야 하는가? 빅토리아 시대의 사람들[5]은 적절한 행동을 고무하도록 방이 디자인되고, 이들 방의 적절한 사용을 강제해야 한다고 믿었다(Ford, 2000). 도서관에서 소리 지르거나 난리를 쳐서는 안 되며, 응접실에서는 옷을 대충 입어서는 안 된다. 오늘날 인기 있는 만화에서 거실에서 속옷 차림을 하고, 면도는 하지 않고, 신발은 벗고, 맥주를 마시며 TV 보는 사람을 볼 수 있다. 많은 사람들은 아마도 빅토리아 시대의 무미건조함보다는 만화 속에서 형식 없이 묘사한 것을 더 좋아할 것이다. 그런데 어떤 장소에 특정한 기능을 부과하는 것에 관하여 어느 정도 긍정적 언급을 할 수 있는가? 모든 사람은 적어도 자기 자신만을 위해 고안된 공간을 가져야 하는가? 그곳이 TV도 없고 떠들어서도 안 되는 독서와 공부를 위한 장소여야 하는가? 언제나 깨끗하고 손님 맞을 준비가 되어 있는 공적 공간이어야 하는가? 가족이 사는 공간에 관한 이야기를 하자면 역사적으로 거의 논란이 없었다. 하지만 오늘날 우리가 어떻게 살고 있는가에 관한 논의를 계속하면, 우리가 그렇게 되기를 바라는 것과 같이 불편할 정도로 큰 차이가 보일 수도 있다. 자신의 집에 공적 공간이나 사적 장소를 갖고 있지 않다면 아이들은 어떤 느낌을 가질까? 내 생각에는 미래의 대학이나 직업에 대해 이야기하는 것처럼 미래에 대해, 그리고 미래의 가정을 어떻게 계획할 것인지를 떠올려야 한다고 본다. 우리는 아이들이 무엇을 원해야 하는지를 독단적으로 말해서는 안 된다. 그렇지만 생각하고, 상상하고, 계획하도록 그들을 도와야 한다.

오늘날 작은 가정 운동small home movement[6]은 우리에게 도움을 준다. 각각의 구역이 기여할 기능을 생각하는 것이 분명 중요하기 때문에 학생들은 작은 집들의 사진과 도면을 모으는 것을 즐길 수 있다. 이런 거주 장소에서 주기적으로 어떤 활동을 할 수 있을 것인가? 거주지, 즉 집, 스튜디오, 작은 아파트 등을 어떻게 그것의 지리적 장소에 어울리게 할 수 있는가? 도시 거주자들에게, 옥상과 지역공동체의 정원을 위한 현재의 운동은 재미있어야 한다. 우리가 무엇을 성장시키고, 우리의 수확물을 가지고 무엇을 할 것인가? 일부 도시학교들은 지금 자체 정원을 갖고 있으며, 일찍이 학생들에게 작물을 기르는 과제와 즐거움들을 소개하고 있다.

빌 브라이슨Bill Bryson(2010)[7]의 『가정에서At Home』는 공간과 기능 사이의 관계에 있어 이야기, 유머가 있는 일화뿐 아니라 정보를 풍부하게 제공하고 있다. 여기에 몇 장의 제목을 소개하고자 한다. 안방, 부엌, 식당, 지하실, 서재, 침실, 욕실, 놀이방, 다락방, 계단 등이 있다. 브라이슨은 이 책의 마지막에서 "계단의 역사에 대해 말한다면 할 말이 크게 없다"(p. 369)라고 말한다. 정말로 그는 이들 방의 어떤 것에 대해서도 별로 한 말이 없다. 오히려 그는 모든 종류의 대상에 대해 이야기를 할 수 있는 모임의 장소로 그것을 사용하였다. 그럼에도 불구하고, 수학 교사는 학생들에게 발걸음을 층계로 옮기면서 학교 계단의 수직면(영어로는 "goings"로 불리는)을 측정하도록 하고, 그 측정이 수학자들이 제시한 공식과 일치하는지 여부를 확인한다(Bryson, 2010, p. 369).

$$R = 9 - \sqrt{1/7}\,(G-8)\,(G-2)\text{와}$$
$$G = 5 + \sqrt{7}\,(9-R)\,2 + 9$$

이 공식을 통해 일부 계단이 왜 불편하며, 심지어 위험한지를 설명하는 데 도움이 될 수 있는가?

수학 교사들은 마이클 폴란Michael Pollan(1997)의 저서 『자신의 장소』에 대한 논의를 위해 또 다른 좋은 사례를 찾을 수 있다. 폴란과 그의 계약자들(그리고 교사들)은 작업장 만드는 학습을 하면서, 연구의 기간과 폭이 황금분할Golden Section—폭에 1.618을 곱하면 나오는 길이의 비율—에 의해 결정된다고 결론을 내렸다. 황금분할(또는 황금비)과 파이($\varnothing$, phi)는 건축, 자연, 미학, 차원분열도형, 기하학, 이외의 많은 분야에서 나타난다

(Livio, 2002). 수학 교사는 파이와 관련된 수업에서 어떤 숫자도, 특히 이 차방정식을 공부하는 것에 적절한 숫자도 만들 수 있으며, 학생들은 집과 학교에서 다양한 방들을 측정하는 것을 즐길 수 있다. 다른 것보다 황금 비율에 가까운 것을 측정하는 것이 미적으로 즐거운가? 여기에서 수업계 획을 제공하는 것이 목적이 아니라, 교사들이 그것을 만드는 것을 즐기기 를 바라는 것이다.

집에 대한 바슐라르의 저술로 다시 돌아가자. 그는 각각의 방을 시적이 고 심리적으로 따지고 들어간다. 지하실은 우리의 무의식에 숨어 있는 공 포를 둘러싼 특별한 심리적 의미를 지니고 있다. 어둡고, 축축하고, 추운 지하실은 모든 사람들이 피하고 싶어 하는 장소이다. 정말 요즘의 많은 사람들은 지하실 없는 집에 사는 것을 좋아한다. 문학 교사는 지하실 공 포를 보여주는 많은 이야기와 시를 쉽게 발견할 수 있다. 로버트 프로스 트Robert Frost는 해골이 가득한 장소인 지하실로부터 다락방까지 그것을 "스스로 요리더미처럼 나르고 있는" "두 명의 마녀"를 기억해낼 수 있을 까? 바슐라르(1964)는 지하실이 불러일으킨 공포가 과장되었다고 언급하 였다.

지하실은 광기가 묻혀 있고, 벽은 비극으로 채워져 있다. 지하실에 관한 잔인한 이야기들은 우리 기억에 지울 수 없는 흔적을 남기고 있으며, 우리 는 그것이 더 깊어지지 않기를 바란다. 그런데 누가 포의 「아몬틸라도의 술 통」[8]을 다시 읽고 싶어 할 것인가?(p. 20)

교사들은 엄습한 분위기에 빠져들지 않으면서, 공통으로 느끼는 공포 감과 함께 햇볕의 치유적 힘을 감지할 수 있도록 학생들을 도와주어야 한다. 그들은 또한 학생들이 여가로서의 책읽기recreational reading[9]를 선택 할 수 있도록 도와야 한다. 여기에 아주 좋은, 잘 쓰인 추리소설, 즉 지하실, 다락방, 좁은 계단, 잠긴 문에 대한 많은 이야기들이 담겨 있는 소설이 있다. 예를 들어 이 글을 쓰면서 나는 루스 렌델Ruth Rendell의 『둥근 천장The Vault』[10]—어두운 구멍, 시체들, 꽉 막힌 계단………—을 부들부들 떨며 읽기 시작했다.

전통적 교과목 하나하나를 위해 집과 가정살림에 대한 상세한 하위 교육과정을 개발하자고 제안하려는 것은 아니다. 그렇게 하는 것은 우리의 목적을 거스를 수 있다. 교사들은 자기 시간에 또 하나 요구를 하는 것에 반발할 거다. 학생들은 다가오는 시험을 쳐야 하는 피할 수 없는 두려움이 있기에 학습 자료를 골치 아프게 들여다보고 있지만, 시험이 끝난 후에는 대부분 편안히 잊어버릴 것이다. 모든 학생들이 집과 가정 꾸리기를 배워야 하는 무엇이 있는데, 그 내용은 잠시 후 언급하도록 하자. 여기서는 교사들이 자신의 전문성을 다른 교과와 실제의 삶으로 확장시켜갈 수 있는 수평적 수업에 집중하겠다.

모든 교사는 집과 가정살림에 관한 주제를 수평적으로 확장하는 데 이용될 수 있는 학습 자료를 살펴보아야 한다. 창의적 교사들이 먹는 것과 환대를 주제로 무엇을 다룰 수 있는지를 생각해보라. 잘 고른 요리책을 가지고 이루어지는 어떤 활동은 허쉬가 규정한, 연결되지 않는 상세한 것보다는 지리를 가르치는 것이 더 효율적일 수도 있다. 삼백 가지의 다양한 감자를 어디에서 볼 수 있는가? 이러한 다양성의 확산이 왜 거기에서 일어나는가? 단종 재배[11]의 위험성에 관하여 역사는 우리에게 무엇을 말하고 있는가?

이러한 논의를 시작하는 데는 몇 가지 방법이 있다. 교육과정은 관례적으로 안데스 지역에 관한 공부를 하도록 하고 있다. 창의적 교사는 기본이 되는 지도와 기후로부터 시작하여 감자, 조리법 그리고 단종 재배의 위험을 탐색하는 것으로 이동할 수 있다. 교사는 단종 재배의 대참사 때문에 기근이 일어난 아일랜드 감자 이야기도 언급할 것이다(Pollan, 2001).

또는 생물 시간에 단종 재배에 관한 이야기로 시작하여 안데스와 감자로 주제를 옮겨 토론을 할 수도 있다. 또는 창의적인 영어 교사는 요리책을 기반으로, 단지 요리법이 아닌 문화적 근거가 포함된 종류의 책으로서 단원을 진행할 수도 있으며, 지리, 문화적 습관, 농업 등에 관한 논의로서 수평적 수업을 전개할 수 있다. 영어 교사에게 부여된 주된 목적은 학생들이 읽도록 하는 것이다. 만약 읽기가 어떤 선택, 즉 요리책이나 인정된 추리소설의 선택을 허용한다면, 그리고 그것이 개인의 만족스러운 삶을 꾸리는 데 기여할 수 있다면, 이것은 의미 있는 목적에 의해 안내된 중요한 시험을 통과한 셈이 될 것이다.

여기에서 제안된 것을 가르칠 수 있는 방법으로 교사교육의 변화가 필요하다. 한 과목에서 좁게 전문적 지식을 발달시키고 집중하기보다, 교사들은 자신의 교과목을 확장할 수 있는 더 넓은 지식을 교육과정 안에서 획득할 수 있도록 도와야 한다.

지금까지 집과 가정생활에 관한 논의에서, 어떻게 거주지가 우리를 형성하는지에 초점을 맞추어 논의하였다. 어떻게 우리는 우리의 집과 주거공간을 구성하는가? 여러모로 학교가 이 제재를 다루기에는 너무 어렵다. 내가 언급했던 인용문에 주목해보면, 저자들은 모두 남자임을 알 수 있다. 그리고 상대적으로 현 교육과정으로부터 교과의 횡적 주제들로 이동하는 것이 쉽다. 우리가 어떻게 가정을 만들어갈 것인지 질문을 할 때, 우리는 오래 끌어왔던 문제를 만나게 된다. 가정생활을 꾸리는 일은 대개 여성들에게 맡겨졌으며, 가정에서 하는 여성의 일과 관련된 학교교육과정은 거의 없다고 말할 수 있다. 이 주제에 대해 글을 잘 쓰는 데는 별 문제 없지만, 12학년 교육 체제 속으로 이 제재를 옮겨놓기란 거의 불가능에 가까울 것이다. 인기 있는 미국 역사 교과서의 목차에는 "여성"이 30번이나 나오지만, 가정에서 여성이 하는 일을 전혀 다루지 않고 있다. 여성은 남성들이 지배하는 프로젝트에 어떤 기여를 하거나, 그렇게 하는 데 노력을 기울여서 주목을 받을 때야 비로소 이야기 속에서 등장한다.

앞서 나는 미국 중등학교 교육과정의 개요가 앞으로 수십 년간은 변경될 것이라고 믿지 않는다고 말한 바 있다. 그렇다면 우리는 교과를 뛰어넘어 작업하고, 그 안에서 교과목들끼리 확장하지 않으면 안 된다. 그렇지만 시작하거나 연결할 수 있는 "가정의 역사"나 "여성들의 일" 또는 "집안일"이라고 불릴 수 있는 코스는 아무것도 없다. 고등학교에서 가정경제학 코스가 생겼을 때, 이 코스는 공적 세계에서 어떤 일을 할 것이라고 기대도 하지 않은 여학생들이 채택하였다. 그런데 큰 관심을 받지는 못하였다.

아마 이때도 공식적 교육과정formal curriculum에 추가할 것을 요구하였다. 미국 역사 이외의 다른 역사 과정이 선택 과목이 된 이래, 왜 가정살림을 가정의 역사나 여성의 역사에서 제공하지 않는 것일까? 첫 번째 실망스러운 대답은 오직 여성만이 이 과정을 선택할 수 있다는 사실이다. 두 번째 이 과정은 고등학생들을 위한 대학에서의 학점인정Advance Placement/AP[12] 자격을 얻을 만큼 매우 실력 있는 학생을 필요로 한다는 사실이다. 지난 40여 년 정도 좋은 제도를 만들어놓았기 때문에 이걸 이행하는 것은 그렇게 어렵지 않을 것이다. 그러나 이것은 이 장의 마지막에서 다루는 자녀 양육의 기본 문제에서 이야기하기로 하자. 모든 학생들에게 가르쳐야 하는 것에는 몇 가지 문제가 있고, AP 코스를 선택한 일부 특출한 학생들은 이것을 학습하지 않을 것이다.

여성은 가정에서 자기 가족들의 삶을 꾸려왔다. 이 사실은 여느 때나 진실이지만, 가정살림을 전문화하고, 가정을 디자인하기 위한 중요한 제안을 여성들이 하기 시작한 것은 거의 19세기 중반이 되어서다. 예컨대, 캐서린 비처Catherine Beecher(Harriet Beecher Stowe의 여동생)는 집안일 운영 등 같이 살고 있는 사람들의 안락을 걱정하였다. 그녀와 그녀의 여동생(Beecher & Stowe, 1869)은 집을 작게 하며 효율성을 높일 것, 부엌에는 안전한 계단을 설치하고, 난방과 환기, 급수장치를 만들 것을 권장하였다. 리빈츠키Rybczynski(1986)는 비처 자매가 디자인한 집은 여덟 사람이 살 수 있는 1200제곱피트의 집이라고 밝혀 주목을 끌었다.

아늑하고 작은 집[13] 이래로 작은 것을 소중하게 여기는 이 가치는 가정의 모습에서 사라져버렸다. 이 가치가 재출현한다는 것은 가정의 안락함이 진화하고 있는 중요한 순간임을 특징으로 한다. 비처는 여러 가지 점으로 미루어볼 때 이 점에서, 여전히 안락함을 넓찍한 느낌과 결합시켰던 19세기에 비하면 자기 시대를 앞서갔다(p. 162).

오늘날 맥맨션McMansion[14] 유행은 작은 집에 대한 새로운 관심으로 돌아서고 있는 듯하다.

비처는 여성의 역할이 집과 가정을 만드는 데 있어 중요함을 역설하였다. 그녀는 공적 삶에서 여성의 평등을 주장하지 않았다(Martin, 1985). 그렇지만 페미니즘 물결에 따른 여성의 참정권 운동이 일어남에 따라 공적 세계와 구분이 되었으며, 분리된 "여성들의 영역"이 존재해야 한다는 관념을 옹호하는 것은 어렵게 되었다. 비처는 여성 주부의 직업적 전문성을 극찬하였지만, 바바라 웰터Barbara Welter, 아일린 크라디토Aileen Kraditor, 베티 프리댄Betty Friedan, 그리고 제르다 러너Gerda Lerner와 같은 저자들은 "진정한 여성다움"의 예찬이나 신비감을 지칭하는 여성의 영역이라는 개념을 비판하였다(Kerber, 1997). 공역 영역에서 분리된 세계에서 포착된 이미지는 "가정에서의 천사", 즉 아마도 그녀가 관리하고 있는 집에서 매우 공감적이며, 이타적이며, 자기희생적 노예의 이미지이다. 버지니아 울프Virginia Woolf(1966)는 빅토리아 시대의 여성적 미덕이라는 모범을 묘사하면서 그것을 거부하였다. "천사"라는 지칭을 언급하며 그녀는 기술했다. "내가 이 비평문을 작성할 때 나와 글 사이를 오고 간 사람이 그녀이다.

나를 괴롭히고, 내 시간을 뺏고, 나를 고통스럽게 하는 사람이 천사라서 나는 마침내 그녀를 죽여버렸다"(1966: 285).

학생들은 두 개의 세계, 즉 공적 영역과 가정의 영역 모두를 성공적으로 관리하는 여성에 관심을 보일 수 있다. 릴리언 길브레스Lillian Gilbreth의 『열두 명의 원수들』(Gilbreth & Gilbreth, 1966)의 이야기는 꽤 재미있다. 길브레스는 산업 엔지니어로 일하며, 12명의 어린이를 기른 특출한 경력을 가지고 있었다. 그녀의 사례는 가정살림에서 질서와 효율성의 중요성을 이야기하고 있다. 또한 효율성과 창의성은 반드시 조화되지 않는 것이 아님을 보여준다.

나는 여기에서 여성의 영역에 관한 생각과 이에 대한 크게 상반된 관점을 이야기하느라 시간을 좀 보냈다. 왜냐하면 그것에 대해 확고히 반대한다는 점을 알리고 싶었기 때문이다. 우리가 주부의 헌신을 너무 자주 간과하며, 심지어 잊기도 하는 것이 걱정스럽다. 결국 그것은 가정살림의 한 영역이다. 내가 "가정을 꾸리는 사람"에 대해 언급했을 때, 비처에 의해 묘사된 모델을 지칭하는 것은 아니었다. 내가 거론하고 있는 가정을 꾸리는 사람을 공적 세계에서 전문적으로 고용된 사람으로 보는 것은 당연하다. "그녀"는 남자가 될 수도 있다. 예를 들어 남자가 모성적 사유[15]에 참여할 수 있는 가능성은 사라 루딕Sara Ruddick(1989)에 의해 아름답게 묘사되었다. 이에 대해서는 자녀 양육을 논의하는 부분에 가서 좀 더 얘기하기로 하자.

우리는 가정살림을 도전적이고 전문성이 있는 과업으로 보는 비처나 여타 사람들에 의해 묘사된 여성들의 경험으로부터 어떤 중요한 점을 배울 수 있는가? 가정살림의 신체적 작업은 가정경제에서 자주 강조되어 왔다. 청소, 빨래 및 다림질, 요리, 식사 준비하기, 바느질, 어린아이 돌보기, 병간호 등. 그런데 우리가 꿈을 꾸는 사람들의 안식처로서, 외부 세계에 대처할 뿐만 아니라 세계의 구성에 헌신하는 사람으로 성장하고 배우는 안전의 장소로서 집(바슐라르에 의해 묘사된 종류의 집)을 생각할 때, 가정을 꾸리는 사람의 영향이 쉽게 구별되면서 물리적 과업을 넘어 멀리 확장되는 것을 볼 수 있다. 그리고 이러한 일은 시간이 지남에 따라 변해왔다. 오늘날 다리미질은 거의 볼 수 없으며, 양말을 꿰매는 사람도 드물어서 "꿰매다"라는 말의 뜻을 모르기도 한다.

가정을 꾸리는 사람은 신체적 건강의 책임을 지고 있다. 그녀는 건강한 음식을 계획하고, 패스트푸드에 거의 의존하지 않는다. 그녀는 간식으로 사용할 신선한 과일이 있는지를 확인한다. 집에서 흡연은 허용되지 않는다. 비만이 걱정되는 시대를 맞이하여 건강한 가정의 식단을 계획하는 주부의 책임감은 어느 때보다 중요해졌다.

가정을 꾸리는 유능한 주부는 어떻게든 가족이나 손님들이 심리적으로 편안한 분위기를 만들어 "편하게at home" 환영받는 느낌을 갖게 한다. 대화도 잘 이끈다. 모든 사람이 집안일에 참여할 것을 기대하지만, 가능한 한 일의 배분은 민주적이 되도록 한다. 아이들은 자신이 책임질 수 있는 일을 선택하게 한다. 주부 지원 구조를 제공하며(예를 들어 정해진 식사 시간에는 모든 사람이 참여해야 한다), 다른 가족들이 자신의 활동 일정을 정립할 수 있도록 의사소통하며 격려한다. 그녀는 이러한 문제들에 대한 토론으로 초대한다.

가정을 꾸리는 사람은 집에서 사용하는 말의 어조를 설정한다. 내가 뜻하는 것은 대화를 위해 저녁 식탁에 빅토리아 시대의 모습을 불러낸다는 의미가 아니다. 단지 그녀가 불쾌한 언어의 사용을 허용하지 않는다는 것이다. "우리는 그 단어를 이 집에서 사용할 수 없어요." 그녀는 모든 가족 구성원이 대화에 참여할 수 있도록 노력한다. 그녀는 어린 자식들의 문법적 실수를 부드럽게 바로잡는다. 그리고 그녀는 경청한다.

가정을 꾸리는 사람은 소중하고, 가치 있으며, 돌봄을 받는 것의 의미를 전달한다. 화분이 죽거나 방치되는 것은 허용되지 않는다. 애완동물을 학대해서는 안 되며, 사랑으로 보살펴야 한다. 집 가구는 분노나 부주의에 의해 망가지거나 훼손되어서는 안 된다(이것은 때때로 일어난다). 무엇을 흘렸을 때는 과도한 소란을 피우지 않고 청소해야 한다. 무엇보다도 능력 있는 주부는 체제와 자유, 선택과 책임감, 휴식과 활동, 쾌락과 수고, 사회적 상호작용과 사생활 사이의 균형을 이루는 의미를 잘 정립해야 한다. 그녀는 민주적 환경을 제공한다.

나는 가정에서의 천사로 알고 있으며, 아름답게 미화되고 있는 늘 밟고 다니는 현관 깔개[16]와 같은 어머니상을 부활시키고 싶은 생각은 없다. 그러나 훌륭한 가정살림을 위해 필요한 태도나 지식, 기술을 경시하면서 이끌어지는 주부에 대한 혐오 태도도 원하지 않는다. 오늘날 부모와 아이들 모두 가정살림을 반드시 함께 하지 않으면 안 된다. 사람들은 어디에서 이를 배우는가? 만일 그들이 집에서 이를 배우지 않는다면, 우리는 그것을 결코 배울 수가 없을 것이다. 학교가 유아교육을 통해 이 결핍을 보완하도록 노력해야 한다. 아이의 교육에 있어 가정환경이 가장 중요한 요인이라는 것을 우리는 안다. 그런데도, 학교는 모두에게 대수학을 가득 채워 넣으면서 가정살림과 자녀 양육을 가르치는 것을 완강하게 거부하고 있다.

자녀 양육

어떤 사람들은 가족의 사생활을 방해한다는 이유로 자녀 양육parenting을 학교에서 가르치는 일을 완강하게 반대한다. 이것은 공적인 것과 사적인 것, 즉 서로 다른 삶의 두 영역이 뚜렷하게 분리되어야 한다는 오래된 신념의 결과라고 할 수 있다. 지난 수십 년간 페미니스트들은 이 분리에 도전하는 캠페인을 벌였으며, 그리하여 아동과 여성에 대한 학대는 어느 정도 없어졌다. 사회재생산 이론가들은 이 같은 분리에 반대할지도 모른다. 왜냐하면 그것이 현재의 계급 구조를 지지하는 유력한 역할을 하고 있으며, 그들이 그렇게 하는 것은 권리이기 때문이다.

그러나 교육자들은 가족 문제에 있어 사생활의 필요성을 이해하지 않으면 안 된다. 또한 다른 문화와 가족에게는 다른 형태의 자녀 양육이 필요하다는 것도 인식하지 않으면 안 된다. 나는 이미 우리가 사회정의를 옹호하는 관점을 교화할 수 있다는 카운츠의 권고를 거부한 바 있다. 나는 우리가 자녀 양육을 권위주의적이고 이념적인 형태로 가르치는 것 또한 거부해야 한다고 생각한다. 자녀 양육에 대해 열려 있는 비판적 논의는 역시 학생들이 뒤늦게 후회할 가능성을 보이는 개인적 폭로로 이어질 위험이 있다. 자녀 양육의 초기 논의에서는 미래에 초점을 맞춤으로써 공적인 폭로와 현재 상태에 대한 분석을 피할 수가 있었다. 미래에 대학에 다닐 것인지, 그리고 예상되는 직업에 대해 학생들과 자유롭게 얘기하면서 물을 수 있어야 한다. 이와 유사하게 그들이 어떤 종류의 가정을 원하는지, 그리고 그들이 부모로서 무엇을 바라는지를 생각하도록 격려되어야 한다.

자녀 양육에 대해 가르치는 교육이 실패하면 사회정의를 차단할 수 있는 계급 격차를 옹호할 가능성이 크다는 것을 교육자와 정책 입안자들은 고려해야 한다. 오늘날 유아교육early childhood education에 막대한 돈이 들어가는데, 그것은 빈곤으로 인해 박탈된 경험을 아이들에게 제공하는 하나의 방식인 보상 조치compensatory measure[17]로 옹호되고 있다. 하지만 빈곤은 문제의 한 부분일 뿐이다. 때로는 매우 가난한 부모일지라도 학교에서 학습하고 참여하기 위한 준비를 자녀들에게 탁월하게 제공하기도 한다. 우리들의 국가 역사에는 이러한 사례들이 가득 차 있다.

나는 가난을 경감하거나 가난한 아이들을 위한 조기 교육early education을 제공하는 프로그램에 반대하는 주장을 하려는 것이 아니다. 그것은 분명히 중요하며, 강한 지지를 받을 만한 가치가 있다. 다만, 우리가 주목하는 학교가 무엇을 할 수 있는가의 문제로 돌아왔을 때, 학교와 가정은 상호 의존적이라는 것을 인식해야 한다는 것이다. 만일 우리가 미래의 어린이에게 주어질 가정생활을 공고하게 하는 무언가를, 특히 그 교육적 분위기로서 할 수 있다면, 우리는 그것을 해야 한다. 그렇지 않으면, 가정에서 무엇을 하는지에 따라 학교는 우리들의 노력을 철회하는 모험을 감수해야 한다. 이것은 "희생자를 비난하는 것"도 아니며, 일부 부모에 대해 터무니없이 가혹한 비난을 하려는 것도 아니다. 이것은 전혀 비난할 문제가 아니며, 유능한 교사에게는 잘 알려진 사실로서 그들이 당면한 문제이다. 일부 학생들은 교육에 대해 전혀 고무하지 않는 가정에서 출발하여 학교에 들어간다. 셜리 브라이스 히스Shirley Brice Heath(1983)는 학교에서 사용하는 언어 방식과는 반대로 움직이는 문화적 언어 사용 방식이 일어나는 문제의 일부를 보여준 영향력 있는 문화기술지 연구를 하였다. 예를 들어 부모가 읽고 아이는 듣고 있을 때 읽은 것, 즉 대본에 적혀 있는 대로 그대로 읽는 것이 어떻게 다른 상황으로 확장될 수 있는지에 대해 아무런 논의나 탐구가 이루어지지 않고 있다. 정반대 극단에 있는 일부 가정에서는 읽는 것이라고는 없다. 게다가 우리는 이미 부모가 되어버린 사람의 비효율성에 대해 할 수 있는 일이 많지 않다. 하지만 우리는 장차 비효율적인 부모가 될 수 있는 사람의 수를 줄일 수는 있을 것이다.

어디에서 그것을 시작할 수 있을까? 내가 일찍이 인정했듯이, 우리는 이 지점에서 교육과정의 구조와 함께 작업해야 한다. 만일 우리가 자녀 양육의 전 과정을 자유롭게 설계하고 실행할 수 있다면, 그리고 모든 사람에게 하나의 과정을 요청할 수 있다면, 나는 사라 루딕(1989)이 분명히 밝힌 세 가지 커다란 요구, 즉 생명의 보존, 성장의 촉진, 도덕적/사회적 수용을 향해 젊은이 안내하기를 함께 시작할 수 있을 것이다. 이러한 과정이 고등학교에 곧 제안될 것 같지는 않기 때문에 이런 생각의 일부를 이해시키기 위해 이미 자리를 차지하고 있는 교과를 어떻게 사용할지를 묻지 않을 수 없다. 다음에 이어지는 글에서 나는 처음의 두 가지 요구에 집중할 것이다. 이후의 장에서 세 번째의 도덕적 수용성에 집중할 것이다.

영어 프로그램에서 어떤 일이 일어나고 있는지를 생각해보라. 확실히, 고등학교 영어의 한 학기는 아동기childhood의 문학에 집중해야 한다. 우리가 어떤 가능성을 탐색할 때, 앞 장들에서 소개되었던 문제들, 즉 상세한 학습 목표를 위한 요구, 전문화에 대한 과도한 의존, 시험에 의존하지 않는 평가 방식을 고안하는 데 있어서의 무력감에 직면할 수 있다.

첫 번째 질문은 어떤 아동기 문학을 포함하느냐이다. 아동기 문학교육의 최우선적 목적이 우리의 10대 학생들에게 부모의 가장 현명한 활동, 즉 아이들에게 읽어주기와 함께 읽기를 하도록 준비시키는 것임을 유념해야 한다. 해마다 반복적으로 나오는, 우리에게 친근한 만화에서는 부모가 손에 책을 들고 앉아 있으며, 침대 쪽에는 어린아이가 있고, 추정컨대 "잠잘 때 들려주는 옛이야기"를 읽고 있다. 만화는 의도하지 않았지만, 잠잘 때 들려주는 이야기의 목적이란 아이들이 잠을 잘 들게 하는 것임을 알려주고 있다. 그것이 부모의 의도라면, 자장가를 부르는 것이 더 나을지도 모른다. 우리가 초대해야 하는 그림은 우리에게 부모와 아이가 가까이 앉아 책을 함께 갖고 있는 것, 즉 함께 책을 잡고, 책을 보고, 같이 말하는 것이다.

아이가 아주 어리며(유치원에 들어가기 전의 연령), "그림책"이 선택되었다고 가정하자. 10대 학생들과 함께 우리는 이 책의 다양성을 살펴볼 수 있다. 그리고 학생들은 책이 어떤 연령을 위해 디자인되었는지 추천된 연령을 확인하는 것을 배울 수 있다. 그들은 또한 뉴베리상Newbery Medal[18]과 칼데콧상Caldecott Medal[19] 그리고 그것이 의미하는 바에 대해서도 배우게 될 것이다. 이제 책을 보는 적절한 나이에 대해서 얘기해보자. 부모로서 무엇을 해야 하는가? 우리는 분명 읽는다. 그러나 또한 말하고, 듣고,

그림을 주의 깊게 보는 데 시간을 보낸다(어린이가 이후의 학교생활에서 비판적 사고를 준비하는 데 별로 도움이 되지 않는 대본에 있는 그대로 읽는 방식에 대한 히스Heath(1983)의 말을 다시 살펴보자). 내가 최근에 본 그림책은 숲속에 사는 야생동물의 다양성을 보여준다. 부모는 "뭘 보고 있니"라고 물을지도 모른다. 만약 아이가 "곰들이요"라고 대답하면, 부모는 "곰이 몇 마리니"라고 할지도 모른다. 이것은 아이가 일대일 대응에 관한 기본 개념을 습득했는지 알아볼 수 있는 훌륭한 기회이다.—아이는 하나의 곰을 가리키며 "하나"라고 말하고, 다른 곰을 가리키며 "둘"이라고 말할 것이다. 이것은 셈하기를 배우는 데 있어 필수적으로 중요하다. 너무나 많은 부모들은 자기 자녀들이 "하나, 둘, 셋……"을 단지 암송하면 숫자를 셀 수 있다고 생각한다. 아이가 일대일 대응의 개념이 생기기 전까지, 부모는 너무 야단치지 않고 기회가 생겼을 때마다 어떻게 하는지 보여주면 된다. 내가 보는 그림에는 세 마리의 곰뿐만 아니라, 세 마리의 부엉이와 세 마리의 너구리가 있다. 부모는 아이가 손으로 각각의 부엉이와 너구리를 가리키며, 숫자를 말하도록 하면 된다. 그래 부엉이가 뭐야? 너구리가 뭐야? 또 사지를 이용해 나무를 올라가는 거센 털이 많은 생물은 뭐야? 나뭇잎들에 의해 거의 숨겨진 것은 어떤 것인지 보아라. 부모는 책 보는 것을 이름, 모양, 자연, 공포, 재미에까지 확장한다. 그리고 아이가 말하고 질문하도록 격려한다.

이 지점에서, 우리는 익숙한 문제를 만나게 된다. 많은 영어 교사들은 자신이 영어 교사이지 유아교육 교사도 아니고, 수학 교사도 아니고, 생물 교사도 아니라고 항변할 수 있다. 그녀는 영국 문학, 미국 시, 그리고/또는 5문단 에세이 쓰는 법을 가르치게 되어 있다. 우리는 전문화의 문제에 직면한다. 윌슨E. O. Wilson[20]은 미래의 과학자들이 자신의 전문 분야 너머의 것을 많이 알아야 할 것이라고 조언하였음을 상기해보라. 나도 교육에 있어 같은 조언을 하려고 한다. 그러나 우리는 교사들을 설득시키지 못했지만, 교사들은 우리가 가르치는 것이 반드시 실제의 생활과 관련이 있어야 한다는 화이트헤드Whitehead[21]와 같은 사상가의 말을 잘 기억해야 한다.

영어 교사에게 보다 현실적으로 기대할 수 있는 것으로는 교사가 학생들과 함께 어린이 고전 작품을 확인하고 다시 살펴보는 것이다. 이 점은 이 과정에서 당연히 포함되어야 한다. 선택된 독서에 더하여, 이들 책이 심리학자들과 여타 육아 전문가들에 의해 어떻게 평가되었는지에 대한 논의가 있어왔다. 예를 들어 『그림의 동화Grimm's Fairly Tales』[22]는 그 내용에 있어 감수성이 예민한 아이들에게 때로는 방해가 될 수 있기에 좀 논란의 대상이 된 바 있다. 스폭Spock 박사(2001)[23]는 잔인함과 폭력성을 수반한 동화를 읽는 지혜에 대해 전문가들이 보여주는 양가성에 주목하였다. 브루노 베틀하임Bruno Bettlheim(1976)[24]은 엄마가 마녀가 되고 아빠가 도깨비가 되는 이야기를 아이들이 읽지 못하도록 조언하였다. 만일 우리가 이 경고를 받아들일 것인가, 아니면 폭력과 잔인성이 포함되는 것을 그대로 받아들일 것인가? 이 논쟁에서 교사는 한쪽 입장을 지지할 필요가 없으나, 단지 자신의 학생들에게 이러한 점을 알도록 해야 한다.

자녀 양육에 관하여 가르치는 방법을 찾는 것으로 돌아가기 앞서, 다른 교과에서 이 작업을 하는 데 방해가 되는 또 다른 요소를 인식해야만 한다. 첫째, 상세하게 미리 정해진 교육과정에 대한 요구는 이미 언급하였다. 둘째, 우리가 구속을 받곤 하는 전문화의 속박이다. 셋째, 만일 코스가 대학 입학을 위한 성적증명서로 받아들여지는 것일 때 요구될 수 있는 평가의 종류이다. 만약 코스가 오늘날 평가의 전형적인 시험을 만족시키기 위해 만들어졌다면, 이것은 역효과를 낳을 수 있다. "밀네A. A. Milne가 쓴 세 권의 책 제목을 쓰시오" 또는 "『버드나무의 바람The Wind in Willows』에서 나오는 것은 다음 중 무엇인가? 백악관, 윈저 성, 읍사무소, 자유 홀?" 이와 대조적으로, 여기에서 계획된 코스는 해가 갈수록 꽤 다르게 보이며, 그리고 평가에 있어서도 보다 정교화된 방법이 필요하다.

과학 수업에 무엇을 수행할 수 있을까? 오늘날 모든 학생에게 대학 준비를 해야 한다고 주장하면서 아마도 대학의 과학 전공 과정 준비를 위해 너무 멀리 고등학교 과학 교육과정을 기획하는 데까지 나간 것 같다. "대중과학"[25]은 엄격성이 부족하다는 이유로 무시당하고 있다. 그러나 우리가 살고 있는 진정한 세계를 생각해보자. 고등교육을 받은 비-과학자들은 건강에 대한 정보, 환경, 상대성 원리에 관한 최근 실험, 원자력 에너지, 그리고 화학의 발달 등에 대해 궁금할 때 "대중과학"에 의존한다. 게다가 어떤 도시에서는 10대들 사이에 비만, 천식, 당뇨가 유행하고 있다. 고등학교는 확실하게 이러한 주제들을 정규 과학 시간에 통합시키는 방안을 찾아야 한다. 그리고 자녀 양육, 학습 그리고 정신 건강이 논의될 수 있는 심리학 공부를 하는 학년에 그것을 왜 제안하지 않았는가?

심리학 과정은 약이나 약물 중독의 역사에 대해 공부할 수 있는 적절한 장소일 수 있으며, 아니면 화학 시간에 다뤄질 수도 있다. 제재를 지나치게 도덕적·전문적 분야에서 다루는 문제로서 취급하기보다는, 그것은 "중요한" 과정에 통합되어야 한다. 젤딘Theodore Zeldin(1994)[26]은 사람들이 자신들의 당면한 문제 상황을 극복하기 위해 어떻게 노력하였는지를 다룬 거대한 이야기의 맥락 속에서 오랜 세월에 걸친 범세계적 약물 사용의 역사적 설명을 제공하였다. 역사가인 젤딘은 인간이 보다 충족적으로 살기를 바라며, 모든 종류의 고통으로부터 피할 수 있기를 바라는 진실한 이야기를 들려주고 있다. 심사숙고해보면, 이러한 제재의 많은 부분은 역사 전문 과정에서 만들어질 수 있다. 부모들이 과도하게 도덕주의적 문제로 봄으로써 학생들이 다른 방향으로 갈 수 있는 가능성을 축소시켰듯이, 일찍이 앞서 언급했던 10대의 미래에 초점을 맞추면서 그들의 문제에 친근하게 접근했던 전략을 주목해보자. 미래에 초점을 맞추는 것에 대해 우리는 묻고 있다. 당신의 아이들에게 약물과 중독에 대하여 뭐라고 말할 것인가? 이러한 문제로부터 그들을 어떻게 가장 잘 보호할 수 있을 것인가?

마지막 몇 문단에서 교육과정에 중요한 이슈를 덧붙일 때마다 거듭 야기되었던 실제적 문제들을 거의 무시하였다. 만일 우리가 심리학 과정을 중요하게 제안한다면, 어떤 분야가 그것을 뒷받침할 것인가? 과학이나 사회? 그러면 무엇으로 이를 대체할 것인가? 아마 역사와 사회과의 대결을 둘러싸고 있는 끝나지 않을 것 같은 전쟁을 틀림없이 보게 될 것이다. 이 책을 통해 내가 계속 제기하였던 권고 사항을 확인하는 것이 합리적일 것이다. 교과는 반드시 내부로부터 확장되지 않으면 안 된다. 모든 교과의 교사들은 교과 사이를 연결하고, 매일의 삶에 그들 교과의 지식이 기여할 수 있는지를 반드시 물어야 한다. 그리고 우리가 하고 있는 모든 것, 즉 읽을거리의 선택, 교육 전략, 평가 방법은 협력, 비판적 사고 그리고 창의성이라는 목적에 의해 안내되지 않으면 안 된다.

지금부터 역사에서 무엇을 더 할 수 있는지 짧게 살펴보자. 집이나 가정살림의 역사뿐만 아니라, 아동기childhood와 아동 양육child-rearing의 역사 또한 고려되어야만 한다. 아동기는 중세시대와 마찬가지로 1960년대의 최근까지 삶의 독특한 시기로 인식되지 않았다. 아리에스Philippe Aries의 유명한 책, 『아동기의 탄생Centuries of Childhood』(1962)[27]은 아동이 작은 어른으로 다루어지던 시대를 묘사하고 있다. 보다 최근의 연구는 중세와 초기 근대 아동기의 진정한 문화를 나타내고 있다(Orme, 2011). 오늘날의 역사는 학생들이 플라망의 화가 피터 브뤼겔Pieter Bruegel의 그림 『아이들의 놀이』들을 바라보고, 논쟁하는 것을 즐기고 있는지도 모른다. 이 그림(1560)은 니콜라스 오메Nicholas Orme의 책, 『중세의 아이들Midieval Children』(2011)의 표지 사진으로 등장한다. 이것은 "200명 이상의 아이들과 청소년이 장난감을 가지고 놀거나 놀이에 참가하고 있는 모습을 묘사"하고 있다(p. 166). 70개 이상의 활동이 보인다. 우리의 학생들이 그 아이들이 하고 있는 것을 이해할 수 있을까? 여기에 미술 선생님이 관련될 수 있는 기회가 있다. 정말로 역사가들은 몸의 비율이 어른과 같은 아이들, 심지어 신생아일지라도 초기에 그려진 그림들에 의해 혼동되었는지도 모른다.

비록 중세의 어린이는 일을 하고, 삶이 다소 힘들었을 것으로 예상하지만, 그들에게는 놀 시간이 있었다. 중세의 어린이가 일을 하지 않으면 안 되었다는 말을 듣고 우리는 놀라지 않는다. 오늘날, 대부분의 사람들은 왜 빅토리아 시대[28]에 어린이들이 그렇게 착취를 당했는지를 이해하는 것이 더 힘들다. 산업화 시대 초기에 영국에서 7~8세 정도 되는 어린이는 하루에 10시간 또는 그 이상의 시간을 일했으며, 20세기 미국에서조차 이른 나이에 고용된 어린이는 오랜 시간을 일했다. 아동노동을 관리하는 법을 소개하는 데 종사한 스콧 니어링Scott Nearing(2000)은 샐리 클레곤의 말을 인용하면서 우리에게 강하게 역설한다. "골프장은 아주 가까운 공장 근처에 있다. 일하는 아이들은 골프를 치는 사람의 모습을 언제든지 볼 수 있다"(p.39). 물론 아이들은 매우 적은 돈을 받는다. 비록 증명할 순 없지만, 니어링이 와튼 스쿨Wharton School(펜실베이니아 대학)에서 해고당한 것은 그의 사회적 행동 때문이다. 이후에 그는 1차 세계대전에 반대하여 톨레도 대학에서 또다시 자리를 잃는다. 이것은 그가 사회적 행동주의를 보인 결과의 중요한 교훈이다. 1905년부터 1938년 사이에 아동노동이 합법적으로 없어지는 시기까지 학생들을 조심스럽게 살려보도록 고무되었다. 학생들이 산업 발달, 노동운동, 아동노동, 사회주의, 가정생활, 그리고 아동 양육 등에서 나타나는 현상들 속에서 연계 맺는 일을 돕는 것이 교사들의 존재 목적이었다.

아동노동을 불법화하기 이전에 고통을 받은 것은 노동계층의 아이들이었다. 반면 부유한 집안의 아이들은 아동기가 이야기나 시로 묘사되었다. 그런데 1980년대에 이르러 전문가들은 다시 아동의 "성인화adultification"[29]에 대해 우려를 표명하였다. 이 시대에 중심적으로 우려가 되었던 것은 노동으로 아동을 착취하는 것이 아니라, 가정 밖에서 TV와 다른 사회적 힘의 영향이 증대한 것이었다. 놀라울 정도의 추이를 보여준 것으로 아이들이 어른처럼 입고 다니고, 어른들이 하는 사회적 활동에 종사하고, 그들의 언어를 사용하고, 그들로부터 독립을 요구하는 듯하다. 한 세기를 넘어 민주적 사회의 삶을 살아가는 최상의 부모가 되기 위해 그것을 무엇으로 구성할지에 대한 논란이 있으며, 그리고 민주적 자녀 양육democratic parenting에 대한 논의가 있어왔다(Hulbert, 2003). 이 주제를 역사적 관점에서 논의하는 것은 현재의 학생이나 그들의 미래 아이들을 위해 유용한 정보를 제공할 수 있을 것이다.

이 장에서, 나는 가정살림과 자녀 양육의 주제를 포함하여 전통적 교과목이 어떻게 확장될 수 있는지를 보여주려고 노력하였다. 이 생각은 일련의 주제를 규명하지 않고(나는 표피적인 것만 건드렸다), 단지 실행될 수도 있는 것들을 탐구와 성찰의 과정을 통해 보여주고자 했다. 가정살림과 자녀 양육과 같은 주제들을 소홀히 함으로써 이는 오래된 형태의 사회 불의를 초래한 원인이 되었으며, 그리고 민주주의를 약화시켰다. 유아교육에서 보상적 조치를 권장할 만하지만, 아마 부모가 제공하는 비형식교육informal education의 부족을 결코 보충할 수는 없을 것이다.

이것은 비용이 많이 드는 제안이 아니라, 고등학교의 현재 과정을 이용하자는 것이다. 그런데 그렇게 하려면 교사교육이 실질적으로 변화해야 한다. 특히 교과 전공을 하는 다른 교사들에게 요구되는 것과 정확하게 동일한 코스를 통해 자신의 주요 교과를 준비해야 한다는, 예를 들어 지위에 민감한 의식을 가진 고등학교 교사가 되는 것을 우리는 거부해야 한다. 오히려 교사에게는 보다 풍부하고 폭넓은 교육이 필요하다.

다음 장에서는 21세기 지구적 환경에서 시민적 생활을 준비하기 위해 무엇을 생각해야 하는지 관심을 돌려보자.

1. 커버는 '공화국의 어머니성(republican motherhood)'이라는 말을 처음 사용한 학자이다. 1776년 독립혁명 이후 남성은 공공 문제 등 정치적·사회적 참여를 하도록 하는 이미지를 만들고, 반면 여성은 가정에서 친절하고 관대하며 온화한 이미지를 만들고자 한다. 이상적인 여성의 역할은 공화국의 어머니이자 아내로서 남성을 미덕으로 유혹하여 가정과 결혼을 회복된 낙원으로 만드는 것이다. 이때 개인의 가정은 공동체의 이익을 위해 종속하도록 하는 제도이며, 이상적인 결혼은 이상적인 정부의 상징이 된다. 따라서 여성이 아이를 낳고 기르는 역할이 결국은 국가를 유지하는 공간이 된다고 생각하며, 공동체에 유익한 인간을 길러내는 것이야말로 여성의 몫이고, 이를 위해 여성은 교육받을 필요가 있다. 당시 여성에 대한 사회의 도덕적·윤리적 기준은 한 가정 내에서 지고지순한 아내이자 국가건설에 도움이 되는 후세를 양성하는 양육자의 이미지이다. 신흥공화국의 정신적인 기준을 향상하고 확립시키려는 시대의 모범이 되는 여성의 표상은 어머니 역할에 한정되었다.

2. 교육에 민감한 가정은 시험을 통해 얻어지는 자격증에 큰 관심을 두는 경향이 있다.

3. '장소'는 건물, 지역, 도시, 나라 등 어떤 '지점(point)'에 대해서 사용할 수 있으며, 무언가가 속해 있거나, 있어야 한다고 생각되는 '자리'를 가리키기도 하며, 누군가가 점유할 수 있는 위치(position)를 가리킨다. 일정 행위 또는 사건이 일어나며 제한된 경계를 지닌 토지 또는 공간을 뜻한다. 장소는 특정한 경험이 연관되어 있는 개념으로서 그 '안'에서 무엇을 경험한다거나 느낀다는 의미를 함축하고 있다. 장소는 우리의 정체성을 구성하는 요소이다. 인간은 자신이 한번 의미를 부여한 장소를 쉽게 잊지 못하는 존재이다. 사람이 한 장소를 떠난다는 것은 그 장소에 속한 다른 모든 사람들을 떠나는 것이며, 우리의 자아를 구성하는 것은 우리의 기억뿐 아니라, 우리를 기억하는 다른 사람들의 기억이기도 하다. 장소 상실(placelessness)은 한때 특정한 범주의 사람들에게만 해당되는 예외적인 상황으로 인식되었지만, 지금은 대부분의 사람들에게 현실적인 위협으로 다가오고 있다. 오늘날 '장소'를 갖지 못한 사람들, 즉 자신들이 속한 곳이나 있어야 한다고 생각되는 곳이 어디인지 알 수 없는 사람들, 또는 그들이 머물러도 좋은 자리, 점유할 수 있는 위치를 이 세계 안에서 발견할 수 없는 사람들이 점점 늘어나고 있는 것이 큰 문제이다. 사회 안에서 우리가 갖는 '자리'가 '장소들'에 대한 권리 속에서 우리의 몸이 장소들과 맺는 관계 속에서 표현된다. 물리적인 의미에서 사회는 하나의 장소이며, 사회의 구성원이 된다는 것은 곧 이 장소에 대해 권리를 갖는 것, 손님이자 주인으로서 환대받을 권리와 환대할 권리를 갖는다는 것이다.

4. 연구에 몰두하고 있는 성 제롬에 대한 그림은 해골이 상징하는 삶의 무상함을 보여주고 있지만, 모든 것이 사라질 때에도 영원히 존재할 성 제롬의 후광을 보여주고 있다.

5. 빅토리아 시대는 1837년에서 1901년까지 무려 64년이라는 기나긴 세월 동안 빅토리아 여왕이 통치했던 시대로, 산업혁명에 성공한 영국이 세계 최강의 권세를 떨치며 대영제국을 세우던 시기이기도 하다. 이는 영국 역사상 가장 혼란스러운 격변기로서 한마디로 정의할 수 없을 만큼 복잡다단한 이미지를 지니고 있다. 그렇다면 빅토리아 사회에 나타난 급격한 변화란 무엇인가. 빅토리아 사회는 전통적인 사회경제적, 정치적, 윤리적, 정신적, 종교적 확실성이 와해되면서 엄청난 인식의 혼란을 겪은 격변기였다. 우선적으로 나타난 변화는 1859년 발표된『종의 기원』을 기점으로 기존의 기독교 중심의 세계관과 인간관이 와해된 것이다. 또한 1848년에 마르크스가 엥겔스와 함께 발표한『공산당 선언』은 신분제에 입각한 경제 질서에 의혹을 제기했다. 그리고 19세기 말에 발표된 열역학 제2법칙은 태양의 열이 소진되면서 지구가 멸망하리라는 종말론으로 인간의 위상에 대한 의혹을 가중시켰다. 이렇게 빅토리아 사회는 기존의 확실성이 전부 무너져 내린 사회였고, 그 확실성을 무너뜨린 요인들은 바로 현대 사회의 근간을 이루는 것들이었다. 지질학이나 생물학, 물리학을 비롯한 과학의 발달은 기존

의 인식론을 송두리째 뒤흔들어놓았고, 기술의 발달은 생산과 수송방식의 변화로 삶의 양태를 근본적으로 변화시켰다. 어린 시절부터 주입된 신앙심에 대한 도전에 직면하고, 급변하는 사회에서 방향성을 상실하고, 개인적 삶이나 행동의 궁극적인 의미에 대해서도 의혹을 품게 된 빅토리아인들은 때 이른 실존주의자들이었다고도 말할 수 있다. 역사상 유례없이 전복적이고 파괴적인 도전들에 노출되었던 그들은 용감하게 그 도전에 맞섰고, 자신들이 살고 있는 세계를 이해하고 설명하기 위해서 최대한의 노력을 기울였으며, 도덕적 의무와 책임감에서 신앙의 대체물을 발견하고자 했다.

6. 작은 집 운동(small/tiny house/home movement)은 작은 집에서 간소하게 사는 것을 옹호하는 건축 및 사회 운동이다.

7. 『거의 모든 것의 역사』라는 저서로 유명하며 여행 작가이고 기자이다. 1970년대 청년시절에 친구와 둘이서 유럽 배낭여행을 했던 저자가 20년 후인 1990년대에 혼자서 유럽 도시 기행을 한 여정을 적고 있다.

8. 40세에 요절한 포(Edgar Allan Poe)는 「아몬틸라도의 술통(The Cask of Amontillado)」 (1846)에서 지하 깊숙한 곳에 사람들을 묻어놓은 묘 옆에 있는 포도 저장실에 담가놓은 술통에 얽힌 복수 이야기를 하고 있다. 「아몬틸라도의 술통」은 인간의 복수심에서 나타나는 악의를 잘 묘사하고 있다

9. 여가로서의 책읽기는 기분전환을 위한 독서를 말한다.

10. 영국의 작가인 루스 렌델(1930~)의 2011년 범인을 찾는 비실재적인 추리탐정 판타지 소설이다.

11. 단종 재배(monoculture)란 밭에 한 가지 작물만 계속 심는 것을 말하는데, 생물학 이론에 따르면 단종 재배를 할 경우 치명적인 전염병을 입을 가능성이 있다.

12. 고득점을 가진 고등학생들이 대학학점 선이수를 할 수 있는 대학 수준의 과정이다.

13. 작은 집(Dutch home)은 네덜란드의 아늑하면서 작은 이상적인 집을 말한다.

14. '맥맨션'은 뚜렷한 특징이 없고 확립된 지역적 건축 양식과도 상충되는, 대량으로 건설된 것으로 여겨지는 현대식 주택을 말한다.

15. 루딕은 『모성적 사유(Maternal Thinking)』(2002)에서 어머니의 활동인 자녀 양육 과정으로부터 인간의 도덕적 추론에 최상이 되는 모성적 사유의 윤리적 유형인 '어머니 역할(mothering)'을 전형적으로 보인 첫 번째 시도로 보았다. 모성적 사유란 관행으로부터 발생하며 관행에 의해 검토된다. 조용한 시간에 어머니들은 자신들의 관행을 총체적으로 사유한다. 모성적 관행으로부터 모성적 사유가 자라 나온다. 모성적 관행의 내용을 이루는 보호, 성장, 그리고 훈육을 다룬다. 설령 문화마다 개인마다 자녀를 기르는 방법이나 자녀의 상황이 다르다 해도, 어머니는 어린이의 생명을 보존하고 그 아이를 신체적, 심리적, 지적으로 성장시켜야 하며, 사회가 인정할 수 있는 성원이 되도록 훈육시킨다. 이 점들은 모든 어린이들의 요구 사항들을 일반화할 수 있는 보편적인 요구이다. 이런 모성적 활동을 통해서 어머니들은 그들의 형이상학적 태도와 인지 능력, 그리고 미덕을 개발한다. 루딕은 '어머니처럼 자상하게 돌봐주기'라는 훈련을 검토하고, 매일매일 진행되고 있는 자녀 양육이 어떻게 나름의 사유

방법을 유발하는지를 최초로 보여주었다.

16. 현관 깔개(doormat)는 모든 사람이 밟고 지나가는 존재를 말한다. 늘 참고 희생해가며 사는 어머니상을 상징한다.

17. 보상조치는 흔히 '보상교육 프로그램'을 통해 이루어지고 있다. 즉, 능력이 낮은 학생에게 더 많은 지도를 하고 상대적으로 열등한 환경적 조건을 가진 학생에게 더 좋은 조건을 제공함으로써 교육 결과의 평등을 구현하고자 하는 결과적 평등관에 기초하고 있다. 영국의 Sure Start, 미국의 Head Start, 캐나다의 Fair Start, 일본의 Angel Plan, 호주의 Best Start 등 각 국에서도 이와 유사한 빈곤 아동 관련 정책이 있다. 영국의 '교육혁신 추진지역'이나 '도심우수학교만들기', 프랑스의 '교육투자우선지역(ZEP)'의 영향을 받아 교육 소외 계층에 대한 교육 기회 확대를 위한 노력으로 2003년부터 '교육복지우선지역사업'이 진행되고 있다. 서울시의 '혁신교육지구사업', 경기도의 '마을교육공동체운동'도 이런 연장선에 있다.

18. 아동문학계의 노벨상으로 불리는 미국의 최우수 아동도서 상으로 미국에서 가장 오래된 상이다. 뉴베리상은 해마다 가장 뛰어난 아동 도서를 쓴 사람에게 준다.

19. 미국의 아동 그림책 우수상으로 매년 선정하여 발표하고 있다.

20. 윌슨은 자연과학과 사회과학의 통섭을 강조한 생물학자이다.

21. 『교육의 목적』이라는 책을 낸 대수학자인 화이트헤드는 교육의 요체로서 구체적으로 두 가지를 들고 있다. 지나치게 많은 것을 가르치지 말라는 것이며, 가르쳐야 할 것은 철저히 가르치라는 것이다. 그렇다면 무엇을 반드시 가르쳐야 하는가. 그것은 사색이나 생활에 가장 기초적인 것으로 널리 활용될 기본 관념과 그 응용이며, 이를 해낼 수 있는 교사를 좋은 교사라고 보았다. 단지 "박식함에 그치는 인간은 이 지상에서 가장 쓸모없는 인간이다"라고 화이트헤드는 적고 있다. 따라서 정신은 교실에서 정보 공급으로 '충만되는' 수동적인 것이라는 통념에 그는 반대한다. 또한 그에게 '무기력한 관념'은 아무런 값어치가 없다. 교육을 제대로 받은 인간은 관념을 반성적으로 음미할 줄 알고 이를 구체적 상황에서 응용할 수 있으며, 생활과 경험의 많은 영역에서 서로 연관시켜 볼 줄 아는 인간이다. 교육을 받은 인간은 자기가 배운 것을 단순히 반복하지 않으며, 그는 관념의 재배열로 무엇인가 창조해낼 수 있는 인간이다.

22. 19세기에 독일의 Jacob Grim과 Wilhelm Grim 형제가 모아놓은 동화 이야기를 말한다.

23. Benjamin Spock 박사(1903~1998)는 세계적으로 유명한 유아전문의사이다. 그는 전통적 가족구조의 변화와 현대 부모가 직면한 도전을 언급하고 있다.

24. 부르노 베틀하임(1903~1990)은 아동심리학자이고 정신분석학자이며 작가이다. 그는 유아가 먹고 싶을 때 젖을 주는 것이 시간표에 따라 주는 것보다 좋다고 조언한다. 삶의 의미를 깨닫게 해주는 말도 한 인간이 정신적으로 성숙한 단계에 도달됐다는 것을 의미한다고 강조한다. 그것은 오랜 시간이 걸리는 발전과정을 통한 최종 결과물이기 때문이다. 그가 강조하는 옛이야기의 메시지는 해결책을 암시하고는 있지만, 결코 분명하게 가르쳐주는 법이 없다. 옛이야기는 어린이들에게 삶과 인간의 본성을 보여줄 뿐, 어린이가 자신에게 적용시킬 것인가의 여부와 그 적용 방법에 대해서는 전적으로 어린이의 공상에 맡긴다. 때로 무시무시하며, 황당하고 허무맹랑한 이야기일 뿐이라고 생각하지만, 옛이야기 속에는 예부터 사람들이 꿰뚫

고 있는 심리학적인 진실이 담겨 있다. 인생을 살아나가는 데 꼭 필요한 조언이 가득 담긴 것이 바로 옛이야기인 것이다. 그가 이 책에서 강조하고자 하는 바는 옛이야기들이 심리학적으로 아이들의 공포감과 두려움을 많이 완화시켜주는 효과가 있다는 것이다. 또한 심리적으로 독립심과 자립심을 길러주는 요소가 많다고 본다.

25. 대중 과학(popular science)은 과학의 권위주의를 해체시키고자 한다. 대중 과학은 대중과의 소통을 우선적 목표로 삼는다. 대중적 과학 도서의 급증은 일반 대중들에게 대중 과학을 더욱 고양시켰다.

26. 젤딘은 자신의 저서『인간의 내밀한 역사』(1994)에서 "역사는 역사를 그릇되게 바라보는 청자의 눈으로부터 백내장을 제거해주는 안과의사의 역할을 할 수 있기에 그들의 기록은 우리에게 소중한 조언이 될 수 있다"라고 말한다.

27. 중세에는 성인생활과 아동생활이 뚜렷하게 구분되지 않았으며, '아동기'라는 개념이 존재하지 않았다.

28. 빅토리아 시대(1837~1901)는 1837년에서 1901년까지 무려 64년이라는 기나긴 세월 동안 빅토리아 여왕이 통치했던 시대로, 산업혁명에 성공한 영국이 세계 최강의 권세를 떨치며 대영제국을 세우던 시기이기도 하다. 그러나 다른 한편으로 노동조건의 피폐와 아동의 착취가 극심한 역사이기도 하였다.

29. '성인화'는 청소년들이 가족 내에서 너무 일찍 어른의 역할을 하는 과정을 말한다. 부모처럼 되는 것(parentification)의 독특한 형태라고 할 수 있는 성인화는 또래나 파트너 관계에서 아이가 부모로 편입되는 역할 타락의 한 형태를 보여준다. 아이가 어른처럼 되는 아동기의 성인화는 어느 정도의 실제적 정서적 책임을 지게 되는데, 이때 부적절한 역할 확대를 보인다. 이런 현상은 궁핍한 가정, 이주민 가족, 가정폭력의 희생자들에게 나타난다.

7장

생태적 세계시민주의를 위한
교육

우리는 조국이나 고국 또는 국가를 모두 우리의 나라country라고 생각한다. 그렇지만 20세기에는 국가nation의 개념, 즉 독특한 정부 형태를 갖춘 사람들의 집단이 강조되었다. 미국의 중심적 태도는 세계에서 가장 최대의 국가적 힘을 지닌 민주적 국가에 대한 자부심을 크게 갖는 것이었다. 자기 나라의 유산에 대한 자부심을 포기할 필요는 없지만, 21세기에는 국가에 더 겸손한 비판적 태도와 나라를 세운 조국을 더욱 소중하게여기는 태도를 취한다. 변화가 일어나고 있는 자연자원—땅, 공기, 물—그리고 모든 살아 있는 존재의 상호 의존에 더 깊은 관심을 나타낸다. 국제적 차원에서도 동일한 변화가 강조되고 있다. 물론 우리는 국제적/세계적문제에 대해 계속 관심을 가져야 하지만, 특별히 이러한 상호작용이 우리의 보편적 세계인 지구 가정의 안녕에 어떻게 영향을 미치는지에 더 관심을 가져야 한다. 그것은 생태적 세계시민주의ecological cosmopolitanism를 향한 변화이다.

마지막 장은 다시 거주지가 우리를 만들고, 그리고 우리가 그것을 가정으로 만든다는 사실에 주목할 것이다. 이와 비슷하게 자연환경은 우리를만들고, 우리는 그것을 만든다. 우리가 도시와 마을을 만들 듯, 새로운 환경은 우리를 만들고, 그리고 우리는 그것을 계속 변형시킨다. 미국에 최초로 정착한 유럽인들은 믿을 수 없을 정도로 풍부한 땅, 숲, 물, 야생동물, 광물자원을 발견했다. 자연환경이 풍부하며 새로운 인구가 증대한 것은 전혀 놀라운 일이 아니다. 무언가를 얻기 위해 열심히 일하거나 종종 단지 움켜쥐기만 해도 모든 것이 성취될 수 있는 것처럼 보였다. 오늘날 미국인들은 세계의 엄청나게 많은 자원을 사용하면서 전 세계의 소비를 주도하고 있다. 습성이 너무 강력해 경제 불황 시기에도 여전히 우리가 물건을 사도록 자극한다. 즉, 경제는 계속 소비하는 소비자를 필요로 한다. 우리는 사람들이 돈이 많지 않기 때문에 구입하지 않을 것이라고 추정하지만, 만약 그들이 쇼핑몰과 카탈로그에 나온 모든 물건을 그다지 필요 없다고 믿는다면 어떻게 될까? 분명 우리 중 몇몇은 이런 식으로 생각할 것이다. 그렇게 생각하지 않는 사람은 대부분 실제 부자일 필요보다 이미 더 부유하다.

가정살림과 자녀 양육과 같이 보수적으로 소비하기conservative consuming는 학교의 교육과정에서 두드러져 보이지 않는다. 경제학의 한 단원은 수입의 범위 내에서 생활하는 것에 대한 논의를 어느 정도 할 수 있다. 그런데 어떤 정의로운 교육보다는 고등교육에 투자함으로써 소득을 올린다는 것을, 즉 위신이 높으면 높을수록 더 좋은 것이라는 것을 훨씬 더 많이 거론하고 있다. 더욱이 미디어는 물품을 구입하라는 유혹으로 넘쳐나고, 경제적 어려움에 대한 주류의 정치적 대답은 성장이다. 그러나 사려 깊은 사상가들은 지속가능성sustainability의 관점에서 생각해보라고 조언한다(Martenson, 2011). 우리가 생각해왔듯이, 성장을 지속하는 것은 도저히 불가능하다.

이 장에서는 먼저 우리의 지역 환경에 대해 알아보고, 그리고 학교가 어떻게 생태학의 몇 가지 의미 있는 생각을 도입할 수 있을지에 대해 살펴볼 것이다. 우리는 환경오염과 과소비, 엄청난 양의 쓰레기 등 생태적 문제들의 사례를 알아볼 것이며, 그런 다음 생태적 세계시민주의를 새로이 강조함으로써 어떻게 역사와 지리 공부를 변화시킬 수 있을지를 살펴보고자 한다. 마지막으로 이런 생각의 일부가 세계 평화와 어떻게 연계되는지를 탐구할 것이다. 이 장 전체에 걸쳐 21세기 교육의 목적, 즉 개인의 성장과 세계 시민성에 대해 관심을 갖는 것과 동시에 협력과 비판적 사고를 강조할 것이다.

장소에 산다는 것이란?

우리의 조상들은 장소place가 지배하는 시대에 살았지만, 오늘날의 인류는 시간time이 지배하는 시대에 살고 있다. 케이시Edward Casey(1997)는 이에 주목하여 장소에 대한 연구를 시작했다.

> 공간과 시간에 대한 진실이 무엇이든, 장소에 있어 다음 사실은 상당히 진실이다. 우리는 장소에 잠겨 있으며 장소 없이는 어떤 것도 할 수 없다. 여하튼 존재한다는 것은―어떤 방식으로든 존재한다는 것은―어딘가에 있다는 것이고, 어딘가에 있다는 것은 어떤 종류의 장소에 있다는 것이다(p. ix).

하지만 우리가 시간에 의해 완전히 지배되었기 때문에 어떤 극적인 일이 일어나 그것에 관심을 끌게 되기까지는 장소에 거의 관심을 두지 않았다. 공항에 앉아 있으면, 즉 내가 가고자 하는 목적지 게이트 앞에 앉아 있으면, 때때로 내가 어디 있는지를 생각하게 되지만 얼마 지나지 않아 그것이 중요하지 않음을 깨닫는다. 나는 곧 계획된 목적지로 데려다 줄 비행기에 탑승할 것이고, 그 장소가 "집"이 아니라면 중요하지 않을 것이다. 중요한 것은 일정과 함께 거기서 내가 할 일이다. 또한 잭슨John B. Jackson(1994)은 시간이 장소를 지배하는 것에 주목한다.

사람들과 함께 하도록 하는 것은, 우리가 서로 가까이 살고 있다는 점이 아니라, 동일한 시간표, 즉 동일한 노동 시간, 동일한 종교적 계명 준수, 동일한 취미와 관습을 공유한다는 점이다. …… 그것은 우리의 시간 감각과 의례 감각이고, 결국 우리의 장소 감각sense of place[1]을 만들어내는 것이다(p. 160).

그런데 이것이 우리 모두에게 진실인 것은 아니다. 개인적 이야기가 특별한 것은 아니지만, 여기서 확실히 도움을 줄 것이다. 스탠퍼드에서 30년 정도 살면서 나의 가족은 마을 가까이에서 쾌적하게 살았다. 그렇지만 우리는 이 기간에 이웃들을 거의 알지 못했다. 잭슨이 묘사했던 것처럼, 우리 "지역사회community"는 직장, 시간, 의식을 중심으로 조직되어 있었다. 그렇지만 우리는 매년 여름이 되면 조지 해변의 마을에서 살았다. 20년 이상 일 년 내내 캘리포니아 시내에서 살았던 시간보다 상대적으로 짧게 보내고 있는 마을에서 얼굴과 이름까지 알고 지낸 사람이 더 많았다는 것을 깨달았다. 내가 공식적 대학교수 생활을 마쳤을 때, 우리는 마을에서 계속 살기 위해 이사를 했는데 이제 이웃 사람들의 이름, 심지어 그들의 애완동물 이름까지 알고 지낸다.

내가 아주 중요하게 여기는 것으로 또 다른 변화가 일어났다. 나는 아주 바쁜 직업적 일정을 유지하고 있으며, 나의 전문적 공동체를 좋아한다. 하지만 지금 자연의 시간에 훨씬 익숙해 있다. 시계의 시간은 여전히 나의 직업적 삶을 지배하지만, 바다에 인접한 곳에 살면서 나는 일출과 계절의 변화, 조수, 바람, 비 등에 대해 더 깊이 알게 되었다. 나는 정원 일지를 쓰고 있으며 채마밭을 가꾼다. 이 장소는 내 삶의 많은 부분을 차지한다.

나는 여기에 살면서 그리스 사람들이 장소에 대한 사랑을 뜻하는 필로코리아philochoria라고 부르는 것으로부터 영향을 받았다. 사람들은 때때로 어떤 장소에서 신성한 장소의 정신으로 보이는 것에 의해 감동을 받는다. 소크라테스는 분명 그런 감정에 반발했지만, 그와 파이드루스Phaedrus[2]가 일리소스 강에서 휴식을 취하면서 신성한 영감을 고백하였다(Walter, 1988). 우리 중 일부는 산에서, 일부는 해변에서, 일부는 대성당과 같이 인간이 만든 경이로움으로부터 장소에 대한 사랑을 체험한다.

잭슨(1994)은 장소 감각에 대한 신념들 사이의 중요한 차이에 주목했다.

장소의 감각이란 우리 자신이 시간을 보내면서 만들어내는 것이라고 나는 믿는다. 그것은 습관이나 관습의 결과이다. 하지만 어떤 사람들은……장소의 감각이 "이미" 거기에 있는 특징, 즉 아름다운 자연환경이나 잘 만들어진 건축물에 대한 우리의 반응에서 기인한다고 믿는다(p.150).

나는 두 믿음이 인간이 경험하는 무엇을 포착할 수 있다고 생각한다. 지역의 장소가 우리를 형성하고, 그리고 우리는 우리의 장소를 형성한다. 마치 우리가 집을 형성하고 그 집에 의해 형성되듯이 말이다. 학교에서 이런 일을 이야기할 때 학교라는 장소가 우리에게 어떻게 영향을 미치고, 그리고 우리가 그것에 어떻게 영향을 주는지를 논의해야 한다. 레나 유피티스Rena Upitis(2010)[3]는 다음과 같은 중요한 질문을 던졌다. 학교 건물은 전 세계에 걸쳐 왜 그토록 많이 닮아 있을까? 누구나가 생각하듯 그것들은 적어도 물리적 위치에 따라 달라야 한다. 학교를 설계하는 데 있어서, 유피티스는 몇 가지 중요한 요인을 알아냈다. "놀이를 통해, 대화를 통해, 그리고 신체를 통해 자연환경에 관심을 갖고 학습을 장려할 수 있는 시설들을 제공할 필요 등……"(p. x). 그의 인식은 우리가 학교를 형성하며, 학교가 우리를 형성한다는 것이다. "학교는 그 안에서 머무는 사람들의 생각을 변화무쌍하게 형성해야 한다. 그리하여 학생들로 하여금 예측할 수 없는 창조적인 생각들과 만나고, 서로서로를 만나고, 그리고 자연 세계와 만나게 한다."(p. 180) 학교는 더 넓은 세계에 대해 마음을 열어놓아야 한다. 하지만 또한 우리가 살고 있는 특별한 장소에 대한 성찰과 소중함을 이끌어내야 한다.

때때로 많은 사람들이 생활하는 도심지를 별로 고려하지 않은 채, 특별한 장소에 대한 사랑은 우리를 단지 그 장소를 보존하기 위한 운동으로 이끌었다. 인구가 증가하여 미국 서부로 이동하면서 야생wilderness을 보호하려는 운동이 생겼다(Steinberg, 2002). 야생을 구하기 위한 운동에서 주요한 두 세력이 다투었다. 한쪽은 인간의 필요를 충족시키기 위한 야생과 자연 자원에 대한 현명하고 보수적인 이용을 옹호했다. 이 운동은 사람들이 야생을 즐길 수 있게 국립공원으로서 야생 지역을 개방하도록 했다. 이 운동은 건조한 서부에 물을 공급할 거대한 댐을 건설하도록 촉진했다. 물을 공급하려는 인공적인 노력이 계속된다면, 자연적으로 건조한 서부는 대체로 더욱더 가뭄에 시달리게 될 것이라는 경고를 무시했다 (Reisner, 1993). 현재의 생태 운동의 전신이라고 할 수 있는 두 번째 보존 운동은 특정 지역과 그 지역의 생물군에 대해 더 면밀하게 연구할 것을 권고하였다. 이 운동은 도시뿐만 아니라 야생의 자연환경에도 초점을 맞추었으며, 모든 형태의 생명이 상호 의존적이라는 것에 초점을 맞추고 있다. 생태 운동의 역사는 중요하며, 이 장을 쓰면서 이에 대해 더 많은 이야기를 하려고 한다. 21세기 교육은 협력과 연계의 정신을 생생하게 파악하는 것이 아주 중요하다.

우리는 보통 학생들에게 야생 보호/보존 운동을 존중하도록 학습한다. 거대한 국립공원의 망이 구축된 것을 감사하게 여겨야 한다는 것을 분명하게 알아야 한다. 하지만 보존conservation이라는 이름으로 이루어졌던 많은 것들이 또한 근시안적이고 관료적 특성을 띠고 있다는 것을 알아야 한다. 예를 들어 과일 나무가 벌레들에게 위협당할 때, 그 대응은 포식자를 죽이는 강력한 살충제를 사용해 나무를 보호하는 방식이었다. 하지만 다른 생물들과 그들을 지탱하는 환경에는 무슨 일이 일어났는가? 야생 보호 운동은 도시와 야생성 사이의 선명한 분리를 암묵적으로 받아들였다. 이 운동은 도시 생태에 거의 관심을 두지 않았다. 야생으로부터 벗어나는 움직임과 환경에 대한 여타의 단편적 접근은 1962년 카슨 Rachel Carson의 『침묵의 봄』 출판에 의해 획기적인 진전을 이루었다. 뮤어 John Muir[4]와 파월John Wesley Powell[5]의 전통을 이어받은 카슨은 인간 중심적 보존에서 생태학ecology으로의 전환을 주장했다.

> 비록 자신의 책에서 드물게 사용하기는 했지만, 카슨은 생태학이라는 단어를 환경 운동을 결집시키는 외침으로 전환시키는 데 일조했다. 세계의 일부분임을 연상시키는 "야생성wilderness"이라는 말과는 다르게, "생태학"이라는 말은 어떤 의미에서 정반대를 제시했다. 모든 생명은 복잡하고 상호 연결된 그물로 묶여 있다고 말이다. 그녀가 믿기에 인류는 자연의 균형 상태의 한 부분이지, 일부의 자연보호 옹호자들이 함의하듯이 자연과 단절되어 있는 것은 아니다(Steinberg, 2002, p. 247).

생명과 세계를 바라보는 이러한 방식은 특정한 장소와 그 장소들이 어떻게 연구되고 보존되어야 하는지에 대한 관심을 재개하도록 이끌었다. 생태주의자들은 곤충이나 나무, 포유류의 한 유형을 바라보는 것이 아니라, 상호 의존의 유형을 연구하기 위해 총체적holistic 생명 영역을 고려한다. 사라 스타인Sara Stein(1993)은 생태적 접근법을 분명히 파악했다.

> 그러나 콜로라도보다 더 작은 것을 살펴보자. 작은 샘, 개울, 웅덩이, 구멍, 늪지, 배수로, 개구리 연못을 보자. 확대경을 통해 대륙의 표면을 조사해보자. 크게 솟아난 곳과 내리막보다는 표면의 미세한 결, 구멍과 작은 주름에 관심을 기울이면서 말이다. 물웅덩이의 세부 사항들로 내려가자. 뒤뜰

을 살펴보고 나비가 어디서 물을 마시는지 질문해보자(pp. 175~176).

과학 교사들은 스타인 저서의 일부분을 학생들에게 읽어주어야 한다. 냉담한 아이들은 이런 글을 읽음으로써 배수시설, 건물, 잔디밭으로 인해 너무 자주 서식지가 파괴되어 개구리와 두꺼비, 거북이, 나비가 곤경에 처한 것을 보고도 영향을 받지 않게 될 것이다. 또한 학생들은 스타인이 제시하는 경로를 따라 생태적으로 건강한 정원을 계획하는 것을 즐길 수 있다. 생태 연구는 균형과 조화를 끊임없이 탐구하는 것이다.

자연이 자신과 조화를 이룰 때 균형은 일어난다. 나는 평화를 조화라는 말로 나타내려는 것이 아니다. 자연에는 어떤 평화도 없다. …… 변화가 없는 장면이라고 인식되는 것은 매초, 매분, 시간마다 진행되는 보이지 않는 끊임없는 투쟁이며, 그것은 단지 식물과 토양, 식물과 빛, 식물과 물 사이의 투쟁일 뿐만 아니라 식물과 곤충, 식물과 사슴, 식물과 토끼 사이의 투쟁이다. 이에 덧붙여 곤충과 곤충, 곤충과 새, 곤충과 박쥐 그리고 여러분 사이의 말로 다 할 수 없을 정도로 많은 상호작용은 복잡한 상호 의존의 팔레트를 만들어왔다(Grissell, 2001, p. 211).

어떻게 잔디밭은 "복잡한 상호 의존의 팔레트"에 적합한가? 학생들이 흥미를 느낄지도 모르는 과제 중 하나가 잔디밭 연구이다. 잔디밭은 미국에서 왜 그렇게 대중적이고 규모가 큰가? 미국에서 경작 중인 잔디밭은 약 3천만 에이커이다(Steinberg, 2002). (부수적인 수학 문제: 그것은 몇 제곱마일인가?) 잔디밭에는 엄청난 양의 물과 비료가 필요하고(Stein, 1993), 잔디를 깎는 것은 대기오염에 엄청난 영향을 미친다. 스타인버그(2002)가 추산하기로는 "[전동 잔디 깎기를 이용해] 한 시간 잔디를 깎으면 자동차로 350마일을 운전할 때와 같은 양의 배기가스가 배출된다"(p. 222). 최종 결과는 예쁜 녹색 카펫이다.

> 그것은 주인이 그렇게 열심히 일하거나 그렇게 많은 것을 지불하면서까지 가지려고 하는, 공기조차 통하지 않는 매트이다. 어떤 다른 것도 자랄 수 없는, 생태계와 완전히 대립하는 완벽한 잔디밭, 완벽한 밀폐제이다(Stein, 1993, p. 138).

마이클 폴란Micheal Pollan(1991)은 잔디밭 보존에 저항하는 한 인간에 대한 놀라운 이야기를 들려준다.

> 소로라는 학자는…… 앞뜰에 야생화를 키울 권리를 지키기 위해 법정에서 여러 해를 보냈다. 이웃들이 그 문제가 되는 풀밭을 직접 베어버리려고 한 후, 그는 다음과 같은 표지판을 세웠다. "이 마당은 게으름을 보여주는 사례가 아니다. 그것은 신이 의도한 대로 자라는 자연의 뜰이다"(p. 67).

폴란이 마지막으로 전해 들은 소식이라고는 소로(1817~1862)의 "소박한 시민불복종 행동에 대해 2만 5천 달러가 넘는 벌금이 부과되었다"(p. 68)라는 것이다.

이제 실천적이고 비판적 대화를 고무할 때가 되었다. 손질이 잘 된 새파란 잔디밭을 옹호한다면 어떤 말을 할 수 있을까? 확실히 에이커 단위마다 늘어선 예쁜 잔디밭들로 테를 두른 교외의 거리는 멋지다. 잔디와 정원 회사들은 다음과 같이 미국인들에게 잔디밭 가꾸기를 애국적 의무로 받아들이도록 몰아갔다. "여러분의 잔디밭은 가정 평화의 상징이고, 적절한 관리는 의욕을 잃지 않도록 하는 데 필수적인 요소입니다"(Steinberg, 2002, p. 222에서 인용). 하지만 잔디밭을 유지하는 데 너무 많은 물을 사용하고 대기 오염도 일으킨다는 대가를 치러야 한다면, 그리고 잔디밭이 정말로 "생태계와 대립적인 것"이라면 그것을 계속 보존해야 하는가?

학생들이 문제의 양쪽 모두에 대해 생각해보는 것은 중요하다. 어떤 다른 이유가 아니라, 집에서의 갈등을 피하고 싶다면 말이다. 학생들이 집에 가서 부모들의 잔디밭 보존과 생태적 무감각을 비판하면 교사들은 곧바로 부모들의 분노와 반발에 부딪힐 수 있다. 교육과정에 어떤 새로운 것, 즉 부모에게 친숙하지 않거나 관행적 행동과 맞지 않는 어떤 것이 들어 있다면, 부모들에게 새로운 주제의 목적과 내용에 대해 알리려는 노력을 해야 한다. 고등학교 학생들에게 "새수학"을 가르치고 있었을 때 일어난 사건을 생생하게 기억한다. 나는 단순한 12진법 연산 문제가 포함된 숙제를 냈었다. 한 아버지는 똑똑한 자기 아들이 6×3=16이라고 쓴 것을 보고 격분했다. 아버지는 자식이 숙제를 더 이상 하지 못하게 하고서 나에게 분노에 찬 편지를 써 보냈다. 나는 6 곱하기 3은 18을 확인해주고, 16(12진법)과 18(10진법)은 다른 방식이라고 설명하며 부모를 안심시켜야 했다.

학급에서 새롭거나 논쟁적 자료를 소개할 때 학생들은 그들의 부모와 학급 친구와 함께 새로운 아이디어를 어떻게 공유할 수 있는지를 논의할 시간을 가져야 한다. 왜 이들이 충격을 받았고, 심지어 왜 공격적으로 되었는가? 검토 중인 아이디어에 대한 반대 논거로 무엇이 제시될 수 있는가? 그러한 탐구는 바로 비판적 사고의 바탕에 자리하고 있다. 우리의 의도가 비판적 사고를 할 수 있는 시민으로 변화시키는 것이라면, 논리적이고 신중하게 논거를 경청하고 제시하도록 학생들을 권장해야 한다. 비합리적인 혁명가를 길러내는 것이 아니라, 사려 깊고 효과적인 변화의 주체를 길러 가정으로 돌려보내야 한다.

이 문제는 오늘날 지역생태local ecology에 관심을 집중하는 것보다 더 중요하다. 하지만 많은 아이들은 자유롭게 바깥을 돌아다니도록 허용하지 않아 그렇게 하기가 어려워졌다. 나뭇가지로 나무집이나 판잣집을 만드는 아이들이 더 적어지고 있기 때문에, 바로 '집 없음homelessness'과 같은 소외의 형태는 많은 아이들을 괴롭히고 있다. 아이들이 생명애biophilia, 즉 자연과 생명의 유형에 대한 사랑의 본능을 가지고 있다는 점, 그리고 이 사랑은 탐구할 기회를 가지면서 지속적으로 발달한다는 점을 윌슨 (2002)은 주목한다(Kahn, 1999, Nabhan & Trimble, 1994도 보라). 발달할 수 있는 이런 기회를 가정에서 갖지 못하면, 아마 학교가 그 기회를 제공할 수 있을 것이다. 베리wendell Berry(1995)[6]는 다음과 같이 말했다.

> 국가의 어느 곳이든 여러 가지 이유—정치적, 생태적, 경제적 이유—로 최상의 지성과 재능이 일터와 가정에 존재해야 한다고 나는 믿는다. 그래서 학교에 대한 나의 바람은 교육과 문화에 대한 현 정당과 정치에 대한 바람 과는 정반대이다. 웨스 잭슨wes Jackson은 학교가 현재의 사회적 계층 상승 을 위한 현재의 단일 전공 과목을 가정으로 돌아가기homecoming와 같은 전 공으로 대체하거나 균형을 이루어야 한다고 주장하였다. 나는 이 주장에 동 의한다(p. xi).

과학 교사들은 학생들에게 뒤뜰과 동네에서 과제에 착수하는 것을 고 취시킬 수 있을 것이다. 예를 들어 거미줄에서의 움직임과 나무에 있는 다양한 곤충들, 화단에 불쑥 나타나는 비슷한 생김새의 잡초들, 땅벌의 행동, 흉내지빠귀의 노래를 관찰하고 기록하는 것 말이다. 이러한 과제들 을 수행하려면 시간이 걸리는 진짜 관찰이 필요하다. "심층 학습learning in depth/LiD"[7]을 권하는 키란 이건Kieran Egan(2010)은 학생들에게 초중등학교 에 다니는 동안 줄곧 프로젝트를 지속적으로 수행할 것을 제안한다. 나 는 학생들에게 특정한 제재를 부과하라는 그의 조언에 동의하지도 않고, 학생들이 일 년 내내 한 제재를 계속 따라 하도록 주장하지도 않겠다. 하 지만 아이들이 자연 세계에 대해 깊이 배울 수 있도록 도울 방법을 찾는 것을 권장하는 이건의 생각에 적극 동의를 표한다.

심층 학습의 교육적 가치를 고려하는 또 하나의 이유로 자연 세계에 대해 우리가 엄청나게 무지하다는 관찰과 그것의 인지적 결과를 나는 단지 덧붙이고 싶을 뿐이다. 특히 자연 세계로부터 제재를 선택한다면, 모든 학생들에게 지식의 양과 더불어 매우 깊이 있는 유의미한 지식을 쌓도록 할 수 있을 것이다. 그렇게 해야 자연 세계와 그 안에 있는 장소에 대해 생각을 잘할 수 없는 무능력으로부터 우리를 구해줄 수 있는 어떤 길을 향해 나아갈 수 있을 것이다(pp. 17~18).

그러한 프로젝트를 격려함으로써 적어도 우리의 과학 수업에서 "관찰"을 통해 자주 묘사된 어리석은 행동을 줄여줄 수 있다. 몇 년 전에, 나는 학생들에게 관찰에 대해 가르치려고 하는 어느 고등학교 생물학 수업에 대해 의견을 말해달라는 제안을 받은 적이 있다. 교사 자신이 수행한 수업에 대한 설명을 들어보자.

내가 계획한 것은, 여덟 종류의 생물의 특징을 관찰하는 데 초점을 맞추는 것으로, 내가 생각하기에 흥미로운 실천적 수업이었다. 각각의 표본은 어떤 "구역"에 놓여 있었고, 4개의 모임에서 작업하는 학생들이 5분마다 각 구역 사이를 돌아다녔다. 학생들에게 각각의 구역에서 관찰한 것을 기록지에 쓰도록 하였다(Wallace & Louden, 2002, p. 100).

이것은 관찰에 대한 역설이다. 두세 종류의 곤충들을 잠깐 보고 차이점을 기록하는 것은 어린아이들에게 도움이 될 수 있을지도 모른다. 하지만 고등학생들에게 과학적 관찰에 요구되는 시간과 주의에 대해 어느 정도 학습하도록 하는 것은 그들을 크게 잘못 이끄는 활동이라고 할 수 있다. 게다가 우리의 목적이 지역생태에 대한 사려 깊은 돌봄을 고무하는 것이라면, 그러한 잘못된 방법은 과학적으로나 도덕적으로도 문제가 될 수 있다.

관찰 이야기를 논의해볼 수 있는 또 다른 국면이 있다. 관찰된 생물 중 하나가 바퀴벌레였는데, 난폭한 몇몇 아이들은 그것을 죽였다. 이 사건은 교사와 논평자 모두에게 과학에 대한 논의로부터 훈육이나 학급 운영으로 관심을 돌리게 하였다. 나는 논평에서 그것은 "그저 바퀴벌레일 뿐"이라는 것, 우리가 주기적으로 사멸시키려고 하는 생물이라는 것을 인정했다. 하지만 거기에서 놓쳐버린 더 큰 잠재적 교훈이 있다. 나는 인간이 바퀴벌레를 없애려고 노력했음에 불구하고, 그것이 수 세기 동안 살아남았다는 점을 주목했다.

이 강인한 생물에 대해 학생들은 무엇을 배웠는가? …… 개개의 바퀴벌레는 얼마나 오래 사는가? 몇 종류가 알려져 있는가? 어떻게 번식하는가? 왜 그렇게 죽이기 힘든가? …… 바퀴벌레는 무는가? 바퀴벌레는 더러운가? 사람들은 바퀴벌레를 오물과 연관을 짓는데, 사실 바퀴벌레는 불쾌한 냄새를 만들어낸다고 한다. 하지만 이는 바퀴벌레가 자신을 깨끗하게 한 이후 냄새나는 잔여물을 버린 부산물 때문에 발생된 것일 수 있다. 이 추정을 검사하기 위한 방안을 학생들은 생각해낼 수 있을까?(Noddings, in Wallace & Louden, 2002, p. 104).

나 또한 학생들이 자연주의자들의 작업에서 무엇을 배웠는지 의아하게 생각했다(그리고 여전히 그러하다). 틴버젠Tinbergen, 윌슨Wilson, 앤드류Andrews, 뮤어Muir, 오듀본Audubon, 파브르Fabre라는 이름이 그들에게 어떤 의미라도 있는가?

여기에서 자연주의자들의 작업, 바퀴벌레의 역사와 생물학, 곤충공동체, 그리고 심지어 진화론까지 논의할 수 있는 여유는 없다. 생물을 연구하는 인간은 생물들이 생존과 번식에서 놀라운 능력을 보여줄 때 경이로움이 솟구치는 것을 확실히 느낀다. 칼 사푸나Carl Safuna(2011)는 사람들이 미끼로 쓰기 위해 채집해서 죽인 결과 멸종 위기에 처한 투구게[8]의 곤경을 묘사한다. 그는 일 년에 한 번 일어나는 게의 짝짓기와 산란을 지켜본, 달 밝은 어느 아름다운 밤을 묘사한다.

> 그들의 짝짓기 의례는 애무하는 그 이상이다. 그 모습은 신성하다. 생명체의 새로운 세대를 창조하는 행위보다 더 숭고한—아니 더 취약한—것은 없다. 그리고 그것은 내 마음에 경종을 울렸다. 내 가슴을 철렁 내려앉게 만든 그 무엇 때문에 이 감정으로부터 나갈 수 있는 유일한 길이 4억 5천만 년 이후에까지 이어져 내려왔다고 말한다(pp. 132~133).

아니나 다를까, 그 달밤에 채집자들이 와서 살아 있는 게들을 쓰레기같이 트럭 창고 속으로 던져 넣기 시작했다. 사푸나가 암시하듯이, 4억 5천만 년의 생존이라는 놀라움과 함께 어떤 신성한 감정이 촉발되지 않았던가? 이것은 우리를 자연 세계와 다시 연계시킬 수도 있는 것으로서 심층 학습의 형식을 권장할 때 이건이 달성하고자 하는 부분이다.

물론 여기서 말하는 그런 종류의 권장이 학교교육과정에서 본질적인 변화를 필요로 한다는 것을 독자들은 인식할 것이다. 동식물과의 접촉은 초등학생에 한정되어서는 안 된다. 전체 중등학교 과학 교육과정은 가정과 같은 장소와 생태학에 대한 연구를 중심으로 조직될 수 있다. 더 나아가 교육과정의 모든 과목은 보편적 교육과정에 기여하도록 요청되어야 한다. 이러한 교육과정은 대학 입시에서 받아들여져야 하고, 그리고 이는 과학 과목에서 전통적 교과과정이 필요하지 않은 대학 입학을 앞둔 학생들에게는 좋은 대안이 될 수 있을 것이다. 자연의 역사를 강조하는 교육과정은 또한 강과 연못, 야생동물과 식물의 보존을 위한 지역사회 봉사와 참여를 위한 기회를 제공하고 있다. 그리고 다양한 수준의 전문성과 다양한 제재에 초점을 맞추어 코스들이 제공될 수 있을 것이다.

이러한 제안은 기존의 교육과정 이외의 추가적 교과 과정을 필요로 하지 않음에 주목하자. 그것은 교과목 내에서의 변화를 요구한다. 앞 장에서 나는 한 해의 고등학교 과학을 영양과 건강 문제에 초점을 맞출 것을 권고했었다. 여기서 나는 다른 학년에서는 지역생태에 초점을 맞출 것을 제안했다. 두 분야의 초점은 과학과 실제 삶을 연결시키는 것이다.

국가의 합보다 더 큰 지구

나는 자연의 역사에서 더 폭넓고 새로운 교육과정이 필요하다는 것을 이미 제안했다. 그리고 국가의 역사를 덜 강조하고, 자연환경에서 인류의 삶을 더 강조함으로써 그것을 더 멀리까지 이끌기를 바란다. 다시 말하지만, 여기에서 구체적 교육과정을 제시할 생각은 없다. 내가 제안하는 것은 나의 전문성을 넘어서는 일이며, 모든 교과를 대표하는 사람들의 협동 프로젝트이다. 오히려 나는 생태학적 사유와 교육과정을 제안하려고 한다. 더 나아가 정치와 전쟁의 역사를 없앨 의도는 없다. 그렇게 하는 것은 역효과만 낳을 것이다. 그 대신에 전통적 내용을 다소 줄이고, 기존의 내용에 생태에 대한 새로운 학습 자료를 설득력 있게 연계시킬 것을 제안한다. 21세기의 효과적 교육과정은 연계connections, 즉 배우는 과목 간의 연계, 그리고 교과목과 실제적 삶 사이의 연계를 강조한다.

우리는 잔디밭에 대한 초반부 논의와 이것으로 인해 문제가 발생한 생태적 영향에 근거를 둘 것이다. 잔디밭에 필요한 물의 양은 그 자체가 문제이지만, 비료에서 나온 화학적 오염물이 섞여 있는 유출수도 또 다른 문제이다. 잔디밭이 많은 곳의 호수와 개울은 오염되어 있을 것이다. 산업적 원인으로 인한 수질 오염은 좀 줄어들었지만, 주거 단지에서 나온 오염수 문제는 여전히 해결되지 않고 있다(Anderson, 1999).

학생들은 이들 문제와 그것을 해결하려는 노력의 역사에 흥미를 느낄수 있다. 테드 스타인버그Ted Steinberg(2002)는 1800년대 중엽의 개혁가들이 도시에서 돼지를 제거하려고 어떻게 하였는지에 대한 이야기를 들려준다. 분명히 도시의 거리에 돼지가 있다는 것은 비위생적이다. 돼지 배설물, 돼지가 먹는 한 무더기의 버려진 채소들, 그리고 무리를 지은 돼지가넓은 거리를 나다니는 것이 얼마나 구역질 나는 일인지 상상할 수 있다. 일꾼들이 밤이 되면 돼지 내장, 농토를 비옥하게 만들기 위해 집에서 나온 인간의 배설물("인분")을 모아 인근의 시골로 운반하는 것은 지금까지해오던 관행이다. 이 관행이 비위생적이기는 하지만, 기본적으로 생태적으로 건전한 것이다. 버려진 채소를 돼지가 먹고, 그 돼지는 도시의 빈민에게 중요한 식량원이 된다. 그리고 그들의 배설물은 채소와 과일의 생산을 위해 땅으로 되돌아가 땅을 비옥하게 한다.

그러나 시스템이 바뀌지 않으면 안 되었다. 돼지가 도시에서 사라졌을 때 사람의 건강은 개선되었지만 고도화된 축산과 하수시설이 만들어낸 집중적으로 축적된 동물과 사람의 배설물은 수로의 오염도를 증가시켰다. 스타인버그는 도시에서 식용 동물을 추방시킨 것을 가리켜 "유기물도시의 죽음death of the organic city"[9]이라고 불렀다. 이 현상은 미국의 도시와 시골 생활 사이의 차이를 특징짓게 된 극적인 변화였다. 생태적 사고ecological thinking는 지금 도시와 시골 지역의 자연적 연계를 회복하기 위해 진행 중이며, 도시에서의 유기물적[10]이고 사회적인 삶을 회복하려고 노력하고 있다는 것에 주목할 만한 가치가 있다(Ford, 2000; Walker, 2007).

인간의 생활은 쓰레기 더미, 예를 들어 수세식 화장실과 하수구를 통해 현재 버려지는 인분뿐만 아니라, 찌꺼기나 쓰레기, 폐물, 고물로 불리는 모든 것을 만들어낸다. 1967년에 종이 제품은 단독으로 전체 쓰레기가운데 3,500만 톤을 차지했고(Steinberg, 2002, p. 226), 종이의 사용은 컴퓨터가 널리 사용된 후로도 줄어들지 않았다. 우리는 전자 메시지에 파묻혀 있고, 그것을 모두 인쇄하려는 유혹이 있다. 재활용은 이렇게 증대된 쓰레기 산더미의 일부분만을 처리할 뿐이다.

작은 도시와 시내는 언젠가부터 무차별적으로 쓰레기를 "쓰레기장"에 던져 넣었다. 그 무더기와 냄새를 줄이려면 무언가를 해야 했기 때문에 도시는 소각로를 사용하기 시작했다. 하지만 소각로는 공기의 질을 저하시키고 소각로가 배출하는 냄새는 개방된 쓰레기장을 능가할 정도로 줄어들지 않았다. 게다가 태운다고 하더라도 어떤 것은 쉽게 타지 않았다. 2차 세계대전 후 도시들은 쓰레기 처리를 매립에 의존하기 시작했다. 이 생각은 쓰레기를 저지대의 습지 속에 축적한 다음 매일 흙을 새롭게 덮어서, 썩어가는 유기물질의 냄새를 줄이고, 종국에는 새 건물의 물기 없는 기반을 제공하는 것이었다. 하지만 도시의 매립지는 30년 전에 말 그대로 가득 차버렸고, 쓰레기는 먼 거리로 운반되어야 했다. 당연히 이런 경향은 부유한 지역에서 더 빈곤한 지역으로 실어 나르는 것이 되었다. 아주 비극적인 웃기는 이야기이지만, 도시를 떠나는 쓰레기 한 차 분을 싣고 가는 트럭이 쓰레기를 버리는 지정된 장소에서 거부당해 되돌아오는데, 그곳에 가봤자 허탕인 똑같은 임무를 수행하기 위해 서둘러 가는 다른 트럭을 추월하는 일들이 반복되고 있다.

매립지 사용의 또 하나의 문제는 쓰레기 문제 해결을 위한 노력에 생태적 사고가 활용되지 못했음을 보여준다는 사실이다. 이들 장소의 몇 곳은 완전히 오염되었으며, 그곳에 건물을 짓는 것은 위험할 뿐만 아니라, 습지의 손실 자체가 하나의 문제임이 드러났다. 매립지로 사용되는 습지(혹은 늪)는 그곳을 통과하는 물을 여과하고 정화함으로써, 사실 중요한 생태적 기능을 하고 있다. 또한 습지는 새와 다른 야생동물의 서식지를 제공한다. "1940년대에는 우리가 지금 생태계라고 부르는 것을 거의 이해하지 못했다"라고 다이앤 워드Diane Ward는 쓰고 있다. 무지에 의한 손실은 엄청났다. 워드(2002)는 플로리다 에버글레이드 습지에 대한 이야기를 자세하게 하고 있는데, 그것은 비극적이면서 희망적인 이야기이다. 농업과 주택의 발전은 조류와 해양 생물의 손실을 초래했고, 만의 해수와 좁은 물줄기의 염도를 증가시켰으며, 강우량을 감소시켰다. 준설 공사와 배수 공사가 어떻게 강우량에 영향을 미치는가? 이제 생명 공동체 전체를 고려하지 않고, 문제를 하나씩 하나씩 해결하려는 부분적 노력이 초래하는 피해를 우리는 아주 잘 알고 있다. 모든 학생들은 에버글레이드 습지에서 일어난 재앙에 가까운 일을 배워야 하며, 생태적 문제를 위해 그들 자신의 지역 환경을 탐구하기 시작한다(에버글레이드 습지의 가슴 아픈 파멸에 가까운 일에 대해서는 Douglas, 1997을 보라).

환경오염에 큰 영향을 주는 것 중 하나는 계속되는 신중치 못한 소비이다. 소비자의 습관과 소비자 보호의 관점에서 본 소비의 역사는 매력적인 이야기이다(Cohen, 2003). 듀이가 독립정치행동연맹League for Independent Political Action/LIPA의 창설에 관여했다는 것은 교육자들에게 특히 흥미로운 일이다. 이 조직은 당시(1929) 생산자와 사업자 공동체에 의해 심하게 착취당했던 소비자의 이익을 증진시키기 위해 설립되었다. 정치적으로 독립정치행동연맹은 재앙이었다. 소비자의 복지를 위한 공통적 관심은 집단 내의 정치적 차이를 극복할 정도로 강력하지 않았다(Westbrook, 1991). 하지만 여기서 우리의 주요한 관심은 소비자 보호가 아니라, 오히려 과잉 소비로부터 환경을 보호하는 데 있다.

1990년대 초반 교통수단의 비약적 발달은 식품을 먼 거리까지 운반할 수 있게 하였다. 생산과 소비의 공간이 점점 분리되어가는 부분인 "유기물 도시의 죽음"에 대해 이미 언급했다. 한때 대부분의 인구에게는 접근하기 힘들었던 음식이 이제는 구하기 쉬워졌기 때문에 수요가 증가했다. 하지만 생산과 소비가 점점 분리됨으로써 개인/가족을 운송하는 수단의 필요성을 촉진시켰으며, 자동차와 소형 트럭 시장 또한 성장하였다. 사람들은 일을 하러 오고 가기 위해 이동해야 했다. 스타인버그(2002)는 교외로 빠져나가는 현상과 소비의 증대는 환경에 엄청난 타격을 주었다고 지적한다.

소비 증대가 쓰레기의 놀라운 증대로 이어졌음은 이미 언급했다. 그렇게 많이 사야 하는가! 스타인버그(200)는 다음과 같이 썼다.

> 몽고메리 와드와 동료들은 1870년대에 최초의 통신 판매 회사를 설립했다. 1874년에는 72쪽의 카탈로그를 내놓았다. 1880년대에 그 카탈로그는 500쪽 이상으로 두꺼워졌고, 세기가 바뀌는 시점에는 1,200쪽으로 그 두께가 급증했다(p. 228).

그리고 이 카탈로그는 해마다 개정되어 재발행되었다. 우리가 알고 있듯이, 미국은 오늘날 세계에서 가장 거대한 에너지 소비국이면서 동시에 가장 거대한 쓰레기 생산국이다.

광고 사업의 급속한 성장은 소비의 증가를 받쳐주었다. 앞의 논의에서, 나는 잔디밭 경작을 도덕적 의무로서 촉구하여 크게 성공했던 광고 캠페인을 언급했었다. "챔피언의 아침식사", "당신의 손이 아니라 당신의 입에서 녹습니다", 그리고 현재 인기 있는 "당신은 그것을 누릴 자격이 있습니다!"와 같은 광고와 슬로건처럼 감동을 주는 또 다른 성공적 이야기가 있다. 광고에서 아마 가장 성공적인 책략은 나이, 성별, 인종, 경제적 지위, 여가활동 선호 등으로 분할시킨 각 집단별로 겨냥하는 광고이다. 그리하여 분할은 정치적 광고로 확대되어 점점 더 중대한 역할을 하고 있다.

학교는 광고주에 의해 학생들이 조종되는 방식을 알려주는 데 실패하였다. 그뿐만 아니라 외견상으로는 교육적 목적이라고 하지만, 학교는 심지어 학생을 사로잡힌 청중으로 만드는 일반 광고까지 곁들인 텔레비전을 제공할 수 있는 상업회사를 허가해왔다(Molnar, 1996). 이러하기에 학교는 광고라는 주제에 대한 비판적 사고를 고양시키지 않으면 안 된다 (Noddings, 2006).

교육자들, 부모들, 정책 입안자들은 21세기 민주주의를 위한 교육적 목적을 주의 깊게 살펴보아야 한다. 이 목적들을 가장 나쁘게 배열하는 것 가운데 하나는 오로지 미래의 수입에 집착하는 것이다. 학생들은 어디에서나 더 많은 수입을 얻기 위해 대학 입학 준비에만 매달린다. 정책 입안자들과 교육자들은 평등이라는 이름으로 신분상승을 위해 필요 불가결하다는 핑계를 대면서 모든 사람에게 시대에 뒤떨어진 대학 준비 교육과정을 준비하도록 강제한다. 동시에 신분상승의 꿈은 점점 단 하나의 꿈에 불과한 것으로 되어가고 있다. 사려 깊은 소비자들을 교육과 더 넓은 세계로 이끌기보다, 교육이 대기업에 들어갔다. 너무나 자주, 우리는 허위 광고에 관련되어 있고, 쓸모없는 학위를 따도록 부추겨지는 것에 대해, 삶을 살면서 무엇을 하고 싶은지, 그리고 어떤 종류의 사람이 되고자 하는지에 대해 비판적으로 사고하고 성찰하고 있으며, 젊은이들의 관심을 딴데로 돌리게 하고 있다. 다음 장에서 더 솔직하고, 아마도 더 유익한 직업교육에 대한 접근을 고찰할 것이다.

만약 행복을 교육의 목적으로 받아들인다면, 그리고 그렇게 되어야 한다면 학생들은 그 주제에 대한 대화에 참여할 기회를 가져야 한다. 합당한 수준의 경제적 안정을 위해 무엇이 필요한지를 넘어 부의 증대와 행복 사이에 연관성이 거의 없다는 사실을 설득력 있게 보여주는 연구를 학생들은 배워야 한다(Lane, 2000). 무엇이 사람을 행복하게 하는가? 학생들에게 사람들을 행복하게 만드는 것을 단순히 말해주는 것은 교육자의 과업이 아니다. 그들을 행복하게 만드는 것 또한 우리의 일이 아니다. 오히려 사람들이 행복에 대해 어떻게 생각했는지, 즉 사람들이 행복을 어떻게 추구했는지, 어떻게 실패하거나 성공했는지를 안내해주고, 학생들에게 행복을 향한 그들만의 독자적인 방식을 탐구하도록 문을 열어 주는 것이 우리의 일이다(Noddings, 2003).

행복에 대한 지성적 대화는 교육의 개인적 발달이라는 목적에 기여해야 한다. 그러한 대화는 또한 우리가 사랑했던 장소와 땅 그 자체의 보존에 대한 헌신을 개발하는 데 필수적이다. 학생들은 적어도 사피나Carl Safina(2011)의 조언을 숙고해보아야 한다.

혁명은 다음과 같이 간단하다. 그것들이 당신을 소모시켜 자신을 먹이는 제품을 구매하지 마라…… 알려져 있지 않고 공인되어 있지 않은 일을 해라…… 씨를 심어라…… 중고품 할인 상점에서 산 멋진 옷을 입고 공식 만찬에 가서 얼마를 주고 샀는지 자랑하라. 일상적 광고와 일상적 권유가 거짓말을 하고 있는 것처럼 당신이 무엇을 필요로 하는지, 그것에 대해 불쾌하게 반응하라……(p. 310).

여기서 학생들은 내가 사피나의 조언을 숙고해야 한다고 말했다는 점을 주목하라. 그가 말하는 "당신"은 누구인가? "당신"을 착취하는 "그들"은 누구인가? 사피나의 조언에 덧붙여야 할 주의사항이 있는가? 우리 모두가 필요하지 않은 "물건"을 사지 않는다면 무슨 일이 일어날 것인가? 이 대화는 확장되어야 한다. 땅을 보존하기 위해 우리가 어떻게 살아야 하는가? 지역적으로 우리는 무엇을 해야 하는가? 그리고 우리가 배워야 할 것은 무엇인가?

의도를 가진 지리

앞에서 우리는 생태학 연구의 필수적 주제인 수질오염에 대해 이야기했다. 수질오염을 집중적으로 다루는 연구 단위는 분명 학제적이다. 어떤 물질이 수로를 오염시키고 있는가? 여기에는 화학과 생물학이 모두 포함된다. 이러한 물질을 어떻게 제거할 수 있는가? 우리는 이 문제를 어떻게 정치적으로 접근할 수 있는가? 경제적 함의는 무엇인가? 이 문제들은 얼마나 심각한 일인가? 다이앤 레이네스 워드Diane Raines Ward(2002)는 20세기 중반 이후 지구의 오염 증가로 인해 물을 세 배나 더 쓰게 되었다는 사실에 주목하면서 다음과 같이 말한다.

> 우리는 지금 지구에 있는 전대미문의 사람들을 먹여 살려야 하는 필요에 직면해 있으며, 다른 한편으로는 그와 동시에 너무 많은 음식의 증가로 초래된 대가―비료, 살충제, 염류 집적, 살림 파괴, 부식, 과잉 방목의 증가―를 치르고 있다. 세계의 주요 강의 절반 이상이 오염되었거나 메말라가고 있다(p. 3).

우리는 서로 관련된 두 개의 큰 생태적 문제에 직면해 있고, 각각은 서로 관련 있는 많은 하위 문제를 포함하고 있다. 첫 번째는 인구의 증가이고, 두 번째는 생물종의 수가 점점 더 빠르게 감소하는 것이다. 우리는 이 장의 마지막 절에서 인구 문제를 살펴볼 것이지만, 그것이 단순히 사람이 너무 많다는 것이 문제가 아니라는 점을 알게 될 것이다. 역설적으로 더 큰 문제는 사람 수는 적지만, 더 부유한 사람들일수록 지구의 자원을 훨씬 더 많이 소비하고 있다는 사실이다. 예를 들어, "1988년에 미국은 세계에서 어떤 다른 나라보다 일인당 에너지 소비가 높았다. ……세계 인구의 단지 5퍼센트에 불과한 나라가 전 세계 석유의 25퍼센트를 소비하고 있으며, 전 세계 대기 중 탄소량의 약 4분의 1을 방출했다"(Steinberg, 2002, p. 234). 미국은 최고가 되는 것을 너무 좋아한다. 또한 "일인당 쓰레기 배출량에서 프랑스, 영국, 일본과 같은 나라의 두 배를 쏟아내며 폐기물 양산에서 산업화된 국가를 선도하고 있다"(Steinberg, 2002, p. 234).

하지만 이 절에서는 환경 파괴와 생물종의 상실과 관련된 학교 연구를 고찰하려고 한다. 중요한 지리를 가르칠 기회는 있다. 허쉬E. D. Hirsh가 제안하듯이, 학생들에게 강과 산, 사막의 이름을 암기하도록 요구하는 것이 아니라, 생태적 문제나 가능성 있는 해결책을 가지고 시작할 수 있다.

윌슨E. O. Wilson은 수리남의 산림보존 이야기를 들려준다. 그곳은 남아메리카 가이아나 옆에 위치해 있고, 남쪽 산맥을 경계로 브라질과 맞닿아 있는데, "지구상의 어떤 나라보다도 더 높은 비율로 우림이 덮여 있다"(Wilson, 2002: p. 175). 1990년대 중반 수리남은 막대한 벌목 작업의 위협을 받았다. 하지만 환경운동가들은 여러 환경 보호 단체와 긴밀히 협력하면서 수리남 보존 재단을 창립했고, "기존의 공원과 보호구역을 연결하는 큰 종주 지형"(Wilson, 2002)을 안전하게 지키는 데 성공했다. 많은 경우, 이들 자연 종주 지형은 관광객과 여타 상업적 활동에 의해 모서리까지 뒤집어진 특별 보존 구역을 위한 보호 기능을 제공하고 있다. 윌슨은 그러한 종주 지형은 유콘에서 옐로스톤 국립공원까지, 뉴멕시코의 고지대와 애리조나에서 멕시코 북부까지, 펜실베이니아의 서부에서 켄터키의 동부까지의 북아메리카에 만들어져야 한다고 제안한다. 여기에 5, 6학년을 위한 아주 좋은 지리 수업이 있다.

윌슨(2002)은 또한 "위험지대hotspot"—종의 멸종이 가장 왕성한 지구의 육지 지역—라고 불리는 세계의 일부에 대한 관심을 이끌어냈다. 그런데 25개의 위험지대는 "세계 육지 표면의 단지 1.4퍼센트만을 차지할 뿐이다. 하지만 놀랍게도 그 지역들은 전 세계 식물종의 44퍼센트, 그리고 조류와, 포유류, 파충류, 양서류의 3분의 1 이상의 유일한 서식지이다"(p. 61). 학생들은 위험지대들 중 일부—열대 안데스, 광역 앤틸리스, 마다가스카르, 인도—버마, 뉴칼레도니아—를 찾아낼 수 있는가?

교사들이 생태적 문제를 "하향식"으로 가르치기 시작하면 육지의 위험지대로부터 바다의 위험지대의 문제로 넘어갈 수 있다. 메소아메리카 암초에 왜 문제가 있는가? 어떻게 산호초가 형성되는가? 새끼 산호는 어떻게 자라는가? 그리고 메소아메리카 암초는 어디에 있는가? 해초는 산호에게 왜 좋지 않은가?

산호초에 대한 책을 읽으면—적어도 놀랄지도 모르지만—생물학에 관하여 배울 것은 많다. 생물학에 더하여 지리학도 배울 것이 많다. 캐리비안 암초가 감소하는 것과는 반대로, 태평양에 있는 팔라우 제도 근처의 암초들은 회복되고 있는 것처럼 보인다(Safina, 2011). (여기서 유념해야 할 것은 그 암초들이 회복되는 것처럼 보이지만, 많은 섬들이 상승하는 해수 아래로 사라질 가능성이 크다는 것이다. 이것은 지구 온난화를 연구해야 하는 또 하나의 이유이다.) 팔라우는 어디에 있는가? 학생들은 종이 지도를 가지고 시간을 보내고 놀 수 있도록 격려되어야 한다. 이는 컴퓨터나 책상 위에 펼칠 수 있는 종이 지도를 사용하는 것보다 더 나은가? 나 자신은 다양한 종이 지도를 펼치는 것을 좋아하는데, 이를 이용하면 학생들은 넓은 지역의 지도에서 더 작은 영역의 지도—한꺼번에 모두 볼 수 있는 지도—로 옮겨 갈 수 있다. 특정 장소를 찾아내고 경도와 위도에 대해 말하고, 거리를 측정하고, 장소의 이름을 발음하는 법을 배워보자. 서두르지 말고. 환경문제가 지도 읽기를 자극할 수 있지만, 지도를 보는 재미는 결국 역사와 정치 문제에 대한 관심을 불러일으킬 수 있다. 스티븐 손튼Stephen Thornton(2005)은 학생들이 지도에 흥미를 가지면서 수행할 문제와 프로젝트에 대한 많은 사례를 제공한다. 학생들이 조사하는 데 흥미를 느끼는 역사적 문제 중 하나는 경도를 알아내는 문제이다. 초창기의 항해사들은 태양, 달, 별로부터 위도를 알아낼 수 있었다. 경도를 알아내는 것은 왜 그렇게 어려운가? 그리고 어떤 발명이 그것을 가능하게 했는가? 이야기와 전기적 설명을 위해 이 얘기는 잠시 접어두자. 예를 들어 사피나(2011)는 다음과 같이 (팔루아에 있는) 코로르 방문을 언급한다.

내가 여기에 처음 도착했을 때, 그 나라에는 신호등 하나도 없었다. 이때 신호등을 달려고 시도했다. 하지만 빨간불이 켜졌을 때 아무도 관심을 두지 않았다. "그것은 사람들에게 무엇을 하라고 말하는 기계 같다"라고 나를 태워준 한 사람이 불평했다. 신호등은 꺼졌다. 지금 다시 그 나라에는 정지 신호등이 없다(p. 288).

협소하게 정해진 교육과정과는 상관없이 이런 이야기는 제재에 대한 흥미를 갖게 하면서 토의되고 있는 사람과 장소에 대한 호기심을 불러일으키는 데 도움을 준다.

생태적 관점에서의 지리 수업에 대한 이 짤막한 논의는 이 책의 중심이 되는 몇 가지 지점들을 보여주고 있다. 그 하나는 상호 의존성을 중시할 필요이다. 21세기에는 좁은 국가적 이해를 넘어 지구 자체의 미래에 대해 생각할 방법을 찾아야 한다. 그것은 모든 국가가 협력해서 고민해야 하는 과제이다. 또 하나로 교과목을 서로 연계시키고, 실제의 삶과 연계시키는 일이 필수적이다. 후자의 연계는 실제적 문제와 더불어 학습 단위가 고무되어야 한다. 물론, 때때로 문제를 드러내는 대화와 함께 심지어 이러한 "시작"을 우선하지 않으면 안 된다. 문제 제기는 문제 탐구를 요구할 것이다. 여기서 나타난 또 하나의 주장은 우발적 학습을 활용해야 한다는 점이다. 모든 것이 우발적으로 학습될 수 있다고 말하는 것은 아니다. 거듭 말했듯이, 직접적 수업을 포함한 교수법의 목록에는 많은 방법들이 있다. 하지만 그 방법들 중 일부는 너무 드물게 사용되고 있고, 모든 제재에 대해 모든 사람에게 적용될 수 있는 가장 좋은 방식을 찾는다는 결정을 내릴 수 있을 듯하다. 어떤 나이의 학생들에게도 교과목과 관련된 도구와 사물을 활용하도록 하는 것은 가치가 있다. 지도를 활용하고 거리를 측정하고 여행을 상상하는 것은 학습에 상당한 기여를 할 수 있다. 현명한 교사들은 이러한 형식 없는 설정에서 발생하는 흥미를 문학, 수학, 경제학,

정치학과 연결시키면서 확장시킬 수 있다.

국가의 이해를 넘어서는 지구의 안녕을 설정하는 것은 분명히 필요하다. 하지만 학교에서는 적대주의를 유발하지 않으면서 미국의 성인들과 친밀하고 관련 있는 제재를 다룰 수 있는 방법을 찾아야 한다. 그러면 애국주의, 군사영웅, 파시즘, 미국 예외주의와 같은 주제에 어떻게 접근해야 하는가?

지상의 평화를 향해

학교에서 생태적 문제를 안내하고 강조하는 것은 가능할 수 있다. 하지만 전통적 교육과정은 하룻밤 사이에 사라지지 않을 것이다. 더 의미 있는 것을 주기적으로 시도하는 사회과 교육과정은 오랫동안 전쟁과 경제발전을 중심으로 체계화되어왔다. 지구와 그곳에 거주하는 생명의 번영에 대한 새로운 관심을 갖는 것과 함께 우리는 그 프로젝트를 진전시키는 조치를 취할 수 있는 국가의 힘을 중시한다. 예를 들어 윌슨은 한국의 비무장지대DMZ를 야생동물 보호구역으로 만들 가능성을 논의하고 있다. 비무장지대 포럼의 지원을 받은 이 생각은 꾸준히 활성화되고 있으며, 그 목표를 달성할 충분한 지원을 받을 수 있을 것이라는 희망이 있다.

학생들에게 애국심과 국가적 자부심에 대한 그들의 생각을 조종하는 힘을 이해시키는 것은 더 어렵다. 최근 나의 작업에서 국가에 대한 애국심과 자주 연관되는 적개심을 순화시킬 수 있는 생태적 세계시민주의ecological cosmopolitanism를 향한 운동을 제안하였다.

우리가 특정한 장소를 사랑한다면, 그 장소의 번영은 그것이 존재하는 지구의 건강과 밀접하게 연결되어 있음을 알 것이다. …… 이 장소를 사랑하기 때문에, 나는 그곳을 지속가능하게 하는 건강한 지구를 원한다. ……
내가 사랑하는 장소의 번영이 지구의 번영에 달려 있다면, "당신이" 사랑
하는 장소의 번영을 지지할 충분한 이유가 있는 것이다. 모든 인간의 고향
을 보존하려는 데에는 세계시민적 이유뿐만 아니라 이기적인 이유도 있다
(Noddings, 2012a: p. 66).

세계시민주의—전 세계를 시민성citizenship의 초점에 두고 바라보는 관
점—는 미국 학교에서, 아니 그 문제에 대해서는 결코 국가 전체적으로도
열정적으로 받아들이지 않았다(Hansen, 2010, 2011의 유용한 논의를 보라).
토머스 페인Thomas Paine이 자기 자신을 세계 시민으로 선언했고, 그것 때
문에 강한 비판을 받았다는 사실을 학생들에게 알리는 것에서 시작할 수
있다. 학생들은 페인과 미국 독립 혁명을 촉진한 것으로 대단히 높이 평
가받는 그의 작품인 『상식』에 대해 들어보았을 것이다. 하지만 그의 『이성
의 시대』에 대해서는 거의 들어보지 못했을 것이다. 그는 자신의 글에서
세계적 시민성world citizenship에 대해 기술하였다. "나의 조국은 전 세계이
다. 선을 행하는 것이 나의 종교이다." 사실 그가 세계시민주의를 지지한
것은 이후 루스벨트Theodore Roosevelt에 의해 비난받았다. 루스벨트는 그
에 대해 "추잡하고 하찮은 무신론자"(True, 1995: p. 14)라고 말했다.

생태적 세계시민주의에 따르면, 국가적 애국심national patriotism이라
는 전통적 생각을 고수하려는 사람들의 분노를 자극하지 않으면서 세계
적 시민성을 논의하는 것이 좀 더 쉬울 수 있다. 생태적 애국심ecological
patriotism 또한 그 표현의 필요성에 대한 긴박함을 더하고 있다. 세계시민
주의의 어려움은 여러 저자들이 지적했듯이, 그 개념의 '얕음'이다.[11] (예
를 들어 Barber, 1996을 보라.) 세계시민주의는 민족적 애국심—이를 고무시
키기 위해 음악, 깃발, 퍼레이드, 유니폼, 영웅 이야기, 기념행사 등의 다양
한 지원을 받는다—처럼 우리를 단순히 감정적으로 "사로잡지grab" 않는

다. 방치와 이기적 착취로 인해 지구를 파괴할 가능성은 어느 정도 정서적 충격을 줄 수 있다.

일상적으로 보여주는 애국심을 경멸하거나 무시하지 않으면서, 여러 가지 의식과 행사가 어떻게 정서적으로 영향을 미치는지를 학생들이 이해하도록 학교는 도와주지 않으면 안 된다. 우리가 문화의 관습과 기대에 어떻게 영향을 받는지를 이해하는 것은 자기이해self-understanding의 커다란 요소이다.

우리가 비판적 사고를 21세기 사고의 주요한 목적으로 진지하게 다룬다면, 국가의 성취뿐만 아니라, 그것의 실패를 기꺼이 인정하지 않으면 안 될 것이다. 물론 실패들을 하나하나 기록하기 시작하는 것은 현명하지 않다. (그리고 그것은 거의 확실히 금지된다.) 우리의 목적은 냉소주의자가 아니라, 비판적 사고를 하는 사람을 길러내는 것이다. 그것은 지금 경고의 손가락 하나a finger of caution를 들어 학생들에게 모두가 동의하지 않는다는 점을 일깨운다는 것을 의미한다. 우리의 평가뿐만 아니라 기억도 다를지 모르고, 생생한 기억들은 역사의 아주 중요한 부분이다(Wood, 2011b). 이러한 차이를 교육과정의 일부로 만드는 것은 중요하다. 예를 들어 다음의 질문들을 보라. 원자폭탄을 히로시마에 투하한 것은 옳은 일이었는가? 어떻게 그 결정이 옹호되어왔는가? 얼마나 많은 사람들이 군사적 폭격에 의한 살해를 용인하였는가? 어느 지점에서 그러한 행동들은 보호될 수 있는가?

평화교육peace education의 목적을 진전시키는 독서와 논의 계획을 세우는 일은 가능하다. 하지만 그것은 쉬운 일이 아니다. 나는 이미 조지 카운츠George Counts가 제안한 "올바른 교화righteous indoctrination"라는 방식을 거부한 바 있다. 이 방식은 비민주적 목적으로 사용될 수 있고, 사용되어왔기 때문이다. 게다가, 그 과제는 사회과 교사에게만 맡겨져서는 안 된다. 예를 들어 영어 과목은 전쟁을 미화하는 시를 포함할 수도 있고,

그것을 비난하는 시를 포함할 수도 있다. 그렇지만 예를 들어 오웬Wilfred Owen의 1차 세계대전 당시의 시를 포함하는 것으로는 충분하지 않다. 교사들은 시의 기법을 넘어 당면한 사회 문제로 기꺼이 (그리고 능숙하게) 나아가야 한다. 예이츠가 어떻게 오웬과 그의 시를 "피가 낭자하고 추잡하다"라고 말하며 비난했는지를 학생들이 듣도록 해야 한다(Goldensohn, 2003, p.74를 보라). 또한 교육과정은 한때 우리의 적이었던 나라의 문학도 포함하지 않으면 안 된다. 지금 우리가 아군으로 간주하고 있는 사람들과의 관계가 한때는 증오의 대상으로 기술되었다는 사실을 학생들이 듣는다면 그들은 전율할 것이다.

과학 교사들은 또한 생태학 과목의 방법을 이끌고 나가면서 전쟁과 그것의 파괴성을 논의하는 것으로 슬쩍 들어갈 수 있다. 2차 세계대전 중에 있었던 런던과 햄버그, 드레스덴, 도쿄에 대한 폭격 사태를 읽을 때, 학생들은 인간 심리의 기괴함을 숙고하는 자극을 받을 수 있을 것이다. 우리 인간이 동일한 끔찍한 사건에 의해 어찌하여 그렇게 공포에 사로잡혀 전율할 수 있는가? 우리는 왜 하나의 구경거리처럼 전쟁에 끌려다니고 있는가?(Noddings, 2012a)

교과를 가로지르는 교사들의 협동적 노력을 통해 학생들은 학교에서 거의 논의도 되지 않은 하나의 위험, 즉 전투에 참가한 사람들의 도덕적 정체성의 상실가능성을 깨달아야 한다. 대부분의 고등학교 학생은 그들 자신이 다른 인간 존재에 대해 끔찍한 행위를 자행한다는 것을 상상할 수 없다. 그렇지만 그런 일은 일어나고 있고, 많은 퇴역 군인은 일생 동안 이러한 사건들로 고통을 겪고 있다. 내가 왜 그런 짓을 했는가라는 말을 되풀이하며 물어보면서 말이다(Shay, 1994). 우리는 교사로서 젊은 사람들이 이러한 가능성에 대비하지 못한 것에 어느 정도의 책임감을 가지고 있다. 비판적 사고의 주요한 요소는 자기이해이다.

이 장에서, 우리는 특정한 장소에 대한 사랑이 어떻게 우리의 보편적 집으로서 지구의 번영에 대한 관심으로 나아갈 수 있는지를 고찰하였다. 지역 생태와 생태적 문제에 대한 연구가 그러한 고찰을 촉진할 수 있다. 우리는 수질오염, 쓰레기 처리, 과소비와 같은 몇 가지 문제만을 살펴보았다. 우리는 지역의 환경을 넘어 학교가 생태적 세계시민주의 정신을 발달시킬 수 있는 가능성을 탐구했다. 또 이 정신이 세계 평화world peace를 위한 교육에 어떻게 이용될 수 있을지를 매우 간단히 논의했다.

우리는 이 장 전체를 통해 시민적 책임이라는 커다란 영역에 주로 관심을 두었다. 하지만 그 내용은 또한 비판적 사고의 바탕을 구성하는 자기이해에 크게 기여한다고 본다. 다음 장에서는 직업과 관련된 잘 살기 위한 교육에 초점을 맞추고자 한다.

1. '장소의 감각'은 국지적으로 한정된 어떤 공간의 독특하고 고유한 특성을 말한다. 특정 환경에서 인간의 밀도 있는 체험을 통해 느껴지는 그 장소의 정수를 말한다. 장소 감각 연구의 선구적 학자 렐프(Relph, 1976)는 장소의 감각 또는 장소의 정체성을 구성하는 요소로 외관, 활동, 의미를 들었다. 이는 장소감이 물리적 공간의 특징적 형태와 함께 그곳에서 인간들의 특징적 활동, 그리고 그의 누적을 통해 생성된 사회문화적 의미가 한데 어우러져 다른 곳과 다른 차별성 있는 그 장소의 본질로서 형성된다는 것이다. Gary Snyder는 사람이 살아가는 공간에 대해 책임질 줄 아는 것, 사람과 공간이 하나 되는 사회를 건설해야 한다는 목표를 설정하고, 정처 없이 떠돌아다니는 떠돌이 심성을 버리고 상처받고 오염된 이 땅에 다시 정착할 것을 강조한다. 이처럼 한 장소에 정착하여 생활하면서 나와 생태계 사이의 보편적 관계성을 자각하고 그 지역의 일원이 되어 자신이 살고 있는 땅에 대해 책임지는 태도가 '장소의 감각'이다. 장소의 감각은 '자신이 지금 어디에 서 있는지에 대해 올바르게 자각함'을 의미한다고 할 수 있다.

2. 파이드로스는 플라톤의 저서 『파이드로스』에 나오는 인물이다. 『파이드로스』는 플라톤이 60세경에 지은 작품으로, 아름다운 강변 숲 속에서 이루어지는 파이드로스와 소크라테스의 대화이다. 전반에서는 인간 영혼의 편력과 참된 에로스가 무엇인가를 공상이 풍부한 신화적 비유를 구사해서 묘사된다. 후반의 웅변술 비판에서는 문학의 본질에 대한 깊은 통찰이 제시되고 있다. 아름다운 자연의 정경과 하늘을 찌를 듯한 상상력 등 플라톤 대화 문학 가운데서 으뜸가는 작품이다.

3. Rena Upitis는 학교건물을 학교건축(적절한 조명, 좋은 가구, 초대하는 입구, 녹색 공간 등)의 관점에서 다시 생각하도록 하고 있다. 학교혁신 모델로서의 학교건축운동은 미적으로 환경적으로 결손된 근대적 학교건물을 다시 구성하도록 촉구하고 있다. 요리, 기타, 뜨개질, 배 만들기 등 예술, 몸, 그리고 자연 세계의 융합시키는 학습을 촉구하고 있다.

4. John Muir는 유명한 시인이며 자연보호주의자로서 그랜드캐니언을 찾아와 보고 "사람이 죽은 뒤에 딴 세상에서나 볼 수 있는 것으로 색상이나 규모가 지상을 초월한 것이다"라고 표현하였다.

5. 존 웨슬리 파월은 인디언 이외의 사람으로서 그랜드캐니언을 처음 발견한 사람이다.

6. Wendell Berry는 지역공동체만이 야생성을 보존할 수 있는 필수적인 감정, 돌봄, 그리고 이해를 제공할 수 있다고 역설한다.

7. 키란 이건은 상상력이 결여된 논리 중심의 교육을 현대교육의 문제점으로 제기하였다. 문맹률의 급격한 감소에도 불구하고, 독서를 즐기는 비율은 감소하고 있다는 결과를 초래하였다고 지적한다. 학습에 대한 흥미와 꾸준한 지속력은 상상력에서 나온다. 한 인간의 지적 발달은 지적인 도구의 중재를 통해 이루어진다. 인지적 도구의 개발이 학습에서 중요하다. 이건은 이러한 인지 도구를 신체적, 신화적, 낭만적, 철학적, 반어적 이해로 특정을 짓는다. 인지 도구의 발달을 통해 훨씬 어린 시기에도 추상적 개념, 철학적 개념에 대한 교육의 가능성을 열어놓는다. 지식에 의미를 부여하고 감정을 동반시키기 위해 인지도구와 소도구 등을 적절히 활용할 필요가 있다. 그래서 이건은 아이들이 수업에서 배우는 지식을 오랫동안 기억하지 못하고 또한 더 이상 세상에 대한 경이감을 가지지 않는 이유로 학교에서 배우는 교육과정이 '깊이'보다는 '넓이'에 집중하고 있기 때문이라는 지적을 한다. 그렇다면 아이들이 학기 초에 각자가 탐구해야 할 주제를 하나씩 부여받고 장기간에 걸쳐 스스로 알아가는 과정이 필요하다. 이 과정을 통해 학습자들은 맹목적으로 전문가에게 의존하기보다 자신의 학습에 대한 주도

권을 갖고 '깊이 있는 학습/심층 학습'을 할 수 있도록 해야 한다.

8. 튼튼한 갑옷 모습을 한 투구게(horseshoe crabs)는 공룡이 지배하던 시대에도 멸종하지 않고 살아남은 잔존생물이다. 천적이 없는 잡식성으로 물 밖에서 아무것도 먹지 않아도 몇 날 며칠을 견뎌낼 수 있다.

9. 환경역사학자 스티인버그의 저서『유기물 도시의 죽음』(2012)은 미국 역사를 생태학적 관점에서 다시 쓰고 있다. 식민지화, 산업혁명, 노예, 시민전쟁, 그리고 소비문화 등의 익숙한 주제를 검토하면서 식물, 동물, 환경 그리고 생태적 요인들이 어떻게 급속하게 변화되었는지를 폭로하고 있다. 인간 역사의 과정에 영향을 미치고 있는 자연 세계에 대해 새로운 서술을 하고 있다.

10. 토양이 농작물을 강하게 키우려면 토양이 숨을 쉬고 힘을 저축하게 해야 한다. 토양은 농작물에 필요한 유기물을 흡수하고 각종 오염을 분해하며 유익한 유기물로 전환하여 건강한 토양을 만드는 데 필요한 영양소를 만들어준다. 건강한 토양이 건강한 농작물을 길러낸다. 유기물이란 땅속 미생물을 말한다. 유익한 미생물도 있지만 유해한 미생물도 있다. 유익한 미생물은 농작물을 건강하고 유익하게 만들어 농작물이 각종 병충해를 견디게 만든다. 그러나 화학농약과 화학비료는 유익한 미생물을 죽이며 약하게 한다. 유익한 미생물이 사라져간 흙에는 유해한 미생물이 차지하여 흙을 병들게 한다. 병든 흙속에 자란 농작물은 당연히 병충해에 약해진다. 농작물에 필요한 영양소를 위해 인위적인 무기물인 화학 비료를 뿌리면 유익한 유기물이 견디지 못하고 없어진다. 유해한 유기물만 생겨 농작물이 약하여 각종 병충해가 생긴다. 결국은 농약을 뿌리게 된다. 농약의 독성은 흙뿐 아니라 농작물 속에 침투하여 농작물을 섭취하는 사람과 동물을 병들게 한다. 이 악순환의 고리를 끊어야 인간이 먹는 농산물이 안전한 먹을거리로 변하는 것이다.

11. 'cosmopolitan'은 어느 나라에서나 다름없이 살아가는, 세계를 집으로 삼는 세계의 모든 부분에 속하거나 모든 부분을 대표하는 의미를 담고 있다. 하지만 세계를 집으로 삼는 사람 역시 어딘가에 '집(home)'이 있어야 한다.

8장

직업교육

오늘날 미국은 직업교육이 천시되는 상황에 처해 있다. 부분적으로 좋은 의도로 시작되었지만, 이런 천시는 앞서 논의되었던 대로 평등에 대한 불완전한 견해 때문이다. 또 부분적으로는 정말 좋은 직업교육 프로그램을 마련하는 데 필요한 상당한 재정의 지출을 꺼리고 있기 때문이다. 나아가 중등학교 단계에서 직업교육을 반대했던 요인으로는 국가가 엔지니어, 과학자, 그리고 수학자를 더 많이 필요로 한다는 주장을 끊임없이 강조하고 있기 때문이다. 이러한 주장에 대해 다른 견해가 제기될 수 있다. 왜냐하면, 공급이 부족하다고 하는 "기술자들" 모두는 학사나 석사 학위 같은 대학 졸업 자격을 갖춘 엔지니어가 아니기 때문이다. 오히려 엔지니어들은 대체로 건강한 후기-중등교육post-secondary education 2년 동안 직업 준비를 잘한 사람들이다. 이런 직업 준비를 한 좋은 출발점은 중등 단계에서도 가능할 것이다.

본 장에서 우리는 미국에서 직업교육의 역사, 당면 문제, 그리고 미래를 위한 가능성을 간략히 검토하려고 한다. 그리고 마지막으로 중등학교 기간이 직업과 관련된 가능성의 광범위하고 풍부한 탐색을 위해 어떻게 사용되어야 하는지를 검토할 것이다.

과거의 직업교육

존 듀이는 직업교육에 대한 지혜를 제공하였으면서도 동시에 혼란을 가져온 두 가지 유산을 남기고 있다. 혼란을 일으킨 것은 듀이의 애매한 언어로부터 일어나는데, 특히 직업occupation[1]이란 단어가 문제이다. 듀이(1916)는 "직업은 목적이 있는 연속적인 활동이다"라고 썼다(p. 309). 그러나 다음 페이지에서 듀이는 "직업을 위한 적절한 훈련은 오직 직업적 활동을 통한 훈련뿐이다"라고 말하고 있다(p. 310). 여기에서 듀이가 맨 처음 사용한 직업은 우리 모두에게 잘 알려져 있는 대로 생계를 유지하는 유용한 방법이며, 그리고 이 활동을 위한 준비는 그 자체가 목적을 갖는 연속적 활동—직업의 두 번째 의미—속에서 수행되어야 한다.[2] 우리는 앞서 듀이가 목적을 논의했던 부분에서 유사한 문제에 직면한다. 거기에서 듀이는 교육의 목적이란 교육의 목적 자체를 벗어나 존재하지 않으며, 그것은 오직 성장growth을 위한 지속적 역량이라고 조언을 한 바 있다. 이 주장은 성장의 의미에 대한 질문으로 이어진다. 듀이의 언어를 해명하는 데 시간을 쓰는 것이 좋지만, 그럴 여유는 없기에 여기서는 직업의 개념을 상식적인 의미에서 생계를 꾸리는 방식a mode of making a living을 뜻하는 것으로 사용하려고 한다. 그리고 듀이가 설명했던 방식의 지혜로부터 빌려오고자 한다.

듀이(1916)는 직업을 거론하면서 다음과 같이 기술하고 있다.

따라서 무엇을 하기에 적합한 것을 찾아내는 것과 무엇을 하기 위한 기회를 확보하는 것은 행복의 문을 여는 열쇠이다. 한 인간의 삶에 있어서 그가 진정 원하는 일을 찾아내지 못하는 것만큼 서글픈 일도 없을 것이며, 나아가 그가 자기에게 맞지 않는 직업calling[3]에 이끌려 원치 않는 상황에 떨어져 삶을 낭비하는 것만큼 비극적인 상황도 없을 것이다(p. 308).

듀이는 일하는 사람에게 오직 기계처럼 반응할 것을 요구하는 일을 개탄하였으며, 이런 부류의 노동을 착취하는 체제에 맞추어진 직업교육의 형태를 거부하는 입장을 강력하게 표명하였다. 듀이의 주장은 일이 의미 있는 것이어야 한다는 것이다.

감상적으로 말하면, 현 체제의 최대 악은 빈곤이나 거기서 생기는 고통 같은 것에 있는 것이 아니라 그토록 매력이 없는 직업calling에 종사하고 있다는 사실에 있다고 말하는 데 대하여 기분이 언짢은 사람들이 있을지 모르겠다(p. 317).

그러나 행위를 필요로 하는 매력을 끌지 못하는 일은 항상 있다. 그리고 학교교육과정에서 직업적인 것 이외의 목적들을 포함시키는 사실 자체는 타당하다. 사람들이 일터[4]에서 좋아하지 않거나 관심이 없는 일을 하는 것은 확실히 불행한 일이다. 하지만 삶에는 직업보다 더 많은 것들이 있다. 따라서 학교는 개인적·시민적 삶에 맞추어진 목적을 진지하게 고려해야 한다. 아무런 생각도 필요하지 않고, 아무런 목표의 지속성도 없는, 일자리를 학생들에게 준비시키는 데 학교가 연관되어서는 안 된다고 말하는 듀이의 주장은 지금도 여전히 타당성을 갖는다. 학교는 삶의 모든 영역에서 목적의식을 갖고, 도덕적으로 행동하는 사람을 기르는 방향으로 노력을 기울여야 한다. 사람들은 의미 없는 일터에서 일을 하도록 강제할수록 역설적으로 개인적·시민적 삶에서 의미를 더 많이 찾으려고 할 것이다.

우리는 이 지점에서 신중해야 한다. 항상 하지 않으면 안 되는, 마음에 들지 않는 일이 존재한다는 사실을 받아들일 때, 모든 일의 "존엄성dignity"[5]을 분별없이 이야기를 하여 그 일을 치켜세울 필요는 없다. 허버트 클리바드Herbert Kliebard(1999)는 그의 아버지가 "삯일"을 하며 겪었던 참혹함을 반추하면서 다음과 같이 썼다.

의심할 여지 없이 만족감이란 손노동으로부터 나올지 모른다. 그러나 환경에 무관하게 모든 일이 존엄성을 갖는다는 확신은 일터의 여건을 개선하고, 그 여건을 어떻게든 인간화하기 위한 노력을 질식시키는 데 기여한다고 이따금 생각한다. 심지어 가장 비참한 여건에 처해 있음에도 불구하고, 모든 일이 고귀하다고 선언하는 것은 일터를 개선하려는 요구를 어떻든 아주 덜 시급한 것으로 만드는 것 같다(p. xv).

이 말은 우리에게 의미 있는 경고를 한 것이다. 모든 학생들— 특히 양성 훈련을 받고 있는 교사—은 가치 절하되고 있는 일에 대해 무엇을 해야 할지의 문제를 다루는 유토피아 작가들의 유명한 작품들, 예를 들어 벨러미Edward Bellamy의 『뒤를 돌아보면서Looking Backward』(1960)[6]와 스키너B. F. Skinner의 『월든 투Walden Two』(1948)[7]를 읽어야 한다. 사회의 가장 힘들고, 가장 지저분하고, 가장 지겨운 일을 공유할 수 있는 방법은 있는가?

듀이(1916)는 학교가 육체노동 속에서 지성적 가능성의 의식을 되찾기를 소망했다. 100년 전에 작성된 다음 구절은 바로 어제 쓴 것 같다.

산업은 관습적으로 전해 내려온, 본질적으로 경험적이고 상식적인 절차를 무효화시키고 있다. 그것의 기술은 오늘날 테크놀로지이다. 즉, 수학, 물리학, 화학, 세균학 등의 발견에 기인한 기계 장치에 기반을 두고 있다. 결과적으로 산업계에서의 직업은 이전에 가진 것보다 무한히 더 큰 문화적 가능성을 갖고 있다. 과학적이고 사회적인 기반과 그들이 추구하는 자세를 숙지시키고, 그러한 교육에 대한 요구는 노동자들에게 필수적인 것으로 되어가고 있다(p. 314).

듀이는 신산업주의new industrialism[8]의 역설적 본질을 인식했다. 한편으로 새로운 산업의 기초를 이루는 지적 요건은 방대했다. 반면 기술적 진보는 다수의 노동자들이 기초를 이루는 과학을 이해하는 것을 불필요하게 만들었으며, 그에 따라 기계에 대한 종속이 늘어났다. 여기서 우리는 찰리 채플린Charlie Chaplin의 영화 〈모던 타임스Modern Times〉[9]를 떠올릴 수 있다. 오늘날 우리는 동일한 어려움에 처해 있다. 일부 사람들은 더 많은 젊은이들에게 보수가 좋은 일자리의 기회를 주기 위해 과학, 테크놀로지, 공학, 그리고 수학(STEM 과정)[10]에서의 교육 참여를 늘리지 않으면 안 된다고 주장한다. 그러나 테크놀로지가 발전함에 따라 더 적은 사람으로 더 많은 것을 생산할 수 있게 되었다. 나는 다음 부분에서 이런 매우 곤혹스런 문제로 돌아가려고 한다.

이 점에서 우리는 적절한 직업교육이 단지 반복적인 일을 위한 준비로 구성되어서는 안 된다고 하는 듀이의 의견에 동의할 수 있다. 그런 프로그램은 개인이 지닌 지성적 가능성의 손실을 가져오는 것에 덧붙여 기업과 교육 양자에 의해 뒷받침되었던 계급 체계를 영속화시키고 있다. 듀이는 분명 "예측된 운명probable destinies"과 학교의 "걸러내는sorting" 기능을 반대하였다. 그러나 20세기를 거치면서 학교가 사실상 걸러내는 선별 작업에 관여하였다. 그래서 학교는 걸러내는 과정에 협력하지 않으면서 그 일을 달성하고자 하는 끊임없는 사회적 압력을 학생들이 숙지하는 데 있어 적극적이어야 한다. 학생들은 어찌할 수 없이 스스로 많은 사람들이 내켜 하지 않는 일자리에 처해 있다는 것을 알게 될 것이다. 민주적 희망은 첫째, 사회는 노동자들이 살아가는 데 적절한 임금(그래서 일이 아니라 급료에서 어느 정도의 존엄성을 갖는다)을 받아들여야 하고, 둘째 자기의 직업에서 만족을 얻지 못하는 사람들은 삶의 다른 큰 영역들 중 하나에서 만족을 찾을 수 있어야 한다.

20세기 초반의 직업교육에 대한 성과를 평가하는 것은 쉽지 않다. 직업교육 프로그램을 이수한 사람이 그것에 참가하지 않았던 사람보다 더 많은 경제적 이득을 누리지 못하고 있다는 연구들이 있다. 그렇지만, 이 기간에 고등학교 출석률과 졸업률은 급격히 늘어났다(1910년 9% 미만에서 1950년 거의 60%로). 학생들은 학교에서 실용적인 가치를 어느 정도 제공하고 있다는 것을 분명 발견하였다. 이 주장에도 논란의 여지는 있다. 수년 동안 많은 학생들은 별다른 직업을 거의 갖지 못했기에 학교에 그냥 눌러 있었을 수도 있다. 하지만 높은 고용률을 보였던 연도에 학교에 남아 있는 학생 수가 계속 증가하였다. 직업교육의 가치를 둘러싼 혼란을 가중시킨 또 다른 요소는 종합고등학교comprehensive high school에서 이용할 수 있는 다양한 프로그램을 뚜렷하게 분리시키기가 어렵다는 것이다. 전형적으로 들어가는 목록에는 대학준비 예비학교, 상업학교, 일반학교, 그리고 직업학교가 포함된다. 그러나 "상업적" 프로그램은 분명히 직업교육이었다. 직업교육 학생 대부분은 소녀들이었고, 가장 성공적인 직업 프로그램을 제공한 것은 거의 분명했다.

직업교육의 평판은 또한 "일반계" 경로의 부실한 과정—"직업계"로 잘못 딱지가 붙은—이 넘쳐나면서 추락하였다. 종종 부실하게 계획되고, 형편없이 가르치던 이 과정은 당연히 계열화tracking[11]를 반대하는 비판자들(Oakes, 1985, 1990)로부터 공격을 받았다. 그러나 이러한 오래된 차별과 무시를 해결하는 방책은 대학입시 예비교육 과정을 모든 사람에게 강요하지 않는 것이다. 여기에서 이 관점을 좀 더 주장하려고 한다. 실제 프로그램 계열화에 대한 이런 방식의 해결은 또 다른 형태의 계열화, 즉 대수학과 같은 과정을 "보충" "상급" "우등"으로 구성하는 것에 내재되어 있는 문제를 증폭시킨다. 예상한 대로 그리고 부끄럽게도, "대수학"으로 호칭되었던 몇몇 유사 과정은 전적으로 개혁가들이 비판하였던 막다른 코스처럼 형편없었다. 나는 본 장의 뒷부분에서 민주적 선택을 이용할 수 있는 하나의 가능한 해결 방향을 제시하려고 한다.

지금까지 언급해왔던 것을 요약해보자(미국의 직업교육의 역사에 관심을 보였던 독자들은 이미 언급된 참조 문헌뿐 아니라, 노튼 그루브w. Norton Grubb와 마빈 라저슨Marvin Lazerson의 『미국 교육과 직업주의: 직업교육의 기록들』(1974) 그리고 칸토Harvey Kantor와 티약David Tyack의 『직업, 청소년, 그리고 학교교육: 미국교육의 직업주의에 대한 역사적 관점』(1982)을 참조하라). 듀이(1916)는 학교에서 학생들에게 가르치는 모든 것이 목적의식을 고양시켜야 하며, 또한 교과목들이 상호 간에 그리고 학생의 현재 삶으로 연결되어야 한다고 강력하게 주장했다. 그러나 듀이가 직업occupation이라는 그 용어를 애매하게 사용하여 혼동을 유발하였지만, 준비preparation로서의 교육을 거부하였는지는에 대해서는 의문이 든다. 우리가 듀이의 저서를 세심하게 읽어보면, 그가 준비로서의 교육이라는 개념을 전적으로 거부하지 않았다는 것을 알 수 있다. 오히려, 듀이는 이 의제에 대한 주의를 촉구하고 있다.

> 그래서 "준비"는 신뢰할 수 없는 관념이기는 하지만, 어떤 의미에서 모든 경험이라는 것은 어떤 사람이 더 깊고 더 광범위한 성질을 갖고 있는 훗날의 경험을 위해 무엇인가를 준비해야 하는 것이다. 그 준비는 바로 성장, 계속성, 경험의 재구성을 뜻한다(1938/1963, p. 47).

듀이가 역효과를 낳을 것이라고 거부한 것은, 가르쳐지는 모든 것의 가치가 어떤 미래의 날짜—"추정적"이나 가상적—에 맞추어지는 통제된 준비의 이용이다. 그렇지만 심지어 여기에서조차도(듀이의 의견에 대체로 동의하면서) 기술과 정보의 유용성이 즉각적으로 드러나는 것은 아니지만, 교사가 그것을 때때로 안내하지 않으면 안 된다고 우리는 인식해야 한다. 좋은 교사는 학생의 기대를 증진시키는 방식으로 그렇게 하는 것을 배우게 되는 것이다.

다음으로, 사람이 삶을 유지하는 일work이라는 친숙한 의미로 직업

occupation을 사용할 것이다. 그리고 인간 삶의 3대 영역―개인적personal, 시민적civic, 그리고 직업적occupational―속에서 성공과 만족을 영위할 수 있도록 끊임없는 성장과 준비의 두 유형으로 교육을 생각해야 한다고 주장한다.

우리가 제공하는 프로그램의 질이 갖는 기본 조치에 대한 듀이의 생각에 진정으로 동의한다. 이에 덧붙여 학생의 예상된 운명에 따라 학생들을 인위적으로 걸러내기 위해 학교를 사용하는 것에 대해 거부 입장을 보인 그의 생각에도 동의를 한다. 나는 학생들이 프로그램을 선택하지 않으면 안 된다고 주장할 것이다. 그러나 학생들은 불가피하게 그들의 흥미와 능력에 의해, 그리고 우리 사회가 이들 요소에 부가한 가치에 의해 분류될 것이다. 하지만 진보주의 교육progressive education[12]을 주창한 듀이와 그의 동료들은 학교가 사회에 대해 상당한 변화를 미칠 수 있고, 그리고 그래야 한다고 믿었다. 나는 비판이론가들critical theorists[13]과 같이 사회가 훨씬 더 강력해지면 학교에 더 많은 영향력을 행사한다고 생각한다. 우리 사회가 갖고 있는 최상의 소질을 활용하면, 여전히 학교가 보다 나은 것을 위해 사회를 변화시키는 데 있어 적어도 작은 차이나마 만들 수 있을 것이다.

현재의 직업교육

오늘날 직업교육을 살펴볼 때, 우리는 심각한 혼란 속에 빠져든 또 다른 영역을 즉각 마주하게 된다. 학교가 제공하는 과정에 여전히 직업교육 프로그램을 포함하고 있는 종합고등학교가 있으며, 그리고 학생들이 신청할 수 있는 몇몇 독립적인 직업학교가 있다. 그렇지만 이들 프로그램은 학생이 사는 지역사회의 산업적/상업적 필요를 중심으로 항상 잘 조직되어 있지 않으며, 대체로 높은 평가를 받고 있는 것도 아니다. 학교의 오래된 "걸러내는" 기능을 정의롭게 거부했던 교사와 카운슬러는 학생들을 이러한 프로그램으로 좀처럼 안내하지 않는다.

가장 인기 있고, 매우 존경받는 "직업" 학교들은 전문적 관심의 범주를 중심으로 조직되어 있는, 실제로 영향력이 큰 아카데미들이다. 이러한 "직업" 학교들은 직업을 위한 교육보다, 오히려 직업을 통한 교육을 제안함으로써 암묵적으로 듀이를 따르고 있다. 이들 프로그램은 해양학, 의학, 우주학 등의 주제를 중심으로 편성되어 있다. 이 학교들은 가장 좋은 대학 준비를 목표로 한 엘리트 학교이다. 이 학교들은 시험 성적을 기준으로 학생들을 입학시키고 있으며, 매우 경쟁력이 높다. 이 학교들은 대부분의 나라나 권역에서 최고의 시험 성적을 정기적으로 차지하고 있다. 그런데 여기서 이 학교들은 우리가 관심을 갖는 의미의 직업학교가 아니다.

미용, 건설, 자동차 서비스, 요리, 그리고 다른 직업 프로그램을 제공하고 있는 학교들은 여전히 이용할 수는 있지만, 입학하기는 쉽지 않다. 학생들은 표준학문 프로그램standard academic program만큼 직업교육 프로그램을 손쉽게 선택할 수 없다. 3장에서 언급한 것처럼, 미국은 유럽에서 제공되고 있는 것과 같은 직업교육 프로그램을 갖고 있지 않다. 그러한 프로그램은 교육자, 고용주, 노동조합, 그리고 정부 부처들 간에 긴밀한 협조를 요구하고 있다. 강력한 직업교육훈련과정Vocational Education Training/ VET[14] 프로그램을 운영하고 있는 국가들에서 보여주는 성과는 실업률이 낮다는 점, 그리고 숙련된 육체노동이 더 높이 평가받고 있다는 점이다.

비록 유럽형 직업교육이 미국에서 인기를 끌 조짐은 별로 없지만, 육체노동에 대한 새로운 존중을 보이는 징후가 약간 나타나고 있다. 마이크 로즈Mike Rose(2005)는 직업교육에 대한 관심이 증대되어야 한다고 직접적으로 요구하지는 않았지만, 전 분야에 걸친 재능과 일에 대한 관심사에 새로운 존중을 보여주는 설득력 있는 해답을 내고 있다. 사실상, 로즈는 이러한 존중은 민주주의의 토대와 그것의 유지를 위해 필요하다고 쓰고 있다.

국민으로서 우리의 역량을 긍정하는 것은 우리들 사이에 존재하는 뚜렷한 다양성을 부정하는 것이 아니다. …… 우리들의 집단적 역량을 인식하는 것은 다양성의 개념을 진지하게 고려하는 것이다. …… 이렇게 마음과 일의 개념을 긍정하는 것은 회의실뿐 아니라 생산 현장에서의 지성을 놓치지 않는 것이다. 실험실에서, 목조 가옥 옆에서, 교실에서, 차고에서, 복잡한 레스토랑에서…… 이것은 민주적 상상력에 어울리는 마음의 모형이다(p. 216).

매튜 크래포드Matthew Crawford(2009) 또한 수공예[15]에 대한 관심이 증대된 이유를 설명한다. 그는 캘리포니아에서 1980년 이후 직업훈련반shop class[16]의 절반 이상이 사라지고 있다며, 이 학급을 지도할 교사가 부족하기에 이 과정을 부활하고자 하는 시도가 취약하다는 점에 주목한다. 아마도 1960년대에 전미과학재단의 후원을 받은 수학 교사들의 재교육과 같은 정부의 조치가 필요할 것이다. 클리바드(1999)와 크래포드는 모두 직업교육에 대한 더 많은 지원에 찬성했을 뿐 아니라, 학문교육academic education과 직업교육vocational education 사이의 사회적 지위 차이를 심화시켰던 스미스-휴 법안Smith-Hughes Act(1917)[17]을 논의한다. 듀이, 로즈, 크래포드가 찬양했던 "일터에서의 정신mind at work"이 더 높은 인정을 받는 시대가 열리지 않고, 오히려 이 정신이 인문계 교육이 뒤집히고 학업을 하는 데는 "매우 우둔한 학생들"이 직업교육 프로그램으로 몰리는 시스템을 촉발하였다.

스미스-휴 법안은 일반교육general education[18]을 하는 데 있어 일종의 "신사의 육체적 훈련"이라고 할 수 있는 직업훈련반의 가치를 인정했다.

그리고 직업훈련반에서 이루어지는 비판적 사고와 실천을 통한 학습에 어느 정도 관심을 기울였다. "직업을 통한 교육"이란 듀이의 생각—또한 그룹(W. Norton Grubb, 1995)을 보라—이 학문 코스에서는 존중되었지만, 대체로 이런 생각이 가장 많이 필요한 직업 코스에서는 무시되었다.

우리의 약속은 여전히 남아 있다. 직업교육은 대학 또는 직업 준비에 집중하고 있는 학생들을 위해 일반교육을 풍부하게 할 수 있다는 것 말이다. 그렇지만, 클리바드(1999)는 중요한 경고를 한다.

> 직업교육은 그것의 상징적 성공[19]을 기반으로 하고 있다. 모두를 위한 교육에 활기를 다시 불어넣는 것은 물론이고, 학생 인구 중 방치된 집단에 가해졌던 부정의의 시정을 돕는 것이라면, 그것은 미래의 어떤 불확실한 지점에서 얻어질 보상에 과도하게 집중하는 것은 아닐 것이다. 또한 직업교육 자체를 다른 교육으로부터 분리시키는 것도 아닐 것이다. 그리고 이에 못지않게 중요한 것으로서, 교육 체제 전체를 경제적 이득이라는 협소한 목적으로 변경하는 것 또한 확실하지 않을 것이다(p. 235).

내가 이 책 전체에서 주장하려는 것은 교육이란 단 하나의 목적을 가진 일이 아니라는 것이다. 직업교육은 개인적, 직업적, 시민적 삶에서 미래의 만족에 헌신할 수 있고, 헌신하지 않으면 안 된다.

중등교육과 후기-중등교육을 선택하는 데 있어 어떻게 학생들을 지도할지를 결정하는 중요한 일련의 문제들은 우리를 매우 성가시게 하고 있다. STEM(과학, 테크놀로지, 공학, 그리고 수학) 교육에 노력을 기울이도록 고무하는 신문 기사와 연설이 우리에게 퍼부어지고 있다. 이들 분야에 더 많은 대학 졸업생이 필요하다고 하지만, 미국 노동통계국이 제공한 예측을 살펴보면, 우리는 향후 10년 동안 가장 많은 사람들을 고용할 것 같은 많은 직업들이 대학교육을 필요로 하지 않는다는 것을 알 수 있다. 그런데 이때 모든 사람이 왜 대학을 가야 한다고 주장하는가? 우리가—비극적이지만 과감하게 말하면—비판이론을 적용해보면, 신분상승을 증대시키는 선의의 변화라는 것은 이미 잘 교육받은 사람들의 목적에 또다시 기여한다는 사실을 우려하지 않을 수 없다. 많은 젊은이가 대학에 가겠지만 학위 획득에는 실패할 것이다. 일부 사람들은 수년간 돌려주어야 할 누적된 빚을 안고 졸업할 것이다. 상당히 비싼 비용을 지불하고 취득한 대학 학위이지만, 그것을 필요로 하는 일자리를 적지 않은 사람들이 찾지 못할 것이다. 예를 들어, 학계에 안전하게 고용된 일부 사람들은 학위 소지자들이 준비하고 있는 분야에서 결코 완전고용이 될 수 없는—석·박사 학위를 갖고 있는 많은 재능 있는 젊은이들을 알고 있다. 이러한 변화로부터 누가 이익을 얻는가? 이런 상황에서 명망을 얻게 된 종신 교수들의 급여는 크게 늘어났다. 그리고 행정 책임자와 조수들의 급여도 엄청 올랐다. 대학 졸업생이 실업 상태에 놓일 가능성이 고등학교 졸업생들이 그렇게 될 가능성보다 적을 것 같다는 것은 사실처럼 보인다. 이렇게 된 것은 지금 대학 졸업자들이 대학 학위가 필요 없는 일에 자주 취업을 하고 있기 때문이다.

젊은이를 지혜롭게 지도할 사람들을 혼동시키는 또 다른 자료가 있다. 더 많은 "엔지니어"의 필요성을 끊임없이 촉구하면서, 종종 이를 옹호하는 사람들은 아시아 지역에서 배출된 엔지니어 수의 증가를 거론한다. 그렇지만 이 사실 역시 오해를 불러일으킬 소지가 있다. 예를 들어, 중국은 지나치게 많은 대학 졸업생으로 골치를 앓고 있기 때문이다. 그리고 아시아 국가들에서 "엔지니어"가 항상 4년제 대학 졸업생을 의미하는 것은 아니다. 종종 특수 산업계가 필요로 하는 테크놀로지 분야는 기술 전문성을 가진 중등학교 졸업 후 1년 혹은 2년 된 사람을 목표로 하고 있다. 우리는 그것을 거의 인정하려고 하지 않지만, 이 같은 사실은 미국에서 진실이다. 애덤 데이비슨Adam Davidson(2012)은 첨단 공장 노동자의 딜레마를 묘사하고 있다. 메디라는 여성은 자신이 일하고 있는 기계를 효과적으로 사용할 수 있지만, 여러 가지 중에서 특히 기계를 작동하는 데 필요한 프로토콜 컴퓨터 언어를 이해하지 못해 상위의 단계로 승진할 수가 없다. 아마도 괜찮은 지역전문대학의 1년이나 2년 코스를 밟게 되면 그녀가 다니는 공장의 일에 부합하는 "엔지니어"라는 자격을 받을 수 있을 것이다. 그런데 지금 또 다른 딜레마에 부딪치고 있다. 현재 이 분야에서 일할 일부 엔지니어가 필요하지만, 테크놀로지가 너무나 발전되어 실제는 우리가 옛날에 필요했던 것보다 매우 적은 수를 요구하고 있기 때문이다. 극소수 사람이 적절한 훈련을 받고 나면, 다른 많은 인간 노동자를 남아돌도록 하는 기계를 관리하게 될 것이다.

미래의 직업교육

가까운 미래의 직업교육에 대해 생각해보면, 학교가 제공하는 모든 것은 교육적 목적과 의미를 담고 있어야 한다는 듀이의 의견에 동의할 수 있다. 그것은 단순한 직업훈련이 아니어야 한다는 것이다. 그렇지만, 듀이가 준비를 강조한 것보다 좀 더 큰 뜻을 갖지 않으면 안 된다. 우리가 교육에서 하고 있는 일의 많은 부분은 미래를 위해 반드시 필요한 것을 준비하는 것이다. 때때로 준비는 중요한 문제나 개념을 풀기 위해 필요한 기술의 습득을 목표로 하고 있다. 즉, 준비는 때때로 직업, 즉 생계를 유지하는 방법을 목표로 하고 있는 것이다. 내가 앞서 주장했듯이, 이런 종류의 준비는 큰 그림, 말하자면 직업, 기획, 혹은 개념의 입문적 탐구에 의해 진행되어야 한다. 이런 점에서, 나는 하향식 방식[20]으로 가르쳐야 한다는 월슨E. O. Wilson의 의견에 동의한다. 그리고 준비 과정에서 우리의 노력은 어떤 "가상적" 미래를 위해 지연을 시킨 유용성을 목표로 삼지 말

아야 한다는 듀이의 견해에 동의를 한다.[21]

직업교육에 있어서 탁월성excellence—때로는 미적 탁월성—의 실천적 비전은 교육적 노력으로 통합되어야 한다. 순조롭게 가동되고 있는 기계, 튼튼한 캐비닛, 먹음직스러운 식사, 옷에 아주 잘 어울리는 헤어스타일은 아름다운 그 무엇이 있다.

우리는 학교가 선별 도구로 이용되는 것을 반대하는 듀이의 견해에 또다시 동의를 한다. 학교는 학생이 어떤 프로그램을 추구해야 하는지를 학생의 "예상되는 운명"에 근거하여 자의적으로 결정하지 말아야 한다. 학생의 선택은 허용되어야 하지만, 그들의 선택은 지속적으로 안내되어야 한다. 여기에서 일이 잘못되지는 않을까? 물론 잘못될 수 있다. 상담자 또는 교사는 안내guidance하는 데 있어 고압적이고 근시안적 접근을 할 수 있다. 이 경우 진정한 재능이 무시될 수 있으며, 판단의 오류를 완벽하게 제거할 수는 없을 것이다. 그렇지만 모든 교사가 프로그램과 직업 안내에 참여해야 한다고 주장하며 전문적 상담자에게 일자리를 독점적으로 몰아주는 것을 거부하게 되면, 더 훌륭하고 더 개인적 특성에 맞춰진 직업 안내를 할 수 있을 것이다. 교사는 학생의 동기, 꿈, 에너지 유도, 장점과 약점을 이해하는 데 있어 상담자보다 더 좋은 위치에 있다. 이 점은 상담자를 비판하기 위해서가 아니라, 관료주의의 취약성을 부각시키는 것으로 이해해야 한다. 직업 안내는 단순히 전문가를 위한 일자리가 아니다.

모든 사람을 대학으로 보내려는 현재의 우리들의 결심은 재고되어야 한다. 대학 연구 활동의 중심이 되어야 하는 학문적 연구에 모든 학생이 적합하지는 않다(Arum & Roksa, 2011; Murray, 2008). 학문적 연구를 위한 소질과 적성의 부족함을 결함으로 보지 말아야 한다. 좋은 학교의 일이란 학생들이 잘하고 있는 것, 하고 싶어 하는 것을 찾아가도록 도와주는 것이다. 그들은 자긍심을 갖고 직업 프로그램을 선택할 수 있어야 한다.

최근 오바마 대통령은 지역전문대학들이 자기 지역에서 상공업계의 지도자들과 더욱 긴밀하게 협력할 것을 촉구했다. 이러한 생각은 고용의 수요를 분석하고 구할 일자리에 적절한 졸업생—유럽 직업교육훈련VET 프로그램에서 일반적으로 진행되고 있는 것처럼—을 준비시키기 위한 것이다. 그런데 왜 아이들이 학교와 졸업생에 머물도록 격려해도 좋을 고등학교에 이 프로그램을 도입하지 않는가? 우리들은 직업학교vocational school[22]와 마그넷 스쿨magnet school에 대한 접근 기회를 대폭 확대해야 한다. 그리고 학생들이 그렇게 할 만한 타당한 이유가 있을 때 하나의 집중력을 다른 것으로 변화시키는 것이 가능할 것이다.

분명 일부의 젊은이들을 이류 교육에 "위탁하는 것consigning"을 권장하는 것이 아니라는 것을 말할 수 있다. 사실상, 그것은 현재 모든 학생을 전통적 대학을 위해 준비시키고 있는 잘못된 약속에 있다. 잘만 배운다면 모든 아이들은 학교 수학 과정에서 성공할 수 있다고 주장하는 관대하고 선량한 사람들은 많이 있다. 그런데 나는 고등학교 수학 과정의 모든 영역을 가르친 경험이 있는 사람으로서 이 말이 사실이 아니라는 것을 어느 정도 자신 있게 말할 수 있다. 그래서 어떻게 해야 하는가? 우리의 임무는 학생들이 재능과 흥미를 발달시키도록 도와주는 것이다. 그 과정에서 수학이 필요하다면, 그러한 목적을 이루기 위해 요구되는 것을 만족하도록 도와주어야 한다. 그런 것이 없다면 그들에게 유용하고 성공할 수 있는 경로를 선택할 수 있도록 허용해야 한다.

모든 학생들이 알아야 하는 것이 있는가? 물론, 모든 학생들이 삶의 3대 영역에서 배워야 할 것이 많이 있다. 우리가 교육과정을 계획하면서 이 영역들을 필요하다고 추정될 수 있는 것으로 인식하고 있지만, 그것은 재검토되어야 한다. 모든 사람에게 필요한 기본적 읽기와 같은 기술이 있다. 또한 거의 확실하게 모든 사람에게 필요한 수학 기술이 어느 정도 있다. 하지만 이것들은 아마 정식 대수학과 기하학을 포함하지는 않을 것이다. 근본적으로 필요한 기술에 덧붙여 교양인educated person—문화적 소양을 갖춘 사람—이 되는 것이란 무엇을 의미하는지에 다소 기여할 학교 교육과정에 포함된 방대한 양의 학습 자료를 들 수 있다. 이러한 자료의 모든 것 혹은 대부분을 불필요한 것으로 분별없이 폐기하자고 제안하는 것은 아니다. 오히려 학생들에게 일자리, 시민적 책무성, 그리고 개인적 완성을 준비시키면서 이러한 자료를 면밀하게 재검토하고, 그것의 가치를 평가하자는 제안을 할 필요가 있다. 또한 무엇을 학습 자료로 제공하고 있는지, 그리고 학습 자료의 재현 방식이 학생의 현재적 삶에 기여할 수 있는지 물어보아야 한다.

직업교육에서 중요하게 받아들여야 하는 또 하나의 보편적 필요성은 표준 영어를 배워야 한다는 것이다. 학교가 사회의 계급 체계를 흔들기 위해 할 수 있는 몇 가지 것들 중 하나는 모든 학생이 표준 언어를 능숙하게 구사할 수 있도록 이끄는 것이다. 표준 언어를 능숙하게 구사하는 것이 영어와 교양과목의 공식 수업을 통해 달성된다고 추정하는 것은 잘못이다. 만약 인과관계가 있다면, 그것은 정반대 방향에 있다. 즉, 이미 표준 문법과 발음을 배운 아이들은 대체로 영어로 된 그 이상의 수업을 준비해야 한다. 그렇게 할 준비가 되어 있지 않은 사람들은 흔히 공식 수업으로부터 아무것도 배울 수 없다. 그래서 "He don't care", "You shoulda saw it", "She didn't do nothing", "I seen it with my own eyes"라고 말하는 고등학교 졸업생들을 보게 된다.

이러한 엉성한 언어를 "존중"해야 하는가, 아니면 "수정"을 해주야 하나? 그것이 맞건 그르건, 사람들이 사용하고 있는 말에 의해 자신이 평가된다는 사실을 학생들은 이해할 필요가 있다. "우리"가 그러한 평가에 개의치 않아야 한다고 말한다면 아무것도 성취할 수 없다. 우리는 실천하고 있다. 성인의 삶에서 아주 많은 것들은 표준 언어를 능숙하게 구사하는 것에 달려 있기 때문에, 모든 교사는 언어를 가르치는 교사가 되지 않으면 안 된다. 직업 교사들은 단지 손기술만을 가르치는 것이 아니다. 공립학교의 직업 교사들—모든 교사들과 같이—은 점잖게 문법적 오류를 정정해주고, 학생들 서로서로 실수를 바로잡아주도록 격려해야 한다. 이와 같은 진정한 직업교육을 위해 가게 주인처럼 행동할 수 있는, 교실에서 교양인의 모습처럼 행동할 수 있는 준비가 잘된 교육자가 필요하다.

직업학교에서 음악, 예술, 스포츠, 그리고 연극에 종사하려는 학생들에게 기회를 제공해야 하는 것 또한 명확해야 한다. 일반 공립학교와 관련된 모든 활동, 즉 학생 자치회, 봉사활동, 전시회, 예술가 방문 등이 제공되어야 한다.

실업계 교육과 인문계 교육은 서로 주고받을 수 있는 많은 것을 가지고 있다. 실업계 학생이 표준 영어를 쓰는 것을 배우면서 이득을 얻는 것과 마찬가지로, 인문계 학생들은 손을 쓰는 법을 배우면서 이득을 얻을 것이다. 크래포드(2009)는 캘리포니아 농업교사협회의 임원이 "표준화 시험의 질문에 대답할 수 있고, 부스러기 사실을 많이 알고 있는 세대의 학생들이 있지만, 그들은 아무 일도 할 수 없다"라고 한 말을 인용하고 있다(p. 12). 대학생들의 실전 기술hands-on skill의 부족(Carlson, 2012)을 보도하였던 『고등교육 시대기』의 기사에서 같은 사항이 지적되었다. 면접을 받았던 많은 학생들은 음식을 요리할 수도 없었고, 자기 손으로 어떤 유용한 일도 하지 못했다. 간단한 수리를 하고, 일과 계획을 세우고, 식사 준비와 정원 설계를 배우는 것은 그 자체로 좋은 것이라고 주장될 수 있지만, 또한 다른 사람의 노동에 대한 감사함도 확대되어야 한다.

실업계 학생과 인문계 학생은 특히, 사회과에서 함께 몇몇 코스를 밟을 수 있으면 좋을 것이다. 전쟁에서 소모하는 시간을 줄이고 가정, 자녀 양육, 운송수단, 그리고 농업에 관한 역사에 더 많은 관심을 기울일 필요성이 이미 지적되었다. 이런 관점에서 보자면, 일의 역사는 최우선의 순위에 두어야 한다. 그렇지만 교과서의 여기저기에 전쟁과 대통령 및 국회의 업적을 강조하는 별 특성도 없는 단락을 포함하는 것은 바람직하지 않다. 학생들은 일하는 사람들의 진정한 싸움, 영웅적 인내, 실수, 그리고 승리에 대한 이야기를 들을 필요가 있다.

실업계와 인문계 두 집단 학생들은 분명 파울로 프레이리Paulo Freire[23]에 대해 알아야 하고, 『억압받는 사람들의 교육학Pedagogy of the Oppressed』(1970)의 일부분이라도 읽어야 한다. 그리고 우리들 대부분을 골치 아프게 하는 질문에 대해 논의해야 한다. 가난을 벗어나 자신을 위한 정의를 요구할 것을 억압받는 사람들에게 촉구할 때, 자신들이 자유로워지면 스스로 억압하는 사람이 되지 않는다는 것을 어떻게 보장할 수 있을까? 우리에게는 억압받는 사람들은 물론이고 억압하는 사람들을 위한 교수 방법도 필요하지 않을까?

사회과와 영어과 교사들은 마일스 호튼Myles Horton(1998)과 하이랜더 민중학교Highlander Folk School[24]의 이야기를 읽으면서 학생들을 지도하기 위하여 함께 작업을 할 수 있다. 이런 주목을 끄는 이야기에서 다른 것도 있지만, 그중에서도 학생들은 로자 파크스Rosa Parks,[25] 피트 시거Pete Seeger,[26] 패니 루 해머Fannie Lou Hamer,[27] 엘리너 루스벨트Eleanor Roosevelt, 파울로 프레이리Paulo Freire, 그리고 릴리언 존슨Lilian Johnson[28]을 만나게 될 것이다. 그들은 평화, 시민권, 그리고 노동조합에 관한 협력적 작업에 대해 말하고 있다. 일을 하는 많은 사람들을 변화시키기 위한 피어린 투쟁—어느 정도 정말 위험스러운—의 이야기를 학생들은 읽게 될 것이다. 학생들은 사회정의를 위해 일하고 있는 사회주의와 기독교 사회주의자들을 만나게 될 것이다. 이 책을 읽어나가면서 책에 등장하는 전기적 종류의 인물을 두루 살피면서 정의를 위한 캠페인을 하도록 학생들을 격려하는 것은 마음을 여는 하나의 경험이 될 것이다.

이런 방식의 공부를 하면 교육이란 관련이 없는 사실을 갈피를 못 잡는 학생들의 머리에 단순히 집어넣는 문제가 아니라는 것을 깨닫게 한다. 이건K. Egan이 암시한 것처럼, 어느 정도의 시간을 들여 좀 깊이 있고 폭넓은 문제를 탐구해야 된다. 예를 들어, 학생들은 호튼의 이야기를 읽고서 피트 시거에 대하여 더 많은 독서를 계속하기를 바랄 수 있다. 음악교사 또한 협력할 수 있다. 시거의 에세이 『그 일은 여기에서 일어났다It did Happen here』의 서두에서 저자와의 인터뷰를 한 진행자는 아래와 같이 쓰고 있다.

> 피트 시거의 노래는 40년 이상 저항의 대열에 영감을 주었다. 그는 우디 거스리Woody Guthrie[29]와 함께 지지자들이 외치는 유니언 홀에서, 뉴욕 피크스킬의 평상형 트럭으로 만든 무대 위에서, 셀마에서 몽고메리까지 진행된 시민권을 위한 행진에서, 원자력 발전소에서 체포된 시위자들을 위해, 뉴잉글랜드에서 열린 모금 행사에서, 그리고 센트럴파크를 가득 메운 75만 명의 평화 행진 참가자들을 위해 노래를 불렀다. 그는 빈민가에서, 피켓 라인에서, 학교 강당에서, 허드슨 강의 범선인 클리어워터 갑판 위에서, 그리고 카네기홀에서 청중들을 발견하였다(B. Schultz & A. Schultz, 1989: p. 13).

학생들도 피트 시거와 리 헤이즈Lee Hays가 부른 〈만일 내가 망치를 쥐었다면〉[30]과 존 레넌John Lennon의 〈평화에게 기회를〉[31]을 부르며 재미있게 놀 수 있을 것이다.

스콧 니어링의 이야기는 영감을 주는 것, 즉 학생이 지성적 역량, 활력이 넘치는 육체노동, 그리고 사회정의를 위한 지칠 줄 모르는 작업의 이야기를 발견할 수 있는 또 다른 예이다. 니어링(2000)은 필라델피아에 있는 센트럴기술고등학교Central Manual Training High School의 졸업생이었다.

> 내가 훨씬 학문적인 센트럴고등학교보다 우선적으로 센트럴기술고등학교를 선택한 것은 그 학교가 실천과 이론을 연결했고 나에게 한층 더 유용한 교육을 제공하는 듯했기 때문이다(p. 30).

슐츠와 슐츠Schultz and Schultz(1989)는 99살의 니어링[32]이 장작을 실은 손수레를 밀면서 했던 인터뷰를 소개하고 있다.

> 스콧 니어링이 갖고 있었던 신념에 대한 정당성, 생각과 삶의 치열한 자기충족성에 대한 확신은 거의 한 세기 동안 그를 급진적 진로로 향하도록 붙들었다. 그는 클라렌스 대로우[33]에 대한 논객으로서, 50권의 책을 낸 작가로서, 자신이 먹을 음식을 직접 재배하는 사람으로서, 단풍나무 시럽으로 맥주를 만드는 사람으로서, 그리고 나이 들어서는 조그만 농장에 정착해 지내는 정신적 지도자로서 지내고 있음에도 말이다(p. 5).

그리고 문화적 문해력에 관심이 있다면 스콧 니어링(2000)이 자신에게 영향을 미쳤다고 믿었던 사람들에 대해 좀 더 많이 배우도록 학생들을 격려할 수 있다.

> 소크라테스와 이성의 법칙, 부처와 불해(不害, harmlessness)의 가르침, 노자와 간디의 비폭력 철학, 예수와 사회봉사의 사례, 공자와 중용의 도, 헨리 소로와 간소한 생활, 휘트먼과 자연주의자, 마르크스·엥겔스·레닌과 착취에 대한 저항과 혁명, 빅토르 위고와 인도주의, 에드워드 벨러미와 유토피아, 올리브 슈라이너[34]와 우화 작가들, 리처드 바크의 우주적 의식, 그리고 로맹 롤랑의 소설 『장 크리스토프』[35](p. 29).

역사 연구에 진짜 실체를 부여한 이야기와 전기적 설명은 정치/사회적인 행동에 대한 관심을 고취하며, 그리고 상호 의존성의 정신과 전면적 인간 재능의 소중함을 고무한다. 교수법적 접근은 또한 중등학교 운동(National Middle School Association, 2003)의 창시자에 의해 권고된 것과 매우 닮아 있다. 지금까지 논의된 생각이 그 수준에서 어떻게 쓰일 수 있는지에 대해서는 바로 다음의 탐구로 넘어가보자.

중등학교: 탐색의 시간

지금까지 본 장은 고등학교 단계에서의 직업교육에 관해 이야기해왔다. 그럼에도, 학생들이 실천에 관심을 두고 있는 것을 찾도록 도와주기를 바란다면, 중학교는 가능성을 위해 열린 탐색을 할 수 있는 이상적인 환경이 될 수 있다. 이것이 중학교에 대해 생각해보아야 하는 두 번째 이유이다. 초기 이상주의적 지지자들의 희망을 구현하고자 하였던 중학교의 비극적 실패는 이 책의 주요한 주제를 보여주고 있다. 문화는 학교를 통제한다. 그래서 학교에서 변화를 만들고 싶어 하는 사람들은 강고하게 구축된 조직 속에서 변화를 하지 않으면 안 된다. 일부의 변화는 돌봄과 인내를 통해 이미 이루어진 것이다. 고등학교 입학에 목을 매게 될지라도 요청되는 일에 성공을 거둘 수도 없고, 똑같은 일이 벌어지리라 예견되듯이 아주 많은 우리 아이들이 중학교를 다니는 중에 학교를 사실상 그만두는 것은 가슴 아픈 일이다.

최초의 중등학교middle school—그렇게 분류된—는 1960년대에 등장했다. 이전의 학교는 전기 고등학교junior high school의 도입과 더불어 8-4 표준 학제에서 6-2-4 학제로 이동했다. 전기 고등학교의 실패가 무시될 정도로 너무 명백해졌을 때, 중등학교가 세워졌다고 종종 전해진다. 그러나 인간적 교육 센터human center of education(Lounsbury & Vars, 1978)를 만들 수 있는 실질적 기회를 포착했던 교육자들의 영감적인 사고에도 불구하고, 주된 변화란 하나의 명목에 지나지 않았다. 심지어 6-3-3, 5-3-4와 같은 약간의 변화조차 설득력 있는 교육적 분석보다는 지역사회의 물류 수요에 의해 더 자주 생겼다.

중등학교 설립을 강력하게 옹호한 존 론스버리John Lounsbury(2009)는 "명실상부한 중등학교 개념은…… 실행되지 않았으며, 부적합하다는 것을 인식할 것을 우리에게 요청한다. 오히려 완전히 시행하는 것이 어렵다는 것을 알게 되었고, 오직 부분적으로 그것은 실행되었다(p. 3). 중학교를 위해 권고되었던 많은 것이 1930년대에 30개의 진보적 실험학교progressive experimental schools에서 성취했었던 것을 기반으로 구축되었으며, 그것은 "8년 연구the Eight-Year Study"라는 보고서(Kahne, 1996을 보라)[36]를 통해 제출되었다. 바로 그 사실—중학교 지지자와 그보다 초기의 진보주의자가 권고했던 실천의 유사점—을 통해 그들이 봉착한 내용에 대해 중학교 교육자들에게 경고하지 않으면 안 되었다. 1970년대 중등학교에 권장된 목적과 실천들은 21세기 현재에 지지되었던 문제 해결 기술의 발전, 반성적 사고, 개별화 수업, 교과의 통합 등과 유사했다. 그렇지만 실제적 결과는 중학교가 너무 자주 고등학교의 한심한 자회사pathetic subsidiary로 남아 있는 것이다. 론스버리(2009)는 실천이 개념을 따라잡지 못해 발달 지체arrested development에 시달리고 있다는 것을 인정한다. 급기야, "아동낙오방지법"[37]이 시행된 후로는 발달 지체마저 유감스럽게도 퇴보 상태로 빠져들고 있다(p. 3).[38]

우리의 학교구조, 즉 교과의 코스, 학기, 학급이 변화할 것 같지 않다는 점을 고려하면, 학생들을 위해 선택 과목을 확장할 수 있는 관문으로 중등학교를 이용하는 것은 여전히 가능할 수 있다. 중등학교에 대한 최상의 이론적 사고를 하는 사람이라도 지배구조의 융통성이 없는 데서는 그다지 효과도 없고 허용도 되지 않기에, 수업 시간을 조정하는 형태를 제안했다(예를 들어 올리바Oliva의 1988년 흥미로운 도표 360쪽을 보라. 수업 시간은 연속적으로 진행되는 점수가 없는 학습 기술 능력의 향상을 요구하는 중핵 과목과 음악, 타이핑, 가정학, 그리고 기술 과목 같은 "임의 과목"으로 분리되었다). 학교 건물, 교실, 행정 조직, 그리고 매일의 시간표는 확고하게 정립되어 있다. 우리는 미래의 직업과 개인적 삶에 적절한 관심을 갖기 위해 어디에서 개입할 수 있을까? 이전의 두 개 장에서 나는 가정적 삶과 시민적 삶에 개입하는 일부 가능성을 제안하였다. 우리는 중등학교 수준에서 직업 생활을 위해 이와 유사한 무엇을 할 수 있을 것인가?

첫째로, 학교교육은 학생들로 하여금 직업으로서 하고 싶은 것이 무엇인지를 찾아내는 데 도움을 주어야 한다는 생각에 충실해야 한다. 그러한 각오를 한 후 우리는 중등학교에서는 A학점, B학점, 그리고 F학점 같은 성적의 등급을 폐지해야 한다. 나의 생각은 성적 등급이나 고-책무 시험이 없는 2년이라는 경이로운 탐구 학년wonderful years of exploration[39]을 제공하려는 것이다. 교직원은 아이의 관심과 적성 그리고 부모가 아이들과 함께 할 수도 있는 것에 대한 유용한 밑그림을 제공하기 위하여 학생들과의 상담에서 작성된 서면 평가서를 부모들에게 제공한다.

과학반은 건강, 영양섭취, 그리고 식사 계획과 준비라는 주제에 집중할 수 있다. 사회 공부는 과학 공부와 연계하여 생태적 문제, 집과 뒷마당의 디자인, 그리고 정원에 집중할 수 있다. 수학반의 학생들은 대수학의 소개를 받으며, 이에 적성을 보이는 학생들은 대수학을 계속해서 공부하게 된다. 다른 학생들은 개별재정관리, 기초통계학, 내기gambling, 게임 그리고/또는 시험과 평가를 다루는 수학에 참여할 수도 있다(예상한 대로 된다면). 영어반은 수업 각각에서 제시되었던 주제와 관련된 문학 작품을 제공하는 것과 일상어의 숙달에 집중하는 과목을 통합하기 위해 움직이게 된다. 보다 광범위한 일정표에 따르면 아무런 선택 과목은 존재하지 않지만(위의 수학 과목의 예에서 본 것처럼), 개별 과목들 안에는 모든 학생들의 "해봅시다"를 요구하는 단원 외에도 다른 여러 가지 선택 사항들이 있을 수 있다. 고-책무 시험과 등급을 폐지하면, 더 많은 학생들은 여러 가지 공부를 "해보는" 데 불안을 덜 느낄 것이다.

산업/상업 과목은 필요에 따라 전통적 과목과 결합될 수 있다. 상점,

스튜디오, 그리고 주방을 이미 갖고 있는 학교들은 이러한 과목에 쉽게 결합할 수 있다. 또 다른 학교에서는 적절한 공간과 기구를 제공하는 데 어느 정도의 비용이 들 것이다. 그리고 이때 잘 준비된 교사를 찾는 것이 필수적이다. 수공예 작업을 할 수 있는 장비가 불충분한 학교에서는 학생들이 광범위한 직업군을 관찰하도록 현장 답사가 주선될 수 있으며, 다양한 직업군의 대표자들이 수업에 들어가 강의하고 학생의 질문에 대답하는 초청을 받을 수 있다.

중등학교에서 2년 동안의 모험 전체를 통해 학생들은 끊임없이 지원을 하고, 학생들이 경험을 나누며 서로를 지지하도록 격려하는 전담 상담자가 안내하는 모둠으로 조직되어야 한다. 교사-상담자 역할은 모든 학생이 배려 받는다는 느낌을 확실하게 가질 수 있도록 하는 것이 필수적이다. 이미 중퇴율이 높을 것으로 보이는 학교에서 공부하지 않는 중등학교는 그 자체로 경이로운 경험이며, 참교육을 촉진하는 전주곡이 되어야 한다.

본 장을 마치면서, 높은 시험 성적으로 존중을 받는 학교의 나라인 핀란드는 미국이 모든 아이들에게 적합하지 않은 학문 연구academic studies를 계속 강요하는 동안에 학생 모두에게 9년 동안의 광범위한 공통 교육을 제공하고 있으며, 그 이후 학생들은 실업계 고등학교vocational school나 인문계 고등학교academic school에서 자신의 교육을 계속할 수 있는 선택권을 가지고 있다는 점을 주목해야 한다(Ravitch, 2012; Sahlberg, 2012). 핀란드 학생의 거의 절반은 직업학교, 즉 실업계 고등학교를 선택한다.[40] 핀란드나 어떤 다른 그룹을 그대로 따라 하는 것이 아니라고 하더라도, 우리는 그들로부터 배울 수 있으며, 우리 자신의 조건과 목표를 위해 전망을 가진 아이디어를 채택할 수 있다. 지금 우리는 직업교육에 대한 노력과 존중을 혁신할 때이다.

1. 듀이에게 있어 '직업'이라는 것은 다른 사람에게 봉사를 하는, 그리고 결과를 얻을 목적으로 개인의 힘을 사용하는 일체의 계속적 활동을 뜻한다.

2. 듀이는 '직업교육(vocational education)'과 장래의 특정한 일에 대한 기술 능력을 확보하기 위한 수단으로서의 교육인 '취직을 위한 교육(trade education)'을 명백하게 구분하였다. 듀이는 '직업교육'이 이론이나 실제에 있어서 '취직교육/취업교육', 즉 장차 전문적인 직업 분야에 관련된 기술적 효율성을 획득하는 수단으로 해석될 위험이 있다는 것이다. 그리하여 취직을 위한 교육이 산업에 종속시킬 위험이 있음을 지적하고 있다. 오늘날의 그릇된 산업체제의 변형되지 않은, 합리화되지 않은, 사회화되지 않은 측면에 그대로 순종하는 식으로 맞출 가능성이 있다고 보았다. 그렇게 되면 교육은 사회의 기존 산업 체제를 변형시키는 수단으로 작용하는 것이 아니라, 그것을 그대로 영속시키는 수단이 될 가능성이 있다는 것이다.

3. 일의 세계인 '직업(occupation)'은 소명(calling; 신의 부름)으로 정의되기도 한다. 소명은 특별히 '남을 위해 종사하는 일'이라는 모종의 정신적 태도가 함축되어 있다. 'vocation'은 종교적 역사를 가지고 있다. 과거 수도사들이나 사제들은 자신들이 신의 은총을 받은 자들이라 생각했다. 즉, 신의 특별한 부르심을 받은 자들이라고 생각했다. 여기서 '부르다'에 해당하는 라틴어(중세 유럽어)가 'vocatio' 혹은 'vocare'에서 'vocation'이 유래되었다. 서구인들이 각자의 직업에 큰 자부심을 가지고 있는 이유에는 이러한 역사적 배경이 있다.

4. job과 occupation은 모두 우리말의 '직업'에 해당하는 말이지만, job은 일자리/일터를 가리키는 가장 일반적인 말로 쓰이며, occupation은 다소 격식을 갖춘 상황에서 사용하는 말이다. occupation이란 생계를 유지하기 위하여 자신의 적성과 능력에 따라 일정한 기간 동안 계속하여 종사하는 일이라고 할 수 있다. 그것은 생활을 위해 한 개인이 계속적으로 일을 하는 대가로 경제적 이득/보수가 반드시 고려되어야 하는 일을 말한다. 일반적으로 job을 지칭할 때 occupation이 포함된 'paid work', 다시 말해서 대가가 주어지는 일이나 직장, 일자리 등을 포함하여 지칭하는 표현이라고 할 수 있다.

5. '존엄성'이란 우리에게 우리 자신이 주변 사람들의 존중을 받을 가치가 있다거나 없다고 여기게 하는 어떤 특성을 의미한다. 지금 누군가에 대해 좋게 생각하는 것, 나아가 존경하는 것을 말한다. 자기존엄성의 근거가 되는 명예(Ehre/honor)란 내가 나만의 속성과 특징 모두를 적극적으로 나의 정체성으로 파악할 때, 내가 나 자신에 대해 취하게 되는 일종의 태도이다. 우리의 존엄성은 바로 우리의 품행과 아주 많이 결부되어 있기에 이 문제는 더욱더 회피될 수 없다. 우리가 걷고 움직이고 몸짓하고 말하는 방식은 가장 어릴 때부터 우리가 타인들 앞에 있다는 의식, 우리가 공적 공간에 서 있다는 의식, 그리고 이 공간은 잠재적으로 존중 아니면 경멸, 자랑 아니면 수치의 공간이라는 의식에 의해 형성된다. 우리의 존엄성은 우리의 권력, 공적 공간을 지배하는 우리의 의식일 수 있다. 아니면 권력에 견디는 우리의 힘일 수도 있다. 아니면 타인들이 우리를 좋아하고 쳐다보고 있다는 것, 우리가 주목의 중심이라는 것일 수 있다. 존엄성을 지키는 삶은 고차적인 것으로 여겨진다. 고차적인 삶은 명성과 영예의 후광으로 돋보이게 한다. 공적인 삶을 살게 되면 명성을 얻을 자격을 얻는다. 고차적인 것은 일상적 삶 밖에서 찾아지는 것이 아니라 일상적 삶을 사는 방식으로 생각되어야 한다. 명예 윤리는 바로 존엄성에 바탕을 두고 있다.

6. 벨러미는 사회주의를 직설적으로 설파하기보다는 로맨틱한 연애소설의 형식뿐 아니라 유토피아적 공상과학소설의 형식을 이용했다. 『뒤를 돌아보면서(Looking Backward)』는 출간 직후부터 당대의 유토피아 문학과 공상과학소설 분야뿐 아니라 산업 국유화 운동, 인민주의 운동, 사회주의 운동, 여권 운동 등 다양한 사회 개혁 운동에 지대한 영향을 끼침으로써 일찍부

터 고전의 반열에 올랐다.

7. 스키너(Burrhus Frederic Skinner, 1904~1990)는 1948년 『Walden Two』라는 유토피아 소설을 출판했다. 육아상자를 만들었던 시기에 스키너는 현실에 존재하는 모든 문제를 해결하는 이상사회에 대한 소설인 『월든 투』를 집필하였다. 스키너는 개인적으로는 육아와 가정생활의 어려움을, 거시적으로는 2차 대전을 통해 드러난 인간세상의 문제점을 직시하고 있었다. 이 소설은 스키너의 철학과 생각이 현실적 문제에 어떻게 적용될 수 있는지를 가능성을 타진한 책이기도 하였다. 소설의 내용은 주인공인 부리스가 동료 철학자, 두 명의 제자 및 그들의 여자 친구와 함께 프레이저가 설립한 이상사회를 방문하는 이야기이다. 소설의 제목이 두 번째 월든(월든 투)이 된 이유는 미국의 사상가 소로의 산문집의 제목 『월든(Walden)』을 응용했기 때문이다. 소로는 월든 호수에서 지낸 1년 동안의 목가적이고 이상적인 생활을 산문으로 표현하였다. 이전 유토피아들은 철학적 완전주의를 실현하려는 노력이었을 뿐이지만, 『월든 투』는 사회 구성원들이 가장 행복한 사회를 실현하기 위한 무수한 실험이 가능한 사회라는 데 차별성이 있다는 평가를 받는다.

8. 신산업주의 또는 신-포드주의(neo-fordism)는 고도의 생산품 혁신, 고도의 융통성 있는 과정, 낮은 노동 책무성을 표방한다. 신산업주의의 목적은 더 이상 동일한 요구를 지닌 소비자들에게 저렴하게 동일한 제품을 대량으로 생산하는 산업주의가 아니다. 오히려 소비자들의 새로운 요구에 대응하기 위하여 적은 수의 제품을 지속적으로 개발하려고 한다.

9. 찰리 채플린(Charlie Chaplin)의 〈모던 타임스(Modern Times)〉는 자본주의의 인간성 무시에 대한 격렬한 분노를 고발하는 1936년 미국영화이다. 제작·각본·감독·주연·음악을 채플린이 담당하였다. 아침부터 밤까지 컨베이어벨트로 운반되어 오는 상품의 나사를 죄는 동작을 되풀이하는 공원(채플린)은 기계 앞을 떠나도 같은 동작을 계속한다. 정신병원에 가서 정상적인 생활리듬을 찾으면 병은 낫지만, 데모의 주모자로 체포되기도 하고 모범수로 석방되어 조선소 직공 등으로 전전하는 등 실수투성이다. 부둣가에서 먹을 것을 훔친 불행한 소녀(포렛 고다드: 채플린의 부인)와 만나 내일의 희망을 안고 걸어가는 라스트 신은 유명한 장면이다.

10. STEM은 Science, Technology, Engineering, Mathematics의 첫 글자를 딴 약자다. 최근에는 STEM의 문제점을 보완하기 위해 예술 분야를 추가한 STEAM(Science, Technology, Engineering, Arts, Mathematics)이 제안되었다.

11. 우리나라의 교육제도하에서 나타나는 계열화 현상은 능력별 반 편성, 고등학교 교육과정별 집단화인 인문 계열과 실업 계열의 구분 및 인문계 고등학교 내에서 이루어지는 문과와 이과의 구분 등을 들 수 있다. 특히 고등학교를 인문 계열과 실업 계열로 구분하는 것은 학생의 사회경제적인 배경과 밀접한 관련을 갖고 있으며, 그 결과 사회적 성취에 있어서 차별이 발생하게 되어 궁극적으로 불평등 재생산의 한 기제가 되고 있다는 비판이 제기되고 있다.

12. 진보주의 교육은 유럽과 미국을 중심으로 19세기 말 이후 본격화된 새로운 교육관의 실천을 총체적으로 지칭한다고 할 수 있으며, 세부적으로는 다양한 교육관이 포괄되어 있었다고 할 수 있다. 진보주의 교육은 전통적 교육관에 대립하는 경향을 지니고 있었기 때문에 교사의 권위에 의한 교육, 중세후기 이래의 라틴어 중심 교육과정, 비지적 영역이나 신체활동에 대한 천시 등을 비판했고, 아동 중심적이고 활동 중심적이며 실제적인 교육을 중시했다. 또한 인간의 자유와 평등, 민주주의와 같은 가치들도 강하게 결합시키고 있었다.

13. 비판이론가들은 사회적 불평등 해소와 사회정의를 위한 교육에 관심을 두고 있다. 문화적 헤게모니와 그에 대항하는 문해력을 사회적 진보의 도구로 생각한 그람시, 새로운 문해력으로 의식화의 필요성을 강조한 프레이리, 비판적 문해력을 강조한 지루, 탈학교론과 공생의 사회를 제창한 일리치, 학교교육과 교실의 담론구조가 사회의 계급구조에 대응한다고 보는 보울즈와 진티스, 선택적 교육과정을 통해 특권적 지식을 제공한다고 본 애플, 그런 지식을 제공하는 표준화된 교양교육과정을 비판하고 있는 나딩스와 마르틴 등을 비판이론가로 분류할 수 있다.

14. VET 과정은 영국과 호주 등에서 실시하고 있는 직업훈련전문과정이다. 요리, 디자인, 호텔 경영, 용접과 같은 전문기술이 필요한 분야를 선택하여 보다 실용적인 기술을 습득하여 본인이 배운 분야에서 취업을 하는 것을 최종 목표로 수업이 진행된다. 이론수업보다는 현장에 바로 투입이 되어서 사용할 수 있는 기술에 초점이 맞춰져 있다. 호주의 VET 과정은 TAFE(The Institute for Technological and Further Education) 또는 사립전문대학에서 수업을 들을 수도 있고, 종합대학 편입도 용이하다.

15. 수공예(manual arts, handwork, handicraft)는 주로 손끝의 기술로 가정에서 실용품, 장식품, 완구 등을 만드는 예술이다. 수공기술에 의한 기물 제작은 세계 각국을 통해 또는 기구, 기계가 없었던 원시시대부터 행해진 것으로 넓은 의미로 해석하면 고대의 토기, 석기, 나무, 아각, 조개껍데기, 목피 등의 제품도 수공예품이다. 그것이 인간의 지식의 진보로 점차 분업화하고 발달하여 전적으로 손으로 하는 기술 그리고 기구, 기계를 많이 사용하여 제작하는 것으로 분류되었고, 다시 창작에 의하여 예술미를 발휘하는 공예와 전통을 바탕으로 수련에 의하여 만드는 공예로 분화되었다.

16. 미국 공립학교에 설치된 Shop Class/Vocational Shop은 자동차 정비반, 토목/목공반이 주로 개설되어 있다. 정부에서 지원을 받기 때문에 예산이 풍부해서 사립학교들은 상상도 못하는 과목이다. 자동차 정비 과정은 우리나라 대형 서비스 센터보다 시설이 더 좋다고 한다.

17. 미국 역사상 직업교육에 관한 최초의 연방법이라고 할 수 있는 Smith-Hughes 법(1917년)은 20세기 초 부족한 숙련 근로자와 기술자를 양성할 목적으로 제정된 법이다. Smith-Hughes 법의 주요 내용은 직업교육을 실시하는 주에 대해 연방정부가 재정 지원을 하도록 규정하는 것이다. 이러한 재정 지원을 받기 위해서는 주 직업교육위원회를 설립하여 직업교육에 대한 주 계획을 수립하고, 이를 연방 직업교육위원회에 제출하도록 규정하였다. 또 이 법에서는 종합고등학교에서 직업교육을 담당하는 교사의 자격과 직업교육기금의 용도를 엄격하게 제한하였다.

18. 학교교육은 특정 분야가 아닌 다양한 분야에 걸쳐 일반적인 교육을 실시하는 일반교육/교양교육과 특수한 직업에 대비하기 위한 특수화된 직업교육으로 크게 나눌 수 있으며, 그와 같은 구분은 특히 보통교육의 단계에서 널리 사용되고 있다. '일반교육'은 모든 사람에게 공통되는 경험을 내용으로 하는 교육이다. 모든 사람이 당면하는 개인적 및 사회적인 문제에 적절하게 대처할 수 있게 하는 데서 보람을 거두는 교육을 말한다. 그것은 전문하는 분야가 무엇이든 교육받은 사람에 공통되는 특징을 나타내는 것이다. 일반교육의 목적이나 내용에 대하여는 그 철학적 기반을 어디에 두느냐에 따라 각각 다르게 생각할 수 있다. 즉 합리주의, 신인문주의 및 자연주의 또는 도구주의는 각각 일반교육의 성격을 다르게 규정짓고 있다. 일반교육은 교양교육(liberal education)이라고 부를 수 있으며, 전통적인 인문교양교육(liberal arts education)과 유사한 의미를 갖는다. 우리나라의 초등학교에서부터 고등학교까지의 학생들이 누구나 공통적으로 이수할 교과목을 중심으로 한 교육과정 편제에 의한 교육은 일반

교육이라고 할 수 있으며, 정상적인 인간으로서 사회생활을 건전하게 해나가는 데 요구되는 능력과 자질을 갖추는 데에 교육의 초점을 맞춘다.

19. 직업교육의 목적이 생계를 유지하는 보수나 경제적 성공을 위한 일자리를 얻는 데 있는 것이 아니라, 개인적 삶은 물론이고 시민적 삶의 목적, 그리고 그것의 궁극 목적이 될 수 있는 행복이라는 상징적 성취에 근거를 두어야 한다는 말이다. 특별히 '남을 위해 종사하는 일'이라는 모종의 정신적 태도나 신의 소명/부름은 상징적 성공이라고 할 수 있다. 그리고 직업 활동을 통해 만들어진 제품의 미적 탁월성은 '상징적 성공(symbolic success)'이라고 할 수 있다.

20. 하향식 방식은 문제에서 해결해야 할 최종 목표가 무엇인지 파악하고, 그 목표의 해결을 위해 필요한 조건들이 무엇인지 찾아 내려가는 방식이다. 문제를 큰 덩어리로 먼저 보면서 차차 분해해가는 방식이다. 반대로 상향식(bottoms-up) 방식은 문제에서 주어진 각각의 조건들을 분석하고, 이것들을 조합해 올라가면서 문제 해결에 이르는 방식이다.

21. 듀이의 새로운 직업교육관은 젊은이들을 현 체제의 요구나 표준에 복종시키는 것이 아니라 과학적, 사회적 요인을 활용하여 용기 있는 지력을 개발하고 그 지력이 실제성과 실천력을 가질 수 있도록 하는 직업교육을 강조하고 있다.

22. 기술학교, 고등기술학교 등과 같이 직업의 기술 연마에 치중하는 직업교육을 실시하는 학교가 직업학교이다. 미국의 직업학교 또는 직업훈련학교(vocational school, career school, trade school)는 실질적인 전문직업교육을 하는 2년제 학교이다. 직업학교는 최저 생계비를 받는 저소득층 직업보다는, 보다 안정되고 확실한 직업 알선을 통해 사회적·경제적 안정이 가능하도록 돕는 데 있다. 보통교육에서 직업교육은 실업교육, 산업교육과 거의 동의어로 사용된다.

23. 프레이리(1921~1997)는 문맹퇴치 교육을 통해 전 세계의 피억압 민중 스스로가 사회적·정치적 자각을 얻을 수 있도록 힘썼다. 『*pedagogia do oprimido*』(1970, 『*Pedagogy of the Oppressed*』라는 제목으로 1972년 영역 출간)에서 프레이리는 전통적 교육의 수동적 성격이 억압을 더욱 촉진하는 결과를 낳았다고 주장했다. 그는 종래의 교육을 은행에 비유해 교사는 그릇된 정보를 적립하고 학생은 그런 교육 체계에서 그저 그 정보만을 수거하는 수동의 위치에 머물러 있을 따름이라고 보았다. 그는 대안으로 교사와 학생 간에 대화를 유발하는 '해방의 교육'을 주장했으며, 학생들이 질문을 던지고 기존의 상황에 도전하도록 해야 한다고 믿었다. 1963년 프레이리는 브라질 국립문맹퇴치 프로그램의 책임자가 되었고, 이때 브라질 국민 500만 명을 교육하려는 계획을 세웠다. 그러나 1964년 군사 쿠데타가 발생하면서 체제전복 혐의로 투옥되었고, 석방된 뒤에는 망명객으로 전 세계를 돌아다니며 문맹퇴치 프로그램의 입안을 돕고 여러 대학에서 강의했다. 1979년 그는 브라질로 돌아와서 노동자당(Workers Party)의 결성에 참여했다. 1988년 상파울루의 교육감이 되어 진보적 교육행정을 펼쳤다.

24. 마일스 호튼(1905~1990)은 유명한 교육 실천가로 미국의 시민권 운동과 지역사회 학교운동을 실천하고, 성인교육기관인 하이랜더 민중학교를 설립하여 많은 민중교육자 및 활동가를 배출하였다.

25. 로자 파크스(1913~2005)는 시민운동가로서 현대 시민권 운동의 어머니라 불린다.

26. 피트 시거(1919~2014)는 가수로서 미국의 유명한 반전 포크송 가수이며 인권운동가이다.

27. 패니 루 해머(1917~1977)는 여성시민운동가이며 정치인이다.

28. 릴리언 존슨(1864~1956)은 미국에서 역사 교사를 하였고, 농촌개혁가 시민권운동의 옹호자였고, 여성주의 교육의 개척자적 역할을 하였다.

29. 우디 거스리(1912~1967)는 미국 민중가수로서 캘리포니아에서 이주 노동자로 생활하며 그들의 더 나은 삶을 위해 노래했다.

30. 피트 시거와 리 헤이즈가 합작한 곡으로 1958년에 판권이 등록되었다. 사회 문제와 맞불어 강한 항의의 자세를 보이는 노래, 즉 저항가요의 대표적인 명곡의 하나로서 흑인의 자유와 인권 평등이라는 커다란 의미가 담겨져 있으며, 〈Hammer Song〉이라는 제목으로도 알려져 있다.

〈만일 내가 망치를 쥐었다면(If I Had a Hammer)〉
만약에 내가 망치를 가졌다면, 아침저녁으로 망치를 휘두르겠네. 이 나라에서 위험을 제거하고 경고를 발해서, 이 나라의 모든 동포들 사이에 사랑을 내세우리라. 만약에 내가 종을 갖고 있다면, 아침저녁으로 종을 울리겠네. 만약에 내가 노래를 부르고 싶다면, 아침저녁으로 소리 높이 부르겠네. 나는 망치를, 종을, 노래를 가지고 있네. 그것은 정의의 망치이며, 자유의 종, 사랑의 노래라네.

31. 〈평화에게 기회를(Give Peace a Chance)〉은 비틀즈 후반기인 1969년 존 레넌이 '플라스틱 오노 밴드'라는 명의로 발표한 솔로 데뷔 싱글이다. 베트남 전쟁에 대한 반전, 평화의 메시지를 알리는 노래로서 대히트를 하였다.

〈평화에게 기회를〉
모두를 말하지. 배기즘, 쉬기즘, 드래기즘, 메디즘, 레지금, 대기즘. 이런 주의, 저런 주의, 주의 주의 주의, 우리가 말하고 싶은 건 단지 평화에게 기회를 달라는 거예요, 우리가 말하고 싶은 건 단지 평화에게 기회를 달라는 거예요, 모두를 말하지. 미니스터, 시니스터, 베니스터즈, 그리고 케니스터즈, 주교, 피웁, 그리고 파파이스, 안녕, 안녕. 우리가 말하고 싶은 건 단지 평화에게 기회를 달라는 거예요. 모두를 말하지. 혁명, 발달, 자위, 채찍질, 규칙. 통합, 화해, 유엔, 축사. 우리가 말하고 싶은 건 우리가 말하고 싶은 건 단지 평화에게 기회를 달라는 거예요. 모두를 말하지. 존과 요코, 티미 리어리, 로즈메리, 토미 스마더스, 바비 딜런, 토미 쿠퍼, 데렉 테일러, 노먼 메일러, 엘런 긴즈버그, 헤어 크리슈나. 우리가 말하고 싶은 건 우리가 말하고 싶은 건 단지 평화에게 기회를 달라는 거예요. 우리가 말하고 싶은 건 우리가 말하고 싶은 건 단지 평화에게 기회를 달라는 거예요.

32. 스콧 니어링(1883~1983)은 미국의 경제학자이다. 반자본주의, 친사회주의, 반전, 친평화의 길을 걸은 것으로 유명하다. 미국의 소수 권력층에 속하는 집안에서 인생을 시작했으나, 모든 기득권을 포기하였다. 스파이 혐의로 연방법정에 피고로 섰으나 무죄판결을 받았다. 강연을 통해 평화를 이야기하여 위험분자로 낙인찍혔고, 교수와 공직을 박탈당했다. 강연은 취소되었고, 감옥에 갇혔으며, 저술한 책은 재판에 부쳐졌고, 신문사들은 스콧 니어링의 저서에 대한 유료광고 게재조차 거절했다. 20세기 초 산업사회로 이동한 미국 사회에서 하층민의 분배, 평등, 자유에 관심을 가진 진보적 사상을 실천하였다. 품위와 존엄이 있는 방식의 죽음을 맞았는데, 일체의 생명을 연장하려는 의학적 배려도 거부하고, 고통을 줄이려는 진통제·마취

제의 도움도 물리치고, 물과 음식조차 끊고, 온전한 몸과 마음으로 100세에 죽음을 맞았다. 그는 다음을 인생 목표로 삼고 자기 길을 걸어갔다. ① 간소하고 질서 있는 생활을 할 것, ② 미리 계획을 세울 것, ③ 일관성을 유지할 것, ④ 꼭 필요하지 않은 일을 멀리 할 것, ⑤ 되도록 마음이 흐트러지지 않도록 할 것, ⑥ 그날그날 자연과 사람 사이의 가치 있는 만남을 이루어가고, 노동으로 생계를 세울 것, ⑦ 자료를 모으고 체계를 세울 것, ⑧ 연구에 온 힘을 쏟고 방향성을 지킬 것, ⑨ 쓰고 강연하며 가르칠 것, ⑩ 계급투쟁 운동과 긴밀한 접촉을 유지할 것, ⑪ 원초적이고 우주적인 힘에 대한 이해를 넓힐 것, ⑫ 계속해서 배우고 익혀 점차 통일되고 원만하며, 균형 잡힌 인격체를 완성할 것 등이다.

33. 클라렌스 대로우(Clarence Darrow, 1857~1938)는 미국의 변호사이다. 1929년 미국 시카고에서 12살 어린이가 처참하게 죽는 사건이 발생했다. 부유한 가정에서 성장한 19세의 레오폴드와 리처드는 니체의 초인론에 심취해 있었는데 단지 '재미'를 위해 살인을 저질러 미국 전역을 뒤흔들었다. 이들은 당시 최고 승률을 자랑하던 변호사 클라렌스 대로우의 변호로 사형 대신 무기징역을 선고 받았다. "죄는 미워하되 사람은 미워하지 말라"는 그의 재판정 최종 변론 때문이었다.

34. 올리브 슈라이너(Olive Schreiner, 1855~1920)는 남아프리카 여성작가이고, 반전 운동가이다. 1883년 발표된『The Story of an African Farm』가 큰 반향을 불러일으켰다. "위대한 어머니를 갖지 않은 위인은 아무도 없다!"라는 말을 남겼다.

35. 로맹 롤랑(Romain Rollands)의 노벨문학상 작품인『장 크리스토프(Jean Christophe)』는 라인 강 기슭의 작은 마을에서 출생했다. 음악가인 조부와 아버지의 핏줄을 이어 어릴 때부터 음악적 재능이 뛰어난 신동이었다. 그러나 주정뱅이 아버지 때문에 숱한 고생을 했고, 조부가 별세하고 아버지가 실직했기 때문에 피아노 가정교사를 하고, 오케스트라의 단원이 되어 가정의 생계를 꾸려나갔다. 고난은 끝날 줄 몰라서 두 차례에 걸친 불행한 사랑과 작품 발표의 실패가 이어졌다. 거기다 싸움에 휩싸이게 되어 감옥에 갇힐 형편이 되었기 때문에 파리로 도피해야만 했다. 파리에서 장은 후원자를 얻게 되지만 파리의 사회와 정치 및 음악계의 부패를 보고 고독에 빠지게 되고 그때 시인 올리비에가 장을 감싸준다. 그러나 올리비에는 젊은 나이로 죽는다. 장은 스위스의 친구 집에 잠시 들렀다가 로마로 간다. 거기서 로마와 그리스 및 르네상스 예술을 접하고 깊은 감동을 받게 되고, 소녀 때에 장이 가르친 적이 있는 외교관 부인 그라치아와 만나 사랑하게 된다. 20년의 세월이 흐른 뒤 파리로 간 장은 작곡에 손대어 예지와 조화를 이룬 작품을 완성하고 영혼의 평화를 누리면서 조용히 세상을 하직한다. 죽음에 즈음하여 이렇게 중얼거린다. "문이 열린다. …… 여기에서 내가 찾고 있는 화음이 있다. …… 그러나 이것이 마지막은 아니지? 이 얼마나 기막히고 새로운 공간이 있는가! 우리는 내일도 또 계속해서 걸어가는 것이다."

36. "8년 연구"는 미국 진보주의교육협회가 1930년부터 1942년까지 주도한 중등교육개혁 및 고교-대학연계 프로젝트이다. 당시 미국 전역의 30개 고등학교와 300여 개의 대학이 참여하여 이루어진 대규모 연구로서 고교와 대학이 협력하여 대중화한 중등교육과정을 개혁하고 대학입학기준 및 대학교육에서의 시사점을 도출하고자 한 매우 의미 있는 프로젝트이다. 아쉽게도 연구 결과가 발표되는 시점에서 세간의 주목을 크게 받지 못했고, 그 이후 일종의 잊힌 프로젝트처럼 되었지만 수십 년이 지난 지금에도 교육개혁에 대해 시사하는 바가 매우 크다. 8년 연구가 주는 시사점은 다음과 같다. 첫째, 미국에서의 중등교육 개혁과정을 드러내주는 프로젝트로서 교육사적 연구가치가 있다. 특히 중등교육에서 진보주의 교육이 확산되는 과정을 보여준다는 점에서 의미가 있다. 둘째, 20세기 초 진보주의 교육이 지니고 있던 복합성을 드러내주고 있다. 과학주의, 낭만주의, 급진주의가 전통주의에 대립하여 진보주의의 이

름으로 결합되었다가 분화되는 과정이 8년 연구의 전개 속에 반영되어 있다. 셋째, 8년 연구를 통해 드러난 당시 미국 진보주의 교육의 실험적 정신은 답을 열어두고 다양성을 인정하면서 고교와 대학이 연계하여 과감한 모험을 전개한 것이었다는 점에서 주목할 필요가 있다. 8년 연구의 보고서들은 이러한 진지한 실험의 결과를 담은 것이기 때문에 시대와 공간을 초월해 신선하고 유용한 자극을 준다. 넷째, 8년 연구는 현장에서의 보고와 기록에 기초해 있고 각종 검사도구와 분석 자료에 대한 정보를 남겨놓았기 때문에 20세기 초 교육개혁의 역사 연구를 위한 중요한 기초가 될 수 있으며 많은 연구 단서들을 제공한다. 특히 학교 현장으로부터의 개혁과정에 관심 있는 연구자들에게는 다양한 실천사례와 시사점들을 제공하고 있어 귀중한 연구 자료가 된다.

37. 부시 전 대통령은 텍사스 주지사 시절 동일한 시험을 통해 평가하고 그에 따라 재원을 배분함으로써 교육의 질을 향상시켜 텍사스의 기적을 이룬 바 있다. 부시는 이러한 교육정책의 전국적 확대를 주요 공약으로 걸었다. 대통령에 당선된 후 NCLB라는 이름으로 입법화를 했다. NCLB의 큰 특징은 평가, 공개, 보상과 처벌이다. 이른바 고책무(high stake)에 기반해 당근과 채찍을 사용하는 정책이었다. 평가는 읽기와 수학을 대상으로 전수조사 방식으로 이뤄졌다. 매년 3학년에서 8학년까지 모든 학생에 대해 평가를 했다. 주정부는 학교들이 달성해야만 하는 연도별 학업성취 목표(AYP)를 설정했다. 2014년까지 최소한 읽기와 수학에서 모든 학생을 숙달된 수준으로 끌어올리는 것을 목표로 삼았다. 학교의 학업성취도는 자세한 보고서의 형태로 지역사회에 공개됐다. 보상과 처벌은 NCLB 정책을 앞에서 끌고 뒤에서 밀었던 쌍발 엔진이었다. 학업성취 목표를 달성하지 못하면 주, 학교, 학생 모두 여러 가지 처벌을 받았다. 연방정부는 주정부에 주는 지원금 규모를 줄였다. 지방교육청은 학업성취 목표를 달성하지 못한 학교에 시정조치를 내렸다. 교사를 바꾸거나 교육과정을 바꿨다. 학업성취도가 낮은 학생들은 유급됐고 때로는 졸업이 늦어지기도 했다. 5년 연속 학업성취 목표를 달성하지 못하면 대규모의 구조조정 조치가 취해졌다. 그러고도 성취 목표를 달성하지 못한 학교의 학부모에게는 더 좋은 학교로 전학할 수 있는 기회가 주어졌다. 학업성취 목표에 도달한 주에는 보상으로 연방정부에서 계속적인 지원이 주어졌다. 미국의 교육재정은 철저하게 지방분권적이기 때문에 연방정부의 지원은 거의 찾아보기 어려웠다.

38. NCLB는 그것이 본격적으로 시행되면서 많은 비난을 받았다. 선행연구에서 밝혀진 NCLB의 문제점은 크게 세 가지로 요약된다. 그것은 첫째, NCLB 시행 당시에 약속한 연방정부의 재정 지원이 이행되지 않음으로 인한 주와 지역 정부의 재원 부담 문제, 둘째, 단위 학교에서 평가 대상이 되지 않은 과목들의 수업 시간 축소 운영과 같은 교육과정 파행 운영 문제, 셋째, 다양한 교육환경을 무시한 비현실적인 평가 방식 문제 등이다. 국가정책 입안자들은 NCLB에 대해 쏟아져 나오는 여러 측면의 비난에도 불구하고 주로 각 주가 수행해온 평가 방식에만 초점을 두었으며, 이는 국가공통기준의 도입을 이끈 결정적인 계기가 되었다.

39. 요즘 제기되고 있는 전환학년제도 하나의 사례가 될 수 있다. 삶의 각성, 일반 교양교육, 민주적 시민의식 등의 가치에 초점을 맞추고 있는 덴마크의 애프터스콜레(연속학교)는 기숙학교로서 후기 중등교육으로 진학하기 전에 이루어지는 인생 전환기 학습을 지향하고 있다. 연대, 공동체, 단결은 애프터스콜레의 핵심 개념으로서 삶의 모든 측면을 대비하기 위한 도구로서 학문교육과 인생 학습을 연결할 뿐 아니라 공동체 속에서 개인에 대한 이해를 높여야 한다는 생각에 뿌리를 두고 있다. 현재 덴마크 해당 연령의 약 25%가 다니고 있다. 학생의 전인격적 발달과 공동체에 대한 책임을 중시하고 있다.

40. 모든 핀란드인들은 직업을 가질 권리가 있다. 그래서 단 한 명도 그 권리에서 소외되지 않도록 늘 모두에게 열려 있다. 이것이 핀란드가 강조하는 직업교육철학이다. 핀란드에서는 직업

의 평등을 누리는 나라로서 대졸자와 직업학교 졸업자의 임금 차이는 크지 않다. 수업은 이론 공부뿐만 아니라 기술/실습을 병행한다. 핀란드는 나이와 상관없이 누구나 미래를 위해 원하는 기술을 마음껏 배울 수 있다. 직업학교로 유명한 옴니아 직업학교(옴니아는 라틴어로 '모든 것'을 뜻함)는 기업가 정신, 관리기술, 운영을 배운다. 학교 내에서 학생들의 실습 상품을 판매하는 상점을 운영한다. 옴니아 직업학교는 직업학교 외에도 실직이나 전직에 도움을 주는 성인교육센터, 교재훈련센터, 청소년워크숍을 동시에 운영하고 있다.

9장

전인을 위한 교육

이 책을 통해 나는 사람들이 성공과 만족을 추구하는 세 위대한 영역, 즉 개인적 삶, 직업적 삶, 시민적 삶을 강조해왔다. 그러나 우리가 이 영역 안에서 살아가며 일하는 사람들persons[1], 즉 인간 개개인human individuals[2] 이라는 것을 명심해야 한다. 그리고 우리는 이 사람들의 도덕적, 인격적, 영성적 발달을 고찰해야 한다. 사람의 성격[3]과 인격[4]은 세 영역에 중요하게 관여되어 있다. 초반부에 강조한 것에 맞춘다면, 이런 영역에서의 교육은 정규 교과standard disciplines에서 제공하는 교육과 분리될 수 없다는 것을 나는 주장할 것이다.

도덕교육

철학자, 교사 그리고 학부모들은 항상 학생들의 도덕교육moral education에 대한 관심을 가져왔다. 수 세기 동안 사람들의 도덕적 평가는 주로 그들의 인격의 함양과 덕의 체득 정도를 바탕으로 이루어졌다. 심지어 오늘날에도 인격교육자character educators와 덕윤리학자들virtue ethicists은 사람들이 하는 행위의 결과보다는 그 도덕적 행위를 하는 사람들의 의도를 더 강조하고 있다. 그러나 무엇이 덕인가? 그리고 그것은 어떻게 습득되는가? 덕은 가르쳐질 수 없다는 증거에 기초하여 결정될 것 같다고 하는 『메논Menon』(Cahn, 1997)에서 소크라테스를 매우 곤혹스럽게 하였던 질문이 바로 이것이다.[5] 이후 『프로타고라스protagoras』에서 비록 덕이 직접적으로 가르쳐질 수 없다고 하더라도, 그것의 계발과 함께 무언가를 가르칠 수 있다고 주장하였다.[6]

덕의 가르침과 관련하여 소크라테스의 신념을 뒤흔들었던 증거가 있음에도 불구하고, 덕의 가르침에 기반을 둔 인격교육은 수 세기 동안 도덕교육의 주요 접근 방법이 되어왔다. "아이가 마땅히 가야 할 방식으로 가르쳐라"라는 성서의 잠언은 주도적 원칙이 되어왔다. 그런데 이 구절의 결론에서는 "그리하면 그가 늙어서도 그 길을 떠나지 아니하리라"(잠언 22장)라고 맺고 있다.[7] 이것은 소크라테스가 우려하였던 예언이었다. 사람들은 가르침을 받은 것으로부터 벗어나기 마련이다. 지속적으로 성취를 이룰 것이라고 보장할 수는 없지만, 덕을 직접적으로 가르치는 것이 가장 좋은 방법이라고 여전히 결정을 내린다.

미국에서 인격교육은 1920년대 후반 휴 하트숀Hugh Hartshorne과 마크 메이Mark May(1928~1930)가 수행한 연구에 의해 많은 비판을 받았다. 어른이 아이들을 지켜볼 동안에는 바르게 행동하는 덕목의 직접적 지시를 따를 수밖에 없지만, 그들의 감시를 벗어날 때 자주 규칙을 지키지 않는다는 점을 연구를 통해 설득력 있게 보여주었다. 여타 저서 중에서 하트숀과 메이의 연구는 로렌스 콜버그Lawrence Kohlberg(1981)가 인격교육을 "덕목 보따리bag of virtues" 접근이라고 비판하는 데 있어 설득력 있는 논리를 제공하였다. 그의 비판은 다음의 두 가지 중요한 근거에 바탕을 두고 있다. 첫째, 인격교육은 효과가 없다는 점이며, 둘째는 그것이 교화의 형태라는 점이다. 두 번째 반론은 매우 중요하다. 왜냐하면 우리는 인격교육의 방식이 규정된 덕목들에 의존함으로써 효과가 없을 것이라는 사려 깊은 희망을 갖고 있기 때문이다. 물론, 여기서 우리는 전체주의 체제하에서 가르쳤던 덕목의 종류들을 염두에 두어야 한다. 교화로서의 방법이 자주 작동한다는 사실은 인격교육이 간단하게 처리될 문제가 아니라는 것을 말해준다. 우리가 가르치는 것이 그야말로 도덕적으로 건전한지, 그리고 가치가 있는지 확인할 필요가 있다. 조지 카운츠에 대한 앞서의 논의, 그리고 그가 사회정의라는 이름 아래 교화indoctrination를 옹립한 점을 상기해보라.

아리스토텔레스에서부터 시작하여 오늘날까지 사려 깊은 인격교육자들은 위의 두 비판을 인식해왔다.[8] 사람들 대부분은 젊은이들에게 원하는 행동을 확보하기 위해 그들의 행동을 통제하는 것에서 시작하도록 권장하였다. 이때 적절하다고 여겨지는 연령에 처음에는 교화가 이뤄지고, 이후 덕목들에 대해 비판적 추론critical reasoning을 하는 것으로 나아간다. 예를 들면 아리스토텔레스는 먼저 올바른 행동을 확실하게 하고, 그런 후 그렇게 한 "이유들"을 논의해야 한다고 조언한다. 이와 유사한 방식으로 1900년 초기에 가르친 제1의 덕목으로서 순종ocedience이라고 이름 붙여진 대중적 프로그램이 인격발달연맹Character Development League에 의해 옹호되었다(White, 1909). 이 프로그램에서 31개의 덕목은 32번째에 이르러 정점에 도달한다. 그것이 "인격character"이다.

도덕교육의 기본적인 수단으로서의 인격교육은 20세기 후반 다른 접근 방식들로 대체되었다. 콜버그의 인지발달주의cognitive developmentalism[9]는 도덕적 추리moral reasoning와 정의justice의 원칙[10]에 따라 행동하는 헌신을 강조했다. 도덕교육에서 이 경향은 18세기 후반에 시작되어 20세기를 통해 지속적으로 발전해온 도덕철학과 쌍벽을 이루었다. 새로운 접근은 총괄적인 대원칙을 강조하면서 적합한 원칙을 분명히 하고, 그것에 따라 행동하는 도덕적 행위자의 합리적 결정과 관련된 도덕적 행위를 묘사하였다. 칸트의 정언명령[11]에서부터 존 롤스John Rawls의 『정의의 이론Theory *of Justice*』(1971)[12]에 이르기까지 도덕철학의 경향은 덕에 대한 전념으로부터 벗어나 이성과 보편적 정의의 원칙에 헌신하였다.

또한 이런 변화된 움직임은 공동체주의communitarism에서 자유주의 liberalism로의 이동이라고 말할 수 있다. 인격을 강조하고 있는 덕윤리학 virtue ethics은 공동체 의식에 깊게 자리하고 있다. 일상의 관습과 몸가짐이 수용될지 아니면 난색을 보이게 될지를 결정하듯, 공동체community는 덕을 규정하고 기술한다. 인격교육에서 공동체의 기본적 역할을 인식하는 것은 교화의 우려에 대해 강조점을 두는 것이다. 아무튼 공동체가 잘못된 방향으로 나아간다면 어떻게 될 것인가? 20세기 전체주의가 부상하는 상황을 보면 덕과 인격이 파시즘과 나치즘 아래에서 크게 강조되었다는 것을 알 수 있다. 정직, 용기, 자기희생, 동료애, 충성심, 그리고 애국심을 열렬히 가르쳤지만(Noddings, 1996), 이 덕목들은 잘못된 방향으로 가고 있었다. 공동체의 도덕적 선과 관련하여 지속적으로 관찰되고, 성찰되어야 한다. 우리는 히틀러 체제 내에서 도덕/사회 교육을 경험한 청소년들에 대해 무한한 동정심을 가져야 한다. 그 당시 미국에서 어린 시절을 보낸 우리들(반성을 하고 있는 우리 가운데 누군가)이 그들과 같은 교화를 당했다면 어땠을까 생각하면 몸서리쳐진다.

보편적 정의 이론에 관심을 둔 자유주의는 공동체를 넘어 이성에 근접할 수 있는 보편적 원칙에 도달함으로써 공동체적 인격교육에서 인지되고 있는 약점을 극복하려고 한다. 그런데 문제는 여기서도 발생한다. 첫째, 우리는 정의의 보편적 개념이라고 볼 수 없는 것들을 학습해왔다는 점이다. 정의의 개념은 시간과 장소의 흐름에 따라 다르다. 둘째, 아마도 더욱 중요한 것은 보편적universal 정의의 개념은—세계시민주의의 개념도 그렇지만—공동체적 연대와 애국심 같은 정서적 호소를 하지 않는다. 바로 이런 이유로 많은 사람들이 다른 무엇보다 마르틴 부버Martin Buber의 경고를 심각하게 받아들인다. 부버(1965)는 우리가 도덕적 삶을 생각할 때, 집단도 아니고 개인도 아닌 관계relation로부터 시작해야 한다고 말했다. 이를 통해 알 수 있는 것은 우리가 대개 자신이 속해 있는 관계를 통해 개인이 되고, 또한 이런 관계의 강점과 본질이 집단에 충성할 것이냐 거부할 것이냐에 영향을 미친다는 것이다. 이렇게 돌봄 윤리care ethics는 관계를 도덕적 근본으로서 존재론적 기초와 배려 관계로 상정한다. 우리의 관심은 관계에 근거를 두고 있는 것이지, 원리적으로 또는 유일한 도덕적 행위자에 근거를 두고 있는 것이 아니다.

인격교육과 인지론적 접근의 약점을 인지하는 것을 둘 다 내버려두어야 한다는 것으로 이해되어서는 안 된다. 다시 말하면, 전망을 가진 전략을 위해 학교와 교사들은 이러한 프로그램과 자신들의 요구를 분석해야 한다. 인격교육에서 많이 선호되는 자서전적 기록을 사용하는 것은 다방면에 걸쳐 유용할 수 있다. 이와 비슷한 것으로 『아동들을 위한 철학 Philosophy for Children』(Lipman, 1991)[13]에서 제안한 것처럼 도덕적 딜레마나 문제들을 공부하는 데 요구되는 비판적 이성은 도덕적 성장에 기여할 수 있다.

오늘날 학교는 너무 많은 규칙과 징벌을 강조하고 있다. 그 어떤 관용도 없는 규칙은 특히 해로우며, 이런 규칙을 사용함으로써 교육자들을 어리석게 만들고 있다. 친구에게 뽀뽀한 유치원생에게 벌을 주며, 자신의 칼이 아니라 엄마의 부엌칼을 실수로 가져온 4학년 소녀에게 정학 처분을 내린 것은 정의를 한갓 웃음거리로 만드는 어리석은 대처라고 할 수 있다. 교사와 부모들은 위해를 가하는 행동이나 말에 대해 무관용의 태도zero tolerance attitude를 취하는 것을 권장해야 하지만, 규정된 징벌에 의해 뒷받침되는 무관용의 규칙zero tolerance rule은 지양해야 한다. 동급생에게 언어적 욕설을 한 학생에게 "우리는 다른 사람에게 그와 같이 말해서는 안 돼"라고 엄격하게 일깨워주어야 한다. 그리고 교실에서 물건을 던지는 학생들에게 "여기에선 물건을 던지면 안 돼"라고 단호하게 말을 하는 것은 적절한 조치이며 중요한 일이다. 위험한 반사회적 행위가 발생하면, 현재 하고 있는 일을 그만두어야 한다. 잠시 산수 수업은 잊으라. "우린 여기에서 결코 그렇게 말하지 않겠다. 절대로!" 위반에 대한 규칙을 규정하는 징벌은 있을 필요가 없다. 정말, 교사와 학생이 돌봄과 신뢰의 관계를 형성하면 구두를 통한 암시가 효과적이다. 존중과 배려로 타인을 다룸으로써 학습을 위해 요구되는 안정적 환경이 조성될 것이다. 모든 위반 사항에 대해 철저하게 징벌하는 것은 아마 역효과가 날 것이다. 가해자는 자신을 화나게 할 수 있는 징벌을 받거나 그것을 대수롭지 않게 여기는 결말—죗값을 치른 것—을 낳게 할 수 있다. 이러한 결말은 결코 우리가 추구하고자 했던 것이 아니다.

더 나은 길이 있는가?

우리가 도덕교육에서 목표로 하는 점은 자연스러운 돌봄natural caring이 번성하는 분위기를 조성하는 것이다. 다시 말해 "자연스러운 돌봄"이라고 하는 것은 규칙이 아니라 성향에 의해 유지되고, 서로를 만나 대하는 데 있어 존경을 받을 수 있는 정중한 방식이라고 할 수 있다. 우리는 그렇게 되기를 바라기 때문에, 그리고 활동을 하는 데 있어 배려와 신뢰의 분위기를 소중히 여기기 때문에 서로를 조심스럽게 대한다. 행복한 가정과 우정이 넘치는 공동체에서의 삶은 자연스러운 돌봄으로 특징지어지고, 그것은 우리가 소중히 여기는 환경이다. 자연스러운 돌봄이 실패할 경우—스트레스를 받거나 일부 사회 구성원의 반사회적 행동으로 인해—우리는 배려를 받고 돌보면서 형성된 돌봄의 전체 행동 범위들을 신뢰하고 윤리적 돌봄ethical caring에 의지하게 된다. 만약 가장 잘 배려 받는다면, 또는 만약 다른 사람이 배려 받기 어려운 상황이라면, 본질적으로 우리는 어떻게 행동할 것인가를 자신에게 물어보아야 한다. 학생들이 돌보고 돌봄을 받았던 사항들을 발전시키도록 도와주는 것은 교사들(모든 교사들)의 주요한 과제이다. 그것은 우리의 삶 전반에 걸쳐 지향해야 하는 지속적으로 달성해야 할 이상이다.

우리의 첫 번째 과제는 돌봄을 모델링하는 것이다. 우리는 매일의 삶의 행동에서 돌봄이 의미하는 것을 보여주어야만 한다. 우리는 가장 단순한 단계에서 돌봄을 행하기 때문에 이것을 해야만 한다. 우리의 행동은 우리의 도덕적 자아를 진실하게 반영해야 한다. 우리는 단지 "아이들이 보고 있기 때문에" 행동하는 것이어서는 안 된다. 우리는 그들이 서로 간에 관계 맺기를 바라는 것처럼 그들과 관계를 맺어야 한다. 얼마 전, 나는 학교 교장이 "학생들을 돌보아야 하기에" 교사들을 거칠게 대해도 괜찮다고 함부로 말하는 행동을 두고 이야기를 나눈 적이 있다. 나는 점잖게 그에게 그가 교사들을 다루는 것처럼, 교사들 역시 아이들을 그렇게 다룰 것이라고 경고하였다. 우리의 강조점이 책무성, 규칙, 평가, 징벌에 의존했을 때, 우리는 비난을 피하려 하고 권위 있는 사람들의 간섭을 줄이려고 자기 방어적 행동을 고무할 가능성이 있다. 이와 대조적으로 우리가 책임을 강조하면, 스스로 책임져야 할 사람들의 요구에 주의를 기울이는 책임을 지게 되고, 자신의 동료에게 조심스럽게 응답하도록 자신을 격려한다.

책무성accountability은 자기 방어적 기제를 발동시킨다. 이와 달리 이보다 더 아름다운 개념인 책임감responsibility은 타인의 존재와 요구를 깨닫고 존중할 것을 강조한다. 마르틴 부버는 "모든 참된 삶은 만남encounter이다. 우리에게 할당되고 위임된 삶의 영역에 대한 책임을 실천해야 한다. 적절한 반응으로서 중요할 수 있는 행위의 관계를 획득하기 위해"라고 썼다. 시선의 마주침, 미소, 손가락을 들어 경고하는 것, 부드러운 암시, 실망스럽게 눈을 찌푸리는 것 등 이런 행동들은 학생을 독특하고 특별한 인간 존재로 인식하는 총체적 반응이다. 이렇게 정립된 관계는 끊임없는 사회적 상호작용은 물론이고 효과적인 가르침을 위한 단계를 상정한다.

대화는 돌봄의 관점에서 본 도덕교육의 두 번째 요소이다. 대화는 말하는 것과 듣는 것, 그리고 개방성의 특징을 갖는다. 흔히, 프레이리가 제안한 것으로서 끝이 열려 있다. 참여자들은 제재나 질문을 탐색한다. 그들 아무도 대화가 자신들을 어디로 이끌어갈지 정확하게 모른다. 또 어떤 때는 한 사람이나 두 사람 모두 원하는 목표, 즉 한 문제를 풀거나 한 개념을 이해하는 것은 알지만, 거기에 어떻게 도달할지는 확실하지 않다. 두 사람 모두 진행 도중에 푯말signposts에 주목한다.

돌봄 윤리에 호응하는 대화는 학생들의 주의산만에 적절히 개방적인 태도를 취한다. 제재보다 대화를 나누는 상대가 더 중요하다. 만약에 상대 중 어느 누가 불편한 모습을 보일 경우, 다른 사람은 안심을 시키기 위해 주제를 딴 데로 돌리거나 크게 웃거나 추억담을 나눈다. 또한 짤막한 휴식은 자기 성찰을 할 수 있는 기회가 된다. 교사는 자기 학생들에게 너무 성급하게 다가가거나 심각하게 대하고 있지 않은지 의문이 들 수 있다. 아니면 자신이 사용한 언어가 이들 학생에게 도움이 되지 않았다고 자각할 수 있다.

내가 수학 교사를 했던 시절에, 보통 팀의 일원이 되거나 파트너와 함께 학생들을 가르쳤다. 나는 내 파트너에게 "관계 맺기가 힘들 것 같아 보이는 학생에게 어떤 것을 설명해주라"고 가끔 요청했는데, 내가 그때 어떻게 했는지에 관한 이야기를 들을 수 있었다. 내 파트너는 보통 잘 설명했지만—학생들은 다음의 몇 개 연습문제를 정확히 완성하곤 했다—그 설명은 수학적으로는 허술하였다. 이에 대해 우리는 이야기를 나누었다. 오늘도 우리가 사용한 언어의 차이에 관해 스스로에게 되물어본다. 수학 교사로서, "여기에 이것을 넣어라, 빼라. 저기에 넣어라(수학적, 기계적 전달)"라고 말하는 언어를 정당화할 수 있을까? 그런데 내가 지속적으로 수학적 언어가 지루한 미스터리 수업으로 느껴지는 학생에게 정확한 수학적 언어를 사용함으로써 이를 정당화할 수 있는 것인가? 대화에 참여한 이상주의적 교사는 나에게 엄격한 언어를 분명하게 사용하기 위해 끊임없이 노력해야 한다고 주장한다. 아마 그럴 것이다. 그렇다면 엄격한 언어 사용에 대한 의지는 학생의 표현 욕구를 언제 받아들일 것인가? 어떤 반응을 하는 것이 학생과 교사의 관계에서 가장 성공적이라고 할 수 있는가? 이러한 대화는 계속 미래를 잘 여는 문이라고 인식할 수 있다.

나는 이제 내 동료가 옳았다고 거의 확신한다. 학생들 스스로 공부할 것을 선택하지 않을 때 교과를 이수하도록 하는 것은 교사가 마땅히 해야 할 일이다. 그리고 거의 모든 학생들에게 기본적으로 필요한 몇 가지 기술은 의식적 노력을 통해 표준화 시험을 쉽게 통과할 정도로 잘 배우게 할 수 있다. 초반부의 장에서 어떻게 "대수학 2" 과정을 가르칠지는 이미 설명하였다. 현재의 학교교육이 요구하는 체제 아래에서 사람들 대부분이 결코 사용되지 않는 학습 자료를 모두 "숙달해야 한다"라는 논지를 지성적으로 허물 수 있다고 주장하는 것은 정당한 일이다. 그러나 나는 모든 학생들이 수학을 배워야 한다고 주장하지 않을 것이다.

대화는 지적으로 자극을 주고 대화 상대와의 관계를 고양시켜야 한다. 진정으로 학생들과 대화에 참여하는 교사는 암묵적으로 시몬 베유Simone Weil[14]와 같은 질문을 계속한다. 어떤 어려운 일을 겪고 있나요? 학생들의 대답은 계속되는 대화의 방향을 정하는 데 도움이 된다.

우리가 학생들과 함께 대화를 통해 추구하는 또 다른 성과가 있다. 우리는 그들이 진정한 대화에 참여하는 방법을 배우기를 바라며, 선스타인 Sunstein(2009)이 서술한 것처럼 당파적 노선의 경직성에 반발하기를 바란다. 우리는 그들이 대화에서 "전쟁 모델"로 불리는 것들을 거절하기를 원했다. 주요한 점은 논쟁에서 이기는 것이 아니라, 진리나 실행 가능한 절충안을 찾는 것이다. 사회/정치적 맥락에서 때때로 일대일의 개인적 대화를 할 때 가장 크게 상반되는 의견차는 미뤄두고, 논란이 덜한 주제를 중심으로 논의하도록 결정해야 한다. 우리의 관계가 돌보는 관계로 확고하게 정립되었다고 확신하면, 논쟁적 이슈를 다시 다룰 수 있을 것이다. 우리의 가르침을 통해 진정한 대화에 참여하는 것이 보다 안전하고 건설적이라는 것을 보여줄 수 있다.

대화는 비판적 사고를 위한 기본을 이루며, 21세기 교육을 위해 상정된 중요한 목적이다. 우리는 대화를 통해—때때로 자신과의 대화를 통해—아이디어를 탐구하고, 요점을 주장하고, 질문을 제기하고, 탐구를 계속하기 위한 결정을 한다. 다른 사람들과의 시민적 대화에 참가하는 것을 배우는 것은 자신의 신념과 행동에 따라 성찰하는 것에 대한 두려움을 줄여준다. 다른 사람들에게 편안하게 질문하는 분위기를 조성해줌으로써 우리 스스로도 그렇게 되어간다.

셋째, 학생들에게 배려를 모델링하고, 배려 관계를 강화하기 위한 대화에 참여하는 것에 덧붙여 이를 실천할 수 있는 기회를 제공해야 한다. 학생들이 소모임에서 그리고 동료들과 함께 작업하도록 권장해야 한다. 물론 집단 작업에서 특정의 역할을 이행하는 방법을 가르치는 목적이 아니라면, 모임은 형식적으로 조직될 필요가 없다. 학생들 자신이 작업 집단을 선택하게 되면, 그들이 어떻게 협동하고, 배제되는지를 관찰할 기회를 교사는 갖게 된다. 유능하고 배려심 있는 교사는 학생들이 같이 작업할 어떤 친구를 갖도록, 분명 눈에 띄지 않을 정도의 방법을 찾도록 도와야 한다. 그리고 지적 관심과 사회적 능력 모두를 향상시키는 모둠 시간을 이용한다. 만약 언짢은 소리를 듣게 되면, 경고의 표시로 손가락을 들어 "우린 여기서 그런 말을 써선 안 됩니다"라는 말을 당사자에게 상기시킨다. 교사는 몸소 실천을 하고 맞장구도 치며, 학생들과 더불어 "야! 너! 여기서 그렇게 말하면 안 돼"라는 말을 한다. 또한 학생들은 소외된 아이를 돌보는 데에 교사와 결합하고, 그런 일이 절대 일어나지 않도록 한다.

돌보는 데 있어 대화와 실천은 오늘날 만연한 따돌림의 현상을 감소시키는 데 도움을 주지 않으면 안 된다. 너무 자주—오늘도 예외 없이—더 강력한 법과 더 엄한 처벌을 해결책으로 제시한다. 그런데 이 방법들은 이따금 미미한 도움이 되지만, 또 다른 형태의 더 교활한 방식을 취하도록 충동하며, 고자질에 대해 또래 제재를 강화하도록 할 것이 거의 틀림없다. 우리는 학교에 돌봄의 공동체들—따돌림이 걷잡을 수 없는 상황에 이르기에 앞서 교사가 경고의 손가락을 보이는 데 있어 아이들이 선생님과 결합하는 분위기—를 만들 필요가 있다. 실제 상처가 난 이후보다는 처음 의문스러운 발언을 했을 때 "진정해"라고 말하는 것이 보다 쉽고 효과적이다. 이렇듯 지도를 받는 집단 활동은 돌보는 행동이 모니터링되고 존속되는 환경을 제공한다.

오랫동안 교육자들은 친사회적 목표를 지지해왔다. 지난 수십 년 동안 많은 학교들은 학교나 지역사회의 다양한 요구를 준비하는 활동에 학생들이 참여하도록 하는 봉사학습 프로그램service learning program[15]을 소개해왔다. 그런데 우리 학교의 그렇게 많은 이념처럼 봉사학습 또한 타락하기 쉽다. 그것이 강제적으로 될 수 있는 것인가? 학생들은 그것을 위해 형식적 인정을 받아야 할 것인가? 그것이 수학이나 영어 교과처럼 진지하게 고려되는 것이라면, 등급이 매겨져야 한다고 일부 사람들은 주장해왔다. 만약 그런 일이 발생한다면 목적은 본질적으로 흔들릴 것이다. 학생들은 도움이 필요한 사람을 생각하기보다는 "A" 점수를 받기 위해 고군분투할 것이며, 그들의 봉사학습이 성적표에 어떻게 기록될지에 관심을 쏟을 것이다.

이런 일들을 이야기함으로써 자격과 성적에 대해 오랫동안 고수된 많은 가정들에 대한 도전을 시작할 수가 있다. 교육과정에서 개별 학생들이 수행하는 프로그램의 질을 위태롭게 하지 않으면서, 그들에게 더 많은 선택을 허용할 수 있는 방법이 있을까? 봉사학습과 같은 매력적 아이디어가 교육과정 속으로 들어갔을 때, 그것들로부터 무엇을 배울 수 있을까? 정해진 교육과정에 의해 타락하지 않도록 하면서, 통합성을 가지고 수행된 그것들이 어떻게 보다 큰 교육과정 속에서 지적·사회적 온전함 wholeness을 회복하는 데 도움을 줄 수 있는지를 물어보아야 한다. 예를 들면, 봉사학습에서 성적을 부여하지 않으면서 공식적, 형식적 등급 없이 제공될 수 있는 다른 어떤 코스를 제시할 수 있다. 아마 많은 특별 우등 과정honors course[16]과 우수학생배치 과정Advanced Placement/AP은 Pass/No 학점을 받는 것으로 할 수 있다. 그렇게 함으로써 평점에 대한 의존을 줄여줄 수 있을 것이며, 심지어 일부는 스스로를 위한 학습을 촉진할 수 있을 것이다.

네 번째 도덕교육의 요소는 긍정confirmation이다. 우리가 사람을 긍정할 때, 우리는 그 혹은 그녀로부터 최선을 가져올 수 있도록 돕는다. 학생이 배려적이지 않고 윤리적이지 않은 행동을 저질렀을 때, 우리는 현실에 공명할 수 있는 최상의 동기를 행위자에게 기인시킴으로써 반응한다. 수학 시험에서 부정행위를 한 소년에게, 우리는 "나는 네가 좋은 점수를 받아 아버지를 기쁘게 해드리길 바라는 것을 잘 알아"라고 말한다. 그리고 이러한 행동 방법은 스스로의 품위를 계속 떨어뜨린다는 점을 주지시킨다. 그가 보여준 행동보다 그 자신이 더 나은 사람이라는 것을 우리가 긍정하는 것이다. 이를 위해 그를 합리적으로 잘 알 필요가 있다는 점에 주목하자. 긍정은 단순한 전략이 아니다. 우리는 그 소년이 진짜 괜찮은 사람이라는 것을 믿을 만한 이유를 가져야 한다. 이것은 여러 가지 다른 것들 중 하나의 논쟁점을 제공한다. 왜냐하면 그것은 몇 년 동안 학생과 교사를 결속하도록 하기 때문이다. 견고한 돌봄의 관계로 발전하는 데는 시간이 걸린다.

또한 긍정은 비난받을 만한 행위의 정당성을 위해 마련되는 것이 아님을 이해해야 한다. 그것은 나쁜 행위라는 것을 인식하는 것이며, 그러한 행위가 인간에게 가치가 없다는 것을 인식하는 것이다. 긍정은 행위자에게 가치 없는 행위와 최상인 행위를 대조시킨다. 심지어 그것은 인간의 죄의식을 증대시킬 수도 있다. 그렇게 하는 것은 다른 사람을 배신하는 것일 뿐만 아니라, 자신을 배신하는 것이다. 그러나 이렇게 관찰하고 배려하는 교사는 죄의식을 가진 그 사람의 내면에 더 좋은 무엇이 있음을 보고 확실한 믿음을 주는 것이다. 그것은 그 사람을 긍정하는 것이지, 그의 행동을 긍정하는 것이 아니다.

우리는 긍정을 지지하면서 인격교육이 직면한 몇몇 문제들을 함께한다. 긍정 자체는 긍정하는 특정의 사람에 대한 우리의 헌신적 배려에 의해 동기화된다. 그러나 우리의 행동에 대한 판단은 우리가 속한 공동체에 크게 영향을 받는다. 공동체의 도덕적 헌신을 어떻게 잘 이해하고 공유할 것인가? 우리는 학생들에게 전념하는 이상들을 만들어왔는가? 규칙과 징벌보다 대화와 긍정을 우선하여 사용한다는 점에서 인격교육과 다르지만, 공동체와 그것의 가치들을 지속적으로 성찰하기 위한 필요성은 함께 공유하고 있다. 우리는 높은 수준의 형식 교육 자체가 높은 도덕적 기준을 보장하지 않는다는 점을 유념해야 한다. 불행하게도 의학 전문가들은 히틀러나 나치당의 지지자들이었다는 것은 사실이다(Kater, 1989; Watson, 2010). 대체로 법 전문가와 학자들도 이와 크게 다르지 않다. 그러한 개탄할 만한 도덕적 결과란 부분적으로 교과를 분리시키는 습관, 말하자면 의학적, 법적 윤리를 우리가 가르치고 조사하는 모든 것들로 통합시키지 않고, 그것을 독립된 교과로 만든 것에서 나왔다. 그것은 또한 우리가 지적·정치적 삶에서 지도자의 권위를 너무 쉽게 받아들이는 데서 발생한다.

학문 생활에서 부정직함과 표절 행위를 어떻게 처리했는지를 그 예로 생각해보라. 우리는 그들을 비난하고 징벌한다. 그러나 과학자나 수학자가 전체 사업이 지적 정직에 의존한다는 점을 학생들에게 상기시키기 위해 어떤 과학적 관점에 대한 수업을 중단하는 일은 드물다. 우리는 지적으로 상호 의존하고 있기에 정직을 위배하는 것은 전체 과학 공동체를 위협한다. 그 구성원들은 부정직한 행위가 스스로를 배반하는 것일 뿐만 아니라, 그들이 충성하고 있는 공동체 전체를 배반하는 것임을 이해해야 한다.

결과적으로 공동체는 지속적으로 연구되어야 하며, 도덕적으로 평가되어야 한다. 어떻게 하여 지성적 공동체가 인종차별주의, 성차별, 군사주의를 옹호하게 되었나? 우리들 일부는 최근 미국 예외주의[17]를 향한 열망의 부활이 도덕적 부패를 불러올 수 있다는 염려를 한다. 우리는 개인이나 집단을 긍정할 때, 그들 안에서 구분해낼 수 있는 최선을 찾아내고, 그것에 다시 전념할 것을 촉구한다. 그리고 우리는 자신이나 타인에게 행위, 태도, 그리고 행동 방식에서 어떤 "최선"의 것을 요청할 준비가 되어 있다. 우리는 어떤 사람이 다른 사람보다 더 선하다는 신념을 가지고 개인이나 집단을 긍정하는 것이 아니다. 오히려 그들의 현재 행동이 보여주는 것보다 그들이 더 선하다는 증거를 제공했다고 믿음으로써 개인이나 집단을 긍정하는 것이다.

자기에 대한 앎

나는 『비판적 수업Critical Lessons』(2006)에서 한 장 전체를 배움과 자기이해에 할애하였다. 이 장에서 사람들이 어떻게 행위하고, 시간을 어떻게 관리하고, 자신의 삶을 일반적으로 조직하는지에 대한 전기적 설명은 학생들로 하여금 자기이해self-understanding를 고양시키고자 하는 교사들에게 유익할 수 있음을 제안하였다. 그런데 다른 친구들의 작업 습관을 공부하는지 아닌지와 상관없이 학생들이 스스로 공부를 하는 것은 본질적이다. 아침이나 저녁에 공부에 최선을 다하는가? 음악을 들으며 공부하는가, 아니면 그렇지 않은가? 간식을 먹으며 하는가, 아닌가? 운동 전에 하는가, 이후에 하는가? 자기 스스로 공부하는가, 아니면 부모나 교사의 지시에 의해 공부하는가? 자기에 대한 앎self-knowledge[18]을 습득하고, 이에 대한 성찰에 있어 비판적 사고보다 더 중요한 삶의 영역은 없을 것이다. 소크라테스의 명언 "너 자신을 알라"는 모든 시대에 유익하다.

　학생들이 공부하기를 기대하는 교과가 존재하는가? 오늘날 학교교육에서 가장 슬픈 일 중의 하나는 극히 일부의 학생만이 공부에 대해 흥미를 느끼고 있다는 사실이다. 웬델 베리Wendell Berry와 웨스 잭슨Wes Jackson의 지적에 따르면, 학교란 계층상승을 위해 단 하나의 전공을 격려하는 것으로 보인다. 명문 대학의 학생들도 졸업 이후 바라는 좋은 일자리를 우선적으로 생각한다. 무엇을 공부하고자 하는지에 대해 열정을 갖고 말하는 학생은 극히 드물다. 고등학교 단계에서 "최고의" 학생은―가장 높은 평점을 획득한―무엇이든지 간에 보통 "A" 학점을 따기 위해 모든 교과에 동일한 노력을 기울인다(Pope, 2001). 이런 현상은 새로운 것이 아니지만, 지난 10년에 걸쳐 더욱 악화된 듯하다. 인상적인 사례는 존 놀스John Knowles(1960)의 『분리된 평화Separated Peace』[19]에 등장한다. 이야기를 하는 사람인 진Gene은 학문적 명예에서 그의 유일한 경쟁자인 쳇Chet을 능가할 수 있는 방법을 발견했다.

　　나(Gene)는 학습에서 쳇이 흥미의 순수성이 나약해지는 것을 보기 시작했다. 우리가 캉디드[20] 소설을 읽었을 때, 이를 통해 쳇에게 세상을 보는 새로운 방식을 열어주었고, 그는 계속해서 프랑스어로 된 볼테르의 글을 열심히 읽어나갔다. 그렇지만 반 아이들은 이미 다른 작가로 넘어갔다. 그는 거기에서 취약함을 보였다. 그렇지만 나에게 그 작품들―볼테르,[21] 몰리에르,[22] 운동의 법칙,[23] 그리고 마그나 카르타[24]와 감정적 오류,[25] 더버빌가의 테스[26]―은 모두 거의 비슷했다. 그래서 나는 그것 모두를 가리지 않고 학습했다.

오늘날 진의 태도는 흔히 있는 일이다. 그리고 이런 태도는 모든 사람에게 동일한 교육과정을 엄격하게 요구하면서 장려된다. 모든 수업을 위한 학습 목표, 그리고 학습이 달성되고 있는지를 확인하는 어떤 합리적인 테스트 방법을 갖도록 교사에게 기대한다. 학습 목표가 단순하고 간단하지 않으면, 학생들은 그것을 모두 완벽하게 익힐 수 없을 듯하다. 심지어 만약 그들이 충분히 숙달하였다고 하더라도, 배운 것을 가지고 할 수 있는 것이 별로 없다. 예를 들어 교실에서 "don't"와 "doesn't" 중 하나를 선택해야 하는 질문에 정답을 잘 맞힐 수 있는 아이를 좀 생각해보라. 하지만 일상 대화에서는 여전히 "Jim don't"라고 대답한다.

쉽게 테스트할 수 있는 자료에 상당히 집중하라고 하는 것만은 아니다. 이미 그런 일부 자료가 필요하다는 것을 나는 인정해왔다. 그것은 실제 내용의 자료를 바탕으로 시작할 수 있는 지식과 기술을 제공한다. 그런데 일부 학습자들의 흥미를 유발할 수 있는 훌륭한 아이디어, 즉 학습자 자신의 학습 목표를 구성할 수 있는 아이디어는 무엇인가? 교사가 소개하는 모든 것들은 모든 학생들이 숙달해야 할 목표를 지향하고 있는 것인가? 이것은 가르침의 취약한 개념으로서 지적 활력을 지닌 사람이 왜 전문직에 입문하는지 의아하게 여기는 질문이다. 교사들—진정한 교사들—은 서로 다르게 받아들이는, 말하자면 일부 학생들은 열심히 사용하고, 다른 학생들은 대부분 무시하는 많은 훌륭한 자료들을 제공한다. 왜냐하면 그러한 자료들을 제공하는 것은 가르침을 위한 기본이기 때문이다. 듀이에 따르면, 교육의 기능은 학생들로 하여금 그들이 "하기 적합한 것"을 찾도록 도와주는 것이다. 만약 학생들이 따르고 학습하면 이런저런 일을 할 수 있는 성공적 미래를 갖게 될 것이라고 약속한다. 그렇다고 모든 학생들에게 공통된 교육과정을 곧바로 강요하는 것은 아니다.

학생들은 자신의 에너지 수준을 탐구해야 한다. 우리가 어떤 것에 깊이 흥미를 가질 때, 우리의 에너지는 과제나 작업에 쉽게 전달된다. 우리가 열정을 갖지 않는 일을 성취하는 데 어떻게 그 지식을 사용할 수 있겠는가? 우리 중 일부는 좋아하는 활동에 사용되는 시간의 가능성에 스스로 동기를 부여하는 것이 효과적이라는 것을 발견하였다. 놀스의 책에서 보여주는 쳇과 같이, 우리가 볼테르에 매료되었다고 가정해보자. 에너지를 훌륭하게 관리하는 사람은 자신을 조절한다.─나는 수학 과제에 반을 할애하고, 그러고 나서 볼테르의 책을 조금 읽을 것이다. 이후 나는 다른 것을 절반만 읽고, 그리고 볼테르의 책을 더 읽을 것이다. 좋아하는 활동을 몰입하면, 덜 좋아하지만 해야 하는 활동을 완성하도록 이끄는 동기가 부여된다.

경고caution라는 단어를 여기서 언급해야겠다. 수학 숙제 같은 것을 하도록 강제하거나 그것을 싫어한다는 것에 대해 죄의식을 느낄 때, 우리는 그것의 중요성을 소중하게 여기고 정말 좋아한다는 말을 스스로에게 하면서도, 때로는 그것을 하도록 자신을 너무 힘들게 압박한다. 그것의 결과는 종종 칼 융Carl Jung(1969)이 말한 대극의 반전enantiodromia,[27] 즉 반대로 변환되어 무엇인가를 좋아하고 잘할 수 있다고 생각하는 잘못된 욕망으로 나타나면서 그것을 혐오한다. 더 심각한 것은 우리가 내키지 않을 때, 그것을 하도록 자신을 강제하면 진짜 흥미를 죽일 수 있다는 점이다. 저자는 이러한 잘못된 선택에 종종 책임이 있다고 죄책감을 갖는다. 사랑과 흥미는 그들의 반대편으로 변환된다. 그것은 우리 중 많은 사람이 여러 가지 흥미를 구축하는 이유이다. 만약 신호가 오면 좀 쉬었다가, 다른 데로 방향을 돌린다. 확실히 간단히 해야 하는 공부가 있다. 일시적으로 저지된 흥미를 위해 에너지의 회복을 가로막는 "자기 동기 부여" 방식(죄의식이나 어떤 다른 감정을 포함하지 않는)을 실행함으로써 그것을 해낸다.

학부모들과 교사들은 종종 아이들의 활동과 공부 시간을 관리하는 것이 그들의 임무라고 믿는다. 그렇지만 자신의 시간을 관리하는 방법을 배우는 것은 매일의 숙제를 하는 것보다 더욱 중요한 과제이다. 아이들은 가능한 한 일찍이 자신의 공부 시간을 관리하고 일정을 계획하는 것을 배워야 한다. 특히 아이들이 학교에서 집에 오자마자 숙제를 강요받는다는 것은 안타까운 일이며, 아이들을 의기소침하게 만든다. 이렇게 하는 것은 진정한 흥미를 불러일으키는 에너지가 반대편 쪽으로 편중되게 흘러버릴 가능성이 있다. 분명 오늘날 학생들은 너무 많은 숙제를 부여받고 있다고 생각한다. 그렇지만, 학생들이 단지 숙제를 하지 않은 채 남겨져야 한다고 제안하는 것이 아니다(이는 Kohn, 2006의 의견과도 일맥상통함). 오히려 나의 제안은 학생들이 채택한 하나의 생각이나 주제에 지적 흥미를 잃지 않으면서, 그렇게 하지 않으면 안 되는 최선의 방법을 찾기 위해 자기 스스로 동기를 부여할 수 있는 에너지를 탐구하도록 격려해야 한다고 본다. 이 과정은 학생들의 흥미와 공부 습관에 대해 대화 방식으로 초등학교에서 형식 없이 시작해야 한다. 그것이 설교여서는 안 된다! 이것은 고등학교에서 아마 기록일지와 회고록을 통해 좀 더 형식을 갖추어 계속되어야 한다.

영성교육

21세기 서구사회에서 형식 종교를 벗어나 "영성spirituality"을 강조하는 변화를 보이고 있음과 관련된 증거가 많이 있다. 영성은 무엇을 의미하는가? 로버트 우스나우Robert Wuthnow(1988)는 영성에 대한 관심이 높아진 것을 논의하며 종교에 대해 개탄할 정도로 무지를 수반하고 있음을 주목하였다. 학교는 두 가지 아이디어를 대체로 간과한 듯하다. 종교에 대한 어느 정도의 지식과 인간사회에서 종교의 역할을 알도록 하고, "영적일 수 있지만 종교적이지 않다"라고 학생들이 주장할 경우, 이 말이 무엇을 의미하는지를 탐구하도록 그들을 도울 수 있는 점을 간과하였다(Smith, 2005).

먼저, 공립학교에서 종교에 관하여 무엇을 이성적으로 가르치는지 생각해보자. 이것은 엄청난 잠재력을 가진 제재이다. 나는 다른 저서에서 더 많은 것들을 확장하여 제시해왔다(Noddings, 1993, 2003, 2006). 일부 학교들은 위대한 종교적 문학, 축제, 인물에 관한 어느 정도의 정보를 소개하는 세계 종교에 대한 코스를 이미 제공하고 있다. 이 코스는 신학적 질문을 늘 피하면서 차이점은 최소한도의 논의에 그치게 한다. 하지만 적어도 이 코스를 밟는 학생은 성경 이야기와 유대-기독교 역사의 주요 인물에 대해 잘 알고 있어야 한다. 신을 믿지 않는 사람이나 믿는 사람이나 모두 우리 문화의 한 부분으로서 종교 문학을 가르치는 것을 지원할 수 있다. 강경한 무신론자인 리처드 도킨스Richard Dawkins(2006)는 다음과 같이 주장한다.

무신론적 세계관의 입장에 선다고 하더라도 성경과 다른 신성한 책을 우리의 교육으로부터 차단할 정당성은 아무것도 없다. …… 우리는 소중한 문화유산과의 접촉을 잃지 않으면서 신에 대한 믿음은 포기할 수 있다(p. 344).

게다가 도킨스(2006)[28]는 교육자들에게 친숙한 종교적 표현으로 가득 찬 두 쪽의 문서를 제시한다. 그것은 셰익스피어의 작품 속에 나오는 1,300개 이상의 성경 참조 기록을 설명한 것과 다음에서 보듯 최고재판관 보웬Lord Justice Bowen의 작은 운율을 가지고 약간 해학적으로 표현한 것이다.

비는 정당한 곳에 내리고

또한 부당한 사람에게도 내리고[29]

그러나 주로 정당한 곳에 내리기 때문에

부당한 자는 정당한 우산을 드니라(p. 343).

종교교육에서 비판적 사고는 분명히 필요함에도 불구하고, 거의 장려되지 않고 있다. 오늘날 미국 사람들 대부분은 자신이 무신론자임을 고백하면 대통령으로 선출될 수 없다(정말 되지 말아야 한다)고 믿고 있다. 만약 한 교사가 학생들에게 러셀의 『왜 나는 기독교인이 아닌가』(1957)[30]라는 책을 읽도록 요구하였다면, 무슨 일이 일어날지 쉽게 상상이 될 것이다. 그러나 여전히 종교적 가르침과 심지어 신의 존재에 대해, 그리고 반드시 어린 학생들이 안전하고 상호 존중하는 분위기에서 이 문제를 논의할 수 있는 기회가 필요한지 의문을 품는 사람은 아주 많다. 초반 장에서 언급한 대로, 대학 수준의 교양교육 수준에서는 오랜 동안 그런 논의를 할 수 있는 장소가 제공되어왔다. 그렇지만, 고등학교 수준에서 제공하는 교과들은 지나치게 분리되어 있어 "교양과목"이라고 부를 정도가 아니다. 이 수준에서는 전문적·신학적 질문을 깊이 파고들기보다는 적어도 다음과 같은 세 가지 질문을 할 수 있다. 첫째, 학생들에게 주요 종교와 무신론의 기본적 생각을 소개한다. 둘째, 학생들 각자 몇 가지 위대한 실존적 질문에 대해 무엇을 말할 수 있는지를 논의한다. 그리고 셋째, 제시된 모든 관점들에 대해 존중할 만한 비판적 사고를 장려한다.

그러나 아마 우리들이 다루는 모든 교과에서 가능한 실존적, 도덕적, 종교적 질문들을 내포하는 것이 가장 최선일 것이다. 이런 방식으로 질문들을 포함하는 것은 그것이 중요함을 인식하는 것이다. 그렇게 함으로써 그것들이 단일한 종교 과목으로 모아졌을 때, 즉시 발생할 반발을 줄일 수 있다. 캐서린 시몬Katherine Simon(2001)은 이렇게 언급했다.

그러나 내가 관찰한 종교 코스의 다양한 측면들을 소중하게 여기는 나의 인식에도 불구하고, 그 코스에서 공립학교의 독립된 과목으로서 "도덕", "윤리" 또는 "인격교육"이 추가되어야만 한다는 개념을 지지하는 아무런 증거를 찾지 못했다. 종교 코스의 강점은 도덕적, 실존적 이슈들에 대한 논의를 포함한 시도로서 어떤 과목으로도 통합될 수 있다는 사실이다. 모든 교과 영역에서 도덕적 책임을 지는 질문의 무소부재[31]는 정말 각 교과를 "도덕교육"으로 가르칠 수 있음을 개념화할 가능성을 보여주고 있다(p. 227).

각 교과의 교사들은 종교와 실존적 질문과 관련된 자료를 수집하고 공유할 수 있다. 예를 들어 수학 교사들은 라이프니츠(미적분학을 발명한 사람 중의 한 사람)의 업적을 언급할 때, 그가 말하는 신에 의해 창조된 세계에 관한 개념에 대해 간단하게 토의할 수 있다. 라이프니츠는 우리 세계가 "모든 가능한 세계 중에서 최상"이라고 생각하였다. 이 의미는 무엇을 말하는가? 그는 신이 창조할 세계의 모든 논리적 가능성을 탐구하고 숙고하며 그것들을 나열함으로써 모든 존재 가능한 세계에서 최고를 선택하였다고 주장하였다. 이 말이 논리의 법칙이 신보다 선행한다는 것을 의미하는가? 심지어 신이 논리에 의해 제한되어야 한다는 것을 의미하는가? 이럴 가능성에 대해 일부 비판가들은 강하게 반대하였고, 신이 그렇게 하고자 한다면 다른 논리를 확립하였을 것이라고 주장하였다. 신(전능, 전지, 모든 선)에게 귀속되는 위대한 특성들은 다음과 같은 방식에 도전받을 수 있다. 만약 신이 논리의 법칙을 따른다면, 그는 전능하지 않다. 만약 인간이 자유의지를 갖게 되면, 신은 모든 것을 알 수 없다. 신은 인간이 무엇을 할지 확실히 알 수 없다. 만약 신이 선하다면, 세상에 이토록 많은 고통을 겪고 있는 것은 왜 그럴까? 그리고 만약 그들이 모든 선한 신을 믿는다면, 기독교인들은 왜 신이 그들의 영혼에게 고통을 당하도록 영원한 형벌을 허용했다고 믿는가? 이런 논리적 질문은 어느 하나의 종교적 신념에 대한 헌신을 요구하지 않는다. 이러한 토의는 또한 학생들이 믿음의 공동체 안에서 발생한 이런 종류의 질문을 학습하도록 도울 것이며, 무신론이나 불가지론으로의 전환이 반드시 필요한 것은 아니다.

학교교육과정에서 다루는 모든 교과는 도덕적, 실존적, 종교적인 질문을 할 수 있는 토의를 위한 가능성으로 가득 차 있다. 그러나 이러한 가능성을 활성화하려면 교사교육, 특히 우리가 "전문가"를 준비시키는 방식에 주요한 변화가 필요하다.

이제 영성spirituality이라는 개념으로 돌아가보자. 영적이기를 요구하지만, 종교적이기를 요구하지 않는 사람들은 신을 믿을 수도 있고, 믿지 않을 수도 있다. 대부분이 그럴 것이다. 이렇게 생각하는 사람들은 공식 종교기관이 신과 하나의 관계를 맺기 위해 필요하다고 그냥 믿을 수 없는 것이다. 진정한 영적 경험과 이러한 기관들을 분리시키는 의례와 이야기를 강조함으로써, 일부 사람조차 이 기관들이 연계를 가로막고 있다는 것을 알게 된다. 그들은 신을 찾지만 교회, 절, 회교 사원 안에서 찾지 않는다.

삶의 영적 측면을 인정한다고 하여 신의 개념을 포함할 필요는 없다. 인간의 정신은 불멸하는 영혼과 같아질 수가 있지만, 꼭 그럴 필요는 없다. 그 정신은 깊은 정서적 반응, 즉 매일 반복되는 일상생활 속에서 우리에게 전달되는 솟구치는 감정들에 대한 능력으로 생각할 수 있다. 또는 이와는 아주 다른 깊은 영적 반응은 만족스러운 하루를 끝냈을 때의 평온한 감정, 흐뭇한 평화의 감정일 수 있다. 우리는 베토벤의 교향곡에서, 모네의 그림에서, 하디의 시에서, 셰익스피어의 구절에서, 혹은 평화와 고요 속에서 완성의 심미적 감정에 감명을 받는다. 우리 중 많은 사람들은 자연과의 연계 속에서 영적인 것을 경험한다. 구름 속에서 드러나는 산 정상의 모습, 바다 소리, 일출, 아침에 이슬로 덮인 멋진 정원의 풍경. 갓난아기를 안았을 때, 혹은 임종하는 부모의 손을 잡았을 때 영적 느낌이 일어날 수 있다. 성당 오르간의 소리 역시 그러할 수 있다. 삶이란 연결되고 이동되는 영성의 능력이 없이는 지루하고 단조로울 것이다. 사전적으로 참으로 영성은 의식적 삶의 원리로서, 육체와 그것을 넘어 느껴지는 그 무엇과 연결이 되는 것으로 정의된다.

학생들에게 영적 응답을 일으키는 것이 무엇인지를 말해주는 것은 교육자의 일이 아니다. 교육자는 교화가 아니라, 기회와 가능성을 제공해야 한다. 이것은 교사의 역할에 대한 민감성과 비판적 사고를 요구하는 일이다. 루이스C. S. Lewis(1955)는 교육자들이 "올바른" 감정을 심어주어야 한다고 강력하게 주장하였다. 그는 "가슴이 결여된 사람들"의 모습을 안타깝게 생각하였다. 즉, 인류가 머리와 내장은 갖게 되었지만, 심장을 갖지 못했다고 말한다. 그의 설득력 있는 말을 들어보자.

> 잘못된 감정에 대한 올바른 방어는 정의로운 감정을 심어주는 것이다. 우리 학생들의 감수성이 메마르게 되면 선동자들이 나타났을 때, 아이들이 더 손쉬운 그들의 희생양이 될 뿐이다. 메마른 본성은 보복을 당할 것이며, 냉혹한 가슴은 부드러운 머리를 절대로 보호할 수 없다(p. 24).

그러나 "정의로운 감정just sentiments"이 교화에 의해 주입될 때, 학생들은 여전히 선동가에게 쉽게 희생될 수 있다. 파시스트나 나치 교육에서 청년들에게 무슨 일이 일어났는지를 생각해보라. 두 이데올로기 아래 사용된 언어는 고무적이었으며, 그것은 종종 "정의로운" 것처럼 보였다. 학생들의 감성이 메말라선 안 된다는 루이스의 의견에 동의하지만, 만약 우리가 그것을 규정하게 되면 그 결말은 권위에 의해 말해지는 것이 무엇이든 그것을 그냥 철저하게 준수하는 것이 될 수도 있을 따름이다. 아예 비판적 사고라는 고뇌를 경험하지 않게 되면 무시무시한 위안을 안겨줄 수 있다. 나치 수용소 사령관은 이와 같은 관점을 표현하였다.

지적으로 나를 인도해준 나치 친위대에 깊은 감사를 드립니다. 우리 모두 감사하고 있습니다. 우리 중 많은 사람이 조직에 가담하기 전에는 매우 방황했었습니다. 우리 주위에 일어나는 일을 이해하지 못했고, 모든 것이 너무 혼란스러웠습니다. 친위대는 우리가 이해할 수 있는 간단한 일련의 생각을 제시하였고, 우리들은 그걸 믿었습니다(Glover, 2000, pp. 361~362에서 인용).**32**

그러면, 이 지점에서 심어주어야 할 것은 아무것도 없는가? 나는 앞에서 교사들이 위해를 가하는 행동과 언어에 관해 무관용 태도를 취해야 한다고 말했었다. "우리는 여기에서 그런 식으로 서로를 대해서는 안 된다." 학생들에게 규칙과 예의를 지키도록 주기적으로 일깨워야 하지만, 또한 이 문제들을 토의하고 그것을 향한 비판적 태도를 격려해야 한다. 왜 이 규칙을 받아들여야 하는가? 어느 것이 도덕적으로 중요한가? 그것이 단지 관습의 문제인가? 우리가 심어주는 것은 돌봄을 지속적으로 검토하고, 헌신을 새롭게 하는 과정을 거치지 않으면 안 된다. 이것은 고통, 분리, 또는 무력감이라는 고의적 형벌을 용납하는 것이 아니라, 연계와 상호 의존적인 효능감을 격려한다. 그리고 우리가 전하려는 정서들은 어김없이 수정을 필요로 하는지, 아니면 확장을 필요로 하는지를 스스로에게 물어본다.

학생들은 자신들의 영적 삶을 생각하고, 영적 최고 상태를 만들어내는 만남을 살필 수 있도록 격려되어야 한다. 그들에게 이런 경험들을 공유하도록 강제하는 것이 아니라, 자발적으로 개방하도록 허용해야 한다. 왜 애국적 음악과 의식에 우리는 감동을 받는가? 왜 종교 의식의 엄숙함이 우리의 마음을 움직이는가? 그리고 가정생활과 생태학에 관한 자료를 되짚어보면서 일상생활에서 영적 만족감을 찾을 수 있도록 학생들을 일깨워야 한다. 앤 머로우 린드버그Anne Morrow Lindbergh에 의해 묘사된 어느 "완벽한" 날은 영적 만족의 훌륭한 예시를 보여준다. "육체적 노동, 대화, 지적 작업, 벤치에서의 놀이, 난로 옆에서 쉐리 술을 홀짝거림, 쏟아지는 별 아래 벤치에 눕기, 그리고 자기 동반자와의 묵언적 의사소통 등"(Noddings, 2006, p. 279에서 인용). 학생들은 자신의 삶에서, 그리고 문학 작품(특히 시)과 자서전에 쓰인 다른 사람의 이야기 속에서 그 순간을 주목해야 한다.

학생들에게 영성의 이념을 소개하고, 그것에 관하여 생각하도록 하는 것은 교육자들의 책임이다. 그렇게 많은 사람들이 지루하게 생각하는 나날의 삶에 영성을 깊숙이 불러들일 수 있다. 영적 응답의 힘을 부르는 소리와 감촉, 풍경에 민감하게 되는 것은 더욱 풍요롭게 삶을 사는 것이다. 분명, 이것은 참교육이 추구하려고 하는 것이다.

1. '사람(person)'은 사물이나 동물이 아닌 사람됨의 특성을 갖고 있는 인간(human)이다. 원래 무대 배우가 쓴 '가면(mask)'를 뜻하는 라틴어 persona나 그리스어 prosopon(προσωπον)에서 출발하였다. 여러 가지 마스크는 무대 연기에서의 'personae(가면)'이다. 사람의 개념은 4~5세기 때의 삼위일체설과 기독교와의 논쟁을 거치면서 '자연(nature)'이라는 말과 대조적으로 사용되었다. 사람이라는 철학적 개념은 그리스도, 신 또는 천사와는 다른 존재의 의미를 갖게 되었다. 오늘날 사람은 개인의 정체성과 자아를 구성하는 뜻으로 사용되고 있다.

2. 중세 라틴어 individualis은 라틴어 individuum(나눌 수 없는 것)에서 나왔다. individuus(나눌 수 없는, 나누어지지 않은)의 중성명사로서 in+dividuus(divisible), divido(divide)의 합성어이다. 공동체에 소속되지 않는 홀로 서 있는 존재의 뜻도 가지고 있다.

3. '가면'을 뜻하는 라틴어 persona에서 유래한 성격(personality)의 개념은 행동유형, 인지와 정서에 있어 사람들 사이의 개별적 차이를 보여주는 것과 관계가 있다. 이런 의미를 가질 때 '성격'이라고도 번역된다. 성격의 특질은 여러 가지 상황에서 특별한 행동유형을 드러내는 개인의 지속적 특징을 가리킨다. 때로는 '인성'이라고도 번역되는데 이럴 때는 '인격'의 개념에 가까워진다.

4. '인격(character)'의 어원은 그리스어 'charassein'인데 그 말은 돌이나 금속에 '새기다' 내지 '조각하다'의 의미를 가진다. 돌과 금속에 새긴다는 것은 쉽게 이루어지지 않는다는 의미와 동시에 새겨진 것이 뚜렷하게 보이는 것은 아니지만, 분명하고 일관적이기에 잘 바뀌지 않는다는 의미를 지닌다. 그런 의미에서 차이를 표시하는 기호로, 또 거기에서 개인의 행위 양식이나 개인의 도덕성을 구성하는 말로 발전하였다. 인격은 인성의 도덕적 성격을 강조한 말이라고 할 수 있다.

5. 소크라테스는 도덕교육의 본질을 영혼의 정화에 둔다. 그리고 영혼의 정화는 가르침을 통해서라기보다는 스스로의 탐구를 통해서 이루어지는 것으로 생각한다. 지식도 인격도 가르침의 대상이 아니라, '탐구'의 대상이라는 것이다. 우선 탐구는 소크라테스 자신의 무지를 고백하는 것으로 시작한다. 모르는 것을 아는 것이 진정한 앎의 시작이라는 것이다. 예를 들어 덕을 가르칠 수 있는가를 질문하는 메논에게 자신은 덕 자체도 모른다고 고백한다. 소크라테스는 그는 참된 지식은 신만이 가진다고 생각하기 때문에 덕에 관해서는 모른다고 하는 것이다. 그는 선을 아는 것은 선을 행하는 것이라고 주장하였다. 그는 메논과의 대화에서 만일 어떤 것이 자신에게 해가 될 것을 안다면, 어느 누구라도 그것을 욕구하지 않을 것이고, 따라서 우리는 항상 자신이 욕구하는 대상은 좋은 것이라고 생각한다. 왜냐하면 우리가 욕구한 것이 후에는 우리에게 위험한 것으로 밝혀질 수도 있기 때문이다. 영혼의 정화는 "캐묻지 않은 삶은 살 가치가 없다"라는 소크라테스의 말과 직접 연관된다. 삶의 검토/탐구가 바로 자신의 영혼의 정화로 보았다.

6. 소크라테스는 『프로타고라스』에서 덕은 지식이기에 가르쳐질 수 있다고 보았다. 개인의 덕은 바로 정의롭고 고귀한 삶을 위한 올바른 행동이 어떤 것인가 하는 심오한 질문에 대한 현명하고 신중한 숙의의 표출이라는 것이다. 그가 프로타고라스에게 말하고자 한 것은 "지식보다 더 강한 것은 없다"라는 사실과 "언제 어디서든 쾌락을 비롯한 다른 모든 것을 지배하는 것은 항상 지식이다"라는 사실이다. 그는 개인의 의지가 유혹을 이겨낼 만큼 충분히 강하지 않을 때 쾌락이나 유혹에 이끌린다는 일반적 생각에 대해, 자신에게 쾌락을 가져다줄 것이라고 생각되는 행위가 사실상 결국 고통을 주는 것임을 깨닫지 못하기 때문이라고 판단한다. 따라서 나쁜 유형의 행위를 선택하도록 만드는 것은 다름 아닌 '무지'라고 보았다. 좋음과 나쁨의 본성이 무엇이든 우리는 결코 자발적으로 나쁨을 추구하지는 않는다고 보았다. 예를 들어 절

제 혹은 자제는 낭비와 방탕으로 삶을 망치지 않도록 해준다. 또한 위험과 난관은 비겁한 사람에게나 용감한 사람에게나 똑같이 장애가 되지만, 용기 있는 사람은 이를 이겨내거나 참아내어 성공을 하거나 명예를 얻는 데 비해, 비겁한 사람은 그렇지가 못하다.

7. 이 입장을 따르는 아리스토텔레스는 공동체가 어린이에게 여러 가지를 주입하고, 관련된 덕을 기르도록 지시된 활동에 그들이 몰두하도록 해야 한다고 믿었다.

8. 소크라테스는 아리스토텔레스와는 달리 도덕적 잘못은 '무지'에서 비롯된 것이라고 생각하였다. 더 나은 행위방식을 알고서는 그 누구도 악한 행동을 할 수 없다고 하는 소크라테스적 주장에 대해 만족스럽지 못하다는 정반대 주장이 제기되었다. 예를 들어 도덕 외적인 행위(혹은 적어도 도덕적 의미가 상대적으로 약한 경우)에 있어서조차, 우리에게 좋은 것이 무엇인지 알면서도 좋지 않은 것을 계속하게 되는 경우를 숱하게 본다. 가령 담배의 해악에 대한 온갖 얘기를 알면서도 담배를 끊지 못하는 사람의 경우가 대표적이다. 이 경우 무엇이 진정 이익이 되는가에 대한 무지가 곧잘 나쁘거나 심지어 사악한 것이라 할 수는 없지만, 그것이 결코 도덕적 실패의 유일한 혹은 가장 중대한 범주를 나타내는 것은 아니다. 무지의 결과로 빚어진 것보다 훨씬 더 분명한 도덕적 실패 혹은 결함의 경우는 해야 할 바를 잘 알면서도 하지 않는 사람 그리고 하지 않아야 할 바를 알면서도 하는 사람이다. 아리스토텔레스는 도덕적 실패의 원인을 '의지의 나약함(akrasia)'이라고 보았다. 덕은 지식이며, 악은 무지라고 하는 생각은 도덕적 결정의 중요 요소로 열정 등 정의적 측면을 간과한 것이라고 할 수 있다. 아리스토텔레스는 덕이란 열정과 욕구를 합리적으로 통제할 때 상당한 정도로 나타난다는 점에는 동의하지만, 열정과 욕구를 그 자체로 나쁘다고 생각하지는 않는다. 그에게 있어 진정한 용기는 '수양'을 통해 합리적으로 자발적으로 진정한 두려움이나 불안을 통제하는 데 있다.

9. 인지적 발달론자들은 어떤 목표, 즉 일반화할 수 있는 원리에 근거한 합리적 해결과 절차, 즉 사회적 과정으로부터 임의대로 자유롭게 할 수 있는 개별적 자율의 존재가 수행하는 추리와 판단 그리고 어떤 가치, 즉 권리의 자유와 자율성에 대한 존중을 우선하는 정의와 사람에 대한 존중을 전제한다.

10. 정의의 원리는 인지적 도덕발달론자들이 중시하는 모든 사람에게 적용되어야 하는 보편적 원리이다. 도덕적 판단/추론에서 가장 핵심을 차지하는 가치는 '정의'의 원리이다. 콜버그는 인간관계에서 파생하는 갈등을 공정한 방식으로 해결하는 것에 대한 결정을 도덕성의 본질로 여기고 있다.

11. 정언명령의 세 가지 원리(인간으로서 마땅히 지켜야 할 의무, 즉 도덕적인 실천 법칙): ① 일정한 상황에서 나에게 옳은 행위는 누구에게나 옳은 행위요, 나에게 그른 행위는 누구에게도 그른 행위이다. ② 너 자신을 포함한 모든 인격에서의 인간성을 목적으로 대우하고, 결코 단순한 수단으로 사용하지 말라. ③ 모든 이성적 존재자는 그 준칙에 의거하여 항상 보편적 자유의 왕국의 입법적 성원인 것같이 행위하라.

12. 롤스의 정의론은 두 가지 정의의 원칙을 제안한다. ① 모든 사람은 각자 다른 사람들의 유사한 자유와 양립할 수 있는 가장 광범위한 기본적 자유에 대해 동등한 권리를 가져야 한다. ② 사회적, 경제적 불평등은 최소 수혜자에게 최대의 이익이 되도록, 그리고 공정한 기회균등이라는 조건 아래 모든 사람에게 개방된 직위나 직책에 결부되도록 하는 두 가지 조건을 충족시키는 한도 안에서만 허용되어야 한다. 이 두 원칙은 '무지의 장막'이라는 가설적 장치라고 할 수 있다. 이 장치를 도입한 까닭은 정의의 원칙들이 편견 없는 합리적 주체에 의해 개발된 것임을 주장하기 위해서다. 사회계약의 모든 설계자가 세계를 바라볼 때 그들 자신이 노

력해서 얻어낸 것이 아닌, 젠더, 계급, 인종 혹은 다른 요인에서 비롯된 이익/불이익을 전혀 모르게 해줄 '무지의 장막'을 통해 바라보게 된다면, 합리적 자기이익이라는 그들의 본성은 그들로 하여금 최소 수혜자들을 보호하고 이들에게 유리한 사회계약을 설계하도록 해줄 것이라는 것이다. 이렇게 무지의 장막은 사회적 세계의 우연한 상황이 정치적 정의의 원칙을 이끌어내는 합의에 영향을 미쳐서는 안 된다는 생각을 담고 있는 은유다.

13. 컬럼비아 대학에 입학하면서 비고츠키 저작 탐독에 몰두한 Lipman은 1970년대 말과 1980년대 초 사고력 분야를 주도했던 피아제의 아성에 도전한 이론으로 비고츠키의 이론을 제안하였다. 그는 피아제 이론을 "아이들이 교사의 도움 없이 스스로 할 수 없는 것을 연구하여 아이들의 인지적 발달을 이해하고자 하는 것"으로, 비고츠키 이론을 "아이들이 교사의 도움과 함께 할 수 있는 것을 연구하여 아이들의 인지적 발달을 이해하고자 하는 이론"으로 대비시키면서 교사와 아동, 아동과 아동이 공동으로 탐구하는 어린이 철학의 이론적 근거로 비고츠키 이론을 제안하였다. 립맨은 '어린이를 위한 철학'을 주창하고, 자신의 협력자들과 함께 1974년 몽클레어 대학에 어린이철학교육연구소(Institute for the Advancement of Philosophy for Children/IAPC)를 설립하여 자신의 생각을 프로그램화하였다. 그가 강조하는 비판적 정신은 교사가 어린이를 철학적 논의에 입문시키는 시발점이 되기 때문이다. 그렇지만 비판정신의 목적이 비판자를 위한 교실을 만들자는 데 있지는 않다. 오히려 스스로를 자유롭고 창의적으로 표현할 능력과 세계와 자신을 객관적으로 평가할 능력을 길러주자는 데 더 큰 목적이 있다. 모든 교육적 논의의 정점은 비판들의 산더미만 쌓는 것이 아니라, 대안이 될 방법을 모색하고 고안해보는 데 있다.

14. 시몬 베유(1909-1943)는 프랑스의 사상가이다. 유대인 집안에서 태어나 고등사범학교 졸업 후 지방 고등학교에서 교편을 잡았다. 항상 노동운동에 깊은 관심을 갖고 1934년에는 공장으로 들어가서 노동자의 생활을 체험하였고, 후에 스페인 전쟁에 참가하였다. 그녀의 생애는 억압당한 사람들에 대한 사랑과 이의 실천으로 일관되었으며 이를 위해 평생을 바쳤다. 2차 세계대전 중에는 한때 미국으로 망명하였으나 레지스탕스 운동에 참가하려고 귀국을 시도하던 중 런던에서 객사하였다. 만년에는 인간의 근원적 불행의 구제를 목표로 그리스도교적 신비주의의 경향을 보였다. 사후에 출판된 여러 논문이나 유고는 전후의 사상에 커다란 영향을 주었다. 주요 저서로 『억압과 자유』, 『뿌리를 갖는 일』, 종교적 명상을 적은 『중력(重力)과 은총』이 있다.

15. 봉사학습은 학교(gown)와 지역사회(town)의 교량 역할을 하는 학교혁신의 가장 효과적 방안으로 등장하고 있다. 봉사학습을 통한 민주시민교육은 학교의 외부에 있는 세계(지역사회의 봉사활동)와 내부에 있는 세계(교과교육)의 교량을 놓는 일이다. 그러기에 구체적 현실에 개입하여 현실 세계에 접촉함으로써 박제화된 교과서 지식을 다시 살려내야 한다. 이것은 학생들과 지역사회와도 원활한 연결망을 구축하고, 기존의 학교 벽을 허물어가는 도전적 교육 실험이라고 할 수 있다. 사회와 격리되거나 유리된 학교에서 길러진 학생들에게 사회현실의 참여를 통해 시행착오를 배울 수가 있다. 학교와 지역사회의 연계의 원활화를 위해 봉사학습의 시민교육적 성격은 소극적 봉사정신의 내면화를 위한 약한 민주주의가 아니라, 자력화의 강화, 집단적 문제 해결, 타인이 이해 결정 등의 강한 민주주의 과정을 주창한다. 소극적 시민을 위한 자원봉사가 아니라 적극적 시민을 기르는 봉사학습이 민주주의를 극복하는 방안으로 제기되고 있다.

16. 특별우등 과정은 우수한 학생들을 위한 특별히 개설된 과정이다. 특별우등 과정에 들어간 대부분의 학생들은 동기유발이 높고, 교육적 경험에 전념한다. 학업에 전념하는 것과 함께 볼런티어 활동, 조직과 동아리활동, 협동 학습, 연구, 해외학습과 문화활동 등 다양한 경험을 갖

게 한다. 이 프로그램을 들어가기 위해서는 특별한 입학조건을 요구한다.

17. 미국 예외주의는 미국이 세계를 이끄는 강력한 리더십을 발휘하는 세계 최고의 국가라는 뜻이다. 19세기 프랑스 사상가 알렉시스 드 토크빌(Alexis de Tocqueville)이 『미국의 민주주의』라는 책에서 미국과 러시아는 세계의 운명을 떠안을 예외적 국가라고 주장한 데서 유래됐다.

18. 자기에 대한 앎/자기 자신을 아는 것/자기 인식/자기 지식은 '내가 누구인가'와 같은 질문을 던질 때 발견되는 대답을 이끌어낼 때 자신에 대한 정보를 얻는 것이다. 자기 인식은 계속적인 자아 각성이고 자아의식을 필요로 한다. 자기 인식은 자아/자아 개념의 구성 요소이고, 자기 인식은 자아실현의 첫 번째 필요조건이다. 심리학에서 자아 개념은 인지적 자아, 정의적 자아, 집행적 자아라는 세 측면으로 생각될 수 있다. 철학에서는 자신의 신념, 욕망 그리고 감각을 포함한 특별한 정신 상태의 지식을 말한다. 때로는 지속적 자아(존재론적 본질, 정체성의 조건, 또는 인격의 특질)에 대한 지식을 말하기도 한다. 최근 자유주의/개인주의에 대한 대안으로서 공동체 구성원으로서 공동체적 자아를 중시하는 흐름이 있다. 자기 지식은 스스로에 관해 더 많이 알고, 마침내 전인으로서 자신이 정말 누구인지를 발견하도록 안내한다.

19. 『분리된 평화』는 전쟁터가 아닌 학교에서 벌어지는 젊은이들의 진실을 찾아가는 과정을 그린 내용이다. 그 속에 그들만의 전쟁이 펼쳐지고, 의도되었던 의도되지 않았든지 간에 그것은 밖에서 벌어지는 전쟁과 흡사 닮아 있었다. 놀스가 필립스 엑시터 아카데미를 다니던 무렵의 경험을 모티브로 한 이 소설은 한여름을 스쳐 가던 소년들의 경쟁, 배반, 분노, 폭력, 증오를 담으면서도 우정, 스포츠 정신, 의리 또한 놓치지 않으면서, 막 성장해나가는 소년들의 마음과 삶의 핵심을 파고들어 청자들 앞에 드러낸다. 폐쇄된 한 공간에서 자신의 존재를 각자의 방식으로 증명해나가려는 아이들의 비극적 전쟁을 보여주는 소설이다. 전쟁을 일으키는 건 인간 내면의 어떤 무지함이나 야수성이라는 것을 다시금 생각하게 해주고 있다.

20. Candide(1759)는 부제목 '낙천주의'가 암시하는 바와 같이 라이프니츠 등의 낙천적 세계관을 조소하고, 사회적 부정·불합리를 고발하는 철학적 콩트의 대표작이다. 주인공 캉디드는 숙부인 남작의 저택에서 팡그로스 박사의 "모든 것은 최선의 상태에 있다" 즉, 현재의 상태는 가장 옳다는 주장을 믿는 순진한(프랑스어로 '캉디드') 청년이다. 이후 고난을 겪어 추악하고 성미가 까다로워진 큐네공드와 여전히 낙천주의를 고집하는 팡그로스와 재회하여 자그마한 농장을 꾸려나간다. 비참한 체험과 온갖 사회적 불합리에도 불구하고, 무위(無爲)나 염세 사상에 빠지지 않고, 인간사회의 개선에 의욕을 잃지 않는 정신을 "그러나 내 밭을 일구지 않으면 안 된다"라는 유명한 맺음말로써 잘 나타내었다. 웃음을 통해서 지성에 호소하는, 명쾌하고 신랄하여 템포가 빠른 문체가 매력인 볼테르풍의 전형적인 풍자소설이다.

21. 볼테르(Voltaire, 1694~1778)는 프랑스의 시인, 소설가, 계몽 사상가이다. 영국으로 건너가 자유주의 사상의 영향을 받았다. 풍자적 시·극시·소설 등과 철학적인 논문·수필·역사물을 저술하여 프랑스 혁명을 일으키는 데 큰 역할을 하였다. 작품으로 『루이 14세 시대』, 『캉디드』 등이 있으며, 『철학 서간』, 『철학 사전』 등을 펴냈다.

22. 몰리에르는 프랑스의 희극작가이며 배우이다. 17세기 프랑스의 교회 및 세속 당국은 그를 적대시했지만, 몰리에르의 희극적 천재성은 마침내 그에게 프랑스가 낳은 가장 위대한 작가로서의 명성을 안겨주었다. 몰리에르 이전에도 희극은 긴 역사를 지니고 있었다. 몰리에르 또한 그 전통적 형식들의 대부분을 수용했지만, 한 걸음 더 나아가 새로운 양식의 희극을 창조하는 데 성공했다. 그의 희극양식은 정상적인 것과 비정상적인 것의 상호 관계 속에서 바라

본 이중적 시각에 기초한 것으로, 예컨대 그럴싸한 것과 진실한 것, 현학적인 것과 지혜로운 것 등의 대비가 그 희극적 원천이다. 배우이기도 했던 몰리에르는 어떤 상황을 다루더라도 그 것을 생동감 있게, 때로는 비현실적일 만큼 극적으로 만들어 비록 이성의 시대에 살기는 했지만, 그의 양식은 부조리한 것을 합리화하지 않고 거기에 생기를 부여하였다.

23. '운동의 법칙'은 물체의 운동에 관한 기본법칙으로 뉴턴의 운동법칙이라고도 부른다. 뉴턴의 운동법칙(관성의 법칙, 가속도 법칙, 작용-반작용의 법칙)이라고도 한다.

24. 1215년 잉글랜드의 존 왕은 '귀족들의 조항 문서'에 날인했다. 그해 왕의 무리한 증세 정책 추진에 귀족이 반란을 일으켰고, 궁지에 몰린 왕이 "귀족의 재산을 보장하고 왕도 법의 지배를 받는다"라는 내용을 골자로 하는 귀족들의 조항에 도장을 찍었다. 당시 법과 종교에 군림하던 왕이 그 아래로 내려가고, 국민의 권한을 강화하는 조항이 제정된 것이다. 영국 정부는 이때를 마그나 카르타(Magna Carta)의 시초로 삼았다.

25. '감상적 오류(Pathetic Fallacy)'란 사물에는 인간과 같은 감정들이 없는데도 마치 감정을 갖고 있는 것처럼 표현하는 것은 잘못된 것이라는 이론이다. 이는 작가가 등장인물의 감정을 자신의 주변 사물을 통해 표현하는 것이다. 감상의 허위는 물화의 오류의 특별한 종류이다. 감상적 오류라는 용어는 존 러스킨이 『근대 화가론(*Modern Painters*)』(1843~60)에서 처음 썼다. 러스킨은 감상적 오류를 지나치게 쓰는 것은 수준이 낮은 시의 특징이라고 생각했다. 그렇지만, 후세 시인들, 특히 T. S. 엘리엇과 에즈라 파운드뿐 아니라 20세기 초의 이미지스트 시인들은 감상적 오류를 자유롭고도 효율적으로 사용하였다.

26. 더버빌가의 테스(Tess of the D'Urbervilles)는 19세기 영국 문학을 대표하는 작가 토머스 하디의 걸작이다. 아름다운 외모의 농촌 노동계급 여성 테스가 도덕적 편견과 저항할 수 없는 운명에 희생되어 몰락해가는 과정을 그린 이 소설은 당시 사회의 이중적이고 편협한 가치관을 가차 없이 비판한다. 또한 미혼모에 살인자인 여성을 주인공으로 내세워 인습을 대담하게 거스르면서도 사랑 앞에 진실했던 여인의 비극적인 삶을 통해 애틋한 슬픔과 감동을 자아낸다. 출간 당시 선정적인 내용을 다뤘다는 이유로 당대의 보수주의자들과 정면으로 충돌하며 커다란 논란을 불러일으켰다.

27. 융이 정신적 에난치오드로미아(Enantiodromia)라고 이름 붙인 현상이다. 인격의 반전으로 나타나는 감정 변화를 일컫는다. Enantiodromia는 그리스어 ἐνάντιος(enantios, 반대 방향으로)+δρόμος(dromos, 달린다)의 합성어로서 정신분석학자 칼 융이 태양과 그림자의 대립적 관계를 비교하며 사용한 말이다. 어떤 힘이 지나치게 넘치면 그것의 반대를 낳게 된다. 어떤 극단은 그 반대 극단을 낳음으로써 균형을 잡는다. 대립물을 향한 경향의 법칙으로서 균형 회복을 위해 한쪽 측면 혹은 하나의 경향에 힘이 지속되거나 풍성해지면 그 대립 쪽이 힘을 얻게 되는 왕복 과정이다. 즉 대립 사이(양극)를 오고 가는 것이다. 말하자면 자아의식이 심리적 측면의 어느 한쪽만 집착하면 무의식에 억압되어 있던 다른 한쪽 면이 어느 순간 튀어나와 다 뒤엎어버리는 현상이다. 심리적으로 억압된 한 부분이 어느 순간 상황이 변하면 폭력적으로 표출하여 튀어나온다. 이렇게 정신은 대극으로 이루어져 있다. 대극 없이 정신활동은 없다. 사랑과 미움, 아름다움과 추함, 선과 악, 남성과 여성, 내향과 외향, 전진과 후진 등 수많은 대극이 있다. 살면서 사람들은 여러 대극 간의 긴장과 갈등에 휘말린다. 행동할 것인가? 회피할 것인가? 마음의 두 대극 중 하나가 성공적으로 억압되었다고 믿고 있다가 어느 날 갑자기 눌렸던 한 극이 자신을 뒤엎어서 자신이 전혀 뜻하지 않은 일에 휘말리게 되기도 한다. 마치 음양의 조화를 이루는 것과 같다.

28.『이기적 유전자』,『만들어진 신』등의 저서로 유명한 진화생활학자 도킨스는 옥스퍼드 대학
교수로서 신을 믿음으로써 발생한 참혹한 전쟁과 기아와 빈곤 문제를 거론하면서 신은 없다
고 주장하였다. 신에 의해 세상이 만들어졌다는 창조론을 비판하였다. 신에 대한 부정은 도
덕적 타락이 아니라, 인간 본연의 가치인 연민과 진정한 사랑을 찾는 일이고, 미래사회의 대
안은 종교가 아닌 인간 그 자체에 있다고 주장하였다. "인간을 주목하라! 신의 존재를 의심
하라!" "신이 없을 때 인간은 더욱 열정적이며, 영적으로 진화할 것이다."

29. 성경 마태복음에 나오는 문구로서 "비를 의로운 자와 불의한 자에게 내리우심이니라"에서
따온 것이다.

30.『나는 왜 기독교인이 아닌가』에서 러셀이 투쟁의 대상으로 삼은 것은 종교이다. 1천 년 이
상 서구사회를 지배해온 종교에 대한 러셀의 투쟁의 지렛대 역할을 한 것은 합리적 이성이
다. 그래서 이 책은 종교와 철학의 치열한 논쟁이 담겨져 있다. 이성의 눈으로 종교가 제시하
는 논리와 주장들을 신랄하게 논파하고 있다. 러셀의 기독교 비판의 기본적 축은 철학적 측
면에서 신의 존재 증명을 둘러싸고 진행된다. 그리고 이어서 기독교의 근본 교리에 대한 비판
으로 이어진다. 많은 사람들은 신앙의 문제, 종교의 문제는 개인의 정신적인 문제로서 논리적
인 고찰의 영역을 넘어서 있다고 생각한다. 물론 신앙에는 합리적인 설명이 불가능한 부분이
상당 부분 있지만, 이것이 신앙을 합리적인 고찰로부터 완전히 제외시키지는 못한다는 것이
러셀의 입장이다. 러셀은 이 부분에 대해서 명확하게 종교를 합리적인, 또는 과학적인 입장에
서는 받아들일 수 없다고 주장한다. "종교의 일차적이고도 주요한 기반은 두려움이라고 나는
생각한다. 그것은 한편으로는 미지의 것에 대한 공포이기도 하고, 한편으로는 앞서 말한 것처
럼 여러분이 온갖 곤경이나 반목에 처했을 때 여러분 편이 되어줄 큰 형님이 있다고 느끼고
싶은 갈망이기도 하다. 두려움은 그 모든 것의 기초다. 신비한 것에 대한 두려움, 패배에 대한
두려움, 죽음의 두려움...... 두려움은 잔인함의 어버이다. 이 세계를 사는 우리는 과학의 도
움으로 이제야 사물을 좀 이해했고 어느 정도 정복할 수 있게 됐다. 그동안 과학이 기독교와
교회에 맞서 또한 모든 낡은 교훈에 맞서 한 걸음 한 걸음씩 어렵사리 전진해온 덕분이다. 과
학은 우리를 가르칠 수 있다. 그리고 나는 바로 우리의 마음도 우리를 가르칠 수 있다고 본
다. 이제는 더 이상 가상의 후원을 찾아 두리번거리지 말고, 하늘에 있는 후원자를 만들어내
지 말고, 여기 땅에서 우리 자신의 힘에 의지해 이 세상을, 지난날 오랜 세월 교회가 만들어
놓은 그런 곳이 아니라 우리가 살기 적합한 곳으로 만들자고 말이다." "우리는 우리 자신의
발로 서서 공명정대하게 세상을 바라보고자 한다. 세상의 선한 구석, 악한 구석, 아름다운 것
들과 추한 것들, 세상을 있는 그대로 보되 두려워하지는 말자. 세상에서 오는 공포감에 비굴
하게 굴복하고 말 것이 아니라 지성으로 세상을 정복하자. 교회 사람들이 스스로를 비하하며
끔찍한 죄인이니 뭐니 떠들어대는 얘기를 듣고 있노라면 자존심을 가진 사람들이 저럴 수 있
을까 하는 경멸감마저 든다. 우리는 굳건히 서서 이 세계를 진솔하게 직시해야 한다. 있는 힘
을 다해 세상을 최선의 것으로 만들어야 한다. 그리고 비록 바라던 만큼 되지 않을지라도 적
어도 지금까지 다른 사람들이 만들어놓은 세상보다는 훨씬 나을 것이다. 좋은 세상을 위해
서는 지식과 온정과 용기가 필요하다. 죽어버린 과거만 돌아보고 있을 게 아니라 미래에 대한
희망이 필요하다. 그러면 우리의 지성이 창조할 미래가 죽은 과거를 훨씬 능가하게 될 것임을
우리는 믿는다."

31. 무소부재(無所不在, ubiquity)는 존재하지 않는 곳이 없음, 어디에나 다 있음을 뜻한다. 이
는 신의 우월성과 편재성을 강조할 때 사용되는 표현이다.

32. 아렌트는 나치 전범 루돌프 아이히만의 재판 과정을 지켜본 뒤 발표한『예루살렘의 아이히
만』에서 악은 비판적 사유가 부재할 때 평범한 인간조차 악의 공모자가 될 수 있다고 고발한

적이 있다. 악의 평범성(banality of evil)이란 개념에서 독일 정치철학자 한나 아렌트가 나치 치하에서 600만 명의 유대인을 강제수용소로 보내 학살을 지휘한 희대의 악마 아이히만은 우리가 상상하던 괴물이 아니었다고 한다. 오히려 아내를 사랑하고 자식을 끔찍이 아끼는 평범한 사람이었다. 그런 그가 일말의 양심의 가책도 느끼지 않고 그 엄청난 학살을 저지를 수 있었던 것은 '아무 생각 없는 삶' 때문이었다고 한다. 그런 아이히만과 함께 점령지를 피로 물들인 도살자, 유대인 절멸을 입안한 저승사자라고 불리는 히틀러의 충복 하이드리히 또한 바이올린을 잘 다루는 음악도였고, 하루 일과를 마치면 늘 음악으로 피로를 풀었다고 한다. 폭군이나 독재자는 본래 성품이 포악해서가 아니라는 것이다. 지극히 선하고 평범한 사람이라도 막상 권력을 쥐고 보면 자신도 의식하지 못하는 사이에 폭군으로 변모할 수 있음을 보여주는 것이다. 우리 모두 자칫 "조직의 아이히만"이 될 수 있음을 경고하고 있다.

10장

시민성을 위한
오늘의 교육 문제

인간 삶에서 세 가지의 영역—개인, 직업, 시민—이 분리되기란 불가능하기 때문에, 이 책의 전체는 하나의 중요한 의미에서 시민을 교육하는 것에 대해 기술하고 있다. 하지만 오늘날의 교육에서 시민성citizenship에 대한 문제와 제재가 주기적으로 다뤄지거나 무시되고 있다는 점을 논의할 필요가 있다. 지금까지 나는 존 듀이의 생각에 동의하면서, 민주사회는 함께 결합하여 사는 삶의 양식으로 생각되어야 한다고 주장해왔다. 이와 같은 맥락에서 나는 우리의 학교생활, 양육, 글로벌 문제, 지구에 대한 관심, 직업 그리고 도덕교육에 있어 돌봄과 신뢰의 관계를 유지하고 확장시킬 필요가 있다고 주장해왔다. 위대한 사상으로부터 연관된 문제들을 인식하고 해결하기 위한 지식과 기술에 이르기까지 작동하고 있음을, 즉 균형을 잡으면서 서로 관련되어 있음을 강조하였다. 우리가 보아왔던 대로 비판적 사고는 모든 과목에서, 그리고 삶의 모든 영역에서 경청과 같은 수용적 주의력receptive attention과 협력을 필요로 한다.

　민주사회를 논한 초반부의 장에서 존 듀이, 랄프 에머슨, 월트 휘트먼에 의해 기술되었던 참여 민주주의를 논의한 바 있다. 또한 나는 숙의 민주주의의 가치를 거론하였다. 교육의 주된 역할은 참여자로서 학생들을 민주적 환경에 관련시키고, 숙의적 개입을 할 수 있는 쪽으로 고무하는 것이다. 유능한 숙의 능력은 참여와 대화를 통해 가장 잘 배워지는 것이지, 단순한 사실들을 습득하며 얻어지는 것은 아니라고 나는 역설하였다. 왜냐하면 민주적 활동의 참여는 필수 불가결하기 때문에, 교육자들은 특별활동을 폐지하거나 축소하는 것에 저항해야 한다고 제안하였다. 숙의적 시민을 기르는 데 있어 잘 통제되고 민주적으로 조직되는 활동에 참여하는 것은 구조화된 수업만큼—또는 더 많이—중요하다. 하지만 이것은 그리 쉬운 작업이 아니다. 우리는 많은 장애물에 부닥치고 있다. 가령 민주주의 교육을 받은 시민이란 지역과 세계의 문제들을 합리적으로 다룰 수 있는 역량을 갖는 것으로 생각하는 경향이 있다. 그런데 "민주주의를 위해 세계를 안전하게 하고자 하는 전쟁", 즉 제1차 세계대전[1]에 합리적으로 참여한 동료 시민들의 능력을 이렇게 평가하는 것은 분명 듀이의 잘못된 판단이다. 합리적이고 비판적으로 사고하는 사람을 길러내는 데 있어 1916년보다 더 가까운 최근의 때는 없는 것 같다. 정말 사려 깊은 많은 비평가들은 지난 20~30년 동안 비판적 사고와 숙의의 행사가 매우 감퇴되었다고 본다.

전통적으로 미국—또는 다른 나라 대부분—의 시민성 교육education for citizenship은 나라의 역사, 정부 조직과 기록, 그리고 경제 발전에 집중해왔다. 21세기에 글로벌 민주주의를 진지하게 고려하기 시작할 때, 이들 주제를 존중하지 않는 것이 아니라 그 영향을 줄이는 방식으로 몇 가지 이슈들을 다루는 방법을 생각하지 않으면 안 된다. 이렇게 할 수 있는 한 가지 방법은 이런 생각 속에서 최선을 강조하는 것이며, 국가주의의 협소한 경계를 넘어 어떻게 확장될 수 있는지를 보여주는 것이다. 이런 희망을 유념하면서 애국심, 인종과 다문화주의, 군 복무, 정치교육을 논의하려고 한다.

애국심이란 무엇인가?

세계시민주의cosmopolitanism에 대한 앞서의 논의에서, 생각의 "얄팍함", 즉 국가적 애국심의 충격과 비교하면 시민에게 미치는 정서적 충격이 별로 없음을 거론하였다. 세계시민주의는 애국심과는 반대 개념이기에 정서적 타격은 별로 받지 않는다. 세계시민주의를 위한 그 어떤 유니폼, 동맹, 퍼레이드, 기념비, 애국적 의례도 없다. 이것이 내가 공동의 가정이라고 할 수 있는 지구에 관심을 가졌던 협동적 기획으로서 생태적 세계시민주의ecological cosmopolitanism를 제안해왔던 이유이다. 지구와 그것을 지탱하는 생명을 보호하는 요구에는 어느 정도 정서적 호소가 필요하다.

미국의 아이들은 아주 어린 학창 시절부터 애국적 의례를 한다. 나라 사랑을 위한 애국적 의례를 버릴 필요는 없지만, 학생들이 그 기원과 목적을 알게 함으로써 신화적으로 만드는 것으로부터는 벗어나게 해야 한다. 예를 들어 어린아이들은 〈반짝이는 별로 장식된 깃발〉(성조기, 미국의 국가) 노래를 제창하는 것을 배운다. 그런데 이 노래의 음은 매우 오래전 영국의 주정뱅이의 노래로부터 나왔다. 게다가 이 노래 가사가 1814년에 쓰였지만, 1931년이 될 때까지 국가로 불리지 않았다는 점을 알고 있는 아이는 별로 없다. 이러한 사실을 아주 어린아이들에게까지 알려주어야 한다고 주장하는 것은 아니지만, 학교교육과정의 어느 곳에서는 가르쳐야만 한다. 이와 유사한 예로서 많은 시민들은 국기에 대한 맹세가 "저기 걸려 있는 미국 성조기"라고 생각한다는 점이다. 사실 이것은 1882년에 미국교육협회NEA의 요청에 따라 기독교 사회주의자 프란시스 벨러미Francis Bellamy가 쓴 것이다. 이것은 강한 당파성을 요구하던 시대에 교원노조가 국가의 단결에 기여하였고, 그리고 추앙받는 기독교 사회주의 운동이 미국에서 한때 있었던 사실을 떠올리게 하였다. 그리고 "신의 가호 아래"라는 구절은 역시 미국인들이 "신이 없는 공산주의"와 미합중국을 열렬히 구별하려 했을 때인 아이젠하워 대통령 재위 시기 맹세에 덧붙여졌음을 학생들이 알게 해야 한다. 이런 이야기는 우리의 애국적 의례를 인간화하고, 그것을 변형시킬 수 있는 가능성을 크게 열어준다.

아리스토텔레스는 좋은 친구good friend[2]란 더 높은 곳으로 인도하는 사람이라고 묘사하였다. 좋은 친구는 우리를 "덮어"주거나 모범적이지 않은 행동을 그냥 넘어가지 않는다. 그/그녀는 우리에게 최고의 자아가 되도록 일깨워주며, 우리와 함께 우리의 이상을 구현시켜주기 위해 노력한다. 이와 비슷한 방식으로 나라를 사랑하는 사람들은 자신의 국가가 잘못한 일을 인식하고, 성문화된 이상에 부응하지 못한 것을 비판해야 한다. 21세기 글로벌 공동체에서 있을 법한 실수를 인정하고 그것을 바로잡을 필요가 있을 뿐만 아니라, 더 겸손한 태도를 가지는 것이 더욱 필요하다. 우리가 개인들이 자신들의 부와 힘 그리고 업적에 대해 자랑하는 것을 듣기 싫어하는 것과 같이, 세계의 이웃들도 미국인들이 매우 많은 분야에서 "1등"이라고 자랑하는 것을 듣는 것을 지겨워한다. 우리가 더 이상 "1등"이 아니라면, 우리나라를 덜 사랑할 것인가? 전 지구적으로 위치가 이동하듯, 우리의 지위도 여러 지역들로부터 도전을 받을 가능성이 크다. 그러기에 우리는 나라를 사랑하는 마음을 간직하면서도, 자기 나라에 대한 초기의 과도한 경쟁적 자부심을 지구에 대한 헌신으로 바꾸어야 한다.

나라에 대한 자부심은 진실로 숙의 민주주의를 성취하는 방식으로 획득된다. 그러기에 미국 예외주의가 부활하는 것은 숙의 민주주의에 대한 이야기를 그저 그런 공허한 이야기로 만들기 쉽다. 이전에 텍사스 학교 이사회의 멤버였던 던바Cynthia Dunbar는 다음과 같이 주장했다. "하나의 민족으로서 우리는 희망의 등대와 그리스도의 자비에 보답하기 위해 잃어버린 어두운 세상을 향해 언덕 위의 빛이 되도록 신에 의해 만들어졌다"(Shorto, 2010, p. 39에서 인용). 또한 그녀는 아이들을 공립학교에 보내는 것을 "마치 이스라엘의 아이들이 몰록[3]에 던져지는 것같이, 아이들을 적의 불길 속에 던지는 것과 같다"(Collins, 2012, p.115에서 인용)는 속담을 인용하며 말한다. 콜린스(2012)는 학교의 정책과 교과서에 미친 텍사스의 영향을 기술하면서, "자기 나라에 대한 충성보다는 지구에 충성해야 한다고 아이들을 가르치고 있는"(p.112) 환경과학 책을 반대한 사람들이, 이 책에 대해 우려를 표명한 것에 주목한다. 이 우려는 생태적 세계시민주의가 진력하였던 성공에 대한 진정한 관심을 불러일으킨다. 아마도 장기적으로는 우리가 사랑하는 국가가 잘 번영하려면, 지구의 건강 여부에 달려 있다는 것에 주목함으로써 일부의 청자들을 설득할 수 있을 것이다.

애국적 의례를 비난하거나 폐지하는 데 우리 의도가 있는 것이 아니라, 우리가 의도하는 것은 단지 그것이 확립된 맥락과 그것이 유도하는 심리적 효과를 학생들이 이해하도록 돕는 것이다. 우리의 목표는 냉소적이거나 개혁적인 사람을 키우는 것이 아니라, 대화와 끊임없는 물음을 통해 비판적으로 생각하기를 고무하는 것이다. 엘쉬타인Jean Bethke Elshtain(1987)은 겸손한 애국심chastened patriotism을 제안했다.

그러나 내가 염두에 두는 겸손한 애국자들은 과거로부터 배우는 남성과 여성이다. 그들은 냉소주의적 권고를 거부하면서, 멀리 떨어져 있는 역설적 기억의 목소리를 살려내고, 애국심이 서서히 과도한 민족주의로 변하는 방식을 인식함으로써 고도의 애국적 목적을 갖는 은유를 조정한다(pp. 252~253).

겸손한 애국심을 갖는 하나의 방식은 "사실들"보다는 이슈를 둘러싸고 역사와 사회과 교과과정을 구성하는 것이다(Noddings, 2012a). 만약 우리가 학생들이 비판적으로 사고하기를 원한다면, 사건과 의견을 어느 정도 깊이 탐구할 시간을 제공하지 않으면 안 된다. 예측건대 그들은 기다란 사실 목록으로 구성된 교육과정에서 읽고 들었던 대부분을 쉽게 잊어버릴 것이다. 예를 들면, 노동조합이나 사건의 이름을 기억하기보다는 노동조합의 발생과 목적, 그들이 작업하고자 했던 이해관계, 그들이 저지른 실수, 그리고 때때로 그들을 오염시킨 부패에 대한 대화로 안내될 수 있을 것이다. 직업교육의 장에서 언급했듯이, 이 같은 맥락에서 언급될 수 있는 이야기들이 많이 있으며, 그 이야기들은 나라의 역사에 대한 통찰력을 갖게 한다. 노동조합의 설립자와 지도자들은 민주적 애국자인가, 아니면 체제 전복자인가? 그들은 우리의 전쟁에서 평화주의자가 되기를 주창하였던 사람들인가?

인종과 다문화주의

미국은 소수 민족 인구를 처리하는 정당한 방법을 얻기 위해 그것이 존재하는 곳곳에서 싸워왔다. 흑인 미국인의 노예제도, 미국계 인도인들의 집단학살과 같이 무시무시하고 도덕적으로 정당화될 수 없는 행동들이 있었다. 1960년대와 1970년대의 시민권 운동은 진정한 혁명을 가져왔다. 피해자 측은 자신들의 권리 회복을 위해 참여하였고, 그들 대부분이 비폭력적 운동을 벌였던 반면, 공격자 측은 자신의 이익을 지키기 위해 폭력을 자주 사용하였다. 이 점은 주목할 만한 얘기이다.

투표권의 획득, 공공시설의 접근 기회, 그리고 고용과 주택 차별의 감소라는 엄청난 성공에도 불구하고 여전히 많은 문제가 남아 있다. 가난한 지역의 학교들은 전보다 더 인종차별을 받고 있으며, 학업성취의 격차는 약간 줄어들었을 뿐이다. 흑인 소년의 학교 탈락률은 백인 소년의 학교 탈락률보다 훨씬 높으며, 흑인 성인들은 백인 성인보다 더 높은 실업률로 고통을 겪고 있다. 착한 마음을 가진 사람들은 이러한 문제를 인정하면서 이를 극복하기 위한 방법을 추구하려고 한다.

이 책에서 소개된 많은 문제들을 보았을 때, 비판적 사고가 종종 결여되면 이들 이슈를 논의하기란 어렵다. 우리들 중에 "올바른 일"을 하고 싶은 사람들은 오해받거나 사정이 더 악화되지 않을지 또는 인종주의자로 비난을 받지 않을지, 스스로 극명하게 갈려 문제가 공개적으로 이야기되는 것을 주저한다. 예를 들어 우리가 다문화 교육multicultural education을 열성적으로 지지해야 하는가, 아니면 이 교육의 목적과 효과에 의문을 제기해야 하는가? 시험 점수의 세분화를 계속 강조해야 하는가, 아니면 소수자 집단 출신의 학생들이 잘하는 영역에 더 많은 관심을 둘 것인가? 교육자는 비판적 숙고자로서 이러한 문제들에 대해 응답할 수 있어야 한다.

다문화 사회를 "성찰"하고 있는 슐레진저Arthur Schlesinger(1992)에 대한 반발을 살펴보자. 그는 대학 캠퍼스에서 다음과 같은 야유를 받았다. 그의 메시지는 말하기도 전에 비난을 받았다. 그렇다. 우리는 그의 주장에 심각한 이의를 제기할 수 있다. 하지만 그가 말하고자 하는 요지에 대해 논의함으로써 또한 무언가를 배울 수 있을 것이다. 집단(인종) 정체성이 국가의 통합을 허물 수 있다는 그의 주된 우려에 대해 논의를 해야 한다. 하지만 그의 표현은 우리에게 화를 내고 있는 듯하며, 대화에 응하지 않을 것 같다.

새로운 민족의 복음은 하나의 새로운 인종으로 융해가 된, 모든 나라로부터 온 개인들을 통합하는 비전을 거부한다. 이러한 기본적 철학은 미국이 전혀 개인들의 나라가 아니라, 집단들의 나라라는 것이다. 그리고 민족성은 대부분의 미국인들을 결정짓는 경험이며, 그 민족적 유대감은 영원한 것으로서 없앨 수가 없다. 그렇게 민족적 공동체들로 나누어지게 되면 미국 사회의 기본 구조와 미국 역사의 기본 의미를 확립하게 된다(p. 16).

이 글을 읽었을 때 수용적 경청과 열린 대화의 지지자인 나조차 화가

치밀었다. 개인들의 나라? 미국에서 흑인인 "개인"은 한 사람의 극히 일부분만 구성하고 있다는 것을 기억하라? 누가 미국 원주민에게 "야만인"이라는 꼬리표를 붙였는가? 사람들이 민족적 공동체로 퇴각을 하였는가, 아니면 민족적 공동체 속으로 견인이 되었는가? 나는 이에 대해 분노를 자아내는 근본적 원인을 언급하는 데 많은 장을 할애할 것이다.

많은 소수자들을 포용하는 것이 아니라 그들의 정체성을 파괴시키는 것으로 지적되었던, 미국이라는 일체성과 동화의 이념에 충성하는 글을 슐레진저는 웅변적으로 쓰고 있다. 다문화 교육의 이슈에 대한 언어는 극명하게 대립되어왔다. 나는 몇 년 전 한 모임에서 대학원생들이 이 이슈에 대해 논의하는 것을 들었다. 한 학생은 제인 애덤스Jane Addams가 "동화론자assimilationist"였다는 이유로 그녀에 매우 분노하였고, 그녀의 공헌조차 일축하였다고 한다. 오래전 나는 애덤스를 존중하는 사람으로서 "동화"를 경멸적으로 간주해서는 안 된다는 것을 학생들에게 일깨운 적이 있다. 그녀는 정말 이주민들이 미국 사회에 동화되고 새로운 국가라는 집에서 성공하도록 도와주기 위해 열심히 활동했다. 하지만 또한 이주민들에게 자신들의 원주민 문화들을 지키고 나눌 수 있도록 격려하였다. 그녀는 심지어 그들의 원주민 문화들을 모아놓은 다양한 도구와 공예품이 전시되어 있는 헐-하우스 노동도서관을 설립했다(Lagemann, 1985). 오늘날의 모든 선생님들은 애덤스의 아름다운 에세이인 「공립학교와 이민자 자녀The Public School and the Immigrant Child」(National Education Association, 1908)를 읽으면 큰 도움이 된다. 에세이에서 그녀는 말한다.

아마도, 아이들의 부모님이 표현한 언어, 역사, 그리고 전통이 지닌 어떤 아름다움과 매력을 자각하도록, 아이들을 과거의 최상이었던 것들과 연계되도록 하기 위해서 학교는 더욱 많은 일을 해야 한다고 말할 수 없는가?(p. 100)

그녀의 입장은 내가 주창한 지구적 민주주의global democracy에 관해 가졌던 생각과 꽤 잘 맞는다. 나 역시, 동화(특히 표준 영어에 매우 능숙한 사용자가 되는 것이 중요하다)를 옹호하지만, 애덤스처럼 동화주의를 넘어서는 문화적 이해를 원한다. 그녀는 학생들이 그들 부모의 문화뿐만 아니라 보편적 문화 감각을 배워야 한다고 주장했다.

> 요약하면, 전 세계적이고 한 지역에 머물지 않는 기준을 통해 자신의 부모와 마을 사람들을 해석하려면, 학교가 해야 할 일은 개별 학생에게 하나의 문화 시작을 아주 넓고 깊게 그리고 보편적으로 제시해주는 것이다(p. 100).

미국 문화에 대한 동화, 원주민 문화에 대한 애착 그리고 보편적 문화를 향한 움직임은 서로 배타적일 필요가 없다. 하지만 슐레진저(1992)가 민족성ethnicity에 대한 극단적 강조가 "편견을 키우고, 차이를 크게 하며, 적개심을 불러일으킬 수 있는"(p. 17), 분리의 형태로 유도될 수 있다고 경고한 것은 옳다. 만약 다문화 교실이 다수자 집단의 사악함과 실패에 집중한다면 이런 위험은 정말 실재할 수 있다. 초반부 장에서 얘기했듯이, 교육자들은 냉소주의자가 아니라 관용할 수 있고 비판적으로 생각하는 사람들로 길러지기를 기대해야 한다.

일부 다문화 교육을 지지하는 사람들이 걱정하는 또 다른 문제가 있다. 소니아 니토Sonia Nieto(1999)는 다문화 학습 공동체에 대해 설득력 있는 글을 썼다. 그녀는 "학생의 자존감을 고양시키고, 문화적 콘텐츠를 교과과정 속으로 통합시키며, 민족 상호 간의 우정을 기르는 데 있어"(p. 174), 다문화 교육이 힘이 있음을 인정했다. 하지만 두 문화 속에서 자란 학생들은 높은 수준의 학습에 대한 접근 기회의 결여와, 그래서 미래를 위한 선택의 폭을 확장하는 것을 강조하고 있기 때문에 "그들이 수학을 할 수 있는가라는 질문은 수십 년 동안 나를 괴롭혔다"(p. 175)라고 고백한다. 사회가 제공한 자금의 지원과 학교행정가가 수립한 정책은 모두 그러한 접근 기회를 마련하는 데 강한 영향을 미친다고 그녀는 지적한다. 그런데 개별 교사들은 이보다 더 큰 영향력을 행사한다.

다른 학생보다 일부 학생들에게 노력 없이 얻은 특권을 부여하는 제도적 규범을 강화하거나 저 학생보다 이 학생이 선천적으로 우월하다고 주장하는 이데올로기에 도전하면서 모든 아이들이 높은 수준의 학업성취에 도달할 수 있고, 그래서 최고의 자격이 있다고 믿는 학교 안과 밖의 여타 활동가들과 연대하는 이들 교육자들은 자신들이 가르치는 아이들의 삶에서 상당한 차이를 보인다(Nieto, p. 175).

우리 중 많은 사람들은 니토에게 동의를 표했으며, 그녀와 함께 활동가 집단에 참여하려고 한다. 하지만 슐레진저에 대한 성난 반발을 제쳐놓고(중요한 보류이기는 하지만), 주의를 요구하는 우리의 지적을 인정한 것과 마찬가지로, 여기에서 또한 니토의 주장에 대한 전반적 동의를 유보하고, 비판적 생각을 그녀의 언급에 적용해볼 것을 제안하지 않으면 안 된다. 먼저, "모든 아이들이 높은 수준의 학업성취에 도달할 수 있으며, 그리하여 그들은 최고의 자격이 있다"라는 주장은 매우 의심스럽다. 나는 모든 아이들이 높은 학업성취에 도달할 수 있다고 믿는 것이 아니라, 모든 아이들이 최고의 자격이 있다고 믿는다. 우리가 제공할 수 있는 최고는 아이들이 높은 수준의 학업 능력을 성취할 수 있는 역량에 의존해서는 안 된다. 내가 주장해왔듯이, 교육자들의 역할은 아이들이 잘하는 것을 발견하는 데 도움을 주고, 존중과 열정 그리고 능력을 가지고 그 역량들을 계발시켜주는 것이다.

"하지만 그들이 수학을 할 수 있을까?"라는 질문에 니토가 곤란스러워했던 이유를 이해한다. 우리는 현재 학문적 기량을 비정상적으로 강조하는 사회에 살고 있다. 하지만 듀이, 에머슨, 휘트먼이 꿈꾸어왔던 민주주의를 보존하거나 회복하려면, 우리의 학교에서 인정하고 장려한 재능의 목록을 확장해야 한다.

다문화 교육에 대한 극단적 대립을 거부하고, 인종 및 민족성과 관련된 제재에 대한 진정한 대화에 개입하려고 한다. 블룸Lawrence Blum(2013)은 젊은이들이 인종적·민족적 노선을 넘어 그것에 대해 공부하고 대화해야 하는 설득력 있는 이야기를 제시한다. 민감성을 가진 매우 유능한 교사가 지도하는, 인종과 민족성이 뒤섞여 있는 고등학교의 한 교실에서 오늘의 미국이 안고 있는 인종, 정체성, 노예제도의 역사, 인종 갈등의 언어, 소수 인종/소수 민족의 지위에 대해 토론하였다. 블룸의 설명은 인종적 이슈에 대한 교실 토론에서 비판적 사고를 사용하는 하나의 모델이다.

블룸의 수업에서 다루어진 가장 도전적이고 민감한 주제 중의 하나는 흑인이 주장한 정신적 열등함에 대한 것이다. 일부 학생들은 흑인의 지능과 노예제도에 대한 제퍼슨Thomas Jefferson[4]의 견해에 대한 설명을 읽었을 때 실망하였으며, 심지어 환멸을 나타내기도 하였다. 오늘날 대부분의 사람들은 지능의 모든 범위가 모든 인종에게 나타난다는 것을 인식하고 있다. 하지만 여전히 흑인들이 평균적으로 백인이나 아시아인보다 덜 똑똑하다고 주장하는 유력한 저자들이 있고, 심지어 이들은 과학단체에 받아들여진 사람들이다. 표준 IQ검사의 결과에 근거한 이러한 주장은 수학과 논리학에서 백인 학생들의 성취를 따라잡을 수 없다는 두려움, 즉 흑인들 사이에서의 "고정관념의 위협"[5]이라는 경험을 만들어내고 있다(Steele, 2011). 만약 우리가 속해 있는 그룹이 잘할 수 없다는 애기를 반복적으로 듣는다면, 한 과목을 계속 열정적으로 공부할 사람이 얼마나 되겠는가?

이 질문은 교육자들에게 제기하는 종합적 질문이라고 할 수 있다. 우리는 학생들에게 "그것을 할 수 있다"라고 말함으로써 그 질문에 응답해야 하는가? 만약 그들이 수학 문제를 풀 때 어려움을 겪는다면, 많은 평범한 지능의 창의적인 사람들이 수학에 재능이 없다는 것을 그들에게 상기시켜주며 그들이 혼자가 아니라는 것을 알려줘야 하는가? 아마도 이러한 압박을 없애는 가장 좋은 방법은 인종주의적 주장을 밀어내고 개인들의 필요를 처리하는 방식으로 각 개인들에게 대답하는 것이다. 일부 학생들에게는 우수함을 위해 계속 노력할 것을 촉구해야 하지만, 또 다른 학생들에게는 계발되어야 할 다른 재능들이 있음을 확신시켜야 한다.

의도하지는 않았지만 지금 시험 성적의 상세화를 주장함으로써 문제를 더 악화시킬 수 있다. 여기에서 말하고자 하는 다음과 같은 목적은 바람직하다고 할 수 있다. 즉, 그것은 흑인과 히스패닉 학생들이 백인처럼 해주기를 바라는 것이다. 하지만 해를 거듭할수록 그 결과는 상처에 소금을 뿌리는 것이나 다름없다. 인종 간의 격차는 여전하고, 거의 확실히 그것에 대한 공공성은 고정관념의 위협으로 묘사된 두려움과 염려에 덧붙여지고 있다. 지금의 실행을 멈추고, 교육과정을 확장하여 모든 학생들을 위해 전 영역에 걸친 재능 계발을 장려하는 쪽으로 관심을 돌리는 것이 더 나을 수 있다. 학문 수학을 공부하는 것을 선택한 젊은 사람들—흑인 소년이든 백인 소년이든, 남학생이든 여학생이든—을 위해 우리는 그들이 성공하도록 열심히 그리고 열정적으로 활동해야 한다. 하지만 모든 학생에게 그 공부를 하도록 강요하는 것을 멈춰야 한다.

군 복무

오늘날 학교에서는 대부분의 학생들이 대학에 들어가기 위한 준비에 전력을 다함으로써, 우리가 봐왔듯 능숙한 가정생활과 자녀 양육, 개인의 풍부한 삶이나 직업을 위한 준비는 별로 하지 않고 있다. 고등학교를 졸업하고 군 복무를 선택하는 대부분의 학생들에게는 아무것도 해주지 못하고 있는 실정이다. 고등학생들이 기본적인 심리검사mental test와 체력검사를 통과하지 못하면서 졸업을 하고 있다는 점에 우려하지 않을 수 없다. 이런 실패에 우려하는 것은 마땅하다.

그런데 군에 기꺼이 지원한 젊은이들에게 어떤 일이 벌어지고 있는가? 우리는 그들이 경험하게 될 군대생활을 이해하도록 도와주고 있기는 한가? 전쟁 기간에, 심지어 오래 지속된 전쟁 상황에서는 군대에 간 젊은이들을 "영웅"으로 칭송하지만, 전쟁이 없을 때는 일반 대중의 의견이 그렇게 긍정적이지는 않다. 고등학교를 제대로 마치고 군대에 들어간 학생들은 거의 없다. 오늘날 군 복무를 나라사랑의 의무로 간주하는 것 같지도 않다. 100년 전 전쟁이 한참일 때, 키플링Rudyard Kipling(1956)은 군 복무를 하고 있는 병사들—"영국의 병사들Tommies"—을 향해 대중들이 보여준 경멸에 관한 글을 남겼다.

영국의 병사들을 향해 "밖으로 차버려, 저 짐승 같은 놈"이라고 소리를 지른다. 그렇지만 총을 쏘기 시작했을 때, 영국 병사는 "이 나라의 구세주!"로 다루어진다(pp. 491~492).

학생들은 군인에 대한 대중들의 위선적 태도에 대해 무엇인가를 배우지 않으면 안 된다. 학생들은 또한 최근 군 인사 문제와 퇴역 군인들 사이에 발생했던 자살 사태에 귀를 기울여야 한다. 이 시기의 비극적 사태를 명확하게 설명할 수는 없지만, 학생들과 함께 몇 가지의 가능성을 탐색할 수 있을 것이다.

많은 젊은이들에게 군 생활에 적응한다는 것은 힘든 일이다. 그렇지만 그들이 다시 시민생활에 적응해야 할 때면 어떤 사람들은 군 생활보다 더 큰 어려움에 부닥친다. 만약 당신이 군 생활에 들어가게 된다면, 그동안 살아왔던 자신의 일상생활을 통제할 수 있는 권한을 상관에게 넘겨야 한다. 언제 어디서 자야 할지, 언제 무엇을 먹을지, 언제 어떻게 운동할지, 언제 어떻게 말을 할지, 무엇을 입고 어떤 모양의 헤어컷을 할지, 그리고 어떤 일을 할 것인지를 더 이상 선택할 수 없게 된다. 어떤 사람은 이런 통제를 혐오하지만, 또 어떤 사람은 이런 결정을 공적 책임을 진 사람에게 넘김으로써 뭔가 안도감을 느끼기도 한다. 그리고 군 생활로부터 민간인 생활로의 전환은 아주 어렵다. 이 일은 일부 퇴역 군인들에게 일상생활에서 이루어지는 많은 결정에 책임을 질 것을 요구하기에 더 큰 어려움을 겪게 할 수 있다.

하나의 사회적 기준에서 다른 사회적 기준으로의 변화는 쉽지 않은 일이지만, 도덕적 기준의 변화는 파멸을 초래할 수 있다. 젊은이들은 일상생활을 하면서 살인은 나쁜 것이라고 믿도록 학습을 받는다. 그런데 그들은 군대생활을 하면서 아마도 "죽여, 죽여, 죽여!"라는 군가를 부르며 행진을 하지 않을 수 없다. 물론 여기에서 닥칠 가장 위험한 일은 전쟁에 참여한 사람들이 자신의 도덕적 정체성을 상실한다는 점이다. 이러한 위험은 사실이다. 개인의 삶을 망가트린 증거는 많이 있다. 따라서 이런 삶을 학교에서 무시한다는 것은 도덕적 실패로 봐야 한다. 정신과 의사이자 작가인 셰이Jonathan Shay(1994)는 베트남 참전용사들에 대한 글을 썼다. 그들 중 일부 사람들은 아직 완전히 회복하지 못한 상태라고 한다. 선명한 전쟁터란 없고, 제복을 입은 적군도 없어졌지만, 트라우마 발생 이후의 질환은 더 자주, 그리고 더 심하게 일어나고 있다는 것을 우리는 깨닫기 시작하였다.

그런데도 군인들은 자신들이 겪었던 일뿐만 아니라, 그들이 자행했던 일들로부터 더 심한 고통을 겪고 있는 것 같다. 전투는 완전히 새로운 도덕적 세계를 열어준다. 골든슨Lorrie Goldensohn(2003)은 군인들의 시적 발언에 대한 연구에서 "전쟁의 가장 끔직한 살인은 배려의 능력이 파괴되는—둔감해지고 무감각하게—것이다."(p. 81) 그리고 2차 세계대전에서 역-스파이 활동을 했던 철학자인 그레이J. G. Gray(1970)는 죄책감으로, 역설적으로 죄책감의 부재로 인해 발생한 심리적 고통에 관한 글을 써왔다. 그는 2차 세계대전으로부터 현대 전쟁에 이르기까지 적군뿐만 아니라, 민간인의 살상을 포함하고 있음을 지적한다. 특히, 감수성이 민감한 젊은 군인들이 아이들의 시체, 전쟁에 참여하지 않은 무고한 사람들의 시체를 목격함으로써 특별한 트라우마가 남게 되고, 그리고 그들은 이러한 파괴를 불러오는 데 관여하였음을 깨닫게 된다. 그레이(1970)는 전시 중 일기에 다음과 같이 적었다.

> 나의 의식은 조금씩 더럽혀지고 있는 듯하다. …… 내가 곧 이 전쟁으로부터 벗어나 깨끗한 지구의 흙으로 돌아가면, 이 얼룩을 지워 없애겠다!(p. 175)

그레이는 당시 게슈타포 수사관에게 고발되었던 나이 든 독일인 한 사람의 이야기를 들려준다. 그의 감시를 받던 노인과 그 아내는 모두 자살하였다. 그레이(1970)는 "나는 이 일이 나의 양심에 너무 많이 머물지 않기를 바랍니다. 그럼에도 불구하고, 만약 내가 그렇게 하지 않으면, 나 또한 혼란스러워질 것입니다"(p. 176)라고 코멘트를 남기고 있다.

이러한 설명을 읽고서 토의하는 것—제1차 세계대전부터 베트남까지 당시의 군인들이 쓴 시들을 포함하여—은 모든 고등학교 학생을 가르치는 교육의 한 부분이 되어야 한다(Noddings, 2012a). 이들 자료를 무시하는 것은 도덕적으로 무책임한 일이다. 이러한 준비는 심리적·도덕적 상처를 예방하는 데 있는 것이 아니라, 그것의 발생을 줄이는 데 있다. 이렇게 함으로써 더 중요한 일은 민간인들이 전쟁을 혐오하고, 그것을 예방하는

활동을 하도록 하는 시민적 감수성civilian sensitivity을 향상시키는 데 기여
할 수 있을 것이다.

정치교육

미국의 정치교육은 주로 미국의 역사와 어떤 공민과civics로 구성되어
있다. 학생들은 과거의 국가에서 발생한 대형 사건과 자신들을 다스리고
있는 제도와 법에 대해 무언가를 배운다. 그렇지만 그들은 자유주의와 보
수주의라고 불리는 아주 간단한 개요를 넘어서는 정치적 삶을 특징짓는
철학적 차이에 대해서는 거의 듣지 못했다. 내가 조사했던, 널리 사용되
고 있는 한 교과서는 목차에서 사회주의를 단 한 번 인용하는 데 그친다.
이 책은 1912년 대통령 선거에서 사회당이 강력한 도전장을 던졌다는 사
실과 뎁스Eugene Debs에 대해 언급하고 있다. 그리고 여기에서 뎁스가 연
설에서 제1차 세계대전의 경제적 원인을 거론하였음에도, 그가 간첩죄와
보안법으로 10년형을 선고받았다는 사실을 아주 짧은 문단으로 언급한
다. (그는 하딩Harding 대통령의 사면에 의해 10년 중 3년 복역을 하였다.) 그렇지
만 사회주의를 고무하는, 그리고 그 안에서 일어나는 엄청난 갈등에 대해
서는 논의하고 있지 않다.

대학에 입학하기 이전의 교육이 정치철학에 관한 과정을 제공할 수 없
는 것에 대해 이의를 제기하는 것은 합당하다. 심지어 그럴 시간이 있고,
이 일을 할 수 있는 전문가가 있다고 하더라도, 국민들의 반응은 대학 수
준에서나 권장될 수 있는 종류의 개방적 정치 토론을 거의 허용하지 않
을 것 같다. 그런데 하나의 영역으로서 민주주의가 인정되는 의미를 포함
하지 않으면, 민주주의에 대한 논의는 극히 불완전할 것이다.―정말 잘못
이끌 수 있다. 그러기에 교육자들은 숙의하는 사람들을 길러내는 일종의

비판적 가르침을 가로막고 있는 반대자들에 대해 저항해야 한다.

학생들에게 정치적 분노를 자극하지 않으면서도, 참여 민주주의의 작업을 소개하는 특별활동을 계속하거나, 확장도 할 수 있을 것이다. 20세기 지난 수십 년 동안의 이러한 활동은 우리 학교의 위대한 힘이었다. 그런데 지난 삼십여 년 정도에 걸친 학업 연구 및 성취를 강조함으로써 이러한 활동을 많이 몰아냈다. 심지어 이들 활동을 제공하는 것에서조차 참여자의 개별 이력을 향상시키기 위한 과정에서 민주적 도제제도 democratic apprenticeship는 참여자의 개별 활동의 중요성을 강조하는 방향으로 옮겨 갔다. 이 모든 것은 경제적 성공을 위한 목표로 나아갔다.

사회과학과 철학에 대한 교육을 잘 받은 교사는 아마 경제에 대한 강조를 좀 완화시키면서 인간 존재는 단순한 경제적 기계가 아니라는 사실을 이해하도록 학생들을 도울 수 있을 것이다. 우리가 앞서 보았던 것처럼, 학습 그 자체를 중시하고, 불멸의 대화를 고무하며, 그리고 미적 감상과 건전한 도덕적 인격, 그리고 영적 의미를 보존하는 것은 교양교육의 강력한 힘의 중심에 있다. 학생들은 상당히 안정된 삶을 사는 데 필요한 수입을 넘어 부의 증가와 행복 사이에 상관관계가 별로 없다는 것을 보여주는 사회학적 공부를 하지 않으면 안 된다(Lane, 2000).

듀이는 사회주의—듀이가 선호했던 정치철학—가 경제를 지나치게 강조하는 것에 대한 우려를 표명하였다. 어떤 수준에서 보면 이런 식의 강조는 이해하기가 쉽지 않다. 하나의 사회주의적 사회는 모든 시민들의 경제적 부에 관심을 두지만, 그보다 더 많은 것에 관심을 두어야 한다. 듀이는 인간은 단순한 경제적 단위가 아니라, 사회적 존재라는 아리스토텔레스의 견해에 열렬하게 동의하였다. 그는 경제란 "사회적 관계로 흡수된다"라고 말한 폴라니Karl Polanyi에게 찬사를 보냈다(Westbrook, 1991, p. 460을 인용). 듀이는 민주적 사회주의를 주창하면서, 사회주의의 변형인 공산주의자와 파시스트 모두에 반대했다. 그가 벨Daniel Bell[6]의 산업사회에 대한 저서와 폴라니의 『거대한 전환*Great Transformation*』[7]을 자주 언급하면서, 그는 의식적으로 "인간적 사회주의humanistic socialism"에서 해답을 찾았다. 듀이는 그런 사회주의를 결코 상세하게 묘사하지 않았지만, 그것의 불완전함은 사실 자신의 전 생애에서 보인 개방성, 즉 실험, 분석, 수정, 혁신에 대한 헌신과도 일치한다. 그의 연구는 모든 삶에 걸친 커다란 영역과 관련된 인간적 삶을 위한 정치이다.

오늘날 많은 고등학교에서는 사회주의에 대한 논의가 전혀 이루어지지 않고 있다. 몇몇 경우, 이 말 자체가 언급될 때 경멸적으로 사용되고 있으며, 논변도 없이 사회주의 이념이라고 비난을 퍼붓는다. 많은 미국 시민들은 사회주의를 공산주의로 가는 파멸의 비탈길로 보고 있다는 점을 인정해야 한다. 하지만 많은 사려 깊은 사람들이 민주적 사회주의democratic socialism를 공산주의에 대항하는 가장 강력한 보루로 간주하고 있다는 점도 주목하지 않을 수 없다. 항존주의적perennial[8] 교과 비판자들의 반대론을 언급하지 않더라도, 그 가능성을 강조하면서 그 제재를 논의할 수 있을 것이다.

이 장에서 나는 간단하게 오늘날 학교에서의 시민성 교육citizenship education에 대한 문제를 보여주는 제재를 고찰해왔다. 이러한 제재 각각은 하나의 책을 채우거나 더 많은 논의로 가득 채울 수 있다. 내 책의 주요한 주제와 보조를 맞추면서, 나는 비판적 사고를 포괄한 문제에 집중하여 논의를 해왔다. 모든 제재에서 비판적 사고가 필요한 것은 분명하며, 그러한 사고를 격려하는 데에도 마찬가지의 어려움이 있다. 우리가 감히 비판적 사고를 애국심, 다문화주의, 군 복무, 정치교육에 적용할 수 있는가? 나도 듀이처럼 교화를 거부하는 편이지만, 넓은 의미에서 이러한 주제를 거론하는 것조차 일부 사람들은 일종의 교화—미국 예외주의를 거부하는 것—로 여긴다. 아무튼 선스타인Sunstein(2009)이 묘사한 것처럼, 우리는 집단의 양극화를 넘어서야 하며, 오늘의 정치적 대화에 아주 익숙해지지 않으면 안 된다. 결론을 맺기에 앞서, 어떻게 논변을 경청해야 하는지를 배우지 않으면 안 된다. 결국 단지 말하는 사람의 소속에 따라 달라지는 것이 아니라, 이성과 논변의 힘을 바탕으로 이루어져 한다. 비판적 사고를 위한 교육은 당연히 논변의 강점을 바탕으로 숙의하는 개방적 자세를 가진 청자를 길러내는 노력을 포함해야 한다.

1. 제1차 세계대전은 1914년부터 1918년까지 유럽을 중심으로 일어난 세계적 규모의 전쟁이다. 19세기에서 20세기 초에 걸쳐 유럽 국가들은 아프리카와 아시아 지역으로 세력을 넓혀 식민지로 만들었다. 이 과정에서 각국의 이해가 대립되어 늘 전쟁의 위험이 도사리고 있었다. 또 발칸 반도에서는 소수 민족의 싸움이 끊이지 않았는데, 이를 에워싸고 독일·오스트리아·이탈리아 측과 러시아·프랑스·영국 측이 대립 상태에 있었다. 1914년 오스트리아 영토였던 보스니아의 사라예보에서 오스트리아의 황태자 부부가 세르비아의 민족주의자에게 암살당한 사건이 일어났다. 이를 계기로 오스트리아가 동맹국인 독일의 지지를 얻어 세르비아 정부에 선전포고를 함으로써 전쟁이 시작되었다. 처음에는 동맹국 쪽이 유리하였으나, 시간이 지나면서 차차 불리해졌다. 특히 1917년 중립을 지키고 있던 미국이 연합국 측에 참전함으로써 전세가 기울어져 1918년 휴전 협정이 조인되었다. 이 전쟁은 900만 명 이상의 인명 피해와 막대한 전비를 소모하였다. 전쟁이 끝난 뒤 각국은 집단안전보장 체제인 국제 연맹의 창설에 힘썼고, 전쟁을 계기로 국제무대에서 미국의 발언권은 커졌다.

2. 아리스토텔레스는 우정의 종류를 나누는 것은 '사랑할 만한' 무엇인가에 따른다. 그가 말하는 세 가지 사랑할 만한 것들은 유용한 것, 즐거운 것, 선한 것이다. 이에 따라 즐거움을 추구하는 우정, 유용성을 추구하는 우정, 선을 추구하는 우정으로 구분하였다. 사람들은 즐거움에 따라 우정을 나눈다. '즐거움을 추구하는 우정'(pleasure friendship)은 서로를 위해서가 아니라 서로에게서 얻을 수 있는 즐거움을 위하여 성립한다. 그리고 사람들은 유용성 때문에 우정을 나눈다. '유용성을 추구하는 우정'(utility friendship)은 서로를 위해서가 아니라, 서로에게서 얻을 수 있는 좋은 것을 위해서 이루어진다. 마지막으로 아리스토텔레스가 생각하는 대안적 우정으로는 '선을 추구하는 우정'(goodness friendship=philia)이다. 선은 우리의 이해관계와는 관계없이 그 자체로 '사랑을 할 만한 것'이다. 선을 추구하는 우정은 정의와 진리와 같은 일반적인 가치를 소중하게 여긴다. 선을 추구하는 우정이란 도덕적으로 완전한 우정을 말한다. 아리스토텔레스는 그것을 '인격적 우정'으로 불렀다.

3. 몰록(Moloch)은 셈족이 섬기던 신으로 한때 이스라엘 민족 사이에서도 신앙되었던 신(사도 7:43)이다. 헤브라이어로는 Molek으로서 원래 바빌로니아(바벨론) 지방에서 명계(冥界)의 왕으로 알려졌고, 가나안에서는 태양과 천공의 신으로 알려졌다. 몰록을 신봉하고 있던 사람들은 이 신을 달래기 위한 제물로서 어린아이들을 태워서 바쳤다고 한다. 이 잔혹한 행위 때문에 몰록은 두려운 존재로 인식되고 있다.

4. 1776년 자유와 평등을 외쳐 미국 건국의 이상이 되었던 7월 4일의 독립선언문은 제퍼슨이 주로 기초한 것이다. 봉건적인 장자상속제의 폐지와 정교분리를 위한 신교자유법의 제정에 노력하였다. 1819년 버지니아대학교를 설립하고 스스로 학장에 취임하여 민주적 교육의 보급에 노력하였다. 그렇지만 노예제도의 존속을 지지하는 보수적 입장을 보였다.

5. 스탠퍼드 대학의 심리학자 클로드 스틸(Claude Steele)은 『고정관념은 세상을 어떻게 위협하는가』에서 압박감이 능력에 미치는 영향을 관찰하는 실험을 하였다. 고정관념 위협(stereotype threat)은 저자가 1995년 발표한 사회심리학의 한 개념이다. 평범한 어느 백인 학생은 '아프리카계 미국인 정치학'이란 강의를 신청했는데 수업 첫날 강의실에 들어서자마자 자신도 모르게 크게 긴장했다. 45명의 학생 중 대부분이 흑인이고 일부는 아시아계였으며 백인이라고는 자신을 포함해 단 2명이었다. 그는 수업 중 토론을 하면서 몸을 사려야 했다. 혹시나 무심코 한 발언으로 인종차별주의자라는 오해를 받을 수 있다는 긴장감 때문이었다. 인종차별주의자라는 오해가 두려웠던 그는 평소와 달리 토론에 활발하게 참여할 수 없었다. 당연히 강의가 재미있게 다가오지 않았고, 그는 적극적으로 수업을 받을 수 없었다. 긴장감 때문에 그는 학습에 크게 방해를 받았다고 생각한다. 그를 긴장시킨 것은 무엇일까. 미국의 저

명한 사회심리학자인 스틸은 백인은 인종차별주의자일 가능성이 크다는 '고정관념 위협' 때문이라고 풀이하였다. 이는 자신이 속한 그룹에 대한 부정적 고정관념을 확증할 가능성이 있는 상황에서 인간은 불안이나 걱정을 느끼는 것을 말한다. 테드의 경우 많은 흑인들 사이에 있다 보니 백인은 인종차별주의자일 가능성이 크다는 고정관념을 확증할 수 있는 상황에 놓였고 실제로 긴장감을 느꼈다. 백인 학생 대신에 여성, 흑인, 히스패닉, 노인, 암환자, 동성애자 등을 대입하면, 또 다른 여러 부정적 고정관념이 떠오른다. 여성이나 흑인 등은 여러 상황에서 고정관념 위협에 시달리고, 다른 사람은 감당하지 않을 정체성 비상사태를 떠안아야만 한다. 이 책은 고정관념이 얼마나 깊고도 넓게 개개인은 물론 각종 집단, 사회, 나아가 국가에까지 엄청난 영향을 미치는지를 보여주며 고정관념 위협을 극복할 수 있는 방안들을 제시하고 있다. 고정관념이 미치는 해악은 이미 많이 알려졌으나, 이 책은 그 해악의 실상은 물론 개인이나 집단이 이를 어떻게 극복할 수 있는지를 상세하게 보여준다는 데 의미가 있다. 많은 실험 결과는 양심적이고 능력이 충분하다는 주관적인 느낌 하나만으로도 고정관념 위협을 크게 줄일 수 있음을 보여준다. 저자는 고정관념 위협에 대한 이해가 개인의 발전은 물론 공존하는 시민사회를 이룩하는 데에도 중요하다고 확신한다고 믿고 있다.

6. 1970년대 초 정보사회 도래를 전망해서 잘 알려진 다니엘 벨 교수(1919~2011)는 1964년에 쓴 『이데올로기의 종언』이라는 책에서 공산주의 국가의 몰락을 예측한 바 있다. 당시 동서 냉전 갈등이 최고조에 달했던 시절이고, 일부 공산주의 국가들의 경제성장 속도는 후발 자본주의 국가들보다 앞서는 것으로 평가되었던 시절이라 더 눈길을 끌었던 책이다. 20세기의 가장 중요한 사회학자 중 한 사람으로 꼽히는 인물인 벨은 『탈산업사회의 도래』, 『이데올로기의 종언』, 『자본주의의 문화적 모순』, 『정보사회』로 유명하다.

7. 헝가리 정치경제학자 칼 폴라니의 책이다. 1944년에 처음 출판되었고, 시장경제 발흥기 동안에 영국에서 일어난 사회, 정치적 격변을 다루고 있다. 폴라니는 『거대한 전환』에서 근대의 시장경제와 국민국가가 별개의 요소들이 아니라, 그가 시장사회라고 부르는, 인간이 만들어낸 하나의 단일한 창작물로 이해해야만 한다고 주장한다. 그는 근대 국가의 발전과 근대 시장경제의 발전이 서로 손을 맞잡고 갔으며, 역사에서 이 두 가지 변화는 냉혹하게 연결되어 있다고 주장한다. 이 문제에 대한 그의 논거는 강력한 근대 국가는 사회 구조 안에서 변화를 추동할 필요가 있었다는 것이며, 일종의 경쟁적 자본주의 경제를 허용하고, 특정한 자본주의 경제는 그 가혹한 효과를 완화시킬 목적으로 특정한 강력한 국가를 요구한다는 것이다. 그에게 이들 변화는 이전의 모든 역사에서 항상 존재하는 기본적 사회 질서의 파괴를 의미했고, 그가 그 전환의 '거대함'을 강조하는 이유였다. 이 책은 시장경제가 인간과 인간이 사는 그 자연환경을 치명적으로 파괴하기 때문에, 지속가능하지 않다는 그의 확신을 서술하고 있다. 그는 계획된 자유방임주의를 주장함으로써 자본주의 발생의 정통 자유주의적 가치에 대하여 역습을 가하는 반면에, 사회적 보호 정책은 무제한적인 자유시장에 의해 강제되는 사회적 전위(轉位)에 대한 일종의 자연발생적 반응이었다고 주장한다. 『거대한 전환』은 카를 마르크스의 『자본』 이후 가장 강력한 자본주의 비판서로 꼽힐 책이다. 그는 이 책에서 "자유방임 시장은 국가 계획의 산물이다"라고 주장했다. 마르크스가 자본주의 체제의 내적 메커니즘을 논리적으로 분석해 그 체제의 필연적 파국을 논증했다면, 폴라니의 『거대한 전환』은 자본주의 시장 체제의 형성과 결과를 역사적으로 분석해 그 체제의 내적 모순을 폭로했다. 시장 자유주의의 모든 핵심 주장들이 그의 폭로를 통해 허구로 드러났다. 자본주의 체제를 근본적으로 비판하면서도 마르크스주의 이론체계에도 동의하지 않았던 탓에 이 책은 좌우 두 극단 사이에 끼여 냉전 시기 내내 학문적 표류 상태에 있었다. 그랬던 것이 1980년대 이후 신자유주의의 폭주와 그로 인한 전 세계 경제의 혼란을 겪으면서 이 책의 가치가 새롭게 발견되었다. 폴라니는 자기 조정적 시장이 인간 본성에 내재한 사회성 내지는 공동체성을 해체하고 파괴한다고 보았다. 산업혁명과 이후 성립한 시장자본주의는 사회를 '맷돌(Satanic mills)'

처럼 통째로 갈아 인간을 원자로 만들어버린다는 것이다. 사회의 모든 관계들은 부서져 시장에 먹히고 마는데 그런 시장의 파괴 작업은 사회적 관계를 복원하려는 강력한 반작용을 낳을 수밖에 없다고 보았다. 시장가격에 따라 임금이 깎이거나 일터에서 쫓겨난 노동자들, 대기업에 밀린 자영업자들은 시장의 폭주에 온몸으로 저항하는데 이 반발하는 힘 때문에 시장은 뜻대로 작동할 수 없게 되는데 폴라니는 자기조정 시장이 결코 실현될 수 없는 시장자유주의자들의 '유토피아'라고 못 박았다. 이 지점에서 폴라니가 발견하는 것이 '사회'다. 인간을 인간답게 지켜주는 관계의 총체가 사회인데 시장자유주의자들은 "사회"를 제거하고 모든 것을 경제와 시장에 복속시키려 한다는 것이다. 폴라니는 자유시장의 국가 개입은 필수적인 것으로 보았다. 그는 자유시장 자본주의는 이를 위해 처음부터 그리고 그 이후로 내내 국가의 능동적 개입을 통해 완성되고 작동했다고 주장한다. 이 책이 나온 이후 흔히 자본주의 시장경제의 모순을 "악마의 맷돌"에 비교하는 경우가 많다.

8. 항존주의 교육이론은 진보주의 교육 이념을 전면 부정하면서 1930년대부터 등장하기 시작하였다. 항존의 뜻은 영원, 불변, 영생의 뜻을 지니며, 항존주의는 현대문명이 갖는 혼란 속에서 지적, 도덕적, 경제적 확실성을 찾아야 한다는 것을 강조하는 데서 출발한다. 항존주의 사상은 멀리는 그리스 시대로 거슬러 올라가지만, 구체적으로는 중세 말 13세기에 아퀴나스에 의하여 추구된 사상을 기초로 한 현대적 교육사상이라고 할 수 있다. 항존주의는 철저한 반과학주의, 탈세속주의, 정신주의로서 절대 불변하는 진리의 보편성과 이성적 존재로서의 보편적 인간에 대한 신념에 기초하고 있다.

11장

21세기 교육을
비판적으로 생각하기

나는 이전 장에서 삶의 중요한 세 가지 영역에서 21세기 목적들의 안내를 받으며 우리가 사용할 수 있는 제재와 방법에 대하여 창의적 사고를 위한 몇 가지 제안들을 제시하였다. 이제 나는 1장에서 언급한 문제로 다시 돌아가 그것과 관련된 비판적 사고를 논의하고자 한다. 만일 우리가 비판적으로 사고하는 법을 학생들에게 가르칠 수 있다는 현실적 희망을 갖고자 한다면, 정책 입안자들과 교육자들은 반드시 우리가 미래를 위해 무엇을 하고 무슨 계획을 세울 것인지를 평가하는 데 있어 비판적 사고를 연습해야 한다. 우리가 할 수 있는 첫 번째 질문으로는 현재의 학업성취 기준과 핵심 지식을 강조함으로써 긍정적 기여를 할 수 있느냐이다. 그럴 수 있다면, 무엇이 그런 기여를 할 수 있을 것인가? 그럴 수 없다면, 막대한 시간과 돈, 그리고 노력을 허비하고 말 것이다.

학업성취 기준과 핵심 지식

핵심적 지식의 진술에 배치된 학업성취 기준을 반대하는 핵심적 이유로는 연방정부가 가르치고자 하는 내용을 각 주와 교육청들이 따를 필요가 없다는 것이다. 이러한 반대는 내용의 기준을 비판하는 그 자체에 있는 것이 아니라, 그 기준을 오로지 누가 설정해야 하는가에 대한 논란이었다. 하지만 앞서 언급한 바와 같이, 국가교육과정을 향한 대중들의 태도는 지난 30년간 크게 변화했다. 1970년대에 거의 생각할 수 없었던 일이 지금은 널리 받아들여지고 있다. 대부분의 주들은 공통핵심학업성취기준/공통핵심기준CCSS/Common Core Standards[1]에 공식 서명을 하였다. 하지만 이러한 기준들이 얼마나 유용한 것인가?

교사들은 수학의 "새로운" 내용의 기준과 관련된 비판적 사고를 하지 않으면 안 된다. 예컨대, 대수학 내용의 개요를 주의 깊게 살펴보자. "새로운 수학"이 도입된 시대에 그것을 가르쳤던 우리 교사들은 대수학의 핵심적 기준에서 아무런 새로운 내용을 발견할 수 없었다. 좀 감지할 수 있는 변화가 있기는 하지만, 현재의 자료는 요구하는 것이 별로 많지 않다. 예컨대, 벡터와 행렬 공부는 핵심기준 아래 선택에 속해 있다. 그렇다면 왜 지난 40년간 우리가 활용한 학습 자료가 이런 혼란을 초래하고 있는가?[2]

대부분의 학생들은 1960년대와 1970년대의 학교수학연구그룹SMSG/School Mathematics Study Group과 이 밖의 새수학 프로젝트들이 제안한 교육과정을 따라갈 수 없었다. 현 공통핵심기준이 그들에게 거의 바뀌지 않은 마술적인 몇 가지 방법을 제공하지 않는다면, 대부분의 학생들은 거의 재-진출되지 않은 이러한 설명 때문에 어려움에 처했을 것이다. 공통핵심기준이 더 단순하고, 간단한 언어로 되어 있다고 믿을 수 있다. 그런데 모든 아이들이 반드시 대학 예비 교육과정에 들어가야 한다고 주장하기 때문에 지금 교사들이 직면한 문제는 아주 복합적이다. 이에 대해 생각해보자. 수학, 그리고 아마도 모든 과목을 전공하는 대학 준비 교육과정의 내용이 표준화된 것은 비공식적으로 오래되었다. 도서관에서 수년간 활용되어온 내용들을 살펴보자. 매우 창의적이었던 1960년대를 제외하고, 지금껏 교과서는 내용에 있어 거의 달라진 것이 없다. 이렇게 말한다고 하여 내용 전문가들이 주기적으로 학습 자료를 세심하게 검토하는 것을 반대하려는 주장을 펴려는 것은 아니다. 물론, 나는 이 책을 통해 이러한 검토를 해왔다. 내가 반대하는 내용은 두 가지이다. 첫째, 내용이 새롭다는 것은 명명백백한 거짓말이다. 둘째, 모든 학생들에게 이런 내용을 강요함으로써 평등이 진전될 것이라고 추정하는 것은 우리의 민주주의를 사실상 위태롭게 한다는 점이다. 여기서 앞에서 언급한 논변을 반복하진 않겠다. 그렇지만 다양한 흥미와 재능의 필요를 만족시키는 것을 목표로 하는 다양한 프로그램을 제공하는 방법과 새로운 내용에 대한 진지한 질문을 할 경우, 독자들, 특히 교사들에게 교재와 테스트, 그리고 기존의 내용에 학습 자료를 지원하는 데 수십억 달러를 사용할 것을 고려해보라고 촉구한다.

수학 교육과정에 명시된 주제를 넘어 공통기준에서 진술된 "일상생활에서의 수학적 적용을 위한 기준"까지 살펴본다면, 더욱 우려는 커진다. 이 목록에 넣을 첫 번째 기준은 문제를 이해하라, 그리고 그것을 풀기 위해 노력하라이다. 이러한 생각은 확실히 문제와 해법에 대하여 의미를 부여한다. 하지만 수학 교육자들은 수십 년간 이러한 의미를 강조해왔다. 브라우넬William Brownell은 1947년 작은 에세이, "셈을 가르치는 데 있어서 의미의 위치The Place of Meaning in the Teaching of Arithmetic"를 저술하였다. 이 작은 에세이는 오늘날에도 수학 교육을 이수하는 학생들에 의해 읽히고 있다. 하지만 여전히 모든 학생들에게 문제를 이해시킬 방법을 찾지 못하였다. 학생들은 완전히 현실에 맞지 않는 "문장으로 만들어진 문제"에 대하여 두려움을 갖고 있다. 내가 좋아하는 오래된 만화들 중 하나인 『지옥의 서재Hell's Library』는 전체가 수학적 어휘 문제로 구성된 공통핵심기준을 쓸쓸하게 바라보는 지옥의 슬픈 주민을 보여준다. 심지어 수학 교육에 있어 수학 교과서 저자들에게 가능한 한 적은 수의 문장을 가지고 구성하도록 권장한 시기가 있었다. 문장은 수학적 사고를 어렵게 만든다! 이 책에서 취하는 관점으로 보면, 수학에서 읽기의 어려움은 교과 사이를 연계시키는 것에 대한 또 다른 논쟁을 불러일으킨다. 어느 정도 측면에서 모든 교사들은 읽기 교사이기도 하다.

수학의 적용에 대한 두 번째 기준은 학생들이 "추상적으로, 그리고 양적으로 추론하기"를 학습할 것을 권장한다. 여기서 이에 대해 새로운 것은 무엇일까? 아마도 권장사항에 추가되어야 할 한 가지 문구가 있다. "그리고 이제 정말, 정말 진심으로" 물론, 우리는 학생들에게 열거된 실천에 참여할 것을 권장하고, 이를 실행하도록 하는 기회를 많이 제공해야 한다. 구체적 학습 목표들을 세움으로써 직접 배울 수 있는 연습을 위한 이러한 활동들을 줄이는 것은 우리가 할 수 없다. 종종 이것들은 게임하기, 실험하기 그리고 대화에 참여하기를 통해 더욱 잘 발달된다. 그렇다 해도, 일부 학생들에게 수학적 문제 해결은 미스터리로 남아 있다. 이렇게 말한다고 하여 학생들이 어떠한 종류의 문제를 공식화하여 풀 수 없다는 것을 뜻하지 않는다. 자신이 흥미를 가진 분야에서 대부분의 학생들은 문제 해결에 필요한 지능을 발휘할 수 있다. 또한 모든 교사가 도덕적 교육자가 되며 표준 구어체 영어를 안내할 수 있어야 하듯이, 모든 교사가 학생들에게 일상생활 영역에서 비판적 사고와 문제 해결 능력을 계발하도록 도움을 주어야 한다.

이상하게도, 수학적 기호와 절차를 질서정연하고 정확히 사용하는 일상생활에서 수학적 적용을 위한 기준 목록을 언급하고 있지 않다. "고차적"인지 과정의 중요성에 대한 논의에 사로잡혀 우리는 단조로운 기계적 암기 절차를 피해왔다. 역설적으로 너무나 종종 "고차적 인지" 자료들에 대해 나 역시 명확하고 창의적인 수학적 추론이 권장되기를 희망하는 것으로 환원시켜왔지만, 사고하기와 질서정연한 풀이 활동 간의 관계에는 어느 정도의 분석이 필요하다. 우수한 교사들은 학생들이 읽을 수 없을 정도로 휘갈겨 쓰거나, 곱하기와 더하기 기호를 구분하기 어려울 정도로 엉망으로 풀이 과정을 적거나, 'A'와 'a'를 혼란스럽게 뒤섞어 쓰는 경우처럼 문제의 초기 징후를 감지할 수 있다. 순서와 정확성은 절차에 있어 고차적 사고에 반하는 것이 아니라, 오히려 그것을 촉진한다. 우리는 이러한 촉진적 관계에 기반을 두지 않으면 안 된다.

이렇게 내용 기준의 작성과 배분에 그렇게까지 많은 시간과 돈을 왜 계속 허비해야 할까? 나는 지금까지 공통핵심기준에 새로운 것이 별로 없다고 반대를 해왔지만, 어쩌면 오래된 학습 자료들을 반복하고 지지하는 것은 중요하다. 우리 중에 일부는 이 자료들을 한데 모아 출간하면 효과를 발휘할 것이라고 믿는다. 지금까지의 증거들은 이 믿음이 뭔가 잘못 짚었다는 것을 보여준다. 많은 주에서 기준을 수용하고 이행하는 것을 주의 깊게 살펴본 연구들을 인용하면서, 러브리스Tom Loveless(2012)는 다음과 같이 결론 내리고 있다.

> 각 주들은 학업성취 기준을 통해 자신의 학교를 개선하기 위한 많은 방법들을 시도하였다. 그럼에도 우수하고 나쁜 학업성취 기준, 그리고 정책 입안자들이 현재 알고 있는 모든 수행 도구들과 함께 그들 사이에 있는 모든 사람들은 하나의 의미 있는 결론에 도달하였다. 공통핵심기준은 그렇게 중요한 것이 아니다(p. 32).

공통핵심기준의 옹호자들은 학교들이 학업성취 기준을 그다지 효율적으로 사용하지 않고 있다고 주장한다. 학교가 공통핵심기준을 효율적으로 사용하고 있지 않은 것은 확실하다. 교과서들은 상당히 동일한 학업성취 기준들을 오랫동안 제공해왔다(특히 수학에서). 행동 목표 운동[3]과 이에 따른 역량 운동competencies movement[4]은 좁게 전문화된 것이었지만, 효과는 별로 없었다. 교사들이 도달할 것으로 예상되는 그 무엇을 모르기 때문은 아니다. 교사들이 모든 학생들에게 필요한 자료를 가르칠 방법을 찾지 못한 것이다. 새로운 수학 시대를 맞이하였지만, 많은 교사들은 때때로 누구에게나 필요한 자료를 가르치는 방법을 알지 못하고 있다. 오늘날 공통핵심기준에서 정말로 새로운 것이 없다고 하여 이것이 문제라고 생각하지 않는다. 하지만 과거 국립과학재단이 재정 지원을 받아 수행한 학위 프로그램과 과정의 부류로 돌아가면, 수학을 가르치는 일에 활기를 불어넣을 수 있다.

시민들은 교사를 평가하려는 공통핵심기준, 고-책무 시험 그리고 비생산적인(비용이 많이 들지만) 계획에 지출한 부당한 재정을 보면 분노하지 않을 수 없다. 영리를 추구하는 교육 집단은 지난 10년 동안 수십억 달러를 벌어들였으나, 끝이 보이지 않는다. "새로운" 공통핵심기준은 디자인의 모든 복잡한 연상, 예비시험, 모니터링, 채점, 부정행위를 적발하고 방지하기 위한 정교한 대책, "배치"가 뒤따르는 등 새로운 테스트가 필요하다. 창의적이고 책임질 수 있는 변화에 대해 계속 개방적인 다양하고, 풍족한 적절한 자료의 체제여야 하는 교육과정은 시험과 함께 배치되어야 한다. 말 앞에서 수레를 끄는 것에 대해 얘기해보자! 만약 이 배치가 완벽할 때 무슨 일이 발생할까? 테스트가 실제 교육과정이 됨으로써, 교사들은 "테스트가 이끄는 방향으로 가르치는 것"으로 정당화된다. 교사가 가르치는 데에 있어서 성공하였다면, 학생들은 테스트에서 우수한 결과를 얻을 것이다. 이러한 일은 수년 전 뉴욕 시에서 발생하였다. 기념행사가 있었는가? 아니다. 정책 입안자들은 너무 많은 아이들이 테스트를 통과하자, 테스트가 너무 쉽다고 생각해 테스트를 더 어렵게 만들어야 한다고 결정하였다.

나는 이 글을 쓰고 있을 때, 지역 신문(뉴저지에 있는)에서 학생들이 고등학교 졸업 자격증을 따기 위해 훨씬 더 어려운 졸업 시험을 통과해야 한다는 것을 알리는 기사를 보았다. 이렇게 된 이유가 무엇인가? 확실히, 많은 고등학교 졸업생들은 대학교에 입학하기 위해 수학과 언어 과목에 대한 보충 과정을 필요로 한다. 우리는 이것이 문제를 야기할 수도 있다는 것에 동의할 수 있을지 모르지만, 과거의 경험과 현재의 연구들로부터 나온 이런 문제가 더욱 어려운 고등학교 졸업 시험을 통과해야 한다는 조건으로 대체되어서는 안 된다는 점을 알아야 한다. 여러 주들에서(예컨대, 뉴욕 근교의) 오랫동안 이런 시험을 치러왔다. 그렇다면 이들 주에서는 대입을 위한 보충 수업이 필요한 학생들의 수가 점점 줄어들었는가? 뉴저지 주의 정책 입안자들은 이 시험들에 대해 아주 낮은 수준의 "합격" 점수를 검토하였는가? 이 시험이 제도화되었을 때, 더욱 많은 것을 학습할 것이라고 학생들에게 믿게 만든 것이 무엇인가? 얼마나 더 많은 청소년들이 고등학교에서 탈락하는지를 그들은 정말 생각해보았는가?

교육과정을 구성하기

교육과정의 구성을 올바르게 해석하면, 늘 놀랍게도 도전적이고, 창의적이며, 다단계적인 과업으로 다가온다. 이 과업은 인간 삶의 거대한 세 가지 영역, 즉 가정 및 개인적 삶, 직업적 삶 그리고 시민으로서의 삶의 각각에 놓여 있는 큰 목표들에 대한 논의와 더불어 시작되지 않으면 안 된다. 숙련된 정책 전문가들, 관심 있는 시민 그리고 교육자들이 이 단계에 참여해야 한다. 이들은 나의 책에서 제기된 문제들을 다룰 수 있는 시간을 내야 한다. 어떻게 아이들의 다양한 흥미와 재능을 충족시켜줄 수 있을 것인가? 미래를 향한 직업교육의 기반 마련을 위해 그들의 학교 경험이 보편적으로 언제까지, 어떻게 마련되어야 하는가? 오늘날 이러한 탐구와 논의는 거의 일어나지 않고 있다. 이와 반대로 우리는 이미 마련된 경직된 학문 구조로부터 시작하도록 강요를 받고 있다. 하지만 기존의 각 과목들이 어떻게 목표에 의해 안내되며, 현재의 과목들을 활용하는 새로운 프로그램(직업교육과 같은)을 소개할 수 있는지를 물을 수 있다.

모두가 알아야 하고, 할 수 있는 것들이 있는가? 우리는 세심한 상상력을 발휘하여 다루어야 한다. 우리는 종종 "기초과정의 지도"와 같은 것으로 합리적으로 시작하고, 곧 모든 이들이 정적분과 부정적분의 차이를 알아야 한다는 주장을 쉽게 발견할 수 있다. 보편적 목표란 반드시 각 프로그램 내의 각 단계에서 성취 가능한 목표로 실행되어야 한다. 이들은 대체로 모호하게 진술되는 경향이 있다. 모든 아이들은 어느 정도 능숙하게 의사소통—읽기, 말하기, 듣기, 쓰기 그리고 기본적 테크놀로지의 사용—을 하게 되어야 한다. 우리가 믿고 있는 태도 및 가치와 얽혀 있어야 하는 기본적 의사소통 기술은 보편적으로 개발되어야 하는 것들이 있다. 인간의 상호 의존성에 대한 인정, 다양한 재능과 흥미에 대한 존중, 지구 건강에 대한 증대된 공헌, 미적 감수성, 비판적 존중을 지닌 반응과 경청, 자아에 대한 앎과 도덕적 성실성을 획득하기 위한 노력 등.

문서화된 교육과정을 다양한 과목들 속에서 배열하기 시작할 때, 21세기의 보편적 목표를 명심해야 한다. 모든 학생들에게 요구되는 어떤 주제나 요청된 기술은 브루너Jerome Bruner(1960)[5]에 의해 제안된 시험을 통과해야 한다.

> 초등학교에서 가르치는 어떤 과목에 대한 준거로서 충분히 개발되었을 경우, 성인의 지식으로서 가치가 있는지, 그리고 이를 아동기에 인지하는 것이 더 나은 성인으로 성장하는 데 도움을 줄 수 있는지를 물을 수 있다. 이러한 물음에 대한 답이 만약 부정적이거나 모호하다면, 해당 학습 자료는 교육과정에 혼란을 유발할 것이다(p. 52).

그런데 이것은 적용이 매우 곤란한 검토이다. 마치 이것은 헤이스팅스 지역의 전투 날짜를 아는 것이 인생에 무슨 의미를 가지는지를 묻는 열정적 증언과 함께, 무엇이 유용할 수 있을지를 둘러싼 끝없는 논쟁을 유발한다. 그렇지만, 이 논의는 교육과정에 혼란을 일으키는 사실과 미세한 기술의 측면에서 볼 때 교육과정의 지나친 상세화를 문제 삼는 조언으로서 도움이 된다. 이런 방식으로 해석하면, 이 문제는 정책 입안자들과 교과 전문가들로 하여금 모든 학급에 있는 각 학년 수준의 모든 학생들에게 무엇을 가르쳐야 하는지를 명확히 규정하는 것이 그들의 소관이 아니라는 것을 일깨워준다. 이미 마련된 광범위한 처음의 개요를 바탕으로 실제 교육과정을 구성하는 것은 학생들과 함께 매일 작업을 해야 하는 교사의 업무이다. 교육과정의 경이로운 조각들은 흥미에 따라 학생들이 발판으로 삼거나 무시되었던 학생들을 위한 자유로운 선물로서 제시될 것이다. 각각의 발달 단계에서 규정된 교육과정은 상호작용적으로 작성될 때, 많은 새로운 학습 자료들은 교사와 학생이 초기 학습 자료에 대한 논의를 함으로써 덧붙여질 것이다(작용 이전의 교육과정과 상호작용하는 교육과정의 구분에 대한 배경을 위한 논의는 Jackson, 1992를 참조하라).

상호작용적 교육과정interactive curriculum—학생들에 의해 표현된 필요와 흥미에 반응한 교사들이 덧붙인 학습 자료—에 대한 정당성의 인정은 교육과정의 내용content을 그것의 기준standards으로 전환하기 위한 현재의 움직임을 둘러싸고 또 다른 격렬한 비판이 제기되고 있다. 매우 효과적이고 창의적인 교사들은 학생들과의 상호작용에서 일어나는 생각을 다루기 위해 규정된 수업 목표로부터 벗어날 때, 매우 자주 비판을 받는다. 심지어 징계를 받기도 한다. 그 결과는 이 책을 통해 논의해온 바대로, 연계성이 없는 일련의 암울하고 무기력한 수업으로 나타날 수 있다.

이러한 수업으로부터 가능한 얻을 수 있는 유일한 이점은 학생을 위해서는 높은 시험 점수이고, 그리고 교사를 위해서는 만족스러운 평가이다. 하지만 지금까지 이를 향한 진전을 그다지 보이지 못하고 있다. 어떤 경우이든, 그것으로 우리가 하고 있는 일의 가치를 평가하는 것은 초라한 기준일 수 있다. 최근에 1차 세계대전 중 윌슨Woodrow Wilson이 대통령이었다는 사실을 미국 땅에서 태어난 미국인의 약 21%만이 알고 있다는 여론조사 결과가 보도되었다. 그런데 이와 대조적으로, 이 사실을 이민자들은 더 많이 알고 있었다. 그것은 시민권 시험을 준비하면서 안 것이다. 물론 그들도 곧 이러한 사실을 잊어버릴 것이다. 21세기를 위해 제안된 우리의 교육과정과 목표들을 살펴볼 때 전쟁의 폐해, 솜 전투Battle of Somme[6]에서 지도자의 우둔함과 자만, 국제연맹을 통한 평화 추구, 1차 세계대전에 대한 시 읽기, "왕과 나라"를 위해서는 다시 싸우지 않겠다는 옥스퍼드 대학생들의 맹서[7], 국회에서 전쟁에 반대하는 표를 던진 자네트 랜킨Jeannette Rankin 의원[8]의 도덕적 용기, 그리고 양심적 병역 거부[9]의 등장 등 확산된 논의가 교실에서 있었다면, 윌슨이 1차 세계대전 당시 대통령이었다는 사실을 더 잘 기억할 것이라는 점을 명심해야 한다. 거대한 이념과 개념은 아주 종종 우리가 간직해야 할 사실들을 저장하는 장소가 된다.

삶의 세 가지 영역에 대한 관심과 함께 21세기 교육을 위한 목적을 분석하고 반영하는 것은 교육과정 구성의 다음 단계를 위한 폭넓은 토대, 즉 전 세계 인구의 다양한 집단의 요구를 충족시키기 위한 다양한 프로그램을 위한 결정을 마련해준다. 위에서 논의한 바와 같이, 각 단계에서 문서화된 교육과정을 강화할 수 있는 기회가 존재하지만, 개인의 흥미와 능력을 탐색하고 구축할 기회는 어느 정도 중학교와 고등학교에서 더 공식화되어야 한다. 이러한 단계에서 코스와 프로그램을 다양화하고, 그리고 이미 확인된 보편적 목적에 의해 인도될 수 있는 노력들을 통합하는 이중적 과제를 마주한다. 예를 들어, 나는 교양교육liberal education의 매우 풍부한 아이디어들이 학교에서 제공되는 모든 과정에 통합되어야 한다고 제안한 바 있다. 우리는 학생들이 불멸의 대화에 참여하도록 유도하는 실용적 직업 코스를 제공하고, 교과 간의 경계를 넘어서 삶 그 자체로 연결되는 지속적 노력을 해야 한다.

이 책에서 나는 전체적 교육과정 구성을 위해 어느 하나의 이론적 접근을 옹호하지 않았다(이러한 접근법들에 대한 몇 가지 논의는 Schubert, 1986을 참조). 오히려 나는 우리가 이 모두로부터 많은 것을 배울 수 있다는 제안을 하였다. 이는 접근법을 아무렇게나 만드는 것이 아니라 학생의 요구, 교과의 본질, 그리고 보다 큰 사회로부터의 요구를 고려하여 세심하고 비판적인 절충적 분석을 활용하는 문제라고 본다. 여기서 교육과정 개발에 대한 모든 것을 논의할 순 없지만, 예비 교사들과 현직 교사들은 교육과정 이론가들의 생각을 검토하는 데 시간을 많이 투자하고 자신들의 일에 어떠한 도움이 될 것인지를 성찰하는 데 어느 정도의 시간을 투자해야 한다(예: Eisner, 1979; Pinar, 1975; Pinar, Reynolds, Slattery & Taubman, 1995 참조). 과제 개발을 위한 프로그램과 개요를 정립하기 위한 포괄적 작업이 이루어질 때 교사들은 상호작용적 교육과정을 정교화하고 안내하는 일을 떠맡는다. 그들에게 가르치는 방식까지 말해서는 안 된다. 오히려 그들이 이미 활용된 교수법을 바탕으로 숨겨진 보물 상자와 같은 학습 자료를 탐구하도록 격려해야 한다.

교수법이라는 보물

문서화된 교육과정과 목표들이 수립되었을 때, 우리는 수업 계획을 짜는 것을 시작할 수 있다. 여기서 두 가지 사항에 주의해야 한다. 첫째, 교사는 계획에 대한 자발적 변경을 유발하는 교실 내 상황인 "가장 잘 배울 수 있는 순간"[10]에 개방적이어야 한다. 둘째, 교사들은 만들고자 하는 하나의 이론적 틀에 구속받지 않아야 한다. 예를 들어, 심리학적 이론에서 행동주의자behaviorists와 구성주의자constructivists 모두로부터 배울 점이 있다. 잘 정의된 특정 교수 기술을 가르치는 것을 목표로 하는 많은 수업들은 학생들이 목표를 달성할 수 있는지를 확인할 수 있는 설명과 사례, 연습 기간과 짧은 퀴즈가 뒤따르는 잘 진술된 학습 목표를 가지고 적절히 시작한다. 때때로 열성적인 구성주의자들은 그러한 수업을 거부하며, 특히 이들은 반복 연습drill이라고 불리는 것을 거부한다. "반복 연습과 주입drill and kill"[11]은 피해야 하는 것이다. 하지만 연습을 분별력 있게 이용할 수 있다고 서술한 심리학 저서도 많이 있다. 현명하게 사용한 반복 연습은 흥미를 저해하지 않을 것이다. 오히려 현명하게 사용된 연습을 통해, 학생들은 지적으로 보다 높은 수준의 활동에서 좀 더 자신 있게, 좀 더 창의적으로 임할 수 있게 될 것이다.

하지만 이러한 수업이 수업 계획들을 지배해서는 안 된다. 윌슨E. O. Wilson이 제안하고 있는 책에서 옹호된 "큰 그림"을 소개하는 것이 우선시되어야 하며, 이들을 발견할 기회를 제공하기 위한 적절한 공간이 주어져야 한다. 1960년 브루너Jerome Bruner의 『교육의 과정The Process of Education』[12]의 출간 이후, 십여 년간 발견 학습discovery learning[13]에 대한 관심이 높았다. 발견 수업은 흥미진진하고 가치가 있다. 학생들에게 예시의 꾸러미가 주어지고, 그것에서 의미 있는 일반화를 이끌어내면 기억할 만한 경험이 될 수 있다. 예를 들어 기하학을 가르치는데 학생들에게 짝을 지어 다양한 삼각형의 각을 측정하고, 이들의 합을 구할 것을 요구하였다. 그 결과로서의 대답은 잠정적 일반화, 경험적 증거와 수학적 증명 간의 차이에 대한 토론, 심지어 측정 오류에 대한 어떤 토론을 이끌어내었다. 실험, 토론, 추측은 우리에게 증명을 시도하도록 만드는 훌륭한 출발점을 제공해주었던 것이다.

그러나 교육과정의 모든 것은 발견을 통해 학습될 수 없다. 교사와 연구자들이 발견 학습을 지나치게 밀어붙임으로써 흥미롭고 유용한 접근법은 거의 사라져버렸다(Shulman & Keislar, 1996). 몇 년 전 나는 학생들에게 별자리의 이름을 "발견"하도록 하는 교사 집단과 작업을 하였다. 학생들에게 별자리의 사진들을 보여주고, 이름을 추측하며 시간을 보내는 것이 물론 재미는 있었지만, 수업은 지체되었으며 학생들은 아무것도 "발견하지" 못했다. 나는 교사들에게 "왜 학생들에게 바로 말하지 않나요?"라고 물었는데 구성주의자인 교사들은 놀라워했다. 나 또한 마찬가지였다. 너무 많은 것을 요구하는 바람에 좋은 생각이 조기에 사장되어버렸다.

발견에 의한 학습은 여전히 훌륭한 생각이다. 브루너의 소중한 제안은 학습에서의 탐구의 역할에 대해 폭넓게 논의한 듀이에 의해 먼저 구상되었다. 듀이는 탐구 또는 발견을 어린이의 네 가지 흥미들 중 하나로 보았다(Noddings, 2012b). 현명한 교사들은 학생들의 특별한 주제에 대한 관심사에 바탕을 두어 구성하거나 교육과정에 명시된 주제에 대한 관심을 불러일으킴으로써 이러한 기본적 흥미를 활용한다. 이렇든 저렇든 그것이 모두일 필요가 없다는 데 주목하라. 학생들에게 자신들이 관심을 가진 문제나 주제에 대하여 질문을 가질 것을 장려하거나, 우리가 소개한 문제에 대한 학생들의 흥미를 유발할 수 있다(Cuffaro, 1995; Fishman & McCarthy, 1998). 나는 듀이의 사상을 따르는 사람으로서 학생 자신이 하고 싶은 것을 말할 때까지 기다려야만 한다고 추정하는 것은 큰 잘못이라고 생각한다. 듀이(1938/1963)가 말하고자 했던 생각은 "학습과정에서 그들의 활동을 이끄는 목적들을 구성하는 데 있어" 그들의 참여를 확보하는 것이다(p.67).

듀이는 아이들의 네 가지 흥미 중에서 스스로를 예술적으로 표현하고자 하는 욕구를 또 다른 하나의 흥미로 확인하였다. 가장 훌륭한 초등학교 교사들은 항상 흥미 그 자체와 모든 종류의 학습에 동기를 부여하는 흥미를 격려해왔다. 나는 이 장의 초반부에서 학생들에게 진술된 학습 목표에서 벗어나 눈과 썰매에 대한 시를 쓰며 노래하도록 하는 언어 과목 수업을 기술하였다. 학생이 칭찬을 받아야 할 때 교사는 질책을 받았다. 교사는 논리적 흥미와 미적 흥미를 연계할 기회를 엿보아야 한다

(Garrison, 1997).

고등학교 수준에서 미적 흥미와 논리적이나 수학적 흥미를 결합하는 것은 언제나 더 어려운 듯하다. 하지만, 이렇게 된 것은 상상력 및 교사교육이 실패하였기 때문이다. 교과서에 배치된 반복 연습에 사로잡히기 쉽다. 그리고 오늘날 교사들은 진술된 목표를 추구하고, 성실한 연습을 조장하며, 숙제를 많이 부여하고, 시험을 계속 치른다. 감히 수학 교사가 "우주의 시the poetry of the universe"로서 수학을 논의할 시간을 갖거나 성차별주의, 계급주의 그리고 종교적 허세에 대해 도전하는 수학적 공상 소설인 애버트Edwin Abbott의 『평평한 땅Flatland』[14]을 말할 수 있겠는가? 듀이, 브루너, 그리고 탐구를 강조하는 다른 초기 주장들을 반성적으로 살펴볼 때, 우리는 앞을 내다보는 것을 잊지 말아야 한다. 학생들의 탐구를 어떠한 방향으로 인도해야 하는가? 현재 우리가 가르치는 것들을 가정생활, 시민생활이나 직업생활에 어떤 연관성을 갖게 할 것인가?

교수 방법들을 고려하는 순간부터 선택할 보물 상자treasure chest를 우리는 가지게 된다. 페스탈로치의 사물학습, 소크라테스의 질문법, 역할극, 모의법정 혹은 모의국제연합, 게임 그리고 다양한 그룹 활동을 어디에서 활용할 수 있을까? 과학과 수학 수업에서 이야기, 미술, 시 그리고 음악을 어떻게 포함시킬 수 있을까?

나는 여기에서 보물 상자와 같은 교수법—숙달/완전 학습mastery learning[15] 그리고 그것의 가능한 적용들—에 들어 있는 다른 항목에 대해 좀 더 말하고자 한다. 나는 몇 년 전 참여하였던 대수학 2 과정에 대하여 여러 차례 언급한 바 있다. 모든 학생을 인내와 전문적 가르침expert teaching을 통해 완전 학습으로 이끌 수 있다는 블룸Bloom(1981)[16]의 주장에 동의하지 않기에 숙달 학습을 무시할 수 있다. 실제로 나는 이에 대해 그와 생각을 같이하지 않는다. 하지만 한정된 숙달limited mastery을 이루기 위해 그의 제안을 분석하고 조정한다. 이를 성취하려면 교사들은 과제 분석을 하고, 종종 준비하지 않는 일을 한다(Cronbach, 1977). 교과서가 매우 잘 구성되어 있어 교사가 과제 분석에 더 이상 참여할 필요가 없는 가정이 있을 수 있다. 단위 x는 학생들이 단위 x+1에 대하여 준비되도록 만든다. 하지만 교재가 수준별 연습 문제 등으로 잘 조직되어 있을 때조차, 여러 과목을 순차적으로 가르치는 교사들은 여전히 다른 제재로 넘어가기에 앞서 학생들이 알 필요가 있는 사항에 대한 질문을 더 깊이 탐구할 필요가 있다. 이러한 한정된 숙달을 이루지 못하고서 다음 과정으로 넘어가는 것은 정말 헛수고다. 이러한 한정된 숙달을 주장한다면, 규정된 전체 교육과정을 다룰 수 있을 것인가? 아마도 그러지 못할 것이다. 하지만 그 교육과정에 대한 질문을 제기하고, 학생들의 재능과 흥미에 더 잘 맞는 수정과 대안을 촉구할 수 있을 것이다. 듀이에 의해 주장되고, 이 책에 의해 옹호된 중요한 교육의 목적은 학생들이 잘하는 것과 자신들이 하고 싶어 하는 것을 찾도록 돕는 것이다. 따라서 모든 사람은 가르치기로 결정한 그 무엇이라도 잘해낼 능력이 평등하다고 (혹은 거의 평등하다고) 주장하는 것은 우리의 민주주의를 발전시킬 수 없다.

개별적 흥미에 토대를 두고 21세기 목적들이 요구하는 살아 있는 관계를 형성할 수 있는 강력한 방법의 하나는 학생들에게 프로젝트를 담당하도록 하는 것이다. 수십 년 전 킬패트릭William Heard Kilpatrick[17]이 제안한 것과 같이 프로젝트를 수업을 위한 교수-학습 센터로 만들 필요도 없고, 이건Kieran Egan에 의해 제안된 것과 같이 학생들이 그들의 초등학교 학교교육 전체를 통해 하나의 프로젝트를 추구하도록 주장할 필요도 없다. 하지만 우리는 학생들이 프로젝트를 선택하고 수행하는 것을 도움으로써 킬패트릭과 이건 모두로부터 많은 것을 배울 수 있다. 킬패트릭에 의해 강조된 활동은 매우 중요하다. 학생들은 참여하고, 학교가 제공하는 학습자료와 자신의 흥미가 연관될 수 있다고 믿기를 바란다. 이건처럼 심화학습LiD/Learning in Depth[18]의 이념을 지지하며 잘 선택된 프로젝트는 그러한 학습을 촉진해야 한다.

마지막으로, 교수법이라는 보물 상자의 내용에 대해 간략하게 검토하고 진단적 방법을 고찰해보자. 현재 다양한 개념과 기법을 통해 학생들의 어려움을 진단하기 위해 고안된 전산화된 강력한 프로그램이 있다. 이러한 프로그램은 수학 교사에게 "한 번의 클릭으로" 상당히 많은 학생들이 과제를 완료하였는지, 각 학생이 과제에 얼마나 많은 시간을 썼는지, 그리고 어떠한 문제에서 학생들이 어려움을 느꼈는지에 대한 정보를 제공한다. 이러한 프로그램들은 현재 교사들을 "데이터 유도" 수업으로 이끌려는 노력의 일환이다. 이러한 프로그램들을 비판적으로, 그리고 올바른 안목으로 살펴보아야 한다. 미래에는 확실히 더욱더 많은 수업들이 온라인으로 진행될 것이다. 하지만 무엇을 찾아야 할지를 알 필요가 있으며, 전자의 방식에 더욱 의존하게 됨에 따라 무엇을 잃게 되는지를 인식해야 한다.

우리는 문제를 진단하기 위해 이미 인간 중심적 방법human-centered method을 소중하게 여긴다. 수학 교사는 칠판의 수행을 살피는 데 있어 어떤 문제가 있는지를 학생들에게 물어봄으로써 숙제 검토에서부터 시작할 수 있다. 예를 들어 위의 전산화된 프로그램은 많은 학생들이 5번과 6번 문제를 어려워한다는 것을 보여준다. 일부 학생들은 일대일로 3번, 10번 그리고 13번 문제에 어려움을 느낀다는 것을 알기에 이 문제 각각을 논의하고 검토할 것이다. 학생 자원봉사자가 칠판에서 문제를 해결할 때 교사는 학생들 앞에서 그들이 작업한 풀이를 보며 교실 주변을 돌아다닌다. 컴퓨터는 어떤 학생이 과제를 이행하지 않았음을 알려준다. 하지만 이것은 우리가 직접 걸어 다니며 확인할 수 있다. 더불어 좀 더 직접적으로, 우리는 학생 곁에 다가가 "숙제를 하지 않았니?"라고 물어볼 수 있다. 학생의 응답은 지난밤의 두통에 동정 어린 반응을 유발할 수 있다. 이런 일이 너무 자주 발생하여 걱정스러울 수도 있다. 아니면 심하게는 애완견의 속담 활동에 대한 농담일 수 있다.

데이터 유도 수업data-driven instruction의 권고를 비판적으로 사고함으로써, 새로운 가능성들이 받아들여 유지되기를 바란다. 이와 더불어 우리를 인도하는 것이 무엇이며, 언제 그러할지를 숙고할 필요가 있다. 수업은 언제 데이터에 의해 유도되어야 하고, 언제 학생에 의해 유도되어야 하는가?

학생들이 필요한 연습의 꾸러미를 통해 자신만의 속도에 맞추어가고 싶을 때는 전산화된 교육과정이 매우 유용할 것이다. 하지만 검토 중인 학습 자료가 전체 학급에 대한 과제일 때는 좀 더 주의를 해야 한다. 이 경우 위의 문단에 설명된 것처럼 나아가는 것이 좋다. 이러한 생각은 논의하고, 해결책을 공유하며, 직접적인 일대일 접촉을 하는 것이다. 우리는 학생들이 규정된 학습 자료를 학습하기를 바라지만, 마찬가지로 그들에게 도덕적, 사회적 그리고 정서적으로 성장할 기회를 제공해야 한다는 것이 중요하다. 돌봄과 신뢰의 관계를 형성하려면 그러한 접촉이 필요하다.

피아제가 자신의 연구에서 사용하였던 개방적 사고의 방법보다 더 강력한 진단 도구는 존재하지 않는다. 이러한 생각은 학생들에게 "네가 생각하는 것에 대하여 알려다오"라고 묻는 것이다. 이러한 방법이 성공하려면 명확히 교사와 학생 간에 유지되는 신뢰의 수준에 달려 있다. 학생들이 장래에 희망이 없는 사례로 조롱당하거나 취급되지 않을 것이라는 믿음을 가지면서 교사에게 편안하게 말을 걸 수 있어야 한다. 또한 이는 인간의 공손한 상호작용이며, 따라서 그것을 획득한 응답(수치화된 데이터가 아니라)이 수업을 이끌어간다. 이 방법은 일대일의 유력한 관계이지만, 학생들에게 생각, 논변 그리고 해결책을 공유하도록 요청했을 때, 전체 학급의 수업으로 확대될 수 있다. 그리고 교사가 학생들과 함께 작업함으로써 교실을 돌며 경청할 수 있는 방으로 이동함으로써 이를 암묵적으로 이용할 수 있다. 동일한 실수나 오해를 반복적으로 들을 경우, 교사는 전체 학급에 분명한 점을 지적하기 위해 수업을 중단할 수 있다. 무언가 창의적인 것을 들을 경우 교사는 수업을 중단하고, "방금 철수와 영희가 발견한 것을 들어보자. 정말 멋진 것을 알아냈구나!"라고 말할 수도 있다.

의사가 치료에 책임을 지고 있듯이 전문성을 가진 교사들은 수업에 응당 책임이 있다. 이 둘은 엄청난 책임을 지는 위치에 있다.

교사의 지위와 시험

오늘날 교사들은 가혹한 공격을 받고 있다. 만약 우리가 교육과 그것이 옹호하는 민주주의를 소중히 여긴다면, 우리는 이러한 공격에 맞서 싸워야 하고 끝장을 내야 한다. 교사는 전문가로서 자신의 수업에 대해 통제할 수 있어야 한다. 어느 교사라도 대본이 있는 수업scripted lessons을 해야 한다고 요구해서는 안 된다. 교사 누구에게도 모든 수업에 대해 특정 학습 목표를 진술하도록 강요해서는 안 된다. 어느 교사도 오직 시험 점수만을 가지고 평가를 받아서는 안 된다. 그리고 분명 그 어떤 교사에게도 유사 평가[19]를 공개하여 드러내놓고 창피를 주어서는 안 된다. 가르치는 일에 탁월한 능력을 가진 수많은 교사들은 지금과 같이 깎아내리는 방식이라면 전문직에 들어가려고 생각조차 하지 않을 것이다.

전문성을 가진 교사들은 세미나와 교사의 전문성 계발 과정을 제공해주는 정평이 난 조직의 지원을 환영하고 있다. 예를 들어 스푸트니크호 발사(1957) 이후 국립과학재단은 수학과 과학 교사들에게 급료는 물론이고 세미나와 함께 심지어 학위 프로그램까지 제공하였다. 이와 같이 열린 교육, 새로운 사회과, 그리고 언어 발달에 관심이 있는 교사들을 위한 프로그램들을 제공하였다.

오늘날, 교사들에게 제공되는 프로그램의 상당수는 영리 조직이 제공하고 있다. 모든 수준에서 교육은 거대한 비즈니스가 되고 있다. 공통핵심 기준과 테스트에 대한 막대한 비용은 전문적 인증을 받은 믿을 만한 조직이 후원하는 세미나와 유급 안식년에 투입을 하는 것이 더 나을 것이다. 영리 조직에서 제공하는 모든 것이 다 나쁜 것은 아니지만, 이들은 반드시 그리고 제대로 의심을 가질 만하다. 제약기업들이 의사들에게 제공하는 세미나처럼 제공되는 일부 자료들은 유용하지만, 이들이 정평 있는 비영리 집단에 의해 공정하게 평가되고, 구성되며, 제공되는 것이 더욱 나을 것이다.

현재 표준화 시험[20] 중시보다 더 전문성을 가진 교사들을 괴롭히고 정신을 흩트리게 하는 일은 없다. 이 같은 중시에 대해 교사들의 전문적 노력을 비하하는 것으로 생각함에도 불구하고, 상당수의 많은 사람들, 대체로 이러한 환경에서 성장한 젊은이들은 시험 중시를 필수 불가결한 것으로 받아들인다. 교장을 준비하고 있는 활동적인 교사 집단이 주최하는 초청 강연을 하러 갔을 때, 나는 이 시험을 중시하는 것에 대한 질문을 던진 적이 있다. 참석한 여러 선생님들은 "이 시험이 없다면 학생들이 얼마나 잘하고 있는지 어떻게 알 수 있죠?"라고 말하며 표준화 시험의 필요성을 옹호하였다. 나이가 좀 많아 보이는 영어 교사는 다소 놀란 듯, 자기 학생들이 어떻게 했는지를 알기 위해 시험 점수가 필요하지는 않다고 반응했다. 이 여선생님은 자기 학생들이 어떻게 시험을 볼지를 예측할 수 있다. 나는 여선생님의 의견에 동의한다. 나 또한 항상 학생들의 실력을 알고 있었으며(소수의 예외를 제외하고), 어떻게 평가할지를 예측할 수 있다. 정말, 교사가 공정한 수준의 정확한 평가를 할 수 있음에도 이 작업을 수행할 수 없다는 것은 형편없는 점수가 아니라 더 확실한 무능력을 보여주는 지표가 되는 것이다. 시험은 대부분의 경우 우리가 이미 알고 있는 것을 확인하는 것이다.

교사가 예측된 데이터를 즐겁게 모으고, 그들 각자가 평가한 것의 일부분인 데이터를 제시하는 열성적인 연구자들을 기대할 수 있지만 그것은 슬픈 일이다. 나는 이를 권장하진 않는다. 하지만 교사들이 자신의 예측들을 논의하는 부서 모임은 매우 유용할 것이라고 생각한다.

교사 효율성teacher effectiveness[21]이라는 가치가 부가된 평가를 위한 현재의 노력은 오류투성이다. 뉴욕 시에서 최근 수행된 이런 방식의 시도는 기괴할 정도이다. 결과에 대한 설명을 읽어내고, 그것에 대해 교사들이 격분하는 반응을 보았을 때, 『이상한 나라의 앨리스』[22]에 나오는 하트 여왕의 악인 재판이 떠올랐다. 심사위원들은 증인들이 여러 날짜들을 언급하자 넋이 나간 채 듣고 있었다. 수치! 심사위원들은 자신의 슬레이트에 번호를 적었으며, 실링과 펜스에 대해 대답을 덧붙이거나 축소하였다. 교사들을 평가하기 위해 수집한 수치들을 통해 우리가 하고 있는 일은 이처럼 정신 나간 일은 아니지만, 훨씬 더 비참한 결과를 가져왔다.

문제는 교사 평가에 대한 수치적 체계를 완성하는 방법에 있는 것이 아니다. 평가 방법을 수행하기에 앞서 물어야 할 기본적 질문은 그것을 사용할 경우 어떠한 결과가 초래될 것인가이다. 교사들은 결과를 공개하도록 압박을 받고 있지 않은가? 교사는 자신의 교실에서 권위를 행사할 수 있어야 한다. 이러한 권위의 일부는 교사라는 지위 자체에 의해 주어지며, 그리고 또 일부는 교사가 학생과 상호작용을 하는 방식에 의해 주어진다. 만약 교사가 비효율적이라고 판정하면, 정보는 이제 공개될 것이다. 학부모들이 자신의 아이가 효율성이 떨어진 교사에게 배정된 것을 참아낼 수 있을 것인가? 아이들은 이런 교사들의 지시를 따를 수 있을 것인가? 학부모로부터 원망을 들으며 신뢰를 받지 못하고, 학생들로부터는 조롱당하는 교사들은 정작 개선할 수 있는 참다운 기회를 가질 수 있을 것인가?

물론, 이러한 생각은 무능한 교사ineffective teachers[23]를 퇴출시키기 위한 방안을 찾는 데 있다. 하지만 교사에 대한 수치적 평가를 공개하는 것만으로 이러한 목적을 달성하지 못할 것이다. 다양한 역량 개발 프로젝트를 통해 학생들의 학업 실패자 수를 인위적으로 제한하는 방식으로 그렇게 딱지를 붙이면, 행정가는 교사 수를 임의적으로 제한하는 방향으로 유도할 것이다. 학생들이 자주 학업에 실패할 경우, 정책기획위원회는 지역사회가 얼마나 많은 낙제생을 감당할 수 있는지를 물음으로써 작업을 시작했다. 위원회는 그것의 한계에 주목함으로써 그 안에 머물게 할 수 있는 기준을 설정하며, 자기들 학군이 높은 기준을 유지한다는 증거로서 이때 꽤 높은 실패율을 지목한다. 그런데 이런 시스템은 철저하게 거부되어야 한다.

물론 일부 무능한 교사들이 존재하며, 그들이 개선을 하는 데 도움을 주어야 한다. 그들이 이러한 도움을 받아들이지 않는다면, 그들은 다른 일자리를 알아보아야 할 것이다. 관리자들과 노조는 이 사항에 대해 협력하고, 그리고 유능한 교사가 안내자와 멘토로 일할 수 있는 인센티브가 존재한다면, 협력적 약정을 맺는 것은 양쪽 모두에 매력 있는 일이다. 교사들은 자기 학생들이 다루어지기를 바라는 방식과 같이, 그들 자신도 그렇게 다루어져야 한다. 이와 관련하여 문제를 갖고 있는 교사들은 반드시 도움을 받아야 한다. 처벌, 창피, 그리고 위협은 학생들의 성취도 향상에 거의 도움이 되지 않는다. 이런 것을 통해 교사들의 수행 능력에 도움이 될 것이라 생각하는 것은 논리적이지 않다. 우리가 이용할 수 있는 보물 상자와 같은 교수 방법들을 가지고 있는 것과 같이, 우리는 또한 현직 교사교육을 지도할 수 있는 많은 자료를 가지고 있다(Darling-Hammond & Bransford, 2005; Holmes Group, 1995). 이들 많은 자료들 안에서 방법을 통째로 채택하는 문제라기보다는 아이디어를 얻고, 사고하고, 성찰하고, 상상하고, 그리고 우리 자신을 도덕적으로 정당화할 수 있고, 실제로 합리적인 방법에 헌신할 수 있느냐가 문제이다. 우리가 갖고 있으며 이용할 수 있는 자료가 풍부함에도 불구하고, 교육을 이끌기 위해 현재 우리가 사용하고 있는 언어를 분석하고 변화시키지 않는다면, 우리는 진정 교육적이기도 어려울 것 같으며, 그렇게 21세기를 위해 잘 선택된 목적들을 통합하는 계획을 향해 나아갈 수도 없을 것이다.

비판적으로 평가된 교육의 언어

교육정책의 언어에 대한 비판적 검토가 크게 실망스럽지는 않지만, 우려를 유발할 가능성이 있다. 정책 입안자들과 너무 많은 교육자들이 비즈니스의 언어를 도입하였으며, 그것을 사용함으로써 공교육을 오염시켰다. 비즈니스는 교육에서 중요한 은유가 되었으며, 우리는 경쟁, 책무성, 규모 확장, 등급, 효율성, 무관용 원칙, 그리고 "무엇이 효과 있는지"라는 말을 끊임없이 듣고 있다. 이러한 개념이 교육에서 쓸모가 없는 것은 아니지만, 그것들이 교육적 언어를 지배한다면 큰 문제가 된다. 정말로 그것들에 교육적 언어를 통제하도록 허용한다면, 실제 공교육을 망가뜨릴 것이다.

우리가 학교에 대한 논의를 비유하자면, 그것은 가정home이어야 한다. 가정과 관련된 말과 슬로건은 학교를 안전과 지원의 장소, 우정, 즐거움, 지적 자극, 협력, 음식, 식물과 동물, 그리고 대화의 장소로 생각하게 해준다. "가정"은 마음이 머무는 곳, 그리고 바슐라르Bachelard가 쓴 문구인 "집house"은 꿈을 꾸는 사람들을 보호한다. "가정"의 언어를 사용함에 있어서 극단으로 흐르지는 말아야 한다. 또한 비즈니스의 언어를 완전히 포기할 필요도 없다. 가장 시적이고 멋진 가정조차도 거주자들에게 건전한 재정으로 사고하는 것을 활용할 필요가 있다. 하지만 오늘날의 교육정책을 특징화하는 언어는 비즈니스 담론이 지배적이며, 그래서 진정한 교육에 반하고 있다.

비즈니스는 손익분기점을 강조하고, 그것은 소유주와 주주들을 위한 이익이다. 사람들 또한 교육에서 결과, 즉 시험 성적에 의해 측정된 학생의 성취도를 이야기한다. 사려 깊은 비평가들은 전적으로 시험 성적에 의한 성취도 평가를 강하게 반대한다. 이들은 성취도가 수치만으로 설명될 수 없다고 주장한다. 이들의 생각이 충분히 심도 있게 검토되지 않았다. 우리는 학업성취도보다 학교생활에서의 노력을 더 많이 요구하지 않으면 안 된다. 분명 우리는 유능한, 돌보는, 사려 깊은, 도덕적인, 균형 잡힌 … 성인이 될 수 있는 건강하고, 행복하며, 배려하는 아이들을 원한다. 앞 문장의 '…' 표시는 듣는 사람들이 채워 넣을 수 있는 공간이다. 이 책 전체에서 강조된 바와 같이, 교육은 많은 목적을 가진 업이다. 우리는 관료제적 사고를 버리고, 여러 학문의 경계를 넘나들면서 대화와 창의성을 권장하는 언어를 사용해야 한다.

비즈니스로부터 나온 말로서 수정 없이 채택된 책무성accountability에 대해 생각해보자. 사람들이 책무성을 진다면, 그들은 반드시 자신들이 행한 것이 무엇이고, 아니면 행하지 못한 것이 무엇인지에 대해 누군가에게 응답을 해야 한다. 노동자들은 항상 자신이 작업한 질과 양에 대한 책무성을 진다. 그들은 자신이 한 작업 결과의 질과 양을 판단하는 상관에게 보고해야 한다. 책무성은 비판과 처벌로부터 자신을 보호하려는 자연스러운 성질인 방어의 증대를 유발한다. 더욱 높은 임금과 인정을 위해 경쟁하고 있는 비인간적 비즈니스 상황에서 우리는 권한의 위계를 발견할 것을 기대하며, 각 단계는 그것의 상위 단계에 대해 책무성을 갖는다. 이러한 시스템은 모든 이들이 자신에게 맡겨진 일을 확실하게 이행하는 것을 의미한다.

하지만 가정 혹은 가정과 비슷한 환경에서는 책무성이라는 용어를 거의 사용하지 않는다. 아주 낯설지만, 더 적합한 언어로는 책임성responsibility이다. 부모는 아이들의 복지에 책임을 진다. 교사들은 학생들의 건강한 성장(지적, 도덕적, 미적……)에 대한 책임을 진다. 부모는 자신의 아이들에게 보고를 하지 않는다. 교사들은 자기 학생들에게 보고를 하지 않는다. 책임성은 책무성보다 더 깊이 파서 더 많은 것을 싣고 간다. 우리가 책무성에 의해 움직인다면 우리에게 일어난 일, 우리가 겪는 처벌, 우리가 얻을 어떤 보상에 관심을 갖는다. 이와 대조적으로 우리가 책임성에 의해 움직인다면, 다른 것들에 관심을 갖는다. 이는 자신에게 집중하는 것이 아니다. 아마도 가르치는 일을 전문직으로 선택하는 대부분의 사람들은 자신들의 책임성을 민감하게 느낄 것이다. 교육에 있어 책무성을 강조한다는 것은 사실상 가르침에 있어 최선의 상태를 떠받치는 도덕적/정서적 마음 상태를 붕괴시킨다.

책무성에 대한 요구는 "졸업" 시험의 강화로 이어졌다. 만약 교사들이 자신들이 해야 할 일을 한다고 하면 (교사들이 마땅히 책임져야 하는) 학생들은 표준화 시험과 고등학교 졸업시험에 통과해야 한다고 주장된다("통과passing"를 정의하는 방법을 잘 알지 못했을 경우 무언가 잘못될 수 있음을 생각할 수 있다). 졸업 자격증을 얻기 위해 왜 반드시 시험을 통과해야 하는가? 자신이 등록한 프로그램에 필요한 과정을 통과하는 데 충분하지 않은 것은 무엇인가? 이러한 과정들이 부적절하다면, 왜 그것들을 수정하고 더욱 강화하지 않는가? 비즈니스에 의해 타락한 접근은 불신으로 가득 차 있다. 우리는 책임 있게 행동하는 교사를 믿지 않으며, 이보다 교사들이 책무성을 져야 한다고 주장한다. 어떻게? 정확히 무엇을 위해? 우리는 다른 게임에 속하는 언어를 사용하고 있다.

손익분기점과 책무성의 변질된 영향과 같이, 우리는 "효과성what works" 담론을 지속적으로 듣고 있다. 하나의 과제가 존재한다거나 최소한 한 번에 한 가지씩이라는 가정을 통해 누군가가 그 한 가지 과제를 위해 "무엇이 효과가 있다"라는 것을 발견하였다. 듀이가 강조한 지성의 방식과 잘 개발된 책임성을 활용한다면 우리는 다음과 같이 물어야 한다. 무엇을 위해 "효과가 있는가?" 누구를 위해서? 어떠한 조건에서? 그리고 우리가

(효과가 있는 것이 무엇이든 간에) 이것이 성공하면, 하나의 결과로서 다른 중요한 목적 혹은 목표는 희생되거나 허물어져야 하는가?

교육의 언어는 아름답고 복합적이다. 단순히 슬로건과 핵심어를 모아놓은 것이 아니다. 우리는 다음과 같은 권고를 주의 깊게 듣고 정중하게 묻지 않으면 안 된다. 이것이 무슨 뜻인가? "모든 아이들은 배울 수 있다"라는 말은 무엇을 의미하는가? 아이들이 무엇을 배울 수 있는가, 그리고 아이들에게 그것을 왜 배우게 하는가? 누군가 수업이 "데이터 유도"이어야 한다고 주장할 때, 그가 한 말이 무슨 의미인가? 어느 정도로, 그리고 어떠한 과제를 위해 데이터에 의존해야 하는가? 그리고 데이터가 정확히 의미하는 바는 무엇인가? 데이터가 정량적이어야 하는가? 이야기들을 모은 것도 데이터가 될 수 있는가? 좋은 가르침이란 때때로 느낌에 의해 주도되기도 하는가?

우리는 엄격한rigorous이라는 말을 지겹도록 들어왔다. 사람들이 코스 혹은 프로그램에 "더 엄격해야 한다"라고 주장할 때, 그 뜻은 무엇인가? 더 어렵게? 더 세게? 더욱 지겹게? 더 적은 합격자를 배출하도록 하는 것을 말하는가? 배우는 과목에 더욱 충실하도록 하자는 것인가? 이와 같은 마지막 주제는 심도 있게 다룰 만한 가치가 있다. 앞장에서 어느 정도 합의된 바로 그 수학 말이다. 하지만 나는 더 많은 학생들이 과정에 합격할 수 있는 방식으로, 대수학을 가르치는 것에 대한 이중적 감정을 고백하였다. 모두가 수용할 수 있는 방식으로 해결될 수는 없다고 하더라도, 교육적 업educational enterprise에 대한 이런 논의는 중요하며 정말 필수적이다. 이러한 논의는 항상 우리와 함께 있을 것이다. 그리고 그것은 지적으로 접근해야 하고, 우리의 대화를 풍부하게 해야 한다.

이 책의 중요한 테마는 생태학ecology이다. 아니 단지 자연 세계만을 지향한 것이 아니라, 더욱 보편적으로 교육과 민주주의를 생각하는 데 있어 균형을 찾고자 하는 것이다. 우리는 학교교육이 학문적인 것으로 여겨지는 지적 발달에 집중해야 한다는 생각을 거부하면서, 삶의 세 가지 거대한 영역에 있어 전인적 인간whole persons을 위한 삶의 방식을 충족시키는 것을 지지하는 프로그램을 디자인해야 한다. 우리는 교육자로서 만병통치약을 찾는 것을 거부함으로써 모든 학생들에게 동일한 교육 프로그램을 강요하거나 모든 목적을 위해 모든 교사들에게 동일한 방법을 강요하지 말아야 한다. 우리는 미국인으로서 다른 나라 사람들에게 우리의 민주주의 형식을 강요하려는 시도를 중단해야 한다. 우리의 민주주의를 소중히 여긴다면, 민주주의가 영원히 구성 중에 있는 협력적 작업이라는 것을 명심해야 한다. 교육 또한 마찬가지이다. 우리는 과거의 비판적이고 호의적인 평가로부터 많은 것을, 그리고 아마 미래의 협력적 상상적 탐구로부터 훨씬 더 많은 것을 얻을 수 있을 것이다.

1. 최근에 이루어진 미국의 국가공통기준 개발 과정에서 몇 가지 특징적인 모습을 발견할 수 있다. 그 첫 번째 특징은 모든 학생들에게 '높은' 기준을 부과하려는 기준 중심 개혁운동의 초기 목적을 실질적으로 구현하고 있다는 점이다. 여기서 높은 기준이란, 미국의 모든 학생들이 중등과정 이후의 교육 및 직업에서 성공할 수 있을 정도를 의미한다. 즉 국가공통기준은 초·중등학교 교육을 받은 모든 학생들이, 고등학교 졸업 후 대학이나 직장에서 성공적인 삶을 살 수 있도록 준비시키는 수준 높은 교육을 염두에 둔 것이다. 좀 더 구체적으로 말하면, 이 기준은 학문적인 코스를 제공하는 2년제 혹은 4년제의 대학에 등록할 수 있거나, 경쟁적인 임금을 제공하는 직업훈련 프로그램에 등록할 수 있을 정도의 능력에 해당한다. 이것은 주 차원에서 추진되어온 기준 중심 개혁운동이 낙오아동방지법 아래 기준을 점차 낮게 설정함으로써 결과적으로 국제평가에서 미국 학생들의 낮은 성취도를 야기했을 뿐만 아니라, 고등학교를 졸업한 학생들의 대학 및 직업 준비에 성공적이지 못해왔다는 데에 대한 반성의 결과였다. 기준 중심 개혁운동의 영향으로 2000년에는 이미 거의 모든 주가 자체적으로 개발한 기준을 가지고 있었다. 그 구체적인 모습은 연방정부가 각 주로 하여금 이 기준을 채택할 수밖에 없게 만든 커다란 유인책에서 찾아볼 수 있다. 2009년에 들어선 오바마 정부는 3명의 전임 대통령이 설정한 길을 따르면서, 교육개혁 어젠다의 핵심으로 학업 기준에 대한 강한 소신을 드러냈다. 그가 취임한 후 발표한 개혁 청사진에서 "모든 아동을 위한 기준을 올리는 것"이라면 2009년에 43억 5천만 달러에 이르는 막대한 기금이 배당된 "최고에 이르는 경주(Race to the Top)"(이하 RttT) 프로그램을 구축하고, 각자 "더 적고, 더 명료하며, 더 높은" 기준을 설정하고자 했다. 각 주가 이 프로그램을 통해 재정지원을 얻기 위해서는 2010년 8월 2일까지 국가공통기준을 채택할 것을 요구했다. 전례 없는 경제적 위기 속에서 이러한 기록적인 양의 돈은 막대한 예산 적자에 직면하고 있는 주의 통치자들과 교육자들에게 거대한 힘을 발휘했으며, 따라서 각 주들은 국가공통기준을 재빨리 채택하지 않을 수 없었다. 국가공통기준의 개발과 발표에 연방정부가 전혀 개입하지 않았음에도 불구하고, 재정지원이라는 연방정부의 유인가는 거의 대부분의 주가 경쟁적으로 이 기준을 채택할 수밖에 없게 하였으며, 그 결과 이 기준은 '국가공통'의 기준으로서의 면모를 더 한층 갖추게 되었다. 국가공통기준은 기준의 개발로만 끝나지 않고, 이와 연계된 새로운 평가도구의 개발을 추동함으로써 국가 기준에 기반한 수업과 평가를 요구하고 있다.

2. 최근 미국은 학생들의 학업성취도를 향상시키기 위해 일부 교과에 대해 국가공통의 기준을 설정하려는 야심찬 정책을 추진하고 있다. 미국에서 교과교육을 위한 국가 수준의 기준을 개발하려는 노력은 30여 년 전에 이미 시작된 것으로, 이러한 노력은 그동안 주 차원에서 추진된 기준 운동에 의해 주춤하다가 최근에 국가공통기준의 도입으로 더 강력하게 되살아나고 있다. 주별로 서로 다른 교육이 제공되어온 미국의 교육 전통에서 볼 때, 모든 주에 걸쳐 국가 공통의 교과 기준을 도입한다는 것은 거의 상상하기 어려운 일이다. 초·중·고등학교의 공통핵심학업성취 기준/공통핵심기준은 2009년 오바마 정부에서 시작되었다. 이전까지 주마다 다른 교육과정과 정책을 실시했던 것을 하나로 통합하여 학년이 끝나는 대로 영어와 수학 과목을 중심으로 평가의 공통핵심기준을 마련한 것이다. 학생들이 무엇을 배워야 할지 분명하게 보여줄 수 있는 일관성 있는 공통된 핵심 학습기준을 제시하고 있다. 이를 통해 학부모, 교사들은 학생들이 무엇을 배워야 하고, 어떻게 보조해야 하는지 정확하게 알 수 있도록 하자는 것이었다. 나아가 학생들이 대학을 가거나 사회에 나가서 바로 사용할 수 있는 지식과 그 지식을 반영한 실용교육에 바탕을 두어 학생들이 글로벌 경쟁 사회에서 당당히 견줄 수 있는 위치에 서도록 준비시키는 탄탄한 교육과정을 제시한다는 정책이다. 공통핵심기준은 각 학년별로 학생들이 배워야 할 것을 공통으로 정해놓은 기준일 뿐이며, 실제로 각 주별, 학교별 시행되는 구체적인 교육과정은 각 카운티 교육국의 재량에 달려 있다. 공통핵심기준은 학습기준이지 교육과정이 아니다. 즉 각 학년을 마칠 때에 학생들이 어떤 레벨의 수준에 도달해 있어야 하는지에 대해 제시하는 것이지, 구체적으로 어떤 정보를 어떤 식으로 가르칠 것

인지에 대해 지시하는 것이 아니다. 공통핵심기준은 비판적 사고력, 의사소통, 협동, 창의력, 컴퓨터/테크놀로지에 중점을 둔 교육을 통해 21세기 리더를 양성한다는 것이 목표이다. 학생들에게 질문을 할 때 기억, 이해만 하는 질문이 아니라, 적용, 분석, 평가, 창조력을 키우는 질문, 즉 교육자들은 알고 있는 학생들의 높은 사고력을 키우는 질문을 해야 한다. 공통핵심기준을 실시하면서 미국의 교육과정, 평가, 교수법까지 바뀌게 되었다. 이 기준은 미국 학생들의 학업성취도가 아시아나 유럽의 학생들과 비교해서 아주 뒤떨어지는 것을 인식하고 그에 대한 해결책의 방안으로 마련된 안이라고 할 수 있다. 그렇지만 너무 이상적인 교육 기준이라는 평가도 있고, 난이도가 높고 현장 교사들의 이해 부족으로 시늉만 내고 있다는 여론도 있다. 미국의 국가공통기준은 학생들의 학업성취도를 향상시키려는 목적에서 나온 것이지만, 이러한 학문적 수월성에 초점을 둔 수학과 영어의 기준 내용은 학생들의 창의성이나 재능의 다양성을 억압할 가능성이 있는 것으로 나타났다.

3. 교육에 있어서 행동 목표 운동(behaviour objective movement)은 1920년대의 행동주의 심리학과 과학적 관리 운동에 뿌리를 두고 있다. 흔히 수행 목표, 수업 목표, 종국적 행동 목표로 알려져 있는 행동 목표는 교육의 목표를 목표의 명료화, 수업의 촉진, 평가의 촉진, 공식 기록의 창조 등에 초점을 두고 있다.

4. 일반적으로 역량은 개인이 수행하는 직무에서 실제로 성과가 나타나도록 사람이 보유하고 있는 능력을 바탕으로 결과를 남기기 위해 취한 행동을 지칭한다. 이러한 역량에 바탕을 둔 접근은 역량 운동(competencies movement)으로 명명할 정도로 교육개혁의 거대 담론을 형성하고 있다. 저자는 역량 운동이 협소한 전문주의에 빠져 있다며 비판적 입장을 취하고 있다.

5. 1950년대 말에 이르러 학문 발달에도 불구하고, 각 학문 분야의 진보된 지식이 학교교육과정에 거의 반영되어 있지 않다는 문제의식이 생겨났다. 이러한 현실 인식은 스푸트니크 쇼크로 상징되는 국가적 차원에서의 위기의식과 맞물려 후세대 교육의 커다란 문제점으로 부각되었다. 이는 곧 학문과 학교 간의 간극을 줄이려는 노력으로 나타났고, 각 분야의 학자들은 곳곳에서 교육과정 개발에 열성적으로 참가하였다. 교육과정을 새롭게 만들고자 하는 열기는 1959년 9월의 우즈홀 회의로 이어졌으며, 『교육의 과정』(1960)은 학습에 있어서의 인지과정 분과위원으로 참가한 브루너(1915~)가 쓴 우즈홀 회의의 종합보고서이다. 그러나 브루너는 탈구조주의자들(데리다, 푸코 등)로부터 격렬한 비판을 받고 있다. 그의 지식의 구조라는 개념은 미국의 국가 안보와 애국주의라는 미명하에 등장한 공교육 개혁론의 일환이었다는 해석을 내놓고 있다. 그 또한 후기에 이르면 논리적 지식과 함께 '서사적 지식'을 동시에 강조하는 것으로 생각의 변화를 보인다. 『교육의 문화』(1996)에서 자신의 기존 인식론적 잘못을 인정하고 인간의 정신활동이 두 가지 질적으로 서로 다른 사고 유형을 가진다고 주장하였다. 지식은 '발견적(found)' 특성과 함께 '생성적(made)' 특성도 가지고 있다고 말한다. 전자는 원인, 결과를 다루는 패러다임적 사고에 기인하고, 후자는 의미 구성(meaning making)을 중요하게 생각하는 내러티브 사고와 긴밀히 관련되어 있다. "마음은 인간 문화 속에서 구성되고 실현된다"라는 문화주의(culturalism)의 전제하에 교육과정에 대한 새로운 입장을 제시하고 있다. 인간의 마음은 문화 속에서 형성되며, 문화는 내러티브의 원천이자 도구가 된다. 문화 속의 내러티브는 마음 형성의 기제이다. 이 점은 두 가지 주장들에 기초하고 있다. 첫째, 인간의 경험과 행동들은 의도된 상황(문화 등)에 의해 형성되며 둘째, 의도된 상황의 형식은 문화 참여와 내러티브를 통한 의미 구성에 의해 실현된다는 점이다. 이 두 가지 점은 인간 이해에서 필수적이다. 문화는 마음의 구성물이다. 이 과정에서 인간 행위에 의미를 부여하고 생물학적 한계를 초월하도록 하는 문화를 중요하게 간주해야 한다. 문화는 인간의 생물학적 한계들을 초월하도록 하는 독특한 '인공의 장치'를 구안한다. 문화주의 입장에서 교육과정과

교수의 문제를 조망하고 해석하는 주요 근거로 패러다임적 사고에 대비되는 내러티브 사고방식(narrative mode of thought)을 주장하고 있다. 특히 기존에 지배적인 사고방식으로 자리잡아온 분석적이고 과학적인 사고방식에 뚜렷하게 대비되는 그의 내러티브 사고방식이 구현되는 맥락을 이야기 만들기 작업을 통해 보여주고 있다. 내러티브(narrative)란 서사체를 말하며 하나의 이야기, 즉 시간적 연쇄로 구성된 일련의 사건들을 의미한다. 이야기는 사건들로 구성되며 그 사건들은 특정의 계열을 이루며 배열된다. 그러므로 내러티브는 사건들의 계열과 사건들이 만들어내는 이야기에 의해서 특징지어진다. 이러한 이야기는 해석의 대상이지 과학적 설명의 대상은 아니다. 즉 우리는 이야기를 설명하지 않으며, 다만 이야기에 대해 다양한 해석을 한다. 과학적 이론이나 논증은 검증됨으로써 판단되지만 이야기는 '있음직한 가능성'에 의해 그 적절성이 판단된다. 이러한 이야기는 물리적 세계보다는 인간 '행위자'에 관한 것으로 인간의 의도적 행위에 초점을 둔다.

6. 솜 전투(Battle of Somme)는 1차 대전 중 1916년 7월 1일~11월 18일까지 벌어진 대전투이다. 아라스와 알메르트 사이, 솜 강의 북쪽 30km 에 걸친 전선에서 시작된 이 전투는 공세가 시작된 첫날에만 영국군의 사상자가 58,000여 명에 달할 정도로 무시무시한 전투였다.

7. 옥스퍼드대학생조합이 1933년에 왕과 국가에 대해 벌인 논쟁이다. 학생투표를 통해 275 대 153으로 왕과 국가를 위해 싸울 필요는 없다는 타협 없는 평화주의적 태도를 선언한 것이다.

8. 자네트 랜킨(1880~1973)은 미국 최초의 여성 국회의원으로서 퀘이크교도로 철저한 반전주의자였다. 평화주의자로서 전쟁 자체를 반대한다는 신념에 따라 1917년, 대독일 선전포고에 반대한 4명의 의원 중 한 명이 되었다. 이 때문에 재선에 실패한 그녀는 1940년 반전을 쟁점화해 하원에 복귀했으나, 진주만 기습 이후 대일선전포고안에 유일하게 반대함으로써 엄청난 물의를 일으켰다. 1968년 베트남전 개입중지와 반대시위를 벌이기도 하였다.

9. '양심적 병역 거부(conscientious objection)'는 태만이나 겁이 많아서가 아니고 어떠한 상황에서도 인간의 생명을 빼앗는 것은 악이라는 종교적 평화주의에 뿌리를 두고 있다. 전쟁이나 군무 일반 또는 특정한 전쟁 및 군무가 자기의 종교적 신조나 정치적 신념 등에 위배된다고 확신하는 입장에서 하는 자를 양심적 병역 거부자라고 한다. 현대에 들어 종교적 이유 외에도 평화주의, 생태주의, 아나키즘 등의 다양한 이유로 점차 확산되고 있다. 러시아, 스위스, 중화민국 등 50개 이상의 국가에서는 신념과 양심에 따른 병역 거부권을 인정하여 면제하거나, 그들에 대해 대체복무제로 병역을 대신하도록 하는 등 법률로서 권리를 보호해주고 있다. 현재 양심적 병역 거부자를 처벌하는 나라는 전 세계에 대한민국, 조선민주주의인민공화국, 아르메니아, 터키 등 일부 국가에 불과하며, G20 국가 중에는 대한민국이 유일하다. 최근 이들 나라들에 대해서도 유엔인권위원회와 유럽인권재판소는 '양심적 병역 거부자를 처벌하는 것은 국제법에 위배되는 것이고 양심과 사상, 종교의 자유를 침해하는 것'이라고 잇따라 판결을 내리고 있다. 독일, 대만, 폴란드, 체코 등 23개국이 양심적 병역 거부자를 위해 민간대체봉사활동이나 군내 비무장 복무를 법률 또는 사안별 '대체복무' 조치를 통해 보장하고 있다. 그리고 양심적 병역 거부자에게 무장한 군부대 내에서 비전투 임무를 부여하는 것을 법률로 허용하거나, 법률로는 이를 허용하지 않고 사안별로 임시적으로 이러한 조치를 하는 국가도 있다.

10. '가르칠 수 있는 가장 좋은 순간(teachable movements)'은 한 교사가 자신의 학생들에게 통찰력을 제공하는 이상적 기회, 교실에서 일어나는 계획되지 않은 기회를 말한다.

11. 'drill and kill'은 반복 학습과 죽음이라는 학습 형태를 비판할 때 사용하는 말로서 "잘할

때까지 계속 반복 학습을 시킨다"라는 의미를 갖고 있다. 시험을 목적으로 한 주입식 교육 방식을 비판하는 말이다.

12. 브루너(Jerome S. Bruner)의 『교육의 과정(The Process of Education)』은 지식의 구조를 발견 학습으로 가르칠 것과 이를 나선형 교육과정으로 조직하자는 내용 중심 교육과정 모형을 제안함으로써 교과교육 개편에 큰 영향을 미쳤다. 브루너는 학교교육과정에 대한 논의를 지식의 최전선에서 새로운 지식을 만들어내는 학자들이나 초등학교 3학년이나 모든 지적 활동 과정은 근본적으로 동일하며 다만 그 수준의 차이가 있을 뿐이라는 전제에서 출발한다. 타일러가 '무엇'과 '어떻게'라는 교육과정의 핵심적 질문에 대하여 해답을 찾아가는 일반적인 절차를 보여주었다면, 브루너는 이 두 질문에 대하여 직접적인 답을 하고 있다. 타일러의 종합적 교육과정 모형을 흔히 '블랙박스 모형'이라고 하는 것은 타일러의 모형이 실제 교육 상황에서 '무엇을 가르칠 것인가'라는 물음에서 '무엇'에 해당하는 부분인 교육과정의 내용(contents)과 과정(process)에 대해서는 상세한 언급을 하고 있지 않기 때문이다. 이에 브루너는 각 교과의 구조를 교육 내용으로 하고, 교육 방법의 측면에서 학습의 준비성, 사고의 형식(직관적 사고와 분석적 사고), 학습 동기, 교구 등을 신중하게 고려하여 교육과정을 개발해야 한다고 보았다. 그에 따르면 모든 아동에게는 타고난 호기심과 다양한 학습 과제를 잘 해보려는 욕구가 있으나, 제시한 과제가 너무 어려우면 싫증을 느끼게 되므로 교사는 아동의 현재 발달 단계에 알맞은 수준으로 학습 과제를 제시해야 한다고 주장하였다. 브루너는 1960년대 이후의 미국의 교육개혁운동에 가장 강력한 윤리적 바탕을 제공한 학자 가운데 한 사람이다. 브루너의 연구는 피아제의 인지 발달 단계 개념을 교과과정에 도입하는 데 도움을 주었다. 지식의 구조화에 대한 중요성과 필요성을 주장한 『교육의 과정』은 학문 중심 교육과정의 기초가 되고 있으며 우리나라의 교육과정도 이와 같은 입장에 따라 개혁되었다.

13. '발견 학습'은 학생 스스로 학습 목표를 독립적으로 찾아서 달성할 수 있도록 하는 학습 기술로서 '탐구'에 기반을 둔 학습 기술이고, '구성주의적 접근'을 하고 있다. 피아제, 듀이, 브루너 등에 뿌리를 두고 있다.

14. 『평평한 땅』은 1884년에 영국 빅토리아 시대의 신학자이자 교육자였던 에드윈 A. 애버트(Edwin A. Abbott, 1838~1926)에 의해 처음 출간된 환상 여행기의 고전으로, 주인공 정사각형이 여러 차원의 세계에 대한 경험을 회상하는 형식이다. 영국 빅토리아조 시대에 쓰인 에드윈 애버트의 전설적인 SF 고전이다. 이 책은 저자가 당시 빅토리아조를 풍자하면서 수학에 대한 흥미를 불러일으키고자 쓴 작품이다. 기하와 수학으로 논하는 SF이면서도, 이데올로기와 사회적 이슈에 대한 풍자도 빠짐없이 등장한다.

15. '숙달 학습'은 학교교육과정 속에 규정되어 있는 대부분의 교육 목표들이 거의 모든 학생들에 의하여 능히 성공적으로 달성될 수 있는 것으로 보고, 이를 성취하기 위하여 수업 절차를 학생 개개인의 능력과 학습 속도에 대하여 최적의 것이 되도록 구성되어야 한다는 교수 이론이다. 제한된 시간에 정답을 말이나 글로 표현하는 능력으로서 어떤 일정 수준을 사전에 규정해놓았을 때 교육과정을 적절히 조작함으로써 학교 안의 약 95%의 학생이 주어진 학습 과제의 90% 이상을 완전히 학습해낼 수 있다고 본다. 철저한 보충지도, 수업 목표의 명시, 적절한 학습 단서의 제공, 학생의 반응 연습, 피드백, 교정 지도, 소집단 협력 학습 등이 동원된다.

16. 블룸(B. S. Bloom)은 학교의 교육 실태를 볼 때, 학생들 중 약 1/3은 학교에서 교수하고자 하는 것을 잘 학습하나, 약 1/3은 충분히 이해하지 못하는 상태에서 학습하며, 나머지 1/3은 거의 학습되지 않은 상태에서 학년만 올라가고 있다고 지적하였다. 이것이 오늘날의 학교교육에 있어서 가장 낭비적인 현상이지만 이런 현상이 반드시 불가피한 것은 아니라는 것이다.

대부분의 학생들(약 95%)은 가르치고자 하는 것을 학습할 수 있다는 가정에서 이를 위한 교수 방법을 찾아내는 것이 완전 학습을 위한 전략이다.

17. 듀이의 사상을 기초로 정리를 한 킬패트릭에 의하면 프로젝트란 전심을 다하는 유목적적 활동이라 정의하였다. 프로젝트란 한 명 혹은 그 이상의 아이들이 책임감을 가지고 특별한 주제를 깊이 연구하는 것이다. 주제로는 아이에게 친숙한 환경이나 일상생활 속에서의 의미 있는 내용으로 선정된다. 아이들은 프로젝트 활동을 위한 사전 계획에 직접 참여하고 그 목적을 달성하기 위하여 다양한 활동과 노력을 며칠에서 몇 주간 지속시킨다. 이러한 프로젝트 접근법은 학습자가 스스로 학습할 문제를 찾아내서 그것을 해결하기 위해 실제적인 작업이나 체험을 해보는 교수 방법으로 학습 활동의 단계와 학습 결과의 평가 단계로 이루어지며 학습자의 자발성이 무엇보다도 중요시된다. 프로젝트라는 용어는 1900년 컬럼비아 대학에서 공작 학습에 프로젝트를 활용한 데서부터 비롯되었으며, 이후 1908년 매사추세츠에 있는 농업학교에서 가정 학습 과제로 Home Project라는 용어를 사용하면서부터 프로젝트라는 용어가 일반화되기 시작하였다. 듀이는 1896년에 시카고 대학에 자신의 이론을 적용하기 위한 실험학교를 설립하고 활동을 통한 학습을 실현하고자 하였다. 듀이는 분리된 교과목을 가르치는 것은 의미가 없으며 아동의 정신 발달에 초점을 맞추어 통합되어 진행되어야 한다고 본다.

18. 이건은 『Learning in Depth』(2011)에서 학교에서 다루는 지식이 피상적이기에 진정한 교육/심화된 지식을 빠트릴 수 있다며, 학교를 졸업할 시기에 인간 지식의 대부분 영역에 어느 정도 숙지하도록 한다. 심화 학습은 학교생활 기간에 모든 학생이 무엇인가에 대해 전문가가 되도록 디자인된 교육과정과 수업에서 혁신적 개혁을 위한 것이다. 이를 위해 각 학생들에게 특별한 주제가 주어진다. 심화 학습은 아이들의 학교교육 경험을 아이들의 관계를 변혁시켜 지식의 본질을 이해하도록 한다.

19. 유사 평가(pseudo evaluation)는 정책의 결과에 관한 타당한 정보를 산출하기 위하여 사회 실험 등 기술적 방법을 사용하는 평가로서 평가 결과가 관련자들에게 어떤 가치를 부여할 것인지는 고려하지 않는다.

20. 표준화 시험 우선 정책은 최근 적지 않은 학부모들과 교사들의 엄청난 반발을 초래하였다. 표준화 시험이 학교교육을 망치고 있다며 시험 거부 운동도 일어나고 있다. '고-책무 시험을 바꾸어라'나 '교사들이 말하는 시험 폭로'와 같은 웹사이트를 방문해보면 금방 사태의 심각성을 읽을 수 있다. 학부모와 교사들은 시험 성적으로 학교교육 성과를 가늠할 수 없다며, 시험을 통한 학교교육의 개선 시도는 국가가 아동 학대를 공식적으로 재가하는 것이나 마찬가지라는 비난이 쇄도하였다. 시험 성적만을 바탕으로 교육자를 해고하고 성과급을 주며 학교를 폐쇄한다며, 공교육의 목적을 전면적으로 왜곡시켰다는 평가를 받고 있다. 아동낙오방지법 이래 아동을 위한 명백한 교육 목표를 설정하고 있는 표준화 시험은 아동의 발달이 아닌 어른의 목표에 초점을 맞추고, 교실을 만성적인 공포 분위기로 만듦으로써 예술적/시적 감각을 발달시킬 기회나 자연과 접촉하고 탐색할 기회를 무시하고 있다는 발달론적이고 아동 중심적인 견해로부터 비판을 받고 있다.

21. 미국 교육정책의 중대한 변화는 고-책무 시험과 함께 기업의 교육 참여라는 호소력 있는 수사법을 사용하면서 공교육 체제의 재구조화를 시도하였다. 그것은 바우처 학교, 마그넷 학교, 협약학교 등 다양한 학교교육 형태를 도입하는 것으로 발전하였다. 그렇게 하여 많은 '효율학교'를 만들 수 있도록 하였다.

22. 『이상한 나라의 앨리스(Alice's Adventures in Wonderland)』는 영국의 수학자이자 작가인 루이스 캐럴(Lewis Carroll)이 1865년에 발표한 소설이다. 앨리스가 토끼 굴에 들어가 기묘하고 의인화된 생명체들이 사는 환상의 세계에서 모험을 겪는 이야기를 담고 있다. 토끼굴 아래로 굴러 떨어진 주인공 앨리스가 이상한 약을 마시고 몸이 줄어들거나 커지기를 반복하면서 땅속 나라를 여행하는 이야기다. 이 소설은 빅토리아 시대의 사회적·문화적 배경들이 절묘하게 반영된 말장난을 비롯해, 어린이들을 사로잡는 매력적인 판타지 세계와 유머들이 작품 곳곳에 녹아 있다. 시공을 초월한 신비로운 세계를 탐험하면서 앨리스가 겪게 되는 모험들은, 갑작스러운 공간 이동이나 장면 전환을 통해 이루어지며 청자들의 간접경험을 극대화한다. 어린 시절 탐험가를 꿈꾸는 아이들의 흥미를 유발함과 동시에, 꿈속의 세계를 효과적으로 구축해내는 데 성공한 작품으로 평가받고 있다. 이로써 시대를 뛰어넘어 수많은 어린이들의 사랑을 받으며, 아동문학사에 기념비적인 작품으로 남게 되었다. 아이들뿐 아니라 어른들에게도 높은 인기를 얻은 이 이야기는 훗날 연극, 영화, 텔레비전 드라마, 뮤지컬 등 다양한 분야에서 각색되었다.

23. 레이건 정부의 '위기에 처한 국가' 의제와 부시 정부의 '아동낙오방지법'의 시행에서 보여준 시장과 선택을 강조하는 신자유주의 교육정책은 미국의 진보주의 교육 전통을 더욱 어렵게 만들었다. 이들 정책을 이어받은 오바마 대통령의 '정상을 향한 경주' 정책 또한 과도한 소모적 경쟁으로 더욱 치닫게 하였다. 오바마 행정부의 현 교육장관인 아른 던컨(Arne Duncan)은 2010년 학교가 학습해야 하고, 학습할 수 있는 것 그리고 교사와 학부모가 그것들을 지지하기 위해 할 수 있는 것을 분명하게 묘사한 주의 '공통핵심학습기준(Common Core State Standards)'을 채택하였다. 그중 하나인 표준화 시험은 미국 교육을 최대 위기로 몰아넣었다. 미국 정부가 시험 위주 정책을 채택한 것은 물론 국제 학업 경쟁에서 매우 뒤처진 미국 학생들의 학업성취도를 증진시키는 것이지만, 오히려 미국 교육을 근본적으로 왜곡시키고 말았다. '정상을 향한 경주(Race to the Top/RTTT/R2T)'는 오바마 미국 정부가 책정한 교육개혁 기금을 주 단위로 나눠주어서 초·중등학교 교육의 구조적 혁신을 도모하고자 하였다. 부시 전 정권이 내건 아동낙오방지법을 계승한 오바마 정권은 시장 원리에 바탕한 교육정책을 더욱 강력하게 추진하였다. 던컨 교육부 장관은 "능력이 없는 교사는 떠나야 한다. 미국이라는 국가에서 실패에 보수를 지급하는 시스템은 지지받지 못한다. 수업 시간도 더욱 늘려야 한다"라고 주장하였다.

참고 문헌

Adler, M. J. (1982). *The paideia proposal*. New York: Macmillan.

Anderson, R. N. L. (1999). *Managing the environment, managing ourselves: A hisof American environmental policy*. New Haven: Yale University Press.

Apple, M. W. (1996). *Cultural politics and education*. New York: Teachers College Press.

Aries, P. (1962). *Centuries of childhood* (R. Baldwick, Trans.). New York: Vintage Books.

Arum, R., & Roksa, J. (2011). *Academically adrift: Limited learning on college campuses*. Chicago: University of Chicago Press.

Bachelard, G. (1964). *The poetics of space* (Maria Jolas, Trans.). New York: Orion Press.

Barber, B. (1996). Constitutional faith. In M. Nussbaum, *For love of country?* Boston: Beacon Press.

Beecher, C. E., & Stowe, H. B. (1869). *The American woman's house*. New York: J. B. Ford.

Bellamy, E. (1960). *Looking backward*. New York: New American Library. (Original work published 1897)

Berry, W. (1995). *Another turn of the crank*. Washington, DC: Counterpoint.

Bestor, A. Jr. (1953). *Educational wastelands: The retreat from learning in our public schools*. Urbana: University of Illinois Press.

Bettelheim, B. (1976). *The uses of enchantment: The meaning and importance of fairy tales*. New York: Alfred A. Knopf.

Bloom, B. S. (1981). *All our children learning*. New York: McGraw-Hill.

Blum, L. (2013). *High schools, race, and America's future*. Cambridge: Harvard Education Press.

Booth, W. C. (1988). *The vocation of a teacher*. Chicago: University of Chicago Press.

Bowles, S., &c Gintis, H. (1976). *Schooling in capitalist America*. New York: Basic Books.

Brownell, W. (1947). The place of meaning in the teaching of arithmetic. *Elementary School Journal, 47*, 256-265.

Bruner, J. (1960). *The process of education*. Cambridge: Harrvard University Press.

Bryson, B. (2010). *At home*. New York? Anchor Books.

Buber, M. (1965). *Between man and man*. New York: Macmillan.

Buber, M. (1966). *The way of response*. (Nahum Glatzer, Ed.). New York: Schocken Books.

Buber, M. (1970). *I and thou*. (Walter Kaufmann, Trans.). New York: Charles Scribner's Sons.

Cahn, S. M. (Ed.). (1997). *Classic and contemporary readings in the philosophy of education*. New York: McGraw-Hill.

Callan, E. (1997). *Creating citizens: Political education and liberal democracy*. Oxford: Oxford University Press.

Carlson, S. (2012, February 10). The future of American colleges may lie, literally, in students' hands. *Chronicle Review, The Chronicle of Higher Education*, B, 6-9.

Carson, R. (1962). *Silent spring*. Boston: Houghton Mifflin.

Casey, E. S. (1997). *The fate of place*. Berkeley: University of California Press.

Cohen, L. (2003). *A consumers' republic*. New York: Vintage Books.

Collins, G. (2012). *As Texas goes ... How the lone star state hijacked the American agenda*. New York: Liveright.

Counts, G. S. (1969). *Dare the school build a new social order?* New York: Arno Press. (Original work published 1932)

Crawford, M. B. (2009). *Shop class as soulcraft*. New York: Penguin Press.

Cronbach, L. J. (1966). The logic of experiments on discovery. In L. S. Shulman & E.R. Keislar (Eds.), *Learning by discovery* (pp. 76-92). Chicago: Rand McNally.

Cronbach, L. J. (1977). *Educational psychology*. New York: Harcourt Brace Jovanovich.

Cuffaro, H. K. (1995). *Experimenting with the world: John Dewey and the early childhood classroom*. New York: Teachers College Press.

Darling-Hammond, L., & Bransford, J. (Eds.). (2005). *Preparing teachers for a changing world*. San Francisco: Jossey-Bass.

Davidson, A. (2012, January/February). Making it in America. *The Atlantic*, 58-70.

Dawkins, R. (2006). *The God delusion*. Boston: Houghton Mifflin.

De Nicola, D. R. (2011). Friends, foes, and Nel Noddings on liberal education. In RobKunzman (Ed.), *Philosophy of Education*. Urbana, IL: Philosophy of Education Society.

Dewey, J. (1900). *The school and society*. Chicago: University of Chicago Press.

Dewey, J. (1916). *Democracy and education*. New York: Macmillan.

Dewey, J. (1929). *The quest for certainty*. New York: G. P. Putnam's Sons.

Dewey, J. (1963). *Experience and education*. New York: Macmillan. (Original work published 1938)

Dewey, J. (1927). *The public and its problems*. New York: Henry Holt.

Dewey, J. (1988). *Individualism, old and new*. In J. Boydston (Ed.), *The later works*, Vol. 5 (pp. 45 123). Carbondale and Edwardsville: Southern Illinois Press. (Original work published 1929-30)

Douglas, M. S. (1997). *The everglades: River of grass*. Sarasota, FL: Pineapple Press.

Egan, K. (2010). *Learning in depth*. Chicago: University of Chicago Press.

Eisner, E. (1979). *The educational imagination: On the design and evaluation of school programs*. New York: Macmillan.

Eliot, C. W. (1908). Industrial education as an essential factor in our national prosperity. National Society for the Promotion of Industrial Education, *Bulletin*, no. 2, 12-13.

Elshtain, J. B. (1987). Women and war. *New York*: Basic Books.

Farley, J. D. (2011, September 2). Letter. *New York Times*.

Ferguson, N. (2011, September 19). Texting makes us stupid. *Newsweek*, 11.

Fineman, M. A. (2004). *The autonomy myth: A theory of dependency*. New York: New Press.

Fishman, S. M., & McCarthy, L. (1998). *John Dewey and the challenge of classpractice*. New York: Teachers College Press.

Ford, L. R. (2000). *The spaces between buildings*. Baltimore: Johns Hopkins University Press.

Forster, E. M. (1993). *Howard's end*. New York: Barnes & Noble. (Original work published 1910)

Forster, E. M. (1995). *A room with a view*. New York: Dover. (Original work published

1908)

Freire, P. (1970). *Pedagogy of the oppressed*. (Myra Bergman Ramos, Trans.). New York: Herder & Herder.

Gardner, H. (1983). *Frames of mind*. New York: Basic Books.

Gardner, H. (2011). *Truth, beauty, and goodness reframed: Educating for the virtues in the 21st century*. New York: Basic Books.

Gardner, J. W. (1984). *Excellence*. New York: W. W. Norton. (Original work published 1961)

Garrison, J. (1997). *Dewey and eros*. New York: Teachers College Press.

Gilbreth, F. B., Jr., & Carey, E. G. (1966). *Cheaper by the dozen*. New York: Bantam. (Original work published 1948)

Glover, J. (2000). *Humanity: A moral history of the 20th century*. New Haven: Yale University Press.

Goldensohn, L. (2003). *Dismantling glory*. New York: Columbia University Press.

Gray, J. G. (1970). *The warriors: Reflections on men in battle*. Lincoln, NE: University of Nebraska Press.

Greenawalt, K. (2005). *Does God belong in public schools?* Princeton: Princeton University Press.

Grissell, E. (2001). *Insects and gardens: In pursuit of a garden ecology*. Portland, OR: Timber Press.

Grubb, W. N. (Ed.). (1995). *Education through occupations in American high schools*, Vols. 1 & 2. New York: Teachers College Press.

Grubb, W. N., & Lazerson, M. (1975). Rally'round the workplace: Continuities and fallacies in careereducation. *Harvard Educational Review, 45*(4), 451 -474.

Gutmann, A. (1987). *Democratic education*, Princeton: Princeton University Press.

Hacker, A., & Dreifus, C. (2010). *Higher education?* New York: Times Books.

Halberstam, D. (1992). *The best and the brightest*. New York: Ballantine Books.

Hansen, D. T. (2010). Chasing butterflies without a net: Interpreting cosmopolitanism. *Studies in Philosophy and Education, 29*(2), 151-166.

Hansen, D. T. (2011). *The teacher and the world: A study of cosmopolitanism as education*. London: Routledge.

Hardy, T. (1961). *Jude the obscure*. New York: New American Library. (Original work published 1894)

Hartshorne, H., & May, M. (1928-1930). *Studies in the nature of character*, Vols. 1 & 2. New York: Macmillan.

Hawkins, D. (1973). How to plan for spontaneity. In Charles E. Silberman (Ed.), *The open classroom reader* (pp. 486-503). New York: Vintage Books.

Hawkins, F. P. L. (1997). *Journey with children*. Niwot, CO: University Press of Colorado.

Heath, S. B. (1983). *Ways with words*. New York: Cambridge University Press.

Held, D. (2006). *Models of democracy*. Stanford, CA: Stanford University Press.

Hellman, H. (1998). *Great feuds in science*. New York: John Wiley & Sons.

Hersh, R. (1997). *What is mathematics really?* Oxford: Oxford University Press.

Hersh, R., & John-Steiner, V. (2011). *Loving and hating mathematics*. Princeton: Princeton University Press.

Hess, F. M. (2010). *The same thing over and over*. Cambridge: Harvard University Press.

Hirsch, E. D., Jr. (1987). *Cultural literacy: What every American needs to know*. Boston: Houghton Mifflin.

Hirsch, E. D., Jr. (1996). *The schools we need: Why we don't have them*. New York: Doubleday.

Hoffman, N. (2010, August 3). Learning for jobs, not "college for all": How Europeancountries think about preparing young people for productive citizen *Teachers College Record* (ID#: 16096).

Hofstadter, D. R. (1985). *Metamagical themes: Questing for the essence of mind and pattern*. New York: Basic Books.

Holmes Group. (1995). *Tomorrow's schools of education*. East Lansing, MI: The Holmes Group.

Horton, M. (1998). *The long haul* (with J. Kohl & H. Kohl). New York: Teachers College Press.

Howe, K. (1997). *Understanding equal educational opportunity*. New York: Teachers College Press.

Hulbert, A. (2003). *Raising America*. New York: Alfred A. Knopf.

Hutchins, R. M. (1999). *The higher learning in America*. New Haven: Yale University Press. (Original work published 1936)

Jackson, J. B. (1994). *A sense of place, a sense of time*. New Haven: Yale University Press.

Jackson, P. W. (Ed.). (1992). *Handbook of research on curriculum*. New York: Macmillan.

John-Steiner, V. (2000). *Creative collaboration*. Oxford: Oxford University Press.

Johnston, J. S. (2011). The Dewey-Hutchins debate: A dispute over moral teleology. *Educational Theory*, 61(1), 1-16.

Jung, C. G. (1969). *Collected works*, Vol. 2. Princeton: Princeton University Press.

Kahn, P. (1999). *The human relationship with nature*. Cambridge: MIT Press.

Kahne, J. (1996). *Reframing educational policy*. New York: Teachers College Press.

Kater, M. H. (1989). *Doctors under Hitler*. Chapel Hill: University of North Carolina Press.

Kerber, L. K. (1997). *Toward an intellectual history of women*. Chapel Hill: University of North Carolina Press.

Kipling, R. (1956). In J. Beecroft (Ed.), *Kipling: A selection of his stories and poems*, vol. II. Garden City, NY: Doubleday.

Kliebard, H. (1995). *The struggle for the American curriculum 1893-1958*. New York: Routledge.

Kliebard, H. (1999). *Schooled to work: Vocationalism and the American curriculum 1876-1946*. New York: Teachers College Press.

Knowles, J. (1960). *A separate peace*. New York: Macmillan.

Kohlberg, L. (1981). *The philosophy of moral development*, Vol. 1. San Francisco: Harper & Row.

Kohn, A. (2006). *The homework myth*. Cambridge, MA: Perseus Books.

Kozol, J. (1988). *Rachel and her children*. New York: Crown.

Kozol, J. (1991). *Savage inequalities*. New York: Crown.

Kozol, J. (2005). *The shame of a nation: The restoration of apartheid schooling in America*. New York: Crown.

Labaree, D. (1997). *How to succeed in school without really learning: The credenrace in Americaneducation*. New Haven: Yale University Press.

Lagemann, E. C. (Ed.). (1985). *Jane Addams on education*. New York: Teachers College Press.

Lane, R. E. (2000). *The loss of happiness in market democracies*. New Haven: Yale University Press.

Leahey, C. R. (2010). *Whitewashing war*. New York: Teachers College Press.

Lewis, C. S. (1955). *The abolition of man: How education develops man's sense of morality*. New York: Collier Books.

Lipman, M. (1991). *Thinking in education*. Cambridge: Cambridge University Press.

Livio, M. (2002). *The golden ratio: The story of phi, the world's most astonishing number*. New York: Broadway Books.

Lounsbury, J. H. (2009, February 6). Deferred but determined: A middle school manifesto. *Middle School Journal*.

Lounsbury, J. H., Vars, G. F. (1978). *A curriculum for the middle school years*. New York: Harper & Row.

Loveless, T. (2012, April 18). Does the common core matter? *Education Week*, 32.

Macedo, D. (1994). *Literacies of power: What Americans are not allowed to know*. Boulder, CO: Westview Press.

Martenson, C. (2011). *The crash course*. Hoboken, NJ: John Wiley & Sons.

Martin, J. R. (1985). *Reclaiming a conversation*. New Haven: Yale University Press.

Meier, D. (1995). *The power of their ideas: Lessons for America from a small school in Harlem*. Boston: Beacon Press.

Meier, D., & Wood, G. (Eds.). (2004). *Many children left behind*. Boston: Beacon Press.

Molnar, A. (1996). *Giving kids the business: The commercialization of America's schools*. Boulder, CO: Westview Press.

Morris, S. C. (2003). *Life's solution: Inevitable humans in a lonely universe*. Cambridge: Cambridge University Press.

Murray, C. (2008). *Real education*. New York: Random House.

Nabhan, G. P., & Trimble, S. (1994). *The geography of childhood: Why children need wild places*. Boston: Beacon Press.

National Education Association. (1908). *Journal of proceedings and addresses*, pp. 99–102. Washington, DC: Author

National Middle School Association. (2003). *This we believe: Developmentally remiddle level schools*. Westerville, OH: Author.

Nearing, S. (2000). *The making of a radical: A political autobiography*. White River Junction, VT: Chelsea Green.

Newman, J. R. (Ed.). (1956). *The world of mathematics*. New York: Simon & Schuster.

Nichols, S. L., & Berliner, D. (Eds.). (2007). *Collateral damage*. Cambridge: Harvard Education Press.

Nieto, S. (1999). *The light in their eyes: Creating multicultural learning communi* New York: Teachers College Press.

Noble, D. F. (1992). *A world without women*. Oxford: Oxford University Press.

Noddings, N. (1984). *Caring: A feminine approach to ethics and moral education*. Berkeley: University of California Press.

Noddings, N. (1993). *Educating for intelligent belief or unbelief*. New York: Teachers

College Press.

Noddings, N. (1996). On community. *Educational Theory*, 46(3), 245-267.

Noddings, N. (2003). *Happiness and education*. Cambridge: Cambridge University Press.

Noddings, N. (2005). *The challenge to care in schools* (2nd. ed.). New York: Teachers College Press.

Noddings, N. (2006). *Critical lessons: What our schools should teach*. Cambridge: Cambridge University Press.

Noddings, N. (2007). *When school reform goes wrong*. New York: Teachers College Press.

Noddings, N. (2009). *Responsibility. Learning Landscapes*, 2(2), 17-23.

Noddings, N. (2012a). *Peace education: How we come to love and hate war*. Cambridge: Cambridge University Press.

Noddings, N. (2012b). *Philosophy of education*. Boulder, CO: Westview Press.

Oakes, J. (1985). *Keeping track: How schools structure inequality*. New Haven: Yale University Press.

Oakes, J. (1990). *Multiplying inequalities: The effects of race, social class, and tracking on students'opportunities to learn mathematics and science*. Santa Monica: Rand.

Oliva, P. F. (1988). *Developing the curriculum*. Glenview, IL: Scott Foresman/Little, Brown College Division.

Orme, N. (2001). *Medieval children*. New Haven: Yale University Press.

Pears, I. (1998). *An instance of the fingerpost*. New York: Riverhead Books.

Peshkin, A. (1986). *God's choice: The total world of a fundamentalist Christian school*. Chicago: University of Chicago Press.

Piaget, J. (1971). *Biology and knowledge*. Chicago: University of Chicago Press.

Pinar, W. F. (Ed.). (1975). *Curriculum theorizing: The reconceptualists*. Berkeley: McCutchan.

Pinar, W. F., Reynolds, W. M., Slattery, P., & Taubman, P. M. (1995). *Understanding curriculum*. New York: Peter Lang.

Pollan, M. (1991). *Second nature*. New York: Delta.

Pollan, M. (1997). *A place of my own: The education of an amateur builder*. New York: Delta.

Pollan, M. (2001). *The botany of desire*. New York: Random House.

Pope, D. C. (2001). *"Doing school": How we are creating a generation of stressed out, materialistic, andmiseducated students*. New Haven: Yale University Press.

Posamentier, A., & Lehmann, I. (2004). *A biography of the world's most mysterious number*. New York: Prometheus Books.

Powell, M. (2011, September 20). A knack for breaking orthodoxy. *New York Times*.

Ravitch, D. (1995). *National standards in American education*. Washington, DC: Brookings Institution Press.

Ravitch, D. (2010). *The death and life of the great American school system*. New York: Perseus Books.

Ravitch, D. (2012, March 8). Schools we can envy. *New York Review of Hooks*, 19-20.

Rawls, J. (1971). *A theory of justice*. Cambridge: Harvard University Press.

Reisner, M. (1993). *Cadillac desert: The American west and its disappearing water*. New York: Penguin Books.

Rose, M. (1995). *Possible lives: The promise of public education in Amenta* Boston: Houghton Mifflin.

Rose, M. (2005). *The mind at work: Valuing the intelligence of the American Worker.* New York: Penguin.

Ruddick, S. (1989). *Maternal thinking: Toward a politics of peace.* Boston: Beacon Press.

Russell, B. (1957). *Why I am not a Christian.* New York: Simon &c Schuster.

Rybczynski, W. (1986). *Home: A short history of an idea.* New York: Viking.

Safina, C. (2011). *The view from lazy point.* New York: Henry Holt.

Sahlberg, P. (2012). *Finnish lessons: What can the world learn from educational change in Finland?* New York: Teachers College Press.

Schaffarzick, J., & Sykes, G. (Eds.). (1979). *Value conflicts and curriculum issues.* Berkeley: McCutchan.

Schlesinger, A. M., Jr. (1992). *The disuniting of America: Reflections on a multicul society.* New York: W. W. Norton.

Schubert, W. H. (1986). *Curriculum: Perspective, paradigm, and possibilities.* New York: Macmillan.

Schultz, B., & Schultz, R. (1989). *It did happen here.* Berkeley: University of California Press.

Shay, J. (1994). *Achilles in Vietnam: Combat trauma and the undoing of character.* New York: Scribner.

Shorto, R. (2010, February 14). Founding father. *The New York Times Magazine,* pp. 32-39, 45-47.

Shulman, L. S., Keislar, E. R. (Eds.). (1966). *Learning by discovery: A critical appraisal* Chicago: Rand McNally.

Simon, K. G. (2001). *Moral questions in the classroom.* New Haven: Yale University Press.

Sizer, T. R. (1984). *Horace's compromise: The dilemma of the American high school.* Boston: Houghton Mifflin.

Skinner, B. F. (1962). *Walden two.* New York: Macmillan. (Original work published 1948)

Smith, C. (2005). *Soul searching: The religious and spiritual lives of American teen* Oxford: Oxford University Press.

Smith, R. P. (1957). *"Where did you go?" "Out" "What did you do?" "Nothing".* New York: W. W. Norton.

Soder, R., Goodlad, J. I., & c McMannon, T. J. (Eds.). (2001). *Developing democratic character in the young.* San Francisco: Jossey-Bass.

Sparks, S. D. (2011, June 9). Statistics shed light on costsand benefits of career paths. *Education Week,* 18-19.

Spock, B. (2001). *On parenting.* New York: Pocket Books.

Spring, J. (1997). *Political agendas for education.* Mahwah, NJ: Lawrence Erlbaum.

Steele, C. (2011). *Whistling Vivaldi: And other clues as to how stereotypes affect us.* New York: Norton.

Stein, S. (1993). *Noah's garden: Restoring the ecology of our own back yards.* Boston: Houghton Mifflin. Steinberg, T. (2002). *Down to earth.* Oxford: Oxford University Press.

Sunstein, C. R. (2009). *Going to extremes: how like minds unite and divide us*. New York: Oxford University Press.

Thornton, S. (2005). *Teaching social studies that matters*. New York: Teachers College Press.

True, M. (1995). *An energy field more intense than war*. Syracuse: Syracuse University Press.

Upitis, R. (2010). *Raising a school*. Ontario, CA: Wintergreen Studios Press.

Walker, R. (2007). *The country in the city*. Seattle: University of Washington Press.

Wallace, J., 8c Louden, W. (Eds.). (2002). *Dilemmas of science teaching*. London & New York: Routledge.

Walter, E. V. (1988). *Placeways: A theory of the human environment*. Chapel Hill: University of North Carolina Press.

Ward, D. R. (2002). *Water wars: Drought, flood, folly, and the politics of thirst*. New York: Penguin Putnam.

Watson, P. (2010). *The German genius*. New York: HarperCollins.

Westbrook, R. B. (1991). *John Dewey and American democracy*. Ithaca, NY: Cornell University Press.

White, J. T. (1909). *Character lessons in American biography*. New York: The Character Development League.

Whitehead, A. N. (1967). *The aims of education*. New York: Free Press. (Original work published 1929)

Whitman, W. (1982). *Poetry and prose*. New York: Library of America.

Wilhelm, J. D., & Novak, B. (2011). *Teaching literacy for love and wisdom*. New York: Teachers College Press.

Wilson, E. O. (2002). *The future of life*. New York: Alfred A. Knopf.

Wilson, E. O. (2006). *The creation: An appeal to save life on earth*. New York: W. W. Norton.

Wood, G. S. (2011a). *The idea of America*. New York: Penguin Press.

Wood, G. S. (2011b, January 13). No thanks for the memories. *New York Review of Books*, pp. 40-42.

Woolf, V. (1966). *Collected essays*, Vol. 2. London: Hogarth Press.

Wuthnow, R. (1998). *After heaven: Spirituality in America since the 1950s*. Berkeley: University of California Press.

Zeldin, T. (1994). *An intimate history of humanity*. New York: HarperCollins.

삶의 행복을 꿈꾸는 교육은 어디에서 오는가?

▶ 교육혁명을 앞당기는 배움책 이야기
혁신교육의 철학과 잉걸진 미래를 만나다!

한국교육연구네트워크 총서

 01 핀란드 교육혁명
한국교육연구네트워크 엮음 | 320쪽 | 값 15,000원

 02 일제고사를 넘어서
한국교육연구네트워크 엮음 | 284쪽 | 값 13,000원

 03 새로운 사회를 여는 교육혁명
한국교육연구네트워크 엮음 | 380쪽 | 값 17,000원

 04 교장제도 혁명
한국교육연구네트워크 엮음 | 268쪽 | 값 14,000원

 05 새로운 사회를 여는 교육자치 혁명
한국교육연구네트워크 엮음 | 312쪽 | 값 15,000원

 06 혁신학교에 대한 교육학적 성찰
한국교육연구네트워크 엮음 | 308쪽 | 값 15,000원

 07 진보주의 교육의 세계적 동향
한국교육연구네트워크 엮음 | 324쪽 | 값 17,000원

 08 더 나은 세상을 위한 학교혁명
한국교육연구네트워크 엮음 | 404쪽 | 값 21,000원

 혁신학교
성열관 · 이순철 지음 | 224쪽 | 값 12,000원

 행복한 혁신학교 만들기
초등교육과정연구모임 지음 | 264쪽 | 값 13,000원

 서울형 혁신학교 이야기
이부영 지음 | 320쪽 | 값 15,000원

 혁신교육, 철학을 만나다
브렌트 데이비스 · 데니스 수마라 지음
현인철 · 서용선 옮김 | 304쪽 | 값 15,000원

 혁신교육 존 듀이에게 묻다
서용선 지음 | 292쪽 | 값 14,000원

 다시 읽는 조선 교육사
이만규 지음 | 750쪽 | 값 33,000원

 대한민국 교육혁명
교육혁명공동행동 연구위원회 지음 | 224쪽 | 값 12,000원

한국교육연구네트워크 번역 총서

 01 프레이리와 교육
존 엘리아스 지음 | 한국교육연구네트워크 옮김
276쪽 | 값 14,000원

 02 교육은 사회를 바꿀 수 있을까?
마이클 애플 지음 | 강희룡 · 김선우 · 박원순 · 이형빈 옮김
356쪽 | 값 16,000원

 03 비판적 페다고지는
세상을 변화시킬 수 있는가?
Seewha Cho 지음 | 심성보 · 조시화 옮김 | 280쪽 | 값 14,000원

 04 마이클 애플의 민주학교
마이클 애플 · 제임스 빈 엮음 | 강희룡 옮김 | 276쪽 | 값 14,000원

 05 21세기 교육과 민주주의
넬 나딩스 지음 | 심성보 옮김 | 396쪽 | 값 18,000원

 06 세계교육개혁:
민영화 우선인가 공적 투자 강화인가?
린다 달링-해먼드 외 지음 | 심성보 외 옮김 | 408쪽 | 값 21,000원

 대한민국 교사, 어떻게 가르칠 것인가?
윤성관 지음 | 320쪽 | 값 15,000원

 아이들을 어떻게 가르칠 것인가
사토 마나부 지음 | 박찬영 옮김 | 232쪽 | 값 13,000원

 모두를 위한 국제이해교육
한국국제이해교육학회 지음 | 364쪽 | 값 16,000원

 경쟁을 넘어 발달 교육으로
현광일 지음 | 288쪽 | 값 14,000원

 독일 교육, 왜 강한가?
박성희 지음 | 324쪽 | 값 15,000원

 핀란드 교육의 기적
한넬레 니에미 외 엮음 | 장수명 외 옮김 | 456쪽 | 값 23,000원

 한국 교육의 현실과 전망
심성보 지음 | 724쪽 | 값 35,000원

▶ 비고츠키 선집 시리즈
발달과 협력의 교육학 어떻게 읽을 것인가?

 생각과 말
레프 세묘노비치 비고츠키 지음
배희철·김용호·D. 켈로그 옮김 | 690쪽 | 값 33,000원

 성장과 분화
L.S. 비고츠키 지음 | 비고츠키 연구회 옮김
308쪽 | 값 15,000원

 도구와 기호
비고츠키·루리야 지음 | 비고츠키 연구회 옮김
336쪽 | 값 16,000원

 의식과 숙달
L.S 비고츠키 | 비고츠키 연구회 옮김
348쪽 | 값 17,000원

 어린이 자기행동숙달의 역사와 발달 I
L.S. 비고츠키 지음 | 비고츠키 연구회 옮김
564쪽 | 값 28,000원

 분열과 사랑
L.S. 비고츠키 지음 | 비고츠키연구회 옮김
260쪽 | 값 16,000

 어린이 자기행동숙달의 역사와 발달 II
L.S. 비고츠키 지음 | 비고츠키 연구회 옮김
552쪽 | 값 28,000원

 관계의 교육학, 비고츠키
진보교육연구소 비고츠키교육학실천연구모임 지음
300쪽 | 값 15,000원

 어린이의 상상과 창조
L.S. 비고츠키 지음 | 비고츠키 연구회 옮김
280쪽 | 값 15,000원

 비고츠키 생각과 말 쉽게 읽기
진보교육연구소 비고츠키교육학실천연구모임 지음
316쪽 | 값 15,000원

 연령과 위기
L.S. 비고츠키 지음 | 비고츠키 연구회 옮김
336쪽 | 값 17,000원

 비고츠키와 인지 발달의 비밀
A.R. 루리야 지음 | 배희철 옮김 | 280쪽 | 값 15,000원

 수업과 수업 사이
비고츠키 연구회 지음 | 196쪽 | 값 12,000원

 교사와 부모를 위한 비고츠키 교육학
카르포프 지음 | 실천교사번역팀 옮김 | 308쪽 | 값 15,000원

 비고츠키의 발달교육이란 무엇인가?
비고츠키교육학실천연구모임 지음 | 412쪽 | 값 21,000원

▶ 살림터 참교육 문예 시리즈
영혼이 있는 삶을 가르치는 온 선생님을 만나다!

 꽃보다 귀한 우리 아이는
조재도 지음 | 244쪽 | 값 12,000원

 선생님이 먼저 때렸는데요
강병철 지음 | 248쪽 | 값 12,000원

 성깔 있는 나무들
최은숙 지음 | 244쪽 | 값 12,000원

 서울 여자, 시골 선생님 되다
조경선 지음 | 252쪽 | 값 12,000원

 아이들에게 세상을 배웠네
명혜정 지음 | 240쪽 | 값 12,000원

 행복한 창의 교육
최창의 지음 | 328쪽 | 값 15,000원

 밥상에서 세상으로
김흥숙 지음 | 280쪽 | 값 13,000원

 북유럽 교육 기행
정애경 외 14인 지음 | 288쪽 | 값 14,000원

 우물쭈물하다 끝난 교사 이야기
유기창 지음 | 380쪽 | 값 17,000원

▶ 4·16, 질문이 있는 교실 마주이야기
통합수업으로 혁신교육과정을 재구성하다!

통하는 공부
김태호·김형우·이경석·심우근·허진만 지음
324쪽 | 값 15,000원

내일 수업 어떻게 하지?
아이함께 지음 | 300쪽 | 값 15,000원
2015 세종도서 교양부문

인간 회복의 교육
성래운 지음 | 260쪽 | 값 13,000원

교과서 너머 교육과정 마주하기
이윤미 외 지음 | 368쪽 | 값 17,000원

수업 고수들 수업·교육과정·평가를 말하다
박현숙 외 지음 | 368쪽 | 값 17,000원

도덕 수업, 책으로 묻고 윤리로 답하다
울산도덕교사모임 지음 | 320쪽 | 값 15,000원

체육 교사, 수업을 말하다
전용진 지음 | 304쪽 | 값 15,000원

교실을 위한 프레이리
아이러 쇼어 엮음 | 사람대사람 옮김 | 412쪽 | 값 18,000원

마을교육공동체란 무엇인가?
서용선 외 지음 | 360쪽 | 값 17,000원

교사, 학교를 바꾸다
정진화 지음 | 372쪽 | 값 17,000원

함께 배움
학생 주도 배움 중심 수업 이렇게 한다
니시카와 준 지음 | 백경석 옮김 | 280쪽 | 값 15,000원

공교육은 왜?
홍섭근 지음 | 352쪽 | 값 16,000원

자기혁신과 공동의 성장을 위한
교사들의 필리버스터
윤양수·원종희·장군·조경삼 지음 | 280쪽 | 값 14,000원

함께 배움 이렇게 시작한다
니시카와 준 지음 | 백경석 옮김 | 196쪽 | 값 12,000원

함께 배움 교사의 말하기
니시카와 준 지음 | 백경석 옮김 | 188쪽 | 값 12,000원

교육과정 통합, 어떻게 할 것인가?
성열관 외 지음 | 192쪽 | 값 13,000원

학교 혁신의 길, 아이들에게 묻다
남궁상운 외 지음 | 272쪽 | 값 15,000원

미래교육의 열쇠, 창의적 문화교육
심광현·노명우·강정석 지음 | 368쪽 | 값 16,000원

주제통합수업, 아이들을 수업의 주인공으로!
이윤미 외 지음 | 392쪽 | 값 17,000원

수업과 교육의 지평을 확장하는 수업 비평
윤양수 지음 | 316쪽 | 값 15,000원
2014 문화체육관광부 우수교양도서

교사, 선생이 되다
김태은 외 지음 | 260쪽 | 값 13,000원

교사의 전문성, 어떻게 만들어지나
국제교원노조연맹 보고서 | 김석규 옮김 392쪽 | 값 17,000원

수업의 정치
윤양수·원종희·장군 지음 | 280쪽 | 값 14,000원

학교협동조합,
현장체험학습과 마을교육공동체를 잇다
주수원 외 지음 | 296쪽 | 값 15,000원

거꾸로교실,
잠자는 아이들을 깨우는 수업의 비밀
이민경 지음 | 280쪽 | 값 14,000원

교사는 무엇으로 사는가
정은균 지음 | 292쪽 | 값 15,000원

마음의 힘을 기르는 감성수업
조선미 외 지음 | 300쪽 | 값 15,000원

작은 학교 아이들
지경준 엮음 | 376쪽 | 값 17,000원

아이들의 배움은 어떻게 깊어지는가
이시이 준지 지음 | 방지현·이창희 옮김 | 200쪽 | 값 11,000원

대한민국 입시혁명
참교육연구소 입시연구팀 지음 | 220쪽 | 값 12,000원

교사를 세우는 교육과정
박승열 지음 | 312쪽 | 값 15,000원

전국 17명 교육감들과 나눈
교육 대담
최창의 대담·기록 | 272쪽 | 값 15,000원

들뢰즈와 가타리를 통해
유아교육 읽기
리세롯 마리엣 올슨 지음 | 이연선 외 옮김 | 328쪽 | 값 17,000원

학교 민주주의의 불한당들
정은균 지음 | 276쪽 | 값 14,000원

프레이리의 사상과 실천
사람대사람 지음 | 352쪽 | 값 18,000원

 혁신학교, 한국 교육의 미래를 열다
송순재 외 지음 | 608쪽 | 값 30,000원

 페다고지를 위하여
프레네의 『페다고지 불변요소』 읽기
박찬영 지음 | 296쪽 | 값 15,000원

 노자와 탈현대 문명
홍승표 지음 | 284쪽 | 값 15,000원

 선생님, 민주시민교육이 뭐예요?
염경미 지음 | 244쪽 | 값 15,000원

 어쩌다 혁신학교
유우석 외 지음 | 380쪽 | 값 17,000원

 미래, 교육을 묻다
정광필 지음 | 232쪽 | 값 15,000원

 대학, 협동조합으로 교육하라
박주희 외 지음 | 252쪽 | 값 15,000원

 입시, 어떻게 바꿀 것인가?
노기원 지음 | 306쪽 | 값 15,000원

 촛불시대, 혁신교육을 말하다
이용관 지음 | 240쪽 | 값 15,000원

 라운드 스터디
이시이 데루마사 외 엮음 | 224쪽 | 값 15,000원

 미래교육을 디자인하는 학교교육과정
박승열 외 지음 | 348쪽 | 값 18,000원

 흥미진진한 아일랜드 전환학년 이야기
제리 제퍼스 지음 | 최상덕·김호원 옮김 | 508쪽 | 값 27,000원

 교육과정, 수업, 평가의 일체화
리사 카터 지음 | 박승열 외 옮김 | 196쪽 | 값 13,000원

 학교를 개선하는 교장
지속가능한 학교 혁신을 위한 실천 전략
마이클 풀란 지음 | 서동연·정효준 옮김 | 216쪽 | 값 13,00

 공자뎐, 논어는 이것이다
유문상 지음 | 392쪽 | 값 18,000원

 교사와 부모를 위한
발달교육이란 무엇인가?
현광일 지음 | 380쪽 | 값 18,000원

 교사, 이오덕에게 길을 묻다
이무완 지음 | 328쪽 | 값 15,000원

 낙오자 없는 스웨덴 교육
레이프 스트란드베리 지음 | 변광수 옮김 | 208쪽 | 값 13,00

 끝나지 않은 마지막 수업
장석웅 지음 | 328쪽 | 값 20,000원

 경기꿈의학교
진흥섭 외 지음 | 360쪽 | 값 17,000원

 학교를 말한다
이성우 지음 | 292쪽 | 값 15,000원

 행복도시 세종, 혁신교육으로 디자인하
곽순일 외 지음 | 392쪽 | 값 18,000원

 나는 거꾸로 교실 거꾸로 교사
류광모·임정훈 지음 | 212쪽 | 값 13,000원

 교실 속으로 간 이해중심 교육과정
온정덕 외 지음 | 224쪽 | 값 13,000원

 교실, 평화를 말하다
따돌림사회연구모임 초등우정팀 지음 | 268쪽 | 값 15,000원

▶ **남북이 하나 되는 두물머리 평화교육**
분단 극복을 위한 치열한 배움과 실천을 만나다

 10년 후 통일
정동영·지승호 지음 | 328쪽 | 값 15,000원

 분단시대의 통일교육
성래운 지음 | 428쪽 | 값 18,000원

 한반도 평화교육 어떻게 할 것인가
이기범 외 지음 | 252쪽 | 값 15,000원

 선생님, 통일이 뭐예요?
정경호 지음 | 252쪽 | 값 13,000원

 김창환 교수의 DMZ 지리 이야기
김창환 지음 | 264쪽 | 값 15,000원

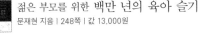

▶ 더불어 사는 정의로운 세상을 여는 인문사회과학
사람의 존엄과 평등의 가치를 배운다

밥상혁명
강양구·강이현 지음 | 298쪽 | 값 13,800원

좌우지간 인권이다
안경환 지음 | 288쪽 | 값 13,000원

도덕 교과서 무엇이 문제인가?
김대용 지음 | 272쪽 | 값 14,000원

민주시민교육
심성보 지음 | 544쪽 | 값 25,000원

자율주의와 진보교육
조엘 스프링 지음 | 심성보 옮김 | 320쪽 | 값 15,000원

민주시민을 위한 도덕교육
심성보 지음 | 500쪽 | 값 25,000원
2015 세종도서 학술부문

민주화 이후의 공동체 교육
심성보 지음 | 392쪽 | 값 15,000원
2009 문화체육관광부 우수학술도서

교과서 밖에서 배우는 인문학 공부
정은교 지음 | 280쪽 | 값 13,000원

갈등을 넘어 협력 사회로
이창언·오수길·유문종·신윤관 지음 | 280쪽 | 값 15,000원

오래된 미래교육
정재걸 지음 | 392쪽 | 값 18,000원

동양사상과 마음교육
정재걸 외 지음 | 356쪽 | 값 16,000원
2015 세종도서 학술부문

대한민국 의료혁명
전국보건의료산업노동조합 엮음 | 548쪽 | 값 25,000원

교과서 밖에서 배우는 철학 공부
정은교 지음 | 280쪽 | 값 14,000원

교과서 밖에서 배우는 고전 공부
정은교 지음 | 288쪽 | 값 14,000원

교과서 밖에서 배우는 사회 공부
정은교 지음 | 304쪽 | 값 15,000원

전체 안의 전체 사고 속의 사고
김우창의 인문학을 읽다
현광일 지음 | 320쪽 | 값 15,000원

교과서 밖에서 배우는 윤리 공부
정은교 지음 | 292쪽 | 값 15,000원

카스트로, 종교를 말하다
피델 카스트로·프레이 베토 대담 | 조세종 옮김
420쪽 | 값 21,000원

한글 혁명
김슬옹 지음 | 388쪽 | 값 18,000원

일제강점기 한국철학
이태우 지음 | 448쪽 | 값 25,000원

▶ 창의적인 협력 수업을 지향하는 삶이 있는 국어 교실
우리말 글을 배우며 세상을 배운다

중학교 국어 수업 어떻게 할 것인가?
김미경 지음 | 340쪽 | 값 15,000원

토론의 숲에서 나를 만나다
명혜정 엮음 | 312쪽 | 값 15,000원

토닥토닥 토론해요
명혜정·이명선·조선미 엮음 | 288쪽 | 값 15,000원

인문학의 숲을 거니는 토론 수업
순천국어교사모임 엮음 | 308쪽 | 값 15,000원

어린이와 시
오인태 지음 | 192쪽 | 값 12,000원

수업, 슬로리딩과 함께
박경숙·강슬기·김정욱·장소현·강민정·전혜림·이혜민 지음
268쪽 | 값 15,000원

▶ 출간 예정

참된 삶과 교육에 관한
생각 줍기